> 나는 종종 강규찬 목사 같은 사람들의 간증과 증언에 대해 하나님께 감사드리고 있다. 만약 그들의 이야기와 경험들이 기록된다면 우리는 우리의 신앙을 강하게 만들어줄 제 2의 사도행전을 갖게 될 것이기 때문이다
> _ T. Stanley Soltau (소열도)

민족을 가슴에 품은 지도자
겨레와 함께한 교회

강규찬과 평양산정현교회

박용규 지음

한국기독교사연구소
The Korea Institute of Christian History

강규찬과 평양산정현교회
Copyright ⓒ 한국기독교사연구소 2011

2011년 12월 05일 초판 1쇄 인쇄
2014년 5월 30일 초판 8쇄 발행

지은이 ｜ 박용규
펴낸이 ｜ 박용규
펴낸곳 ｜ 한국기독교사연구소
편　집 ｜ 김인덕
인　쇄 ｜ 아람P&B

등　록 ｜ 2005년 10월 05일 제25100-2005-212호
T E L ｜ 070-7136-1964
주　소 ｜ 서울시 마포구 합정동 376-32
E-mail ｜ kich-seoul@hanmail.net

• 저작권자의 허락없이 이 책의 일부 혹은 전체를 무단 복제, 전재, 발췌하면 저작권법에
  의해 처벌을 받습니다.

ISBN 978-89-967810-0-4 (03230)

강규찬과 평양산정현교회

박용규 지음

강규찬과 평양산정현교회를 말한다

제 4교회가 산정현교회 이름으로 시작했으며, 1906년 1월 본래 산정현교회 예배 처소에서 처음으로 모였다. ... 번하이젤 선교사가 초대 목사였다. ...첫 한국인 목사, 한승곤이 1913년 부임했으며 ...강규찬이 여러 해 동안 이 교회 목사로 시무했다.

노해리(Harry Rhodes), ed. History of the Korea Mission, 1934.

산정현교회 예배당에서 예배드리는 회중은 약 5백 명입니다. 그들은 한 탁월한 사람[강규찬]을 모시고 있는데 그 사람은 회중들에게 훌륭한 리더임이 입증되었습니다. 그의 사역 결과는 그 도시에 풍요롭게 현시되고 있습니다.

C. F. Bernheisel's Letter to Dr. Brown, 1917.

이 위대한 목회자이며 애국자인 강규찬 목사는 ...한시(漢詩) 뿐만 아니라 천문지리에도 능통한 대 유학자가 되었다. ... 그의 문하생으로서는 백낙준, 박형룡, 정석해 같은 석학들이 수두룩하다.

전택부, 1992, 토박이신앙산맥

산정현교회는 가장 큰 교회 가운데 하나가 아니라 단지 수백 명이 모이는 교회에 불과했다. 하지만 학자풍의 설교자, 강규찬의 설교에 매혹된 이들의 타입 때문에 그 교회는 영향력 있는 교회가 되었다. 대학생들과 고등학생들뿐만 아니라 지위가 있고 영향력 있는 사람들이 그의 설교를 듣기 위해 항상 그곳에 모였다.

소열도(T. Stanley Saltau), Yin Yang: Korean Voices, 1971.

1919년 3월 1일 당시 나는 평양숭실중학 5학년 졸업반 학생이었다. ...학생들은 "대한독립만세"를 부르며 막 교문을 나서고 ... 대열의 선두에는 독립선언서를 낭독했던 강규찬 목사가 섰으며, 선언문을 배포한 나와 동료들도 선두에 합세했다.

金鍵, "일제 침략을 증언한다," 동아일보 1982. 07. 30.

산정현교회의 직원전부가 전평양교회나 사회에 잇서서 모다 지도쟈이며 모다 지배쟈인 것이다. 다시 말하면 전 평양을 운뎐하는 긔관이 동교회에 잇지안은가 하엿다. 청년계에 잇서서 조만식 쟝로, 사회사업에 잇서서 김동원 쟝로, 자선사업이나 교육사업에 잇서서 오윤선 최뎡셔 양 쟝로가 잇다.

기독신보, 1929년 6월 26일.

평양으로부터 청요한 연사 강규찬씨는 "구습의 일대혁명"이란 문제로 강연하얏는대 강규찬씨의 구변은 청중으로 하야금 과연 금주의 쾌감을 분기(奮起)케 하얏더라.

"禁酒會宣傳講演" 동아일보 1920. 07. 29.

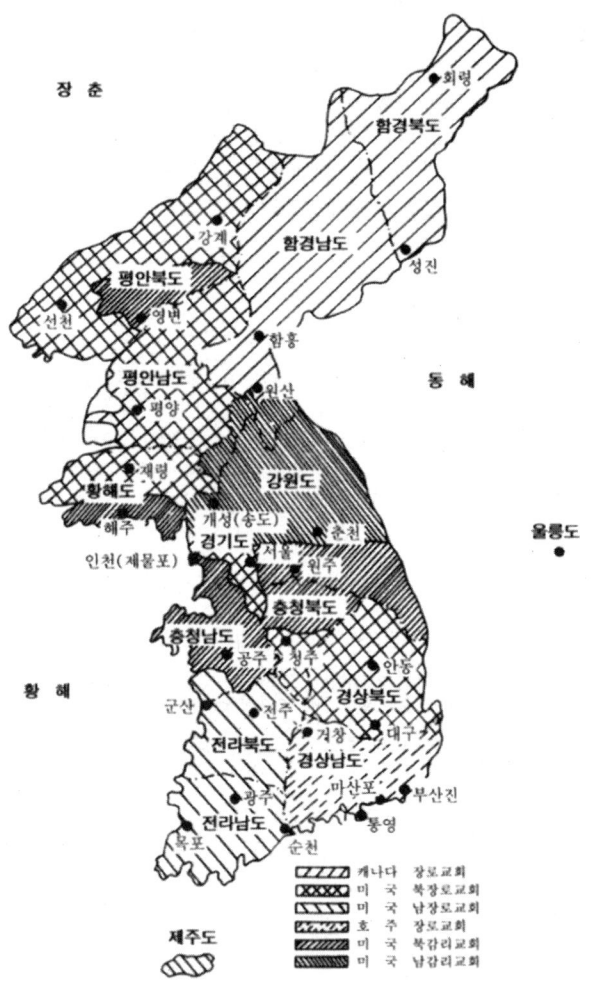

추천의 글

　강규찬 목사님은 제 고향 목사님이시요 또 제 조모님의 장례예배를 드려주신 목사님이시라 제게는 더 없으신 존경하는 목사님이십니다. 저는 강 목사님을 한학자이시요 도인이시라고만 생각해 왔는데 소열도 선교사님의 글을 통하여 그가 철학자이시기도 함을 알았습니다. 애국자이신 그의 삶이 얼토당토 않게 105인 사건 조작극에 걸려든 것이 분합니다. 수많은 사람들이 혹독한 고문으로 인해 그 판결문에도 나타난 바와 같이 거의 부득불 자기기만의 대답을 할 수밖에 없었다고 봅니다. 실로 강제로 강간당한 일이라 보여 질 뿐입니다.

　강 목사님은 한학자로서 일찍이 구속의 복음을 받으셨던 터이라 평양신학교를 1917년 제 10회 졸업생으로 마치고 산정현교회의 목사로 위임을 받으셨습니다. 산정현교회는 길선주 목사께서 시무하셨던 장대현교회와 함께 장대재 언덕에 세워진 야긴과 보아스 같은 두 기둥이었습니다. 평양의 교회의 개척자이신 마포삼열목사님의 원대한 안목으로 그 언덕에 대동강을 앞에 바라보고 두 교회가 세워졌습니다. 평양이 한국의 예루살렘이라 불리기까지는 장대현교회와 산정현 교회가 야긴과 보아스의 역할을 한 것으로 보아집니다. 사무엘 마펫 선교사님 평양에 오셔서 이 큰 서도의 명소를 보시고 여기에 교회의 근거지를 삼아야 할 것을 바라보신 후에 모험적으로 그 넓은 땅을 법적으로 소유하신 일은 참으로 선견자적인 일로서 재판소에 등록도 하시어 완전한 법적소유권을 확보하셨습니다.

　길선주 목사님, 강규찬 목사님 두 분이 신학을 하신 것은 여러 해 차이가 나지만 두 분 다 지극한 애국자요 목사이시라 두 분의 우의가 돈독하셔서 때로 만나서 목회일이며 함께 의논하며 지내시는 때가 많았습니다. 어느 날 밤에 길 목사님의 집에서 함께 계실 때 마침 길 목사님을 찾아온 교인이 미닫이 문 밖에 신이 놓여있는 것을 보고 손님이 계시자 미처 자신이 온 것을 알리지 못하고 있는데 미닫이문으로 '이 사람 한잔 더 하게나!' 하는 소리가 들렸습니다. 그 교인은 생각하기를 '자기들은 술을 마시면서 교인들에겐 술을 금하는군?' 하면서 불만을 품고 돌아가서 교회에 출석을 하지 않게 되었습니다. 여러 해가 흐른 후에 그가 자기의 죄를 회개하면서 그 사실을 이야기 할 때 두 목사님이 차를 마시면서 '한잔 더 하게나'한 말이라고 해명하게 되어 오해가 풀렸습니다.

강규찬 목사님은 한학자로서 교육가이시기도하여 서도(西都)의 새 교육기관인 신성학교에서 교편을 잡으셨는데 이곳은 제 모교요, 제 부친은 1회 졸업생이기도 하십니다. 그 학교에서 많은 애국자를 길러내신 교육가이신데 일본인이 조작한 105인 사건으로 검속되어 악형의 고문을 당한 그 기록은 처참하기 짝이 없습니다. 그동안 잘 알려지지 않았던 이 숨은 인재를 박용규 교수님께서 깊이 있게 찾아내어 이번에 빛을 보는 본서에 그렇게 소상하게 수록된 것을 보면서 이런 역사학자를 우리 교계에 보내주심을 감사하였습니다. 이 숨은 보배를 발굴하여 후대에 소개하는 이 일이 얼마나 소중한 일임을 다시 감격하면서 박 교수님의 노고를 찬하하여 마지아니합니다. 다시금 박 교수님의 노고에 경의를 표합니다.

2011년 11월 28일
방 지 일

머리말

　역사에 가리어져 있는 사건이나 인물을 발굴하여 역사의 장으로 끌어내는 작업은 참으로 값지고 의미 있는 일이다. 그동안 필자는 이 사역을 하나님이 내게 주신 소중한 사역으로 확신하고 노력을 기울여 왔다. 필자의 저술 **평양대부흥운동**, **한국교회와 민족을 깨운 평양산정현교회**, **제주기독교회사**는 그런 노력의 결실이다. 여기 또 하나의 작은 결실, **강규찬과 평양산정현교회**를 탈고하게 되었다. 전택부가 "위대한 목회자" "한시(漢詩) 뿐만 아니라 천문지리에도 능통한 대 유학자"라고 예찬했던 강규찬은 한학자, 기독교민족운동가, 목회자로 한국교회에 중요한 족적을 남겼으면서도 그동안 한국교회사적 평가가 전무했다. 한국교회사를 가르치는 한 사람으로 책임이 무겁다.

　책임의식을 가지고 강규찬에 대한 연구를 처음 착수한 것은 여러 해 전으로 거슬러 올라간다. 평양산정현교회를 연구하다 그 교회 2대 목사였던 강규찬 목사를 만나게 되었다. 산정현교회가 주기철 목사가 시무했던 교회 정도로만 알고 있던 필자에게 처음 강규찬은 낯선 이름이었다. 하지만 그에 대한 연구를 진행하면 할수록 너무도 중요한 인물임을 발견했다. 평양산정현교회 제 2대 목사로 부임해 16년 동안의 목회를 통해 평범한 교회를 평양은 물론 전국적으로 영향력 있는 교회로 성장시킨 주역이 바로 그였기 때문이다.

　신민회 회원으로 민족의식이 투철했던 강규찬은 기독교 민족운동의 요람 선천 신성학교 교사로 재직하는 동안 백낙준, 박형룡, 정석해 등 수많은 지도자들을 배출하였고, 105인 사건으로 옥고를 치렀다. 출옥 후 신성학교로 돌아왔지만 일제의 감시로 더 이상 교사로 시무할 수 없었다. 1913년 평양신학교에 진학한 강규찬은 1917년 졸업하고 바로 평양산정현교회에 부름을 받았다. 평양산정현교회를 목회하는 동안에는 1919년 3·1운동을 온 몸으로 겪으며 기독교 민족운동의 선봉에 섰다. 그의 영향으로 산정현교회를 통해 조만식, 김동원, 김선두, 오윤선, 김예진 등 많은 민족지도자들이 배출되었다. 강규찬은 3·1운동으로 옥고를 치러야 했고, 출옥 후에는 조만식을 비롯한 산정현교회 교우들과 함께 물산장려운동의 저변확대에 힘쓰는 한편 기독교학교운동에도 깊이 개입하여 개교회로는 처음으로 유치원을 설립하였으며 평양에 숭인학교를 비롯한 교육기관을 설립하는데도 중추적인 역할을 감당했다.

그런 교회사적, 민족사적 족적을 남겼음에도 불구하고 그동안 강규찬에 대한 연구가 전무했다. 신학자와 목회자들은 물론이고 심지어 한국교회사를 가르치는 이들 조차도 그의 존재를 아는 이들이 많지 않다. 민족운동사를 일생동안 연구해온 어느 저명한 학자에게 문의했지만 이름 정도만 어렴풋이 기억할 뿐이었다. 그만큼 그는 철저하게 역사에 가리어져 있었다.

턱 없이 부족한 사료와 싸우며 본 연구를 진행하는 과정에서 기도와 후원을 아끼지 않으신 김은옥 권사님과 얼마 전 소천(所天)한 김창업 성도님 부부에게 진심으로 감사한다. 그들의 때 묻지 않은 순수함과 한국교회에 대한 깊은 사랑은 본 연구를 진행하는데 큰 힘과 격려가 되었다.

기독교민족운동의 대표적 사건이었던 105인 사건 100주년을 맞은 이 시대 이에 대한 조명이 전무한 오늘의 현실을 보며 안타까움을 토로한다. 105인 사건이 발생한지 꼭 100주년이 되는 2011년 이 가을 민족을 가슴에 품은 지도자, 겨레와 함께한 교회, 강규찬과 평양산정현교회에 대한 작은 입문서를 발간하게 되어 그 나마 다행이라고 생각한다. 본서가 한국기독교회사의 지평을 넓히는 작은 토대가 되기를 희망하며 모든 영광을 하나님께 돌려드린다.

2011년 10월 12일
105인 사건 100주년 기념일에
박용규

철학자 강규찬[1]

소열도(T. Stanley Saltau)
(북장로교선교사)

　강규찬 목사는 한학자였다. 그는 중국 고전을 완전히 통달하고 있었는데 그것은 그가 복잡한 중국 고사성어(故事成語)를 암기할 뿐만 아니라 그들의 고대 철학과 윤리규범이 한국인의 삶과 문화에 강하게 영향을 미쳐 온 논어나 맹자 그리고 다른 중국 성인들의 어록을 늘 암기했기 때문이다.
　강규찬 목사는 주님을 알게 되었고, 여러 해 동안 그는 평양에 있는 영향력 있는 한 교회[산정현교회]의 담임 목사였다. 그 교회는 한국에서 가장 큰 교회 가운데 하나는 아니었고 한 700명의 교세를 가진 교회였다. 그러나 그 교회는 학자적인 목회자 강규찬 목사에 의해 영향을 받은 사람들의 부류 때문에 영향력이 있는 교회였다. 대학과 고등학교 학생들은 물론 지위나 영향력 있는 사람들이 그의 설교를 듣기 위해 늘 모여들었다.
　나[T. Stanley Saltau]는 한 때 예배에 참석하기 위해 어느 한 미국 목회자를 데리고 강규찬 목사가 시무하는 평양산정현교회에 갔다. 확실하건대 그는 통역을 통해 설교하는데 익숙하지 못했다. 내가 교회를 방문하기 앞서 한 손님을 모시고 가겠다고 전갈하자 강규찬 목사는 즉시 예배 때 설교를 해달라고

---

[1] 이 글은 T. Stanley Saltau, *Yin Yang: Korean Voices* (Wheaton: Key Publishers, 1971), 68-71에 있는 "Kuchan, The Philosopher"(철학자, 강규찬)를 번역한 것이다. 이 글에서 Saltau(소열도)는 강규찬에 대한 생생한 증언을 들려준다.

부탁했다. 내게는 통역을 해 달라고 부탁했다. 통상적인 오프닝이 있은 후, 나의 동행자는 먼 나라에서 온 한 유명한 손님으로 참석한 모든 교우들에게 대단한 축복을 가져다 줄 사람으로 소개되었다. 그가 설교를 시작했지만 고통스럽게도 그는 그러한 회중의 요구, 심지어 그들에게 놀라운 흥미를 충족시켜 줄 설교가 준비되지 않았다. 나는 사람들의 분위기에 적합할 수 있도록 그의 설교를 최선을 다해 통역을 했지만 결국 성공하지 못했다고 느꼈다. 나의 친구 역시 자신의 설교가 청중들 속으로 파고들어가지 못하고 있다는 사실을 깨닫기 시작했다. 잠시 후 10분이 지나 그는 설교를 마무리하고 자리에 앉아 버렸다. 적어도 당시에 한국 교인들은 45분에서 1시간이 넘어가는 설교를 듣는 일에 상당히 익숙했다.

내게로 다가와 "저분이 설교한 것 그게 다입니까?"라고 속삭이는 강규찬 목사의 얼굴에 나타난 표정을 나는 결코 잊을 수 없다. 그 미국인에게 다른 설교를 더 해줄 것을 요청했다. 왜냐하면 우리는 이처럼 일찍 예배를 끝낼 수 없기 때문이다. 나는 강 목사의 요구를 다시 전했으나 나의 미국인 친구는 자신은 이미 설교를 끝냈다며 더 이상 할 말이 없다고 대답했다. 그 대신 내가 즉석에서 말을 더해 남은 시간을 채우도록 요청받았다.

이 일 후 머지않아 3·1독립운동이 시작되었다. 상당수의 지도적인 한국인들이 소수민족의 권리에 관한 우드로우 윌슨(Woodrow Willson) 대통령이 작성한 민족자결주의 원칙의 신문 보도에 용기를 얻어 서울의 유명한 한 한국 식당에 모였다. 일본 통치로부터 독립을 요구하는 독립선언서가 작성되었고, 32[33]명이 서명했으며, 그중의 16명은 지도적인 그리스도인들과 목사들이었는데, 강규찬 목사도 그 가운데 포함되었다.[2] 그들은 경찰에 자수하고 그들에게 문서를 넘기고 즉시 투옥되어 서대문감옥에 투옥되어 그곳에서 2년을 복역했다.[3]

안식년을 떠나오기 전 나는 서대문 감옥을 방문하여 투옥 중에 있는 강규찬

---

[2] 이것은 사실과 다르다. 소열도 선교사는 강규찬이 3·1독립운동으로 옥고를 치르고 지금은 소실되었지만 옥중 수기를 작성하여 민족운동과 신앙심을 고취시킨 것으로 널리 알려져 있어 16인의 기독교 서명자 중의 한 명으로 착각한 것이다.

[3] 정확한 강규찬의 투옥기간은 1년 4개월이다.

목사를 볼 수 있도록 허락 받는 아주 드문 특권을 가졌다. 나는 50명의 다른 죄수들과 함께 큰 감방에 앉아 있는 그를 발견했는데, 그들 모두가 일본 정부를 위해 담배 상자를 만드는 일에 전념하고 있었다. 나는 강규찬 목사 옆에 앉아 있는 북에서 온 또 다른 저명한 목사를 알아보고 그 둘과 몇 마디 말할 수 있는 기회를 가졌다.[4] 나는 그들이 잘 있는지 안부를 묻고 잠깐 미국을 방문하기 위해 떠난다는 사실을 알리고, 기억하고 기도하겠다는 사실을 그들에게 확신시켜주었다. 간수들이 가까이 서 있으면서 나누는 모든 말들을 듣고 있어 사적이거나 친밀한 성격의 대화는 전혀 언급할 수 없었지만 나는 나의 두 친구를 볼 수 있어서 즐거웠고, 나의 방문이 그들에게 격려와 위로의 원천이 되었다고 느꼈다.

그[강규찬]는 말했다. "여러 해 동안 나는 나의 모든 동포들을 만날 수 있도록 한국의 십삼도를 방문하게 허락해 달라고 간절히 기도해 왔습니다. 그러나 주님은 더 좋은 길을 아시고 계셨습니다. 주님은 내가 그러한 오랜 여행을 하기에는, 특별히 나의 과체중을 가지고는 여행을 하기에 너무 늙고 약해졌다는 사실을 잘 아시고 계셨습니다. 주님은 그래서 나를 경성 서대문 감옥에 집어넣으셨으며, 내가 2년 동안 그곳에 있었는데 주님은 13도(道) 각 도로부터 감방동료를 보내 주셔서 내가 복음을 가지고 그들에게 다가갈 수 있게 하셨습니다. 나의 복음 증거 결과로 약 95명이 주님을 구주로 영접했고 주님에 대한 믿음의 실체(reality)와 신실성(sincerity)에 대한 분명한 증거를 보여 주었습니다. 이들 중에서 나는 문답을 거쳐 몇 명을 학습교인으로 등록하였으며 6개월 혹은 그 이상이 지난 후 그들은 실제적인 영적 성장을 현시했습니다. 나는 그들 중 아홉 명에게 세례를 주었습니다. 이 사람들이 각자 집으로 돌아가면 시내 각 교회에서 이들을 정식 교인으로 받아 줄 것을 요청하는, 그들이 경성 서대문 구치소 교회에 모범적인 세례교인들임을 말해 주는 증서를 소지하게 했습니

---

[4] 제8회 총회록(1919년)에는 "목사 길선주 김선두 강규찬 이일영 4인은 지금 경성 감옥에 수감 되어 예심 중에 있사오며"라고 기록되어 있다. 따라서 북에서 온 또 다른 저명한 목회자는 길선주로 여겨진다. 김성겸 편, 조선야소교장로회 총회 제8회 회록(경성: 대한예수교장로회 총회, 1919), 78-91을 참고하라.

다!"

한 철학자의 조용한 간증을 통해 감방 권세자들이 바로 그들의 코 밑에서 그 감방 안에서 진행되고 있는 것을 알았다면 그들이 어떤 생각을 했었을 지 나는 종종 놀라지 않을 수 없다. 그 감방 안에서 대화는 금지 되었을 것이고 내가 상상하건대 그 대화의 대부분은 가장 작은 속삭임으로 진행되었을 것이 분명하다. 나는 강규찬 목사에게 그가 어떻게 세례식을 거행할 수 있었는지를 묻는 기회를 즐겨 가져왔다! 거듭 이것은 비밀리에 수행되었으며, 당시에 물이 부족하여 성령께서 그에게 특별한 지혜와 은혜를 주셔서 이 거룩한 예식을 어떻게 수행할지 알려주셨다. 이 이야기와 연관하여 나는 종종 장로교인이라는 것이 이점이 있다고 말하곤 했는데, 그것은 비록 몇 개의 일본식 욕조가 감옥 안에 있기는 했지만 감옥에는 침례를 위한 시설이 있을 리가 없었기 때문이다. 따라서 그곳에서는 어떤 형태의 침례식도 수행할 수 없었을 것이다. 일본인 보초들은 교회가 한국에서 그들이 통제할 수 없는 유일한 조직이라는 사실 때문에 기독교에 대해서 매우 적대적이었다. 한국교회는 모든 사람들로 하여금 신사참배를 하도록 강요하는 일제의 신사참배운동에 거의 만장일치로 강하게 맞섰던 것이다.

나는 종종 강규찬 목사 같은 사람들의 간증과 증언에 대해 하나님께 감사드리고 있다. 만약 그들의 이야기와 경험들이 기록된다면 우리는 우리의 신앙을 강하게 만들어줄 제 2의 사도행전을 갖게 될 것이기 때문이다. "하나님께서 세상의 천한 것들과 멸시 받는 것들과 없는 것들을 택하사 있는 것들을 폐하려 하시나니 이는 아무 육체라도 하나님 앞에서 자랑하지 못하게 하려하심이라." (고전 1:28-29)

KUCHAN KANG, THE PHILOSPHER

T. Stanley Saltau

Pastor, Kuchan Kang was a Korean scholar of the old school. He was thoroughly versed in the Chinese classics, for he had spend years in memorizing not only the complicated Chinese ideographs, but also the analects of Confucius and Mencius and other Chinese scholars whose ancient philosophies and codes of ethics had strongly influenced Korean life and culture.

Pastor Kang had come to know the Lord and for a number of years he was the pastor of an influential church in the city of Pyongyang. It was not one of the largest churches but had a congregation of several hundred. It was an influential church, however, because of the type of people who were attracted by the scholarly preacher. College and high school students as well as men of position and influence were always there to listen to him.

I once took an American clergyman to Pastor Kang's church to attend a service. Obviously, he was not used to speak through an interpreter. I had sent word in advance that I was bringing a guest, and Pastor Kang immediately asked him to preach at the service. I was asked to interpret. After the usual opening exercises, my companion was introduced as a famous quest from a far country and one whose words would bring a great blessing to all. When he began to preach it was painfully evident that he had not prepared his message to meet the needs of such a congregation, or even to be of outstanding interest to them. I did my best to interpret his remarks in such a way as to make them suitable to the circumstances of the people, but felt that I was not successful. My friend also began to realize that he was not getting through to his listeners, and so after a little over ten minutes he concluded his address and sat down. Korean congregations, at least in those days, were quite accustomed to listen to sermons lasting from forty-five minutes to over an hour. I shall not forget the expression on the face of Pastor Kang, as he came over to me and whispered, "Is that all he is going to say? Ask him to preach another sermon, for we cannot close the service this early." I relayed the request but my friend assured me that he was finished and had nothing more to say so I was requested to say something extemporaneously, to fill up the time.

Not long after this, the Independence Movement was started when a number of leading Koreans met in a well-known Korean Restaurant in Seoul encouraged by newspaper reports of the statements made by President Woodrow Wilson concerning the rights of small and subjugated nations. A document was drawn up, demanding independence from Japanese rule, and was signed by thirty-three men, sixteen of whom were leading Christians and pastors, among whom was Pastor Kang. They telephoned the police, handed them the documents and were promptly taken off to prison in the West Gate Jail where they remained for two years.

Before leaving on a furlough, I had the rare privilege of gaining permission to visit the West Gate Jail and to see my friend, Pastor Kang.

I found him sitting in a large cell with fifty other men, all of whom were engaged in making cigarette cartons for the Japanese Government. Sitting next to my friend, I recognized another well-known pastor from the North and had an opportunity of saying a few words to both of them. I asked them if they were well and told them of my leaving shortly for a visit to the States, assuring them that I would remember them in prayer. With jailors standing close by and listening to every word that was said, nothing of a private or intimate nature could be mentioned; but I came away gladdened that I had been able to see my two friends and felt that my visit had been a source of encouragement and comfort to them.

After my furlough was over and I returned to Korea, I was delighted to receive the news that my friends had been released from jail and were back at work in their churches. I was still more gladdened to hear of the testimony that Pastor Kang, the philosopher, was giving to his closest friends.

"For years," he said, "it had been my ambition and earnest prayer that I might be allowed to visit the thirteen provinces of Korea to reach all my fellow-countrymen. But the Lord knew better. He realized that I was getting too old and weak to make such long journeys, especially with the excessive weight that I had accumulated. He therefore put me in the West Gate Jail in Seoul, and during the two years I was there he brought into my cell men from each of the thirteen provinces for me to reach them with the Gospel. As a result of my witness, some ninety-five accepted the Lord as their Saviour and gave clear testimony of the reality and sincerity of their faith in him. Of these I examined and enrolled a number as catechumens and after six months or more had elapsed and they had manifested real spiritual growth, I baptized nine of them. When these men were released from prison they took with them a certificate saying that they were baptized members in good and regular standing that they be received as full members in the churches of the towns to which they were returning!"

I have often wondered what the prison authorities would have thought had they realized what was going on under their very noses in that cell through the quiet witness of a philosopher. Conversation in the cells was supposed to be forbidden and I imagine most of it was carried on in the softest of whispers. Likewise I would like to have had the opportunity to ask Pastor Kang how he was able to carry out the rite of baptism! This again would have had to be done in secret, and with water as scarce as it was in those days, the Holy Spirit must have given him special wisdom and grace to know how to carry through this sacred rite. I have sometimes said in connection with this story that there are decided advantages in being a Presbyterian, for there would have been no facilities for immersion in such a prison, even if there had been a few Japanese bathtubs. Any baptismal ceremony would have been impossible to carry out. The Japanese guards were indeed very hostile to Christianity in any form since the Church was the one organization in Korea which they had been unable to control. It had almost unanimously taken a strong stand against their campaign of forcing everyone to engage in acts of idolatry to the sun goddess.

I have often thanked God for the testimony and witness of men like Pastor Kang. If their story and experiences could be written up, we would have a second Book of Acts to strengthen our faith. "God chose what is low and despised in the world, even things that are not, to bring to nothing things that are, so that no human being might boast in he presence of God."

목차

추천의 글 7
머리말 9
철학자 강규찬 11
서 론 23

1장 한학자(漢學者)로서 강규찬(姜奎燦)　　　　　　37
　1. 기성(奇書): 대한자강회월보유감(大韓自彊會月報有感) • 40
　2. 평양장로회신학교 학우회보에 실린 사조(詞藻) • 47
　3. 박형룡의 전도서의 강규찬 한시(漢詩) 인용 • 50
　4. 강규찬의 저서 晉州姜氏宣川波族譜를 통해 본 그의 한학 • 58

2장 강규찬과 민족운동의 요람, 선천신성학교 (1908-1913) 65
　1. 선천지역의 복음화 역사적 배경 • 66
　2. 선천선교의 개척과 발전 • 70
　3. 선천신성학교 설립과 설립이념 • 79
　4. 신성학교 교사진과 교과과정 • 88
　5. 민족교육의 요람 평북과 선천 미션스쿨 • 93

3장 105인 사건과 선천신성학교 (1911-1913)　　　96
　1. 105인 사건과 서북기독교 • 97
　2. 105인 사건과 선천신성학교 • 106
　3. 105인 사건과 강규찬 • 112
　4. 법정에서 드러난 고문에 의한 허위자백 • 123

4장 목회자로의 소명과 평양신학교시절 (1913-1917)　128
　1. 강규찬의 조사임명과 장로 임직 • 129
　2. 강규찬의 평양신학교 입학 • 132
　3. 평신졸업과 목사안수 • 138

5장 강규찬의 평양산정현교회 부임 (1917–1919)　　145
　　1. 준비된 교회, 준비된 목회자 • 146
　　2. 젊은 학생과 지성인들이 찾아 드는 교회 • 150

6장 3·1독립운동, 서북장로교, 그리고 강규찬 (1919–1920)　153
　　1. 3·1운동에서의 기독교 역할 • 155
　　2. 평양기독교와 3·1독립운동 • 160
　　3. 강규찬과 3·1독립운동 • 166
　　4. 3·1운동과 산정현교회 • 181
　　5. 장로교 선교사들과 3·1운동 • 188

7장 산정현교회와 조선물산장려운동　　194
　　1. 조선물산장려운동의 발흥 • 196
　　2. 물산장려회 창립총회와 협력기관들 • 208
　　3. 물산장려운동에 대한 박해와 비판 • 227
　　4. 물산장려운동의 저변확대 • 239
　　5. 맺는 말 • 248

8장 산정현교회와 대 사회적 민족적 책임 (1920–1933)　　251
　　1. 출옥 후 강규찬의 교회 사역과 대외 활동 • 252
　　2. 지속적인 산정현교회 성장 • 265
　　3. 산정현교회의 사회적 민족적 책임구현 • 271
　　4. 아름다운 세대교체 • 279
　　5 맺는 말 • 284

9장 강규찬의 후기 선천읍교회 목회 (1933-1945)　　286
　　1. 고향 선천으로 돌아가다 • 286
　　2. 고향 선천읍 동교회 부임 • 288
　　3. 선천군 봉동교회와 선천북교회 시무 • 292

10장 강규찬과 주변 인물들 … 295
   1. 위트모어 선교사 • 296
   2. 조지매큔 선교사 • 298
   3. 번하이젤 선교사 • 301
   4. 양전백 • 303
   5. 남강 이승훈 • 307
   6. 조만식과 김동원 • 309
   7. 죽산 박형룡 • 311
   8. 만우 송창근 • 312
   9. 용재 백낙준 • 313

맺는 말: 강규찬에 대한 한국교회사적 평가 … 315

강규찬과 평양산정현교회 연표(1893–1950) … 321
부록: 105인 사건 강규찬 신문조서 (1회) … 328
     105인 사건 강규찬 신문조서 (2회) … 344
     3·1독립운동 강규찬 신문조서 … 349
참고문헌 … 355

서론

> 하나님께서 세상의 천한 것들과 멸시 받는 것들과 없는 것들을 택하사 있는 것들을 폐하려 하시나니 이는 아무 육체라도 하나님 앞에서 자랑하지 못하게 하려하심이라.
>
> 고린도전서 1장 28-29절

비약인지 몰라도 1876년 강화도 조약이 체결된 후 1945년 해방을 맞을 때까지 조선의 역사는 한 마디로 비운의 역사였다. 비운의 역사 속에서 희망을 잃은 조선민족과 사회를 이끌며 한국의 근대화를 이끌어 온 중심 세력은 역시 기독교였다.

복음이 전래된 지 불과 4반세기만에 한국교회는 놀라운 부흥을 경험했고, 세계가 주목하는 선교지로 발전했다. 그 외형적인 성장보다도 기독교가 가져다 준 더 놀라운 결실은 복음을 통한 인간 본성의 변혁과 여기에 기초한 사회변혁이었다. 복음은 한 인물의 세계관과 가치관을 바꾸어 주었고, 그런 인물을 통해 기독교 신앙과 이상은 한국사회 전반의 변혁으로 이어져 놀라운 영향력을 발휘했다. 새로운 종교를 갈망하는 민중들, 탁월한 선교사들의 입국, 그들이 사용한 뛰어난 선교정책은 그런 기적을 배태하는 강력한 힘이었다.

하지만 이 모든 것보다도 더 강력한 힘은 1894년 청일전쟁, 1904년 러일전쟁으로 대변되는 전쟁의 시대 위로부터 이 땅에 임했던 전무후무한 특별한 은혜였다. 20세기 초 한반도에 일어난 대부흥운동이 바로 그것이다. 대부흥운동은 1903년 원산에서부터 일기시작해서 1907년 1월 장대현교회에서 그 절정에 달하고 1909년 백만인구령으로 이어졌다. 세 개의 부흥운동의 파장 중에서도 1907년 1월 14일과 15일 평양장대현교회에서 발흥하여 요원의 불길처럼 한반도 전역을 휩쓸었던 평양대부흥운동은 사도행전 이후 가장 강력한 성령의 역사였다.

평양대부흥 그 역사의 현장에 있었던 선교사들은 이구동성으로 자신의 생애 동안 그토록 강력한 부흥과 회개의 역사를 목도하지 못했다고 보고했다. 그 놀라운 부흥의 역사가 한반도 전역을 휩쓸고 있을 때 수많은 사람들이 주님께로 돌아왔다. 성령께서 이들의 심령에 죄를 깨닫게 하시고 이들을 온전히 회심시키셨다. 회심한 이들은 개인 구원에 머물지 않았다. 배움에 대한 갈망으로 가득 찼고, 가족은 물론 친척과 이웃을 주님께로 인도하는 일을 자신들의 사명으로 받아들였으며, 무엇보다 복음의 대 사회적 민족적 책임을 자각하기 시작했다.

여느 부흥운동처럼 평양대부흥운동 역시 개인의 각성이 사회와 민족적 책임 의식으로 이어졌다. 전국에 걸쳐 수많은 학교가 설립되고, 축첩제도가 사라지고 일부일처 결혼제도 정착, 여권 신장, 기독교 세계관 정착, 우상 타파, 남녀 평등사상에 이르기까지 사회적 변혁이 일어났다. 나라와 민족의 미래를 염려하는 엘리트들이 대거 교회로 몰려들었다. 이들은 나라 잃은 설움 속에서도 이 민족에 대한 희망을 포기하지 않았다. 이런 현상은 교파를 초월하여 거의 모든 기독교 공동체에서 발견할 수 있는 전국적인 현상이었다.

기독교는 한국근대화의 원동력이었고 동시에 사회와 민족의 희망이었다. 본래 민족의식이 강했던 이 땅에 평양대부흥운동 이후 민족애와 신앙이 어우러져 놀라운 기독교민족운동이 강하에 일어났다. 김양선의 말대로 "한국의 민족운동 내지 독립운동은 기독교회와 더불어 불가분리의 밀접한 관련을 가지고 있다. 그것은 기독교의 교리는 인간의 존엄과 자유 평등사상을 기본으로 한 것이므로 기독신자들은 개인적으로나 민족적으로나 타민족의 부당한 구속과 압박에 그냥 머물러 있을 수 없기 때문이었다. 그러므로 교회를 통하여 민족정신이 크게 흥기 진작되었고 그것은 다시 독립운동에로 약진되었다."[1]

---

[1] 金良善, 韓國基督敎史硏究 (서울: 기독교문사, 1980), 113.

시드니 알스트롬이 미국종교사(*A Religious History of the American People*)에서 지적한 것처럼 1774년 전후 독립전쟁이 한창 진행되고 있을 때 미국 장로교회는 회중교회와 침례교회와 더불어 미국 독립을 적극 지지하였다. 장로교회 총회장을 지낸 위더스푼(John Witherspoon, 1723 - 1794)은 미국독립운동의 서명자 가운데 한 명이었다.² 정도의 차이는 있지만 한국교회 역시 한국의 독립운동에 직간접으로 적지 않게 공헌했다. 한국의 독립운동사를 보면 앞장선 상당수의 지도자들이 기독교인이었음을 보여주고 있으며 실제로 1910년 해서교육총회 사건, 1911년 신민회 및 105인 사건, 1914년 국민회 사건, 그리고 1919년 삼일운동에 이르기까지 기독교가 그 중심에 있었다.

그 중에서도 한국장로교회는 한국민족운동의 구심점에 있었다. 105인 사건으로 기소된 인물들 중 절대 다수가 장로교인들이었고, 1919년 삼일운동의 서명자 33인 가운데 7명이 장로교 출신이었으며, 그 중 평양신학교 출신이 다섯 명(평신에서 수학했던 이승훈까지 포함할 경우)이나 되었다. 단순히 수적으로만 장로교의 역할을 강조하는 것은 아니다. 선천 신성중학교 교사들과 학생들이 일제에 의해 105인 사건의 요주의 인물들로 낙인이 찍혔고, 평양과 기타 지역에서 장로교회가 기미 삼일독립운동을 전국적인 운동으로 확산해 나가는 일에 중추적인 역할을 감당하였다.

그럼에도 불구하고 한국의 민족운동 및 독립운동사에서 한국장로교회 특별히 평신 출신들의 역할이 제대로 평가를 받지 못하거나 조명을 받지 못했다. 이만열 교수와 윤경로 교수를 비롯한 여러 학자들이 초기 기독교와 민족운동과의 관계를 심도 있게 조명하였다. 특별히 윤경로 교수는 자신의 학위 논문을 통해 신민회와 105인 사건의 정체성을 깊이 있게 밝혔다.³ 하지만 이들의 공헌과

---

² Sydney E. Ahlstrom, *A Religious History of the American People* (New Haven: Yale University Press, 1972), 274-275; Windrup S. Hudson & John Carrigan, *Religion in America* (Englewood Cliffs: Pearson Education, 2004); 배덕만(서울: 성광문화사, 2008), 202-208.

³ 초기 한국기독교와 민족운동과의 관계에 대해 지금까지 많은 연구가 진행되었다. 민경배 교수, 이만열 교수, 윤경로 교수를 비롯한 학자들이 기독교와 민족운동과의 관계를 밀도 있게 조명하여 이 분야에 적지 않은 공헌을 했다. 특별히 윤경로 교수의 노고는 컸다. 윤경로, 105인 사건과 신민회연구 (서울: 일지사, 1990); 윤경로, "신민회와 남강의 경제활동 연구," 남강 이승

기여에도 불구하고 초기 한국교회와 민족운동의 조명 과정에서 한국장로교회의 역할이 제대로 평가되지 못한 면이 있다.[4]

기독교 민족애가 가장 두드러지게 나타난 곳은 바로 평양대부흥이 발흥했던 평양과 "한국의 예루살렘"이라 불리던 선천이었다. "동방의 예루살렘"이라 불리던 평양과 "한국의 예루살렘" 선천 이 두 예루살렘은 평남과 평북의 기독교를 대변했고, 서북기독교의 놀라운 기적을 배태하는 원동력이었다. 토마스의 순교의 피가 흐르는 대동강이 관통하는 평양에 마포삼열(Samuel A. Moffett) 이길함(Graham Lee) 소안론(William Swallen)이 들어가 생명을 내건 복음전파로 평양에는 복음이 놀랍게 확산되었다. 예일대학교 출신 위대모(魏大模, Norman C. Whittemore, 1870-1952), 의료선교사 샤록스(A. M. Sharrocks, 射樂秀), 파크 대학 출신 조지 매큔(George S. McCune, 1872-1941, 윤산온) 선교사가 개척하고 민족운동의 주역 양전백이 이들과 동역하였던 선천에서 복음에 대한 민중들의 반응은 어느 지역보다 더 뜨거웠다. 초기 기록을 보면 복음에 대한 반응은 선천이 평양보다 더 강했다. 그만큼 복음의 결실도 참으로 많았다. 이런 이유로 선천은 평양에 앞서 '한국의 예루살렘'이라는 칭호를 받기에 충분했다.

선천은 양전백, 백낙준, 박형룡, 정석해, 방효원, 방지일 등 헤아릴 수 없이 많은 지도자들을 배출했다. 인재 양성의 배후에는 선교사들과 양전백으로부터 신앙을 전수 받고 애국심과 신앙심을 가지고 제자들을 양성하여 다음 세대의 한국교회 지도자들을 양성하는 일을 감당한 사람들이 있었다. 그 중의 한 명이 강규찬 목사였다.[5] 한학자, 독립운동가, 목회자 강규찬(姜奎燦, 1874-1945)은

훈과 민족운동, 남강문화재단 편 (서울: 남강문화재판출판부, 1988), 74-117. 그러나 한국의 민족운동에 적지 않은 공헌을 한 한국장로교회와 한국민족운동과의 관계가 제대로 부각되지 못한 점이 아쉬움으로 남는다.

[4] 부분적인 연구가 필자에 의해 진행되었다. 박용규, "기미년 3·1운동과 한국장로교회" 총회 100년사, 총회 100년사 편집위원회 편 (서울: 대한예수교장로회 총회, 2006), 479-527.

[5] 강규찬에 대한 자료 부족은 그를 평가·조명하는데 큰 장애가 되고 있다. 다행히 강규찬에 대한 자료가 하나 둘씩 발굴되어 학계에 소개되고 있다. 다음은 근래 필자에 의해 발굴되거나 소개된 자료들이다. 길선주, "평양산정현교회사기," 길진경 편, 영계 길선주 목사 유고 선집 제1집 (서울: 종로서적, 1968); T. Stanley Saltau, Yin Yang Korean Voices (Wheaton: Key

한국근대화와 민족운동에 있어 매우 중요한 역할을 감당했다. 전택부는 강규찬의 생애와 족적을 다음과 같이 예찬했다:

> 또 하나, 강신명 목사가 보고 들은 일이었다. 이미 선천교회 싸움 때 조금 말한 바 있는 강규찬(姜奎燦) 목사에 관한 이야기다. 이 위대한 목회자이며 애국자인 강규찬 목사는 1874년 선천에서 출생하여 16세 때 이미 한시(漢詩) 뿐만 아니라 천문지리에도 능통한 대 유학자가 되었다. 1908년, 즉 그가 35세 되던 해부터 선천신성학교 한문선생이 되어 그의 문하생으로서는 백낙준, 박형룡, 정석해 같은 석학들이 수두룩하

Publishers, 1971); 장로교회신학교요람 1916 (평양: 장로회신학교, 1916), 36; 김요나, 동평양노회사 (서울: 동평양노회, 2003), 1224; 장로교회신학교요람 (평양:장로회신학교 1931), 20; 김인수, 장로회신학대학교 100년사 (서울: 장로회신학대학교, 2002), 143; 김요나, 고향을 묻지 맙시다 (서울: 엠마오, 1987), 102; C. F. Bernheisel, "Report of the Union Christian College, Pyengyang Korea 1920-1921" vol 39, 436; 제 8회 총회록(1919) "평남노회 상황보고," 77; C. F. Bernheisel, "Mourning gives Place to Joy," *KMF* (Dec., 1920), 250; C. F. Bernheisel, "Annual Reports of the Pyengyang Station of the Korea Mission 1919-1920" March 31, 1921; 제 9회 총회록 (1920), "평남노회 상황보고," 79; Helen K. Bernheisel, "Personal Report 1919" *PCUSA Report 1910-1959*, vol 18, 755; C. F. Bernheisel, "The Educational Situation in Pyengyang," *KMF* (Aug., 1921), 162; Helen K. Bernheisel, "Personal Report 1919, 1920," *PCUSA Report 1910-1959*, vol 18, 755; Helen's Letter to Dr. Brown, *PCUSA Report 1910-1959* Vol. 11, 143; Helen's Letter to Dr. Brown, *PCUSA Report 1910-1959* Vol. 10, 408; C. F. Bernheisel's Letter to the Sunday School, First Presbyterian Church, Oklahoma City, Okla, USA, January 9th, 1922; "평양교회 순례를 필하고"(一) 기독신보 1929년 7월 10일 제 709호 4면; "평양교회 순례를 필하고"(二) 기독신보 1929년 7월 17일 제 710호 4면; C. F. Bernheisel "A New Corner Stone at Union Christian College" *KMF* (Sep. 1925), 202; C. F. Bernheisel, Forty-One Years in Korea (Unpublished Personal Manuscrip, 1942), 135; 장로회총회전도국장 강규찬, "재외동포구원문제," 기독신보 1929년 7월 31일 제 712호 4면; "교회순례, 평양교회를 차저서, 산정현교회," 기독신보 1919년 6월 29일; "평양노회 형편", 1927년 제 16회 총회록; "강규찬 목사 은퇴 송창근 부임" 신앙생활 (1933년 6월), 33; 김영혁, 창립 100주년 신성학교사 (서울: 신성학교 동창회, 2006), 581; 신성학교편찬위원회 편, 신성학교사 (서울: 신성학교동창회교사동창회, 1980), 624; 강규찬 편, 진주강씨선천파족보 1939년 38장; 강규찬, "기서: 독대하가강회월보유감" 대한자강회월보 13호(1907년 7월), 55-59; 강규찬, "贈學友 詞藻" 조선야소교장로회신학교 학우회보 제 2호(1923년 6월), 13; 변인서 강규찬, 평양노회지경각교회사기 (평양: 광문사, n.d.); 朴亨龍, 朴亨龍博士著作全集 註釋 牧會書信·傳道書 XVI (서울: 한국기독교교육원구원, 1983); 1940년 장로교 연감 (경성: 조선야소교장로회 총회 교육부, 1940); 김양선, 韓國基督敎史 硏究(서울: 基督敎文社, 1971); 김양선, 解放十年史. 서울: 총회교육국, 1956; 김광수, 韓國基督敎受難史(서울: 基督敎文社, 1978); 장동민, 박형룡-한국 보수신앙의 수호자 (서울: 산림, 2005).

다. 1911년 그 유명한 백오인 사건 때에는 양전백, 이승훈 등과 함께 투옥되어 2년간 복역하였으며, 출옥 후 다시 복직은 되었으나 심한 감시와 압력 때문에 1913년 신성학교를 그만두고 선천북교회 조사가 되었다.

이때부터 그는 제 2의 삶을 영위하기 시작했다. 그는 다시 평양신학교에 입학, 1917년에 졸업하면서 목사 안수를 받았다. 그 뒤 곧 평양 산정현(山亭峴)교회의 목사로 임명받아 목회를 하던 중 3·1운동이 일어났다. 그는 숭덕(崇德)학교 마당에서 열린 군중대회 때 독립선언문을 낭독하고 일대 열변을 토하다가 잡혀 다시 투옥되어 2년간 복역을 했다. 출옥 후 1933년까지 평양산정현교회에서 시무하다가 선천으로 귀향하여 말년을 쓸쓸하게 지냈던 것이다. 그는 1945년 8·15해방을 4개월 앞둔 4월에 선천에서 작고하셨는데, 한 가지 무척 아까운 것은 그가 손수 기록해 두었던 여러 가지 역사기록들과 목회일지, 설교 원고 같은 것을 이제는 하나도 찾을 수 없다는 사실이다. 그 중에서도 그의 "백오인 사건에 관한 수기"는 정말 아깝다.[6]

"위대한 목회자이며 애국자," "한시(漢詩) 뿐만 아니라 천문지리에도 능통한 대 유학자," "그의 문하생으로는 백낙준, 박형룡, 정석해 같은 석학들이 수두룩하다"는 말이 눈에 띤다.

한학자로서의 강규찬은 독보적인 인물이었으며, 민족운동가로서의 강규찬은 1911년 105인 사건과 1919년 삼일운동에 깊이 관여하여 젊은이들에게 민족의식을 고취하고 한국교회로 하여금 민족적 책임의식을 갖도록 촉구하였다. 이와 같은 민족의식은 그가 1917년부터 1933년까지 16년간 산정현교회를 시무하는 동안 산정현교회를 민족운동의 요람으로 만드는 결정적인 원동력이었다.

이 기간 그는 기독교학교운동, 사회계몽운동, 연합운동, 민족운동에 앞장섰고, 산정현교회 조만식이 중심이 되어 추진한 물산장려운동을 막후에서 후원하며 몸소 나라사랑과 기독교 민족애를 실천했다. 특별히 1919년 삼일운동 때는 적극적으로 삼일운동의 선봉에 서서 민족의식을 고취시켜주다 투옥되어 14개

---

[6] 전택부, 토박이 신앙산맥 3권 (서울: 대한기독교출판사, 1992), 172-173.

평양장로회신학교 졸업시절 강규찬

강규찬은 105인 사건으로 풀려난 직 후 1913년 봄 바로 평신에 입학하여 1917년 졸업하였다.

월간 서대문 감옥에서 옥살이를 하였고, 출옥 후에는 산정현교회를 민족운동의 요람으로 만들었다.

그의 생애는 공교롭게도 일제의 대한 침략기와 정확히 맞아 떨어졌다. 강규찬은 강대국들의 개항 압력이 거세지던 1874년 8월 15일(음) 부친 강원복(姜元福)과 모친 박무사(朴無嗣) 사이에 선천에서 출생했다. 자(字)는 내문(乃文)이고 호는 낙춘(樂春) 또는 하은(荷恩)이다.[7] 강규찬의 어린 시절에 대해서는 거의 알려져 있지 않았다. **창립 100주년 신성학교사**에는 "어려서부터 한학을 익혀 한학자(漢學者)로서의 명성이 높아, 1908년 신성학교 교사로 부임하기 전에는 주로 지방의 서당과 여러 학교에서 한학을 가르쳤다"[8]고 기록하고 있다.

어린 시절 강규찬은 당시 여느 소년들처럼 서당에서 한학을 배우고 한문교육을 받았다. 한학에 대한 그의 관심은 남달랐고, 자연히 젊은 시절부터 한학에 일가견이 있는 인물로 인정받기 시작했다. "중국 고전을 완전히 통달"하고, 복잡한 중국 고사성어(故事成語), 논어나 맹자 그리고 다른 중국 성인들의 어록을 늘 암기했다.[9] 22세부터 지방의 서당과 여러 학교에서 한학을 가르쳐

---

[7] 1939년(소화 十四년) 그가 저술한 **전주 강씨 선천파 족보**에 따르면 강규찬의 아내는 박영찬(朴永燦)이다. 언제 결혼했는지는 정확히 알 수 없지만 첫 아들 대주(大疇)가 1898년 4월 1일에 출생한 것으로 보아 적어도 강규찬이 약 23세인 1897년경에 결혼한 것으로 보인다. 당시 그의 아내 박영찬은 1877년 10월 8일 생으로 만으로는 20세로 강규찬 보다 3살이 어렸다. 불행히도 그녀는 52세 되던 1929년 6월 3일 평양에서 세상을 떠났다. 강규찬은 자신의 아내 박영찬의 묘지가 宣川 新府面 農建里 柳洞 小鏡峴 私立 墓地(족보 49쪽)라고 밝히고 있다. 족보에 나타난 그의 가족관계는 다음과 같다. 강규찬은 박영찬과 사이에 7남매를 낳았다. 이들 7남매 중 딸 도성과 아들 도일만 장성했고 나머지 자녀들은 일찍 세상을 떠났다. 음력 1898년 4월 1일 출생한 첫 아들 대주는 4세 때, 이어 태어난 딸은 2살 때, 둘째 아들 재주(載疇)는 여섯 살 때, 둘째 딸은 6개월만에 세상을 떠났다. 다섯째 자녀가 1905년 1월 15일 출생한 딸 도성(道成)이다. 도를 이룬다는 뜻으로 매우 종교적인 의미를 담고 있다. 아마도 강규찬은 적어도 이 때는 독실한 그리스도인이었던 것으로 보인다. 첫 네 자녀를 잃은 슬픔 속에서 그가 주님을 만났는데, 주님을 만난 후에 일련의 자녀를 잃는 슬픔을 경험했는지 알 수 없지만 첫 4자녀를 잃는 사건은 강규찬에게 더욱 더 주님을 의지하도록 만드는 계기가 되었을 것으로 보인다. 1911년 4월 16일 아들 도일(道一)이 출생했다. 진리는 하나라는 구원의 종교 기독교를 표현한 것으로 보인다. 강규찬은 아내 박영찬이 세상을 떠난 후 1895년 2월 13일 생 임중휘와 재혼하였다.

[8] 김영혁, **창립 100주년 신성학교사** (서울: 신성학교 동창회, 2006), 111.

[9] T. Stanley Saltau, *Yin Yang Korean Voices* (Wheaton: Key Publishers Inc., 1971), 68.

오다 35세 되던 1908년 신성학교 한문교사로 부임했다.[10] 다음은 강규찬이 1912년 1월 25일 일경(日警) 앞에 밝힌 자신의 이력이다 :

> 원래 나는 어렸을 때부터 24세까지 한문을 배웠고 농업을 하였으며, 23세 때 부터 24세까지 철산에서 서당을 열었으나 30세까지 농업을 하였으며, 또 31세부터 33세까지 철산군 영천에서 서당을 열었고 그로부터 35세까지 의천 가물암 소학교 교사로도 있었으며, 35세 되던 해 가을부터 지금까지 신성중학 교사로 근무하고 있다.[11]

위 기록에 있는 대로 그가 신성학교 교사로 부임한 것은 1908년 35살 때였다.[12] 그가 1912년 1월 일경 앞에서 7년 전에 장로교회에 입교했다고 고백한 것을 고려할 때 그가 예수를 믿기 시작한 것은 러일전쟁이 끝난 1904년 혹은 을사늑약이 체결된 1905년으로 여겨진다. 당시 세례를 받아야 입교했던 것을 고려할 때 실제 그가 주님을 믿기 시작한 것은 이 보다 약간 더 앞설 것으로 여겨진다. 아마도 1903-4년경부터 교회에 출석한 것으로 보인다.

강규찬이 신성학교에 부임할 때는 신성학교는 불과 3년의 역사를 가진 학교였다. 신성학교는 선천에 복음이 전해지면서 양전백이 김석창 노창권과 함께 1906년 7월 선천북교회당에서 처음 설립한 기독교 학교였다.[13] 초기 신성중학교에 입학하는 입학생들은 최소자가 20세였고 연장자의 경우 25세가 넘었으며, 교복과 교모도 없었고 이들 모두 한복 차림으로 삭발한 사람들이었다. 1909년과 1910년에 각각 9명의 졸업생을 배출하면서 기독교 정신을 가진 지도자들을

---

[10] 신성학교 동창회, 信聖學校史 (서울: 신성학교동창회, 1980), 69.
[11] "강규찬 신문 조서 (제 1회)" 한민족독립운동사자료집 3 (서울: 국사편찬위원회, 1987), 116.
[12] 김영혁, 창립 100주년 신성학교사, 104. 강규찬이 신성학교에 부임한 연도도 1908년인지 1909년인지 불확실하다. 35세를 보통 나이로 계산하느냐 아니면 만으로 계산하느냐에 따라 다르다. 일반적으로 당시 나이를 만으로 말하지 않았던 것을 고려할 때 그의 나이 35세는 1908년으로 사료된다. 만으로 계산할 경우는 1909년이다. 그렇다면 강규찬은 1908년 가을 신성학교 교사로 부임한 것으로 보인다. 신성학교사에는 강규찬이 1908년부터 1913년까지 봉직한 것으로 기록되어 있다.
[13] 신성학교 동창회, 信聖學校史, 35.

배출하기 시작했다. 신성학교 초대교장은 위대모(1906-1909)였고, 2대 교장은 윤산온(1909-)이었다.

강규찬이 신성학교 교사로 부임했을 때 그 학교 교사진은 교장 윤산온을 제외하곤 모두 한국인이었다. 물리 화학 국문법은 숭실중학 졸업생 곽태종, 수학과 기하학은 선우혁(鮮于爀), 성경은 홍성익, 길진형, 한문과 작문은 강규찬, 일어에 임상혁, 법학통론에 최용화(崔容華), 체조에 신효범, 구약사와 부기에 윤산온, 사무처 총무에 장시욱(張時郁)이었다. 위대모, 윤산온, 양전백으로 이어지는 정통 장로교 신앙과 민족독립정신의 이상은 신성중학교에 그대로 반영되었다. 1908년 강규찬의 신성중학교 교사로의 부임은 신성중학교의 이상과 정확히 맞아 떨어졌다. 그것은 강규찬이 이미 한시와 한학에 깊은 조예를 갖고 민족정신의 중요성을 어릴 때부터 훈련받고, 젊어서는 자강회와 신민회에 적극합류하며 일제의 한국 찬탈에 맞서 독립운동을 활발하게 전개하던 인물이었기 때문이다.

교사로 자신의 민족적 책임을 기독교 정신 속에 구현하며 교사직에 충실하던 강규찬은 1911년 10월 12일 소위 105인 사건으로 동료 교사 7명, 20명의 학생들과 함께 구속되었다. 놀라운 세력으로 발흥하는 한국교회를 제거하기 위해 일제가 1911년 데라우치 총독 살해 음모 사건을 조작한 후 윤치호 이승훈을 비롯한 기독교 민족지도자 105인을 구속하였을 때 강규찬은 선우혁, 곽태종, 홍성익 등 다른 신성학교 동료 교사들과 함께 체포되어 서울로 압송되어 감옥에 투옥되었다. 강규찬은 1심에서 6년을 선고받았다 2심에서 무죄를 언도받고 1913년 풀려난 후 신성중학교 교사로 복직했지만 일제로부터 유무형의 핍박을 받아야 했다. 그는 일제의 집중적인 감시로 더 이상 신성학교 교사로 봉직할 수 없었다. 그가 평양신학교를 졸업하고 목회자의 길로 들어선 것도 그 때문이었다. 하지만 그 부르심은 거룩한 소명이었고, 그는 그 부르심에 합당하게 성공적으로 목회사역을 감당했다.

강규찬이 한국교회에 남긴 족적 가운데 그의 목회사역은 그가 한국교회에 남긴 소중한 사역 가운데 가장 빛나는 공적이었다. 그것은 그가 가장 큰 교회를 이룩했기 때문이 아니라 1917년부터 1933년까지 16년이라는 목회 사역 동안

민족과 함께 고난 받던 시절 강규찬의 모습

자신이 시무하는 산정현교회를 복음 본연의 사명을 한국에서 가장 충실하게 감당하는 대표적인 교회로 성장시켰기 때문이다. 이 기간 동안 산정현교회는 복음의 순수성계승과 복음전파의 사명은 물론 복음의 대 사회적 민족적 책임 구현을 통해 한국교회와 민족을 깨우는 역할을 충실히 감당했다.[14] 1919년 3·1독립운동, 물산장려운동, YMCA, 기독교학교운동, 유치원과 유치원 사범과 설립, 조선일보운영, 그리고 신사참배반대운동은 대표적인 사례라고 할 수 있다.

물론 이 모든 공적의 배후에는 변함없이 산정현교회를 섬기며 보호막 역할을 했던 번하이젤(Charles F. Bernheisel, 편하설)과 그의 아내 헬렌 컥우드(Helen Blauvelt Kirkwood) 선교사 부부가 있었다. 또한 강규찬의 리더십을 존중하며 그와 한 뜻으로 복음 본연의 사명을 충실하게 감당했던 산정현교회 당회와 교우들이 있었다. 이들의 헌신적인 지원과 협력이 없었다면 산정현교회의 그 같은 영광은 불가능했을 것이다.

강규찬이 1917년부터 1933년까지 시무하는 기간 동안 산정현교회는 평양만 아니라 전국교회의 모델이었다. 1906년 설립되어 평양대부흥운동을 경험하고 1910년 한일합병, 1911년 105인 사건, 1919년 3·1독립운동, 그리고 일제의 신사참배 강요에 이르기까지 일제의 식민 통치하 고난의 시절 산정현교회는 사회와 민족을 가슴에 품고 복음 본연의 사명을 충성스럽게 감당하며 한국사회와 민족을 깨웠다. 이 기간 산정현교회는 복음의 대 사회적 민족적 책임을 너무도 훌륭히 감당했다.

본서는 총 10장으로 구성되었다. 서문으로 소열도 선교사가 남긴 "학자적인 철학자 강규찬"을 실었다. 이 글은 강규찬과 함께 동역하였던 외국 선교사 소열도(T. Stanley Saltau)가 그와 교제하며 직접 경험한 강규찬의 모습을 잘 담아내고 있다. 서론에서는 강규찬에 대한 개략적인 소개와 본서의 구성을 소개하였다.

1장에서는 "한학자로서 낙춘 강규찬"을 기술하였다. 여기서는 신성학교에서 한문과 작문을 교수하며 학생들에게 학문적인 도전과 민족의식을 일깨워주었

---

[14] 박용규, 한국교회와 민족을 깨운 평양산정현교회 (서울: 생명의말씀사, 2006), 98-164를 참고하라.

던 한학자로서의 강규찬의 면모를 살펴보았다. 그가 남긴 1907년 "대한자강회 유감", 박형룡의 전도서 주석에 인용된 강규찬의 한시, 그가 저술한 진주 강씨 족보를 포함한 그가 남긴 논고들을 집중적으로 다루었다.

2장 "강규찬과 기독교 민족운동의 요람, 선천 신성학교(1908-1913)"에서는 강규찬과 신성학교와의 관계를 조명했다. 강규찬과 선천지역의 이해를 돕기 위해 선천지역복음화와 신성학교 설립의 역사적 배경에 초점을 두었다.

3장 "105인 사건과 선천신성학교(1911-1913)"에서는 대한자강회와 신민회의 일원으로 민족의식이 투철했던 강규찬이 신성학교 교사로 부임한 지 3년 후 1911 10월 105인 사건을 만나 다른 동료 교사들과 학생들과 함께 구속되어 극심한 고난을 받으며 기독교 민족애를 가슴에 품었던 일련의 과정을 추적하였다.

4장 "목자로의 소명과 준비"(1913-1917)에서는 일제의 감시로 강규찬이 신성학교 교사를 사임한 후 사역자로 부름을 받고 산정현교회에 부임하기 전까지 강규찬의 목회 준비 과정을 연구하였다.

5장 "강규찬의 평양산정현교회 부임(1917-1919)"에서는 강규찬이 1917년 2대 목사로 평양산정현교회에 부임하고 1919년 3·1독립운동이 일어나기 전까지 2년간의 초기 목회사역을 집중 조명하였다.

6장 "3·1독립운동과 강규찬(1919-1920)"에서는 강규찬이 3·1운동이라는 거대한 민족적 사건에서 어떤 역할을 했는지를 연구하였다.

7장 "산정현교회와 물산장려운동"에서는 조만식, 김동원, 오윤선 등 산정현교회 당회원들이 중심이 되어 출발한 애국적 민족운동인 물산장려운동이 전국적인 운동으로 확산되는 역사적 과정을 집중적으로 고찰하였다.

8장 "산정현교회와 사회적 책임(1920-1933)"에서는 산정현교회가 어떻게 대 사회적 민족적 책임을 구현하는가를 다루었다. 여기서는 강규찬이 삼일운동 이후 어떻게 산정현교회를 한국에서 가장 영향력 있는 교회 가운데 하나로, 사회적 책임의 신실한 모델로, 그리고 기독교민족운동의 요람으로 만들었지 일련의 과정을 자연스럽게 조명하였다. 강규찬이 산정현교회 목회가 절정에 달할 때 후임을 준비하고 아름답게 세대교체를 마무리하는 과정도 다루었다.

9장 "강규찬의 후기 선천읍교회 목회 사역(1933-1945)"에서는 강규찬이 산정현교회를 사임한 후 1933년 고향 선천으로 내려가 선천읍동교회, 선천봉동교회, 그리고 모교회인 선천읍북교회를 섬기는, 그의 말년의 목회 사역을 집중 조명하였다.

10장 "강규찬과 주변 인물들"에서는 강규찬에게 영향을 미치거나 그로부터 영향을 받은 주변 인물들을 살펴보았다. 이 중에는 위트모어, 조지 매큔, 번하이젤, 양전백, 이승훈, 조만식과 김동원, 박형룡, 백낙준 등이 포함되었다.

마지막 맺는말에서는 본 연구를 통해 발견된 몇 가지 중요한 결론들을 기술하였다.

1장
한학자(漢學者)로서 강규찬(姜奎燦)

> 강규찬 목사는 한학자였다. 그는 중국 고전을 완전히 통달하고 있었는데 그것은 그가 복잡한 중국 고사성어(故事成語)를 암기할 뿐만 아니라 그들의 고대 철학과 윤리규범이 한국인의 삶과 문화에 강하게 영향을 미쳐 온 논어나 맹자 그리고 다른 중국 성인들의 어록을 늘 암기했기 때문이다.
>
> 소열도(T. Stanley Saltau) 선교사

　　중국과의 원활한 문화교류가 이루어지던 시대 어느 정도 한문을 알고 중국어를 구사하는 것은 대단한 일은 아니었다. 언문이 터부시되고 한문이 지식인을 대변하는 그 시대 대부분의 사람들에게 정도의 차이는 있지만 어느 정도 한학에 대한 식견들이 있었기 때문이다. 그런 시대에도 탁월한 한학 실력으로 특별히 명성을 날린 학자들이 있었다. 양전백이 그런 인물이었다.
　　양전백 외에도 기독교 계 안에서 뛰어난 한학실력으로 인정을 받은 사람이 강규찬이었다. 그는 어린 시절부터 한학을 체계적으로 배웠다. 그가 얼마나 강도 높은 한학 훈련을 받았는지는 정확히 알 수 없지만 신성학교사에 의하면 16세가 되기까지 한문공부를 한 것으로 알려졌으며 한시에 능했다고 한다. 강규찬은 "어려서부터 한학을 익혀 한학자(漢學者)로서의 명성이 높아, 1908년에 신성학교 교사로 부임하기 전에는 주로 지방의 서당과 여러 학교에서 한학을 가르쳤다."[1] 강규찬이 신성중학교에서 가르친 과목도 한문과 작문이었다. 그가 한학에 뛰어났다는 증언은 여러 곳에서 찾을 수 있다. 1933년 6월 김인서는 신앙생활에 강규찬의 퇴임을 알리면서 강규찬에 대해 이런 평가를 내렸다:

> 왕년(往年)의 여(余) 당(唐) 태종(太宗) 때에 중국(中國)에서 처음 전도(傳道)한 고적(古蹟)인 경교비문(景敎碑文)을 어더본 즉(則) 난해(難解)의 구절(句節)만키로 그것을 강목사(姜牧師)에게 무른 즉 자자구구(字字句句)의 고문출처(古文出處)를 설명(說明)함을 듯고 비로서 옹(翁)이 한문(漢文)의 거벽(巨擘)임을 아럿습니다. 옹(翁)은 향리(鄕里) 선천(宣川)에 퇴로(退老)하신다 하니 언제 다시 그 古文을 드러 보리오.[2]

중국의 경교비는 오래되어 한학에 뛰어난 학자라도 배경 지식이 없다면 쉽게 풀어낼 수 없을 정도로 해석하기가 난해하다. 그 비문에 담겨진 함축된 의미를 풀어내기 위해서는 단순히 한문 실력만 있어서는 안 되고 신학적인 배경과 역사적인 배경이 동시에 요구되는 것은 당연하다. 강규찬이 "자자구구의 고문출처를 설명"했다는 김인서의 증언은 그만큼 그가 한학, 신학, 역사에 탁월한 식견을 갖추었음을 보여준다.

강규찬이 탁월한 한학자였다는 사실은 선교사들의 기록에서도 찾을 수 있다. 선교지 한국에서 강규찬과 가까이 교제를 나누었고, 후에 강규찬에 대한 기록을 남긴 소열도(T. Stanley Saltau) 선교사 역시 인양(*Yin Yang Korean Voices*)에서 강규찬에 대해 이렇게 증언한다:

> 강규찬 목사는 한학자였다. 그는 중국 고전을 완전히 통달하고 있었는데 그것은 그가 복잡한 중국 고사성어(故事成語)를 암기할 뿐만 아니라 그들의 고대 철학과 윤리규범이 한국인의 삶과 문화에 강하게 영향을 미쳐 온 논어나 맹자 그리고 다른 중국 성인들의 어록을 늘 암기했기 때문이다.[3]

---

[1] 김영혁, 창립 100주년 신성학교사 (서울: 신성학교 동창회, 2006), 111.

[2] 欺翁欺敎會 進退禮讓間 "평양통신", 신앙생활 (1933년 6월), 33.

[3] T. Stanley Saltau, *Yin Yang Korean Voices* (Wheaton: Key Publishers Inc., 1971), 68.

소열도의 위 증언은 강규찬이 "중국고전" "중국고사성어" 중국의 고대 철학, "논어 맹자 그리고 다른 중국 성인들의 어록"에 대해 해박한 지식을 갖고 있을 뿐 아니라 관련 배경지식이 탁월했음을 보여준다.

문제는 강규찬의 탁월한 한학 실력과 관련된 여러 증언에도 불구하고 실제로 이를 뒷받침할 수 있는 자료들이 많지 않다는 사실이다. 다행히 필자는 비록 단편적이기는 하지만 지난 수년 동안 강규찬이 남긴 몇 편의 논고들과 저술들을 발굴할 수 있었다. 이 원고들은 단순히 강규찬의 한학실력만 아니라 그가 갖고 있는 민족의식을 읽어낼 수 있다는 점에서 매우 의미가 크다 할 수 있다. 그가 남긴 기록을 통해 한학자로서의 강규찬만 아니라 강규찬의 국가관, 가정관, 신앙관을 탐구할 수 있다. 본장은 강규찬이 남긴 "기서(奇書):독대한가장회월보유감(讀大韓自彊會月報有感)," 평양장로회신학교 학우회보(學友會報)에 실린 "사조(詞藻)," 박형룡의 전도서 주석에 인용된 강규찬의 한자성시(漢字聖詩), 그리고 1939년 그가 저술한 진주강씨선천파족보(晋州姜氏宣川派族譜)에 담겨진 "강씨가훈(姜氏家訓)"을 통해 한학자로서의 강규찬을 고찰하는데 그 목적이 있다.[4]

1. 기서(奇書): 독대한자강회월보유감(讀大韓自彊會月報有感)

대한자강회는 1906년 4월 국민계몽단체로 국민교육을 강화하고 국력을 배

---

[4] 姜奎燦, "奇書:讀大韓自彊會月報有感," 大韓自彊會月報 第13號(1907. 7), 55-57; 樂春 姜奎燦 "詞藻-贈學友," 朝鮮耶蘇教長老會神學校 學友會報 2號 (1923년 6월), 13; 朴亨龍, 朴亨龍博士著作全集 註釋 牧會書信·傳道書 XVI (서울: 한국기독교교육원구원, 1983), 265-409; 姜奎燦, 晋州姜氏宣川派族譜(宣川: 福音印刷所, 1939). 이 외에도 본장에서는 직접 인용하지 않았지만 변인서, 강규찬, 김선두 平壤老會地境各教會史記(평양: 주식회사 광문사, 1925) 역시 한학자 강규찬의 흔적을 잘 읽어낼 수 있는 작품이다. 강규찬이 김선두, 변인서와 공동으로 저술한 이 책은 1929년에 출간된 車載明의 朝鮮예수教長老會史記 上 (京城: 新門内教會堂, 1928) 보다 3년 앞서 출간되었다. 두 책의 체제나 구성이 상당히 유사한 것으로 미루어 볼 때 차재명이 朝鮮예수教長老會史記를 저술할 때 변인서, 강규찬, 김선두의 平壤老會地境各教會史記 체제를 상당히 참고한 것으로 여겨진다. 번역을 도와준 남철매 학생(북화대중문과 졸)에게 감사한다.

양하여 독립의 기초를 다질 목적으로 윤효정(尹孝定)·장지연(張志淵)·나수연(羅壽淵)·김상범(金相範)·임병항(林炳恒) 등이 1905년 5월 이준(李儁)이 조직한 헌정연구회(憲政硏究會)를 확대 개편하여 발족한 단체이다.[5] 대한자강회가 한 여러 활동들이 있었지만 교육기관을 증설할 것을 주장하고 고종황제의 퇴위를 반대했으며, 일진회를 강하게 성토한 것은 대표적인 활동 내용이다.

대한자강회는 경성에 본부가 있었고 전국에 25개소 지회가 있었다. 대한자강회의 성격은 1906년 4월 2일 황성신문에 실린 "대한자강회취지문(大韓自彊會趣旨文)"에 잘 나타나 있다.:[6]

> 무릇 나라의 독립은 오직 자강의 여하에 달려 있는 것이다. 우리 대한이 종전에 자강의 방도를 강구치 아니하여 인민이 스스로 우매함에 갇히고 국력이 스스로 쇠퇴하게 되었고 나아가서 금일이 험난한 지경에 이르렀고 외국인의 '보호'까지 받게 되었다. 이것은 모두 자강의 방도에 뜻을 두지 않았기 때문이었다. 아직도 구습을 버리지 않고 자강의 방도를 강구하는데 힘쓰지 않으면 끝내는 멸망함에 이르게 될 뿐이니 어찌 금일에 그칠 뿐이겠는가! ... 이제 우리 대한은 삼천리 강토가 무결하고 이천만 민족이 자재하니 참으로 능히 자강에 분발하여 힘써 단체를 만들고 모두 단결하면 오히려 가히 부강의 전도와 국권의 회복을 바라볼 수 있는 것이다. 금일에 당하여 어찌 분발을 서두를 때가 아니리요! 그러나 자강의 방도를 강구하려 할 것 같으면 다른 곳에 있지 않고 교육을 진작하고 산업을 일으키는데 있으니 무릇 교육이 일어나지 않으면 민지(民智)가 열리지 않고 산업이 일어나지 않으면 국부(國富)가 증가하지 못하는 것이다. 그러한 즉 민지(民智)를 열고 국력을 기르는 길은 교육과 산업의 발달에 달려 있다고 아니할 수 있겠는가! 교육과

---

[5] 대한자강회 임원 조직은 회장 1명, 부회장 1명, 평의원 20명, 간사원 20명, 일본인 고문 1명의 임원을 규정하고, 1906년 4월 회장 윤치호 (尹致昊), 고문 오가키 다이부 [大垣大夫], 평의원 10명, 간사원 10명을 추대하였고 그해 9월 나머지 임원을 보선하였다. 대한자강회 회원은 임원 2명 이상의 보증과 추천을 받아야 입회가 가능하였고, 지회는 동지 30명 이상을 확보하고 그 지역에 대한 보증을 서야 활동할 수 있었으며 1907년 5월 전국 25개소에 이르렀다.

[6] "대한자강회취지문," 황성신문 1906년 4월 2일. http://cafe.naver.com/killhistory.cafe?iframe_url=/ ArticleRead.nhn%3Farticleid=1424 .

산업의 발달이 곧 자강의 방도임을 알 수 있는 것이다. 그러나 만일 이 자강의 목적을 관철하기를 바랄진대 부득불 먼저 그 국민의 정신을 배양하여 단군 기자 이래 4천년 한국의 정신으로 2천만 모든 사람의 정신 속에 흐르도록 하여 한번 숨을 들이고 내쉬는 시간에도 자기 나라의 정신을 잊지 않게 만든 연후에야 바야흐로 자강의 마음을 단련하고 국권회복의 활기를 만들게 될 것이니 안으로 조국의 정신을 기르며 밖으로 문명의 학술을 흡수함이 곧 오늘날 시국의 급무일새, 이것이 자강회를 발기하는 이유이다. 우리 전국의 뜻 있는 이 여러분은 누가 비분강개하지 않으며 누가 국권회복의 뜻을 갖지 않은 이 있겠는가? 청컨대 주저하지 말고 이 혈성을 같이 하여 더욱 자강함에 분발하여 국권회복의 길에 매진하면 곧 대한 독립의 기초가 반드시 여기에 세워지리니 이것이 어찌 전국의 행복이 아닐 수 있겠는가.

발기인: 장지연, 심의성, 윤효정, 임진수, 김상범[7]

대한자강회는 서울의 본회가 중심이 되어 활동했으며, 일반 대중들을 계몽할 목적으로 이들을 대상으로 정기적으로 연설회를 개최하고 정부에 건의안을 제출하였다. 이들이 정부에 제출한 건의안으로는 "학부교과서 편집문제, 의무교육실시, 사범학교 설립, 사립학교 연락건, 조혼금지, 부동산 매매시 증명서 첨부, 교육기관증설 및 시설확대, 악질적인 봉건주의 폐습 일소, 색의(色衣)를 입고 단발(斷髮)을 실천할 것" 등이 있었다. 연설회 외에도 "식산흥업(殖産興業)의 필요성, 국가재원 증진책, 황무지개척, 일제 황무지개척의 의도, 임업의 필요성, 토지개량의 필요성, 종자개량 등에 대한 계몽운동"[8]을 활발히 전개하였다.

대한자강회는 국민계몽을 전개하면서 항일운동으로 발전하는 데는 한계가 있었다. 그것은 이들이 추진한 국민계몽과 건의안이 일본인 고문이 참여한데다 법의 한도 내에서 활동하다보니 배일성이 약해 큰 성과를 거두지 못했기 때문이다. 하지만 국채보상운동 이후 적극적인 현실참여운동을 전개하면서 상황이

---

[7] "대한자강회취지문(大韓自彊會趣旨文)," 황성신문 1906. 4. 2..
[8] http://100.naver.com/100.nhn?docid=46145

달라졌다. 1907년 고종 황제의 퇴위와 순종 황제의 즉위를 반대하는 국민운동을 전개하고 친일매국단체 인 일진회(一進會)를 성토하였으며 자립과 자강을 강조하는 등 계몽운동을 넘어 독립정신을 고취하였다. 대한자강회의 적극적인 현실 참여운동을 못마땅하게 생각한 통감부는 1907년 7월 27일부로 공포된 보안법 제2조의 규정을 적용하여 그해 8월 21일 강제 해산시켰다. 대한자강회가 해산된 뒤 이들이 중심이 되어 1907년 11월 10일 대한협회를 조직했다.[9]

강규찬이 기고한 대한자강회월보는 1906년 7월 31일 창간된 대한자강회의 회지(會紙)로 월간으로 강행했으며, 김상범(金相範)이 편집인 겸 발행인이었다. 이 잡지는 애국계몽기의 가장 강력한 애국단체의 하나인 대한 자강회의 기관지이다. "대한자강회의 취지에 따라 내외의 학문과 소식을 전달하고, 연설과 소설 등을 실어 민중세력의 지식계발을 꾀하였다. 그러나 1907년 송병준(宋秉畯)이 내무대신이 되면서 치안방해라는 구실로 자강회를 해산시키는 바람에 그 해 7월 25일 제13호를 마지막으로 종간되었다."[10] 창간 1년 만에 독립정신을 고취시키며 국가의 자강의 필요성과 중요성을 계몽하는 일에 앞장서자 일제의 의해 강제 폐간된 것이다.

대한자강회월보에 실린 강규찬의 논고는 1907년 7월 대한자강회월보 제 13호에 기고한 것으로 강규찬의 초기 사상을 읽어낼 수 있는 귀한 글이다.[11] 여기에 나타나는 강규찬의 민족의식, 신앙인들이 중심이 되어 참여했다는 사실, 대한자강회가 강조하고 있는 자강의 중요성을 강조하며 대한자강회 활동에 적극참여하고 있었다는 사실, 엄선된 글들만 대한자강회에 수록했다는 사실로 미루어 볼 때 강규찬은 대한자강회 회원으로 적극적으로 활동했던 것으로 보인다. 폐간되는 마지막 13호에 강규찬의 글이 실렸다는 점은 더욱 거기에 대한 가능성을 더해준다. 비록 짧은 원고지만 기서 형식으로 실린 이 글에서 강규찬의 민족정신과 애국정신을 그대로 읽을 수 있다. "기서: 대한자강회월보유감" 제목으로

---

[9] http://100.naver.com/100.nhn?docid=46145
[10] Ibid.
[11] 姜奎燦, "奇書:讀大韓自彊會月報有感," 大韓自彊會月報 第 13號 (1907. 7), 55-57. 필자는 강규찬에 관한 기록을 추적하다 이 자료를 연세대학교 중앙도서관 국학자료실에서 찾아냈다.

실린 그의 원고 전문은 다음과 같다:

기서(奇書):독대한자강회월보유감(讀大韓自彊會月報有感) - 강규찬
오호(嗚呼)라 세유허다사회(世有許多社會)나 숙약 대한자강회지[의](孰若 大韓自强會之) 천신만간(千辛萬艱)이며 복유허다서적(復有許多書籍)이나 숙약(孰若) 대한자강회월보지[의](自强會月報之) 고규절촉야(苦叫切囑耶)아 수천재의뢰지방(數千載依賴之邦)에 자자(自字)를 초창(初唱)하며 이천만유치지민(二千萬幼穉之民)에 강자(强字)를 시식(始植)하니 무혹호문자지[의](無惑乎聞者之) 해이실위사민지복음(駭異實爲斯民之福音)이라. 대저(大抵) 금일아한지경우(今日我韓之境遇)가 이종가비자(二種可悲者)하니 일왈상살지화(一曰相殺之禍)오 이왈노예지액(二曰奴隷之厄)이니 개불능자강지소치야여(皆不能自强之所致也歟)산져 약논상살지화칙외모내/비방어미예(若論相殺之禍則外侮內罪防禦未豫)하야 간뇌도지와(肝腦塗地)와 흉년기세에대소불휼(凶年饑歲에大小不恤)하야 전우구학은최가잔혹(塡于溝壑은最可殘酷)이나 비년년소유자니고물거론(非年年所有者니姑勿擧論)하고 이목전지참(以目前之慘)으로 언지(言之)라도 사수급기영등(死囚及棄嬰等)과 당도여투흥반폐(黨盜與鬪鬨般弊)에 원결숙초(怨結宿草)하며 혈천상망자이태무허일(血濺霜芒者이殆無虛日)이오. 기혹유와석이종신자(其或有臥席而終身者)라도 문기수병지원칙거개숭어동류상잔지폐야(問其受病之源則擧皆崇於同類相殘之弊也)니 여관리지횡침과도박탕산과주사연관(如官吏之橫侵과賭博蕩産과酒肆烟舘)과 과무격부장지사용의지류(巫覡符章과地師庸醫之類)에 편재해생자(騙財害生者)를 지불승굴이난왈비아(指不勝屈而難曰非我)이나 정인(挺刃)이 하이(何異)오 이천만 동포(二千萬同胞) 중에 내년사거자(每年死去者)가 대략(大約) 백만이사부득기명자(百萬而死不得其命者)가 십지칠팔(十之七八)이니 인언감상(忍言感傷)가 욕보아성명(欲保我性命)인되 자강(自强)을 급선도(急先圖)하소서.
약이노예지액언지칙린강(若以奴隷之厄言之則隣强)에 수제(受制)와 세계지기반(世界之羈絆)은상의물론(尙矣勿論)하고 역내정형(域內情形)을 나감목조(那堪目眺)아 관지어민(官之於民)에 어육이시지(魚肉而視

之)하며 부지어처(夫之於妻)에 우마이대지(牛馬而待之)하야 동표상수(同胞相讎)와 골육상잔(骨肉相殘)을 여탕랑지어이작(如螳螂之於異鵲)타가 경부지협탄자지근수기후(竟不知挾彈者之跟隨其後)하니 기비아자초아욕탈아기반(豈非我自招아欲脫我羈絆)인되 자강(自强)을 권상면(勸相勉)하소셔. 비부(悲夫)라 자강지도불전(自强之道不傳)으로 화액(禍厄)이 천진(荐臻)하야 불과시팔만이천방영리지 일편소반도국(不過是八萬二千方英里之一偏小半島國)에 세소살인(歲所殺人)이 소불하십만급(少不下十萬級)이오 기여고보존잔천자도속박어타인지겸륵(其餘姑保存殘喘者도束縛於他人之拑勒)하야 범소동작(凡所動作)이 무비희생지역(無非犧牲之役)이니 약불자신(若不自新)이면 유유세월(悠悠歲月)에 차한하극(此恨何極)고 종저어시멸내기(終底於澌滅乃己)니 기비암연이하루자호(豈非黯然而下淚者乎)아 시이(是以)로 유지제군자(有志諸君子)이 민서닉지참화(悶胥溺之慘禍)하야 쇄심혈어당국이합성차회(灑心血於當局而合成此會)하고 간행차보(刊行此報)하야 이대경시지종(以代警時之鍾)하니 건필고정이정문일침(健筆苦情이頂門一針)이로다. 기이교육식산지실무(其以敎育殖産之實務)로 로순순유액(諄諄誘掖)하야 개도시민(開導斯民)은 정녕시벽력화중(丁寧是霹靂火中)에 일편청량운지기상(一片淸凉雲之氣像)이오 회복독립지목적(恢復獨立之目的)으로 척척고거(嘖嘖高擧)하야 벽파구습(劈破舊習)은 바불호홍수도천(彷佛乎洪水滔天)에 부착룡문산지수단(斧鑿龍門山之手段)이라. 시취자(使醉者)로 맹연이성(猛然而醒)하며 유자(儒者)로 곽연(霍然)이 립하야 만회사천재조국혼어풍상위미지여자(挽回四千載祖國魂於風霜萎靡之餘者)이 식재어차(寔在於此)하니 불독차보자(不讀此報者)는 기어국민지의무(其於國民之義務)와 자기지전정(自己之前程)에 내약하재(奈若何哉)오 이여목석완정(以余木石頑情)으로도 불무경규지침(不無傾葵之忱)하야 매독회복(每讀會報)에 미상불박안이우(未嘗不拍案而吁)하며 엄면이체(掩面而涕)하야 이하제군자지지성측달(以賀諸君子之至誠 惻怛)하고 계이도축(繼以禱祝)하야 이구귀보지광포전국(以求貴報之廣佈全國)하노니 차아동포(嗟我同胞)여 여지생존(如知生存)이 우어멸당(優於滅亡)인되 이차보(以此報)로 위안택호신지경문(爲安宅護身之經文)하야 축일강지(逐日講之)하소셔. 정성유기(精誠攸曁)에 황천

부감(皇天俯鑑)하샤 백사귀정(百邪歸正)하고가국병태(家國並泰)하리이다.[12]

기서(奇書):독대한자강회월보유감(讀大韓自彊會月報有感)

오호라, 세상에 많은 사회가 있으나 누가 대한자강회의 천신만난과 같을 것이며, 많은 서적이 있지만 누가 **대한자강회월보**와 같이 어려움을 간절히 호소하였던가. 열방에 자아를 알리고 이천만 백성에 자강을 시작하니 듣는 이로 하여금 놀라게 하며 서민들에게는 복음의 소식이라. 오늘의 한국의 상황이 대체로 두 가지로 비참하니 하나는 서로간의 살육의 화이며 다른 하나는 노예로 된 재앙이니 이 모두가 자강하지 못함으로 야기 된 것이 아니냐. 만약 서로의 살육의 화를 논한다면 외부의 모욕과 내부의 비적들을 미리 방어하지 못하였기 때문이고 참살을 당한 데다 흉년이 들어 서로 돌보지 않아 해마다 많은 사람들이 계곡에 메운 것은 제일 잔혹하나 잠간 이를 거론하지 말고서라도 목전의 참담함만을 말하자면 죽은 죄수와 버려진 아기들과 무리와 도적들의 패싸움에 원한이 맺히고 피비린 날이 그친 적이 거의 없었다. 만약 평생 돗자리에서 지낸 사람한테 그의 병의 원인을 물어보면 동족끼리 살육한 탓이라고 할지니 관리들의 횡포와 도박탕진과 술집과 아편, 무당박수의 부적과 돌팔이 의사 따위에 사기당하고 괴롭힘을 입음이 부지기수여서 내가 아니라고 말하기 어렵다. 칼날을 세웠던들 무슨 구별이 있나 2천만 동포 중에 매년 죽는 자가 백만이고 죽지 못해 사는 자가 십에 7, 8명이니 슬픔을 참는 것이 생명을 지키는 것이되 자강을 급선도하소서.
만약 노예된 재앙을 말하려면 강한 이웃나라의 압제와 세상의 구속은 잠시 제쳐두고서라도 성내상황을 목도하니 나라는 백성을 고기밥으로 여기며 남편은 아내에게 우마(牛馬)대하듯 하며 동족끼리 싸우고 골육끼리 죽이는 것을 보면 마치 버마재비가 매미를 잡으니 참새가 뒤에서 기다리듯이 뒤에 올 위험을 알지 못하는 격이니 내가 어찌 아니 자백하여 나의 속박을 벗어버리고 자강을 권면하지 않겠는가. 슬픈 남자여 자강의 도를 전하지 않음으로 화가 이르러 8만 2천 방영리(方英里) 가운데 작은 섬나라에 매년 살인된 자 십만 명이고 나머지 설사 목숨을

---

[12] Ibid.

보존한 자라도 다른 사람의 속박을 받아야 했으니, 모든 움직임이 희생을 부르는데 지나지 않으니 만약 갱생하지 않으면 세월 속에 이 한이 언제까지 맺히고 종국엔 우리도 멸망하게 될 것이니 이게 어찌 눈물 흘리지 않을 일인가. 이 때문에 뜻이 있는 사람이면 참혹함에 모두 괴로워하고 당국에 심혈을 기울여 연합하여야 한다. 이 신문을 발행하여 세상에 경종을 울리니 이러한 글로 아픈 마음을 토로하며 따끔한 충고를 하는 바이다. 이는 교육증산의 실무로 간절히 바로 잡아주기 위함이고 이로써 백성을 일깨움은 벼락불에 시원한 구름 같은 기상과 같으며, 독립의 목적을 회복할 것을 높이 들어 외쳐서 낡은 습관을 타파하는 것은 마치 거친 홍수에 용문산을 도끼로 깎는 수단과 같음이라. 취한자로 깨어나게 하며 지식 있는 자들을 각성하게 하여 사천년 동안 어려움 가운데서 맥 빠져 살고 있는 조국의 혼들을 구하기 위함이니 이 신문을 읽지 않는 사람은 국민의 의무와 자기 앞날에 대한 무관심이니 이는 무엇 때문인가. 나의 목석같이 완고한 마음으로도 해바라기 같이 기우는 게 걱정되는 진심이 있는데 매번 신문을 읽을 때 마다 꼭 탄성을 올리거나 얼굴을 막고 운다고 말할 수 없지만 이로써 여러 군자들의 지성에 동정하고 계속 발전하도록 축하하며 귀보가 전국에 널리 알려지도록 해야 한다. 동포여 생존이 멸망보다 낫되 이 신문으로 집안을 안심시키고 몸을 보호하는 경문으로 삼아서 날마다 읽게 하소서. 정성이 지극하면 하늘이 보아주시니 그릇된 것을 바르게 고쳐서 돌아가게 하면 나라와 집안이 태평하리이다.[13]

우리는 위 강규찬의 글에서 우리는 다음 몇 가지 사실을 발견할 있다. 첫째, 대한자강회가 만난 난관을 논하는 과정에서 강규찬의 국가관, 민족의식을 읽을 수 있다는 사실이다. 그는 민족의 아픔을 방관하지 않고 민족의 아픔을 자신의 아픔과 동일시하고 있다. 민족의 고난에 동참하며 민족의 미래를 깊이 염려하는 민족애가 문장 곳곳에 그대로 드러나 있다.

둘째, 강규찬이 볼 때 당시 한국의 가장 큰 슬픔은 먼저는 동족상잔이고 그 다음은 노예제도다. 이것은 자강을 막는 장벽이다. 이와 함께 그는 관리들의

---

[13] Ibid.

약탈과 도박탕진과 과도한 술이 당시 사회의 큰 문제라고 지적한다. 또한 매년 2천만 중에 100만 명이 죽으며 그 중 10명 중 7, 8명이 제명에 죽지 못하고 있다는 것이다.

셋째, 민족이 각성하고 자강을 쟁취하려면 대한자강회월보를 백성들이 모두가 보고 세월의 흐름과 나갈 방향을 제시받아야 한다는 것이다.

우리는 위 글에서 강규찬의 민족의식이 얼마나 강한지를 알 수 있다. 강규찬이 대한자강회의 활동과 정신에 전적으로 동의하고 있음을 어렵지 않게 읽을 수 있다. 그의 심장이 민족애와 나라 사랑으로 가득 찼음을 보여준다. 이 글을 기고한지 얼마 후 강규찬은 신민회에 가입했고 선천신성중학교 교사로 부임해 민족의식을 고취하다, 1911년 105인 사건으로 투옥되었다. 일경의 강한 감시로 신성중학교 교사를 더 이상 수행할 수 없어 사임하고 평양장로회신학교에 진학한 것도 그 때문이다. 평양신학교를 졸업하고 목사 안수를 받은 후 산정현교회에 부임해서는 삼일운동으로 구속되었고, 출옥 후에는 산정현교회를 민족운동의 요람으로 만들며 조만식 김동원 등 기독교 민족주의자들을 배출하는 주역으로 활동했다. 강규찬의 민족의식이 그 저변에 없었다면 이 모든 것은 현실적으로 불가능한 일이다. 그의 민족의식은 대한자강회월보에서 읽을 수 있듯이 이미 신성중학교 교사로 부임하기 전부터 그의 가슴 속 깊이 흐르고 있었다.

2. 평양장로회신학교 학우회보에 실린 "사조"(詞藻)

한학자로서 강규찬의 사상과 면모를 알 수 있는 또 하나의 자료는 그가 1923년 평양장로회신학교 학우회보에 남긴 "사조"(詞藻)이다. 이글은 매우 간단하지만 평양장로회신학교에서의 강규찬의 위치와 중요성을 가늠할 수 있는 중요한 자료이다. 주지하듯이 평양장로회 신학교는 1901년 마포삼열에 의해 설립된 한국장로교회의 유일한 목회자 양성기관이다. 당시 전국에서 유능한 젊은이들이 선교사들의 천거를 받아 입학하므로 학생들의 수준이 높았고, 따라서 학우회의 위상도 대단했다.

평신 학우회는 학우회보를 발행하기 시작했고, 1923년 학우회보 제 2호에 강규찬의 "사조"(詞藻)가 실렸다. 1923년은 강규찬이 평양신학교에 입학한지 10년이 된 해이다. 평신 학우회보 제2호에는 신학교 교장 마포삼열, 양전백, 김필수, 어도만, 편운생, 이보식의 글이 실렸고 이어 강규찬의 사조가 게재되었다.[14] 강규찬의 사조는 오건수, 김신근의 사조와 함께 실렸으며, 3명의 사조 중 제일 먼저 수록되었다.[15]

일반학술지와 달라 학우회가 주축이 되어 간행하는 잡지 성격으로 미루어 볼 때 아마도 강규찬의 사조가 학우회보에 실리게 된 것은 학우회의 청탁에 의한 것으로 여겨진다. 사조 내용에 있듯이 강규찬은 학우회와 깊은 유대관계를 맺고 있었다. 강규찬이 신성중학교 교사 재직 시절부터 학생들에게 깊은 영향을 미쳤고 상당수의 신성중학교 학생들이 평신에 진학했던 사례로 미루어 강규찬의 영향력은 평신 학생들 가운데 지속된 것으로 여겨진다. 게다가 강규찬은 평양신학교가 위치한 평양, 그것도 영향력 있는 평양 산정현교회 담임목사로 봉직하고 있어 평신 학생들이 강규찬을 잘 알고 있었던 것으로 보인다. 이것은 "學友緣深詩爲成"(학우들과의 인연이 깊어 이 시를 완성한다)는 강규찬의 사조 내용에서도 어느 정도 짐작할 수 있다. 강규찬의 사조 내용은 다음과 같다;

詞藻
贈學友
　　　　　　　　樂春　　姜奎燦 牧師
學友緣深詩爲成, 十年廢興更回生.
每逢月久遙相憶, 今引春風快送情.
題寄片言雖少少, 所懷肝膽照明明,
吾儕聖役堂堂事, 共仗神威破魅城.
大凡爲詩之家 以蒼古脫俗爲第一
其次則序事記實也走於詩文素不嫺雅不能枉法
蒼古敢搆記實之詞 聊表寸衷幸 勿以詩評之焉[16]

---

[14] "學友會報第2號目次" 朝鮮耶蘇敎長老會神學校 學友會報 2號 (1923년 6월), 1.
[15] Ibid.

학우들과 깊은 인연 시가 되어 지난 10년 홍폐가 새롭다.
시간이 흐를 때마다 아득한 기억 떠오르니 오늘 춘풍을 빌어서 내 마음을 보낸다.
보내는 말이 비록 적으나 지난 마음은 명백하다.
우리들의 성역은 담대하여 하나님을 의지하여 마귀 성을 무너뜨린다.
대개 시를 쓰는 사람은 탈속(脫俗-속세에서 벗어남)을 제일로 하니 그 다음은 사실대로 기록하는 것으로 시문이 우아하지 못하지만 법을 왜곡하지는 않는다.
고풍으로 사실을 기록함으로 애오라지 진심을 표달하려는 것뿐이되 시평으로 여기지 말라.[17]

위 사조 역시 강규찬의 한학실력만 아니라 그의 사상과 신앙을 엿볼 수 있는 중요한 자료이다. 언어의 유희보다 진실의 전달을 더 중한 것으로 여긴다는 것이다. 비록 짧은 글이지만 한시(漢詩)가 그렇듯이 매우 함축적이고 집약적이다. 평양신학교 학우들을 향한 강규찬의 사조에서 우리는 그의 개인적 목회적 소회와 생각을 그대로 읽을 수 있다. 여기서 가장 중심 되는 내용은 "오제성역당당사(吾儕聖役堂堂事), 공장신위파매성(共仗神威破魅城)"으로 그 뜻은 '우리들의 성역은 담대하여 하나님을 의지하여 마귀 성을 무너뜨린다'이다. 하나님의 거룩한 소명을 부여 받은 목회자로 부름 받은 목회자들이 맡겨진 주의 사역을 성실하고 근면하게 흔들리지 않고 담당한다면 하나님의 능력의 권능으로 마귀의 성이 무너진다는 의미이다.

여기 마귀의 성이 무엇을 지칭하는지에 대해서는 분명하지 않다. 그러나 강규찬의 사상의 일관성으로 미루어 볼 때 첫째, 죄악으로 가득한 이 세상, 둘째, 조선에서 식민 수탈을 감행하고 있는 일본제국주의, 셋째 영적으로 실제 마귀의 권세가 미치고 있는 악의 세계를 지칭하는 것으로 이해할 수 있다. 각각

---

[16] 樂春 姜奎燦 "詞藻-贈學友," 朝鮮耶蘇敎長老會神學校 學友會報 2號 (1923년 6월), 13. 학우연심시위성/십년폐흥갱회생/매봉월구요상억/금인춘풍쾌송정/제기편언수소소/소회간담조명명/오제성역당당사/공장신위파매성/대범위시지가/이창고탈속위제일/기차칙서사기실야주어시문/소부한아불능왕법/창고감구기실지사/료표촌충행/물이시평지언/

[17] Ibid.

을 독립적으로 이해하기보다 마귀의 성이라는 말은 이들 세 가지 모두를 포괄하는 것으로 해석할 수도 있다.

강규찬이 학우회보에 이글을 기고한 1923년은 평양산정현교회 조만식, 김동원, 오유선 등 당회원들과 강규찬 자신이 조선물산장려운동을 활발히 전개하며 기독교 민족애를 실천하는 기간이었음을 고려할 때 비록 일제의 통치하에 암울한 정치적 상황에 처해 있다고 할지라도 민족의 미래를 포기하지 말고 최선을 다해 맡겨진 사역을 감당하자는 취지로 풀이할 수 있다. 불확실한 시대 주의 사역과 민족의 미래를 염려하는 평신학생들을 신앙적으로 독려하려는 의미에서 쓴 것으로 여겨지는 이 한시는 강규찬이 어떤 신앙관을 갖고 있는지, 어떤 신앙의 자세로 목회를 해오고 있는지를 짐작케 한다.

3. 박형룡의 전도서의 강규찬 한시(漢字聖詩) 인용

강규찬의 한문 실력을 가늠할 수 있는 또 하나의 중요한 자료는 박형룡 박사의 저작전집 전도서 주석에 인용된 강규찬의 한자성시이다. 주지하듯이 박형룡은 강규찬에게서 깊은 영향을 받은 인물 가운데 대표적인 학자이다. 박형룡은 1913년 4월부터 1916년 3월까지 선천신성중학교를 다녔으며, 이 학교를 다닐 때 박형룡은 강규찬과 같은 선천읍북교회를 섬겼다.

박형룡이 1915년 구정 초 선천읍북교회에서 세례를 받을 때 세례를 준 사람도 선천읍북교회 담임목사 양전백이었다. 이 기간은 강규찬이 서천읍북교회 조사로 시무하고 있던 중이어서 박형룡과 강규찬은 더욱 긴밀한 유대 관계를 맺었던 것으로 여겨진다.

박형룡은 1916년 4월부터 1920년 3월까지 숭실대학교를 다녔는데 숭실 재학 시절에는 강규찬이 시무하는 평양 산정현교회를 출석했다. 이후 강규찬과 박형룡의 관계는 신앙의 사제관계로, 다시 사제관계를 넘어 강규찬은 박형룡을 친자식처럼 사랑하고 이끌어주었다. 박형룡이 미국유학을 갈 때 후원을 아끼지 않은 것으로 알려졌으며, 그가 루이빌 남침례회신학교에서 박사과정 코스웍을 마쳤을 때 장차 자신의 후임을 염두에 두며 산정현교회 조사로 박형룡을 초빙한 것도 강규찬 목사였다. 강규찬이 박형룡에게 미친 영향은 단순히 신앙적인 측면만 아니다.

강규찬이 박형룡에게 학적으로도 영향을 미쳤음을 알 수 있는 중요한 자료가운데 하나가 박형룡의 전도서 주석에 나타난 강규찬의 한시다. 박형룡은 **전도서 주석**을 쓰면서 거의 매장의 주석 결론 부분에서 강규찬의 한시를 인용하고 있다. 박형룡 역시 1921년 9월부터 1923년 7월까지 중국 남경 금릉대학교에서 유학해 한문 실력이 대단했다. 그런 그가 강규찬의 글을 주저하지 않고 매 결론마다 인용한 것은 특별한 의미를 지닌다고 할 수 있다.

박형룡의 전도서 강해에는 강규찬의 7편의 한시가 인용되었다. 강규찬의 한학실력을 가늠할 수 있는 동시에 강규찬에 대한 박형룡의 시각을 읽을 수 있다.

박형룡의 전도서 1장 주석에 나타난 강규찬의 한시

박형룡은 강규찬의 전도서 해석이 전도서의 핵심 사상을 잘 표현한 것으로 확신하고 그의 해석을 그대로 받아들였다. 그러면서 박형룡은 전도서 1장 주석 결론에서 강규찬의 한시를 인용한다. 그는 전도서 기자가 "세상 모든 일들의 헛됨과 쓸 데 없음을 외쳐서 연설하기 시작했다"면서 "세상에 대해서 어떤 치우친 견해를 가졌거나 혹은 삶을 싫어하는 사상이 높아져서 비웃는 태도를 취했기 때문"이 아니라 "다만 삶의 사실 그대로를 말했을 뿐"이라고 말한다. 그러면서 강규찬의 한 시로 결론을 맺는다 :

그의 공허감(空虛感)은 그의 인생과 사물(事物)에 대한 지식의 늘어감과 함께 세상 사정을 꿰뚫어 보는 데서 닥쳐왔다. 이 공허감이 닥쳐옴과 함께 슬픔과 아찔함이 그에게 왔다. 우리 교계(敎界)의 원로 목사(강규찬 목사)가 읊은 시구는 전도자의 심정을 충분히 깨달았다고 본다.
哲人巨擘 所羅門
萬事紛紜 空具虛

看破世情 吐玉言
捕風提影 瀰乾坤
철인의 으뜸인 솔로몬은
만사가 분요하나 모두 헛되도다.
세정을 꿰뚫어 보고 구슬 같은 말을 토했네
바람을 잡고 그림자 따르는 헛된 생각이 천지에 가득찼네.[18]

박형룡이 구체적인 출처를 밝히지 않아 위 강규찬의 한시가 어떤 자료에 나타나는지 정확히 알 수 없다. 다만 박형룡이 자신의 전도서 주석에서 계속해서 결론 부분에 강규찬의 한시를 인용하고 있는 것으로 미루어 볼 때 강규찬이 전도서에 대한 모종의 기록을 남기지 않았는가 하는 것과 강규찬의 성경해석에 대한 박형룡의 신뢰가 상당히 높다는 사실을 짐작할 수 있다. 강규찬에 대해 우리 교계의 원로목사라고 호칭한 것이나 강규찬의 시구가 "전도자의 심정을 충분히 깨달았다"는 언급은 박형룡이 강규찬 목사에 대해 어떤 시각을 갖고 있었는가를 말해준다.

박형룡의 전도서 2, 3, 5장 주석에 인용된 강규찬의 성시

박형룡의 강규찬의 한시 인용은 그의 전도서 1장 주석 이후에도 계속되고 있다. 박형룡의 전도서 2, 4, 6, 7장 주석은 대표적인 사례라 할 수 있다. 박형룡은 전도서 2장을 마무리하면서 서양학자 오토 족클러(Otto Zockler), 강규찬, 그리고 동양의 성인을 차례로 인용하며 다음과 같이 결론을 내렸다:

> 전도자가 모든 땅 위의 일의 헛됨에 대한 그의 대담하고 놀랄만한 묘사의 마지막에 내세운 인간의 삶과 노력과의 오직 하나의 참된 목적은 겸손하고 확실하게 신뢰하며 감사하게 만족하는 하나님의 인자하신 손에로 돌아감인 것을 내세웠다(Otto Zockler).

---

[18] 朴亨龍, 朴亨龍博士著作全集 註釋 牧會書信·傳道書 XVI (서울: 한국기독교교육원구원, 1983), 265.

行樂赤黃粱
智愚俱亡羊
幕間死後事
要亨神祐康
행락과 부귀와
슬기와 미련이 모두 잃은 양이로다
죽은 뒤의 일을 묻지 말라
하나님의 도우심으로야 평강을 누릴 줄 알라
(목사 강규찬 지음).

동양 근세(近世)의 어떤 시인은 비록 계시종교(啓示宗教)의 감화를 받지 못했으나 이와 비슷한 인생관을 품고 노래했다.
공명(功名)에 눈뜨지 말며
부귀(富貴)에 동심(動心) 말라
인생 궁달(窮達)이
하늘에 매였느니
평생에 德을 닦으면
亨福無疆(형복무강)하느니.[19]

박형룡이 강규찬의 전도서 해석을 저명한 서양학자와 동양의 성인과를 비교했다는 사실은 매우 인상적이다. 그만큼 그가 강규찬에 대해 높이 평가한 것이다. 이와 같은 박형룡의 강규찬에 대한 높은 평가는 전도서 주석 3장, 5장 결론에서도 강규찬의 한시를 반복하여 인용하고 있은 것에서 재확인할 수 있다. 다음은 박형룡의 전도서 주석 3장과 5장에서 각각 인용된 강규찬의 한시이다:

萬事皆有時
善惡豈無報
惚由上帝規

---

[19] Ibid., 292-293.

毫厘應不差
모든 일에 다 때가 있나니
선과 악도 어찌 갚음이 없으랴
모든 것이 하나님의 법규에 따르나니
털끝만큼도 보응에 차이가 없으리라.
(강규찬 목사 지음)[20]

上帝之前 必履言
臨於財貨 宣知足
煩言如夢 夢多惱
知足之心 是神恩
하나님 앞에 서원을 반드시 행하고
제물 앞에서 지족이 마땅하니라
수다는 꿈과 같아서
꿈이 많으면 번거롭나니
지족하는 마음은 하나님의 은혜로다.
(강규찬 목사 지음)[21]

우리가 계속적으로 주목하는 것은 위 인용이 보여주듯이 박형룡은 강규찬의 한자시구를 자신의 주석에서 지속적으로 인용하면서 결론을 도출해 나가고 있다는 사실이다.

박형룡의 전도서 6, 9, 12장 주석에 인용된 강규찬의 성시

이 같은 강규찬의 한시 인용은 6, 9, 12장에서도 계속되고 있다. 박형룡은 전도서 6장 "맺는말"에서 강규찬의 시를 인용하여 다음과 같이 결론을 맺었다:

본 장은 땅 위의 행복의 주요(主要)한 것들을 묶어서 헛되다는 선언(宣

---
[20] Ibid., 306.
[21] Ibid., 327.

言) 아래 두었다. 부(富), 수(壽), 아들 많음(多子), 슬기 등을 다 헛된 것으로 선언했다. 그러므로 본 장의 사상의 자연한 결론은 사도들의 가르침에서 찾아내게 된다.

有財不亨尤可憐
多子遐齡苦纏連
智者雖云痴者癒
惚之山上一雲烟
재물이 있어도 누리지 못하나니 더욱 가련하다.
아들이 많아 해가 갈수록 괴롬이 더해지는구나
지혜론 자가 바보보다 나은 것이 무어냐
홀연히 산 위에 걸린 한 조각 연기 같은 구름이로다.[22]
(목사 강규찬 지음)

박형룡은 자신의 전도서 9장 주석에서는 강규찬의 한시를 두 번이나 인용하고 있다. 보통 매장마다 한 번씩 인용했던 전례와 달리 9장에서는 반복적으로 인용하고 있는데 한 번은 9장 서두에서, 다시 5절 주석에서 인용하고 있다. 박형룡은 9장 서두에서 "그러므로 경건한 자는 하나님의 하시는 일 앞에 머리를 숙여 말없이 순종하는 것이 옳다"며 강규찬의 한시를 인용한다:

萬事已有定 浮生空育忙
惡人縱有福 如影消無常
義人雖遭難 如陽昇爲祥
帝衷未易窺 智工空自量
만사에 정함이 있으니 덧없는 인생은 헛되이 흘러간다
악인에게 복이 있어도 그림자와 같이 사라진다.
의인이 어려움을 당하면 양승위상(陽昇爲祥)과 같으니라
황제의 마음은 쉽게 알 수 없고 지혜와 능력으로 자신을 안다하여도 헛된 것이다.

---

[22] Ibid., 334-335.

(목사 강규찬 지음)[23]

강규찬의 한시는 "의인과 악인은 같은 삶의 결정에 특히 같은 죽음의 법칙에 굴복한다"[24]는 내용을 함축하고 있다. 다시 박형룡은 전도서 9장 도입 부분에서 강규찬의 한시를 인용하면서는 번역을 하지 않고 그대로 실었다.

왜 여기서는 그가 해석하지 않고 강규찬의 한시를 그대로 옮겨놓았는지 알 수 없다. 박형룡이 전도서 9장 5절을 주석하면서 인용한 강규찬의 한시는 다음과 같다:

"5. 전도자의 사상은 이상하게도 역리적(逆理的)으로 움직여서 삶의 헛됨을 거듭 저주하던 그가 오히려 그것의 죽음과의 비교에 있어서는 삶에 대한 애착심(愛着心)을 가지고 삶의 유망성(有望性)을 말하게 된다. ... 산자에게는 적어도 장차 올 죽음을 기다리는 생각이 있다. 그것만으로도 아무 것도 모르는 무의식적 존재에 비해서 크게 낫다. ...죽은자는 현세에서 다시 더 의식적(意識的), 인격적 삶을 가질 수 없기 때문에 하나님의 현실적 갚음을 다시 받을 수도 없다. ...죽은 자에게는 현실적 갚음이 전혀 없어져서 매우 작은 유물인 이름 글자 조차도 다른 사람의 기억에서 사라지고 만다.
死則靑山一杯土
英雄賢子更何怗
生太能嚙死獅肉
歸土之前宣早努
(목사 강규찬 지음)"[25]

죽어서는 청산의 한줌의 흙이로다.
영웅현자에게 근심할게 무엇이 있는가.
살았을 때 사자를 물어뜯어 죽이고

---

[23] Ibid.
[24] Ibid., 위 주석 전도서 9장 주석 도입부를 보라.
[25] Ibid., 366-367.

죽기 전에 이미 힘 바칠 것을 다짐하다.

박형룡이 주석 매 결론부분에서만 강규찬을 인용하다 도입과 중간 구절을 주석하면서도 강규찬의 한시를 인용한 것으로 미루어 볼 때 한시로 쓰여진 강규찬의 전도서 주석이 어떤 형태로던 존재하고 있음을 강하게 시사해주고 있다.

박형룡이 **전도서 주석**에서 마지막으로 인용한 것은 전도서 주석 11장과 12장에서다. 그는 11장과 12장 전반부를 주석하면서 강규찬의 한시를 또 다시 인용하면서 다음과 같이 결론을 맺고 있다:

무엇보다도 하나님을 경외하는 것이 인생문제 해결의 근본적 요건(要件)이라고 말했다. 그러므로 어릴 때부터 조물주(造物主)를 기억하고 또 노쇠해서 죽는 날이 이르기 전에, 육신은 흙으로 돌아가고 영은 하나님께로 돌아가기 전에 그를 기억하라고 가장 뚜렷하게 되풀이해서 비유로 말하고 가르쳤다. 이것이야 말로 삶의 헛됨을 느껴 고민하는 심령에게 영원한 살길(活路)을 가리켜 주는 복음이다.

早敬上帝否
一死萬事休
塵界難空虛
來世有所望
(목사 강규찬 지음)"[26]

하나님을 경외했는가.
죽으면 모든 것이 끝이 난다.
속세는 공허함뿐이라
내세에 소망이 있도다.

지금까지 박형룡의 **전도서 주석**에 나타난 강규찬의 한시 인용을 8편을 정리하면 다음과 같다.

---

[26] Ibid., 409.

박형룡의 전도서 주석에 인용된 강규찬의 漢字聖詩

인용 위치	도입부분	중간 부분	결론 부분
전 1장			강규찬 漢詩 인용
전 2장			강규찬 漢詩 인용
전 3장			강규찬 漢詩 인용
전 5장			강규찬 漢詩 인용
전 6장			강규찬 漢詩 인용
전 9장	강규찬 漢詩	3-5 강규찬 漢詩	
전 11-12장			강규찬 漢詩 인용

지금까지 박형룡의 강규찬 한시 인용 연구를 통해 우리는 적어도 다음 몇 가지 사실을 확인할 수 있다.

첫째, 박형룡은 전도서 1장부터 12장까지를 주석하면서 4장, 7-8장, 10장을 제외하고는 매 장마다 강규찬의 한시를 인용하고 있다.

둘째, 박형룡이 강규찬의 한시를 인용한 부분은 총 8회며, 그중 6차례가 결론에서 인용되었다는 사실이다.

셋째, 박형룡이 강규찬의 한시를 계속해서 전도서 주석에서 인용하고 있는 것은 박형룡이 강규찬의 전도서 해석을 신뢰하고 받아들였음을 보여준다.

1920년부터 1923년까지 3년간 중국 금릉대학에 유학해 한학에 상당한 식견이 있었던 박형룡이 강규찬의 한시를 이렇게 자주 인용한 것은 강규찬의 한시가 수준급이었음을 말해준다. 그렇지 않다면 결론과 중요한 성구주석에서 그렇게 반복적으로 인용하지는 않았을 것이다. 한학자로서의 강규찬의 면모를 박형룡의 전도서 주석에 인용된 강규찬의 한시를 통해 확인할 수 있다.

4. 강규찬의 저서 晋州姜氏宣川派族譜를 통해 본 그의 한학

강규찬의 한학실력을 진단할 수 있는 또 하나의 중요한 자료는 1939년에 출판된 晋州姜氏宣川派族譜이다.[27] 이 족보는 강규찬이 직접 저술한 저술 가운데 하나다. 이 족보는 여느 족보와 달리 단순히 종파종손관계의 기록을 넘어 강규찬 개인의 신앙철학과 국가관 및 세계관을 이해할 수 있다. 그것은 일반 족보와 달리 그 내용 중에 강규찬의 "姜氏 家訓"이 고스란히 담겨져 있기 때문이다.[28]

보통 족보는 한 개인이 저술하는 경우는 드물다. 오랜 역사와 방대한 인물들의 사실관계를 정확히 기록하도록 요구받기 때문이다. 강규찬이 **진주강씨선천파족보**를 직접 저술 출판한 것은 그만큼 강규찬이 폭넓은 식견을 갖고 있으며, 한학에 뛰어난 재능을 갖고 있었기 때문에 가능한 일이었다. 특별히 족보에는 강규찬의 "강씨가훈"과 인류연원에 대한 글이 수록되어 있는데 방대한 신앙적 역사적 지식과 식견이 없으면 전개할 수 없는 논고들이다.

"강씨가훈"은 한학자로서의 면모를 그대로 읽을 수 있는 중요한 자료로 강규찬의 신앙관과 가정관의 면모를 이해할 수 있고, "人類淵源"에 관한 글은 성경과 일반 역사를 접목시키려는 인류학적 관찰이 눈에 띠는 작품이다.[29] 대부분이 고사성어로 구성된 "강씨가훈"에는 강규찬 자신의 신앙철학과 함께 자신의 경험, 자신의 후손들에 대한 바람이 가훈형식으로 담겨져 있다. 그 내용은 다음과 같다:

標語 敬爾父母愛人如己 聖經馬太福音 十九章十九節
一, 宗族은 一祖의 孫이라 方其始也하야 傳服同床하며 共遊連業이어니 同氣之誼를 其曰敢忘가 永世勿(墮)하야 以光祖宗이여다.
二, 國人이 團合에 國家振興하고 門人이 和合에 門族이 昌盛하나니 凡我族人은 和合精神으로 勉之勗之하며 勗之勉之이여다.
三, 人之有道가 如船有柁라 人道如何에 榮辱이 係焉하나니 道理選擇을 不可不審이라 縱橫多岐에 何路可歸오 光明正大하야 世界共認이 耶蘇之道也니 篤信守之하야 以受永福이여다.
四, 人有身矣라 身建然後에 萬事可爲니 善爲攝養하야 以衛其生하고 若

---

[27] 姜奎燦, 晋州姜氏宣川派族譜 (宣川: 福音印刷所, 1939), 1-37.
[28] Ibid., 36.
[29] Ibid., 37.

有治病이여든 斯速醫療하되 毋或執迷하야 遷延自誤이여다.

五, 家門興衰가 關於婚姻하니 婚姻之事를 不可不愼이라 心之善惡과 身之强弱과 病之有無와 行之端否를 深深查照하야 量材擇配하되 父母人品과 先世來歷을 赤可考察이니라.

六, 人生在世에 必有職業이니 無業則不可生이라. 勞心勞力이 縱有兩途나 擇必以正이오 作必以勸이니 害道之事와 投機之業은 切勿爲之이여다.

七, 人有死矣라 死則葬之하나니 至親儀容을 不可復見이라 叩地號天이 덜 將復何及이리오 時省墳墓하야 以水感思하고 恪守先訓하야 勿(負)遺愛이여다.

八, 家也國也小大不同이나 裡面則一也라 起家之人은 創業之主오 敗家之人은 亡國之主니 善爲家庭하야 昌其家이여다.

九, 國有憲法에 國祚綿長하고 家有憲法에 家道隆盛은 世界各國에 已有例證이라 確實無疑하니 立斯家憲하야 我家族이 永亨遐福을 企而待之하노라.

十, 以上諸條의 行與不幸과 一門同族의 盛衰興亡이 係在子孫이라 子孫敎育을 不可不勤이니 始於胎敎하야 近自家庭으로 就干外傳에 一時一刻을 毋敢浪過하며 一言一行을 不可等閒이라 自立精神과 博愛熱誠과 孝友忠信과 公義廉潔과 虛事精詳과 觸物理解와 動作敏活과 勤儉實行은 夢寢之間에도 不可忽忘이니 誘掖激動하야 使之成性하라. 一門之內에 俊乂之士가 鳳毛麟角으로 特出指揮도 不不辭者이니와 第一所好난 知識不均이라 老少男女가 各有常識하야 毫無迷信하며 其不妄動하고 處常處變에 可徨不忙하야 正路履行이 萬全之策이니 此乃 奎燦之夙夜厚望者也로소이다.

上帝造人肖乎己像祝之曰生育衆多昌熾 於地治理地及地上祭物 聖經創世記 第一章 二十七節 此乃人權也.[30]

강씨가훈

표어: 부모를 경외하고 남을 사랑하기를 자기를 사랑하듯 하라.

---

[30] Ibid., 36.

성경 마태복음 19장 19절
1. 가족은 한 개 조상의 자손들이라. 그로부터 시작하여 같이 먹고 자고 같은 업을 하는 것이니 형제지의를 잊지 말고 자자손손 함께 조상을 빛내야 한다.
2. 국인의 단합에 나라가 진흥하고 가족의 화합에 가문이 창성하나니 나의 가족은 화합정신으로 분발 노력해야 한다.
3. 사람에게 도가 있듯이 배에도 돛이 있음이라. 사람의 도가 어떠하냐에 따라 영광과 수치가 되나니 도리선택에 신중하지 않을 수 없다. 인생 길이 많으나 어떤 길로 가리오. 광명정대하고 세계가 공인하는 것이 예수의 길이니 진심으로 믿고 지켜서 영원한 복을 얻어야 한다.
4. 사람에겐 생명이 있다. 건강해야 만사를 이룰 수 있으니 영양을 잘 섭취하여 건강을 보존하고 병이 있거든 속히 치료하되 고집을 부리고 지연하면 스스로 망치게 된다.
5. 가문의 흥쇠(興衰)가 혼인과 관련되니 혼인의 일을 신중해야 한다. 마음의 선악과 건강과 병의 유무와 행위의 단정한지를 깊이 있게 관찰하여 적당하게 선택하되 부모의 인품과 가족의 내력을 고찰해야 한다.
6. 인생에 반드시 직업이 있어야 하니 일이 없는 자는 살 수 없다. 노심노력에 두 가지가 있으니 바른 것을 택하는 것과 근면하게 일하는 것이니 도를 해하는 일과 투기하는 일은 절대로 하지 말아야 한다.
7. 사람은 죽되 죽으면 묻히나니 친인의 의용을 다시는 볼 수 없음이라. 땅을 치며 애곡한들 어찌할 것이오. 시간을 아껴서 무덤에 파묻고 이 일로 감사하고 선훈을 지켜서 그 사랑에 빚지지 말아야 한다.
8. 가족이나 나라는 대소부동(大小不等)하지만 실제는 하나라. 가업을 이룬 사람은 창업주요 패가지인은 망국주라 가족을 위해 선을 행하여 가업을 번창케 해야 한다.
9. 나라에 법이 있기에 나라가 오래가고 가문에 법이 있기에 집안이 번창하니 세계 각국에 이미 선례가 있음이 확실하니 가법을 세워서 우리 가문이 영원히 복을 누리기를 기대하노라.
10. 이상의 여러 조항의 행여불행(行與不幸)과 일문동족(一門同族)의 성쇠흥망이 자손에게 달렸음이라. 자손교육을 잘해야 함이니 태교로부터 시작하여 가정에서 시시각각 교육하며 일언일행을 등한히 해서는

안 됨이라. 자립정신과 박애열성과 효유충신과 공의첨결과 허사정상과 촉물이해와 동작민활과 근검실행은 꿈에서라도 잊어서는 안 되니 잘 인도하여 몸에 익히도록 하라. 가문에 현명한 인재가 드물고 특출한 인물도 다 떠나감이라. 제일 어려운 것은 지식이 불균이라. 노소남녀가 모두 상식이 있어야 하며 미신하지 말며 경거망동하지 말고 환경변화에 침착하며 정직함이 만전지책이니 이것이 규찬(奎燦)의 예전부터 가지고 있는 커다란 소망이다.
하나님이 사람을 만들었는데 자기와 비슷하게 만들고 생육하고 번성하기를 축복하였으며 땅과 땅의 제물을 다스리라고 하셨다. 성경창세기 제1장 27절 이것이 바로 인권이다.[31]

위 "강씨가훈"을 통해 우리는 다음 몇 가지 사실을 확인할 수 있다. 첫째, 중국고사성어와 중국어 한문성경에 대한 해박한 식견이 가훈에 그대로 나타난다는 사실이다. 강씨가훈에는 한글의 문장 구조를 빌리고 있지만 그 내용은 완전히 고사성어로 채워져 있어 한학에 대한 해박한 지식이 없다면 완성하기 어려운 작문들이다.

둘째, 강규찬이 신앙의 유산을 후손들에게 물려주려는 의도가 그대로 나타난다. 비록 내용은 가훈형식을 빌리고 있지만 그 내용 중 상당 부분은 성경에 토대를 두고 있다. 마태복음 19장 19절 인용이나 창세기 1장 27절 인용은 중국어 성경에서 그대로 인용된 것이다.

셋째, 강규찬이 기독교 신앙과 가정, 가정과 국가를 이원론적으로 이해하지 않고 가정적으로 국가에 대한 책임의식을 고취시키고 있다는 점이다. 가훈 속에서 강규찬의 나라 사랑이 그대로 읽혀지는 것도 그 때문이다. 예를 들어 "국인(國人)이 단합(團合)에 국가진흥(國家振興)하고"라는 문구나 "가야국야소대부동(家也國也小大不同)" 그리고 "국유헌법(國有憲法)에 국조면장(國祚綿長)하고"라는 문구에서 평소 강규찬이 국가에 대해 어떤 태도를 갖고 있는가를 보여준다.

---

[31] Ibid.

맺는 말

지금까지 한학자로서 강규찬을 그가 남긴 중요 자료들을 통해 살펴보았다. 그가 남긴 자료 중에 1907년 "대한자강회월보유감," 1923년 학우회보에 실린 "사조"(詞藻), 그리고 박형룡의 **전도서** 주석에 인용된 강규찬의 한문성시, 족보에 그가 남긴 "강씨 가훈"은 한학자로서 강규찬의 단면을 읽을 수 있는 대표적인 자료들이라 할 수 있다. 자료의 한계로 그의 한문세계를 충실히 연구하는 데는 많은 어려움이 있는 것이 사실이지만 이런 한계를 전제하고 그가 남긴 몇 편의 자료들의 분석을 통해 한학자로서의 강규찬을 조명하면서 우리는 다음 몇 가지 사실을 확인할 수 있다.

첫째, 소열도 선교사의 증언이나 김인서의 증언을 통해 알려진 탁월한 한학자로서의 강규찬의 면모를 단편적이지만 그가 남긴 인용된 자료를 통해 확인할 수 있다는 사실이다.

둘째, **대한자강회월보유감**은 강규찬이 당시 민족주의운동과 애국애족운동의 요람이라 할 수 있는 대한자강회의 회원으로 자강운동과 계몽운동에 깊은 관심을 갖고 있으며, 강규찬이 한 사람의 신앙인으로서 나라와 민족의 미래를 깊이 염려했음을 보여준다. 이 글은 단순히 한학자로서의 강규찬의 면모를 넘어 그 내면에 잠재된 나라사랑 정신이 그대로 담겨져 있다.

셋째, 1923년 평양장로회신학교 학우회보에 실린 사조는 비록 짧은 인사말 정도의 글이지만 같은 호에 실린 다른 기고자들이 신학교에 영향력 있는 선교사들이나 한국교회의 지도자들이었음을 고려할 때 강규찬의 영향력을 가늠할 수 있는 중요한 자료라 할 수 있다. 강규찬은 평양장로회신학교 학우회와 지속적인 유대관계를 맺으며 영향을 미쳤음을 보여준다.

넷째, 박형룡의 **전도서** 주석에 인용된 강규찬의 한자성시는 단순한 인용 차원을 넘어 그와 강규찬의 관계, 박형룡에게 미친 강규찬의 영향력 정도를 판단할 수 있는 자료이기도 하다. "우리 교계의 원로목사"라는 그가 강규찬에게 붙인

호칭은 너무도 사무적이고 객관적이지만 강규찬은 박형룡이 **전도서** 주석에서 실명으로 인용한 국내의 유일한 목회자였다는 사실로 미루어 볼 때 단순한 주석적 학문적 인용을 넘어서는 의미로 확대해석 할 수 있을 듯하다. 박형룡은 매번 강규찬의 한시를 인용하면서 "목사 강규찬 지음"이라고 출처를 분명히 밝히고 있다.

다섯째, 강규찬이 한학에 조예가 깊지 않았다면 높은 한학 실력을 요구하는 자신의 족보를 저술하지 못했을 것이다. 강규찬이 당대에 학문적으로 높은 인정을 받았음에도 지금까지 제대로 평가와 조명을 받지 못한 것은 그런 면에서 유감이며, 이에 대해 필자도 책임의식을 느낀다.

2장
강규찬과 민족운동의 요람, 선천신성학교
(1908-1913)

"제가 사는 선천이란 고장엔 인구가 3천 명 가량 밖에 안 됩니다. 인구의 5분의 4가 기독교 신자인 셈이지요. 그런데, 나머지 5분의 1인 비신자는 대부분 일본사람입니다."

1911, 양전백

선천신성학교는 이 지방의 선각자들이 교육구국운동(敎育救國運動)에 참여하는 애국심의 발동(發動)으로 세워진 민족(民族)의 교육기관(敎育機關)으로 출발(出發)하게 되었던 것이다.

백낙준

    강규찬의 생애와 사상을 연구하다 보면 선천신성학교를 빼놓을 수 없다. 그것은 신성학교 교사 부임이 재야의 한학자로 활동하던 강규찬에게 비로소 중앙무대의 주역 가운데 한명으로 사역하는 중요한 기회를 제공했기 때문이다. 강규찬은 1908년부터 1913년까지 5년 동안 그동안 자신이 한학자로서, 민족주의자로서 갈고 닦은 한문 실력과 민족애를 마음껏 그곳에서 발휘할 수 있었다. 그곳에서 그가 맡은 과목은 작문과 한문이었다. 철학적 사고력이 뛰어난데다 중국 고전에 대한 해박한 지식을 밑바탕으로 한 그의 한문강의와 작문강의는 막 지성에 눈을 뜨기 시작하는 청소년기의 신성학교 학생들에게 대단한 도전을 주었다. 강규찬은 선천 신성학교 교사로 부임하여 백낙준, 박형룡, 정석해 등 훌륭한 민족의 지도자와 신학자들을 배출하였다. 선천신성학교는 서북지역의 복음화의 결정체 가운데 하나라고 할 수 있다.

1. 선천지역의 복음화 역사적 배경

선천은 드러난 역사를 갖고 있지 않은 도시로, 다른 도시와 달리 성곽이 없다.[1] 선천은 경성에서 심양(瀋陽-과거에는 봉천이라 불림)[2]과 북경까지 가는 대로상에 위치하고 있다. 초기 모든 선교사들은 의주에 있는 기독교인들을 방문하기 위해 의주를 향해 가다 반드시 선천을 통과해야 했지만 누구도 선천에서 발길을 멈추고 머물렀다는 기록은 찾을 수 없다. 언더우드는 일찍이 1887년 선천을 통과했지만 그 장소를 특별히 기억하지 못했던 것 같다. 아펜젤러, 게일, 마펫, 스크랜톤 역시 선천을 통과했지만 이들에게서 선천에 대한 언급은 찾을 수 없다. 그 당시 선천은 의주와 달리 크리스천이 존재하지 않아 이들 선교사들에게 별로 흥미를 끌지 못했던 도시였다. 19세기 말 약 3천의 인구를 가진 선천은 철도가 부설되고 선천 역이 개설되자 곧 인구가 5천명으로 증가했다.[3]

19세기 말 선천은 평안북도 서해안의 중심부에 위치하고 있다. 선천은 평양에서 신의주 사이에 가장 큰 도읍이었고, 평안북도에서는 크기가 두 번째였다. 선천군 전체 인구는 1854년 1개읍 10개면에 8,124가구 32,268명이었고, 약 90년 후인 1943년 조선통계연감에 따르면 당시 선천에는 17,277가구 99,638명의 인구가 살고 있었다. 이 통계에는 일본인 213가구 710명과 중국인 145가구 470명이 포함된 수치다.

---

[1] Harry Rhodes, ed. *History of the Korea Mission, PCUSA* (Seoul: Chosen Mission, Presbyterian Mission, USA, 1934), 198.

[2] 심양의 옛 이름은 봉천(奉天), 만주어명은 무크덴(Mukden)이다. 봉천은 둥베이[東北]지방 최대의 도시로 이 지방의 정치·경제·문화·교통의 중심지였고, 둥베이 남동부의 노년기산지 말단부가 평야와 접하는 랴오허강[遼河] 유역에 위치해 있다.

[3] Rhodes, ed. *History of the Korea Mission, PCUSA*, 198.

선천지역의 복음화는 서북지역이 그런 것처럼 그 출발점은 존 로스의 사역과 선교활동으로 거슬러 올라간다. 1873년 아내를 잃은 슬픔을 뒤로 하고 로스는 조선에 깊은 관심을 갖고 어학을 배우며 조선선교를 준비하기 시작하였다. 이응찬을 만나고 그를 통해 백홍준, 이성하, 김진기를 차례로 만나며 한글을 배우기 시작하고, 이들을 복음화시켜 성경번역을 착수하였다. 서상륜이 합류하면서 성경번역은 가속도가 붙기 시작했고, 로스와 그의 매제 매킨타이어는 한국인들의 도움을 받으며 성경번역에 전념하여 1887년 신약 예수성교전서를 완간했다. 성경번역에 참여한 이들이 고향으로 돌아와 복음을 전하면서 놀랍게 복음이 확산되기 시작했다. 집안현 이양자 공동체가 생기고 소래교회가 태동되었고 의주에 복음의 공동체가 설립되어 서북지역의 복음화는 어느 지역보다도 활발하게 진행되었다. 선천의 복음화가 다른 지역에 비해 앞당겨 진 것은 관서지역의 급속한 복음전파와 깊이 연관이 있다:

> 선천읍(宣川邑) 주민 간에 기독교가 전파되고 교회가 생긴 역사는 민멸(泯滅)되어 소구(遡究)할 수 없게 되었다. 그러나 한 가지 특수성은 관서(關西)의 기독교 개신교는 북하남상(北下南上)의 결과로 기초를 잡은 사실이다. 북하(北下) 경로는 1870년대에 만주에서 기독교인이 되었던 초기 기독교 신도들의 전도는 의주, 구성(龜城), 선천의 선(線)으로 뻗쳐있었고 남상(南上)의 길은 미국 선교사들이 추진하는 평양, 선천, 의주의 선이었다.[4]

관서지방의 선교 기적을 주도한 곳은 평양과 선천과 재령이었다. 1930년 통계에 의하면 이들 세 지역의 교세는 한국의 북장로교 소속 교회 전체 교세의 52%를 차지하고 전체 세례 교인의 73%를 그리고 전체 초등학교와 중학생의 65%를 이곳 학생들이 차지했다. 1929년을 기준으로 장로교와 감리교를 합칠 경우 이들 세 지역의 교세는 한국의 전체 교세의 20%, 입교인의 45%, 그리고 출석 교인의 36%를 차지했다.[5]

---

[4] 백낙준, "創立背景과 初期史略" 信聖學校史 (서울: 신성학교동창회 교사 편찬위원회, 1980), 3-4.

서북지역의 복음화가 급속하게 진행된 데는 존 로스의 공헌 외에 또 다른 요인이 있었다. 그것은 전쟁으로 인한 사회적 불안정이었다. 특별히 1894년 청일전쟁과 1904년 러일전쟁으로 대변되는 세기적인 전쟁이 한반도, 그중에서도 서북지역을 무대로 전개되었다. 전쟁의 상처와 전쟁으로 인한 황폐화, 강대국들의 약탈을 눈으로 목도하면서 민중들은 대단한 충격을 받았다. 백성들은 일본이 중국과 러시아를 대상으로 승리를 하리라고는 전혀 예기치 못했다. 전쟁은 조선인들의 문화와 사회 전통에 대한 기존 가치관을 변화시켜 주었다. 특별히 양 전쟁이 가져다준 충격은 대단했다. 백낙준은 다음과 같이 증언한다:

> 1894년과 1904년에 있었던 청일전쟁(淸日戰爭)과 러일전쟁(露日戰爭)은 우리 관서지방(關西地方)에 피부로 느낄 수 있는 충격을 남겨 주었다. 이조문화(李朝文化) 그 자체가 퇴조기에 있었지만은 관서지방에 있는 봉건주의의 구질서가 붕괴되었고, 개화의 신풍조(新風潮)는 앞뒤에서 밀려들어왔고 문명의 빛은 안팎으로 스미어들고 있었다. 근대 동서 정세(東西政勢)의 변국을 일으킨 양전쟁(兩戰爭)은 우리 조국을 희생하게 하고 우리 민족을 약소민족(弱小民族)으로 전락(轉落)시키고 말았다.[6]

일본과 중국, 일본과 러시아의 전쟁을 목도하면서 의식 있는 이들은 중요한 교훈을 얻었다. 메이지 유신을 통해 서구의 문물을 일찍 받아들인 일본이 중국과 러시아를 상대로 승리를 거둔, 그 힘의 원동력은 일본이 서양식 교육을 받아들인데 있다고 생각했다. 따라서 이들은 우리 민족의 최우선의 과제는 일본처럼 서양식 교육을 받아들이는 것이라고 확신했다:

> 우리 민족의 선각자(先覺者)들은 나라를 구하고 겨레를 살리는 방식이 서양식(西洋式) 새 교육이라고 믿었다. 그렇게 믿게 된 까닭은 왜국(倭國)으로 내려다보던 일본이 천하대국(天下大國)으로 믿어오던 중국을

---

[5] Rhodes, ed. *History of the Korea Mission, PCUSA*, 172.
[6] 백낙준, "創立背景과 初期史略" 信聖學校史, 2.

전승(戰勝)하고 연하여 러시아(露西亞)를 공복(攻服)한 것을 보고 우리도 일본(日本)처럼 서양식(西洋式) 교육을 받아들여 나라를 구(救)하겠다는 각성(覺醒)이 생기지 아니할 수 없었다.[7]

　의식 있는 이들은 많은 학교를 설립하기를 원했다. 일반 백성들을 교화하여 부국강병을 꾀해야 중국, 러시아, 일본에 예속되지 않을 것이라고 확신했기 때문이다. 하지만 이 일은 개인이 할 수 있는 역량의 사역이 아니었다. 국가의 시책과 지원 없이는 현실적으로 쉽지 않은 일이었다. 이런 상황에 그 가능성을 열어 준 것은 다름 아닌 기독교였다. 서양의 선교사들은 복음전파와 동시에 학교 교육을 중시했다.

　언더우드와 아펜젤러가 입국 후에 경신학교와 배재학당을 설립하고 스크랜턴 여사가 이화학당을 설립하여 인재를 양성하기 시작한 것은 널리 알려진 일이다. 서양선교사들은 복음전파와 학교 설립을 동시에 착수했다. 심지어 스크랜튼 의사의 경우 아펜젤러가 "학교, 학교, 학교"외에는 아무 것도 모른다고 불평할 만큼 초기 선교사들은 학교교육에 심혈을 기울였다. 선교사들에게 복음전파와 교육은 별개의 것이 아니었다.

　이것은 복음을 받아들인 한국인들에게도 마찬가지였다. 복음을 받아들인 한국인들은 새로운 가치관에 눈을 뜨게 되고 교육에 더 깊은 관심을 기울였다. 자연스럽게 복음전파와 학교교육은 초기 한국교회를 특징짓는 중요한 요소였다. 정부가 할 수 없는 교육을 선교사들이 대신했고, 복음을 받아들인 의식 있는 한국인들은 선교사들의 지원을 받으며 학교교육을 착수했다. 선교사들의 선교정책과 이들 초기 기독교 지도자들의 비전이 맞아 떨어진 것이다. 백낙준의 말대로 이 점에서 선천지역은 어느 지역보다 앞섰다:

우리 [선천] 지방 선각자(先覺者)들이 서양식 교육으로 국민을 교도(教導) 하려하였으나 쇠퇴일로(衰退一路)를 걷고 있던 정부(政府)의 시책(施策)은 바랄 수도 없었고, 지방민(地方民)으로 서양식 신교육을 도입

---

[7] Ibid.

하여 올 통로가 없었다. 때마침 서양인들이 래전(來傳)하는 종교 활동에 접할 기회가 있었다. 그리고 이 종교전도활동의 주역인 미국인들은 상업과 자본주의가 국내에 등장하기 전에 교화운동(敎化運動)에 착수하였다. 선천에는 미국인들이 채굴(採掘)하던 배고개 이현 금광(梨峴金鑛)의 현황(現況)같은 것을 보고 경이(驚異)는 느꼈지만은 착수(着手)는 생각지도 못하였다. 보이지 아니하는 지하(地下)의 금보다 구국(救國)이 더 필요하였기 때문이었다. 관서(關西)의 대중은 미국인이 래전(來傳)하는 종교에 다수(多數) 귀의(歸依)하였다. 초기 기독교 신자들은 기독교가 서양문명의 전부인줄 알았을지도 모른다. 결과적으로 기독교는 관서 전역에 광포(廣布)되고, 교도는 국가의 위기가 급하여 갈수록 더 증가되고 교육열도 따라서 가세(加勢)되고 있었다.[8]

일찍이 선천의 잠재력을 간파한 선교사는 마펫과 위트모어였다. 알렌과 언더우드가 한국에 도착했을 때 의주에 기독교인들이 살고 있어 처음 평북에 선교회를 개설할 때 의주에 개설할 의향을 갖고 장로교와 감리교 선교회 모두 의주에 가옥을 구입했었다. 의주 사람들은 가장 지성적인 이들이었고 매우 호전적이어서 한국인들 가운데 가장 먼저 기독교를 받아들였다.

2. 선천선교의 개척과 발전

위트모어는 초기 선천을 순회전도하면서 강계가 평북의 북부지역의 중심이듯이 선천이 평북 남부의 중심이기 때문에 의주보다 선천이 더 매력적인 장소라고 확신하게 되었다.[9] 지리적으로도 선천이 평양에서 더 가까워 의주보다 접근하기 쉬웠다. 1896년 10월 한국에 도착한 위트모어는 가능한 북부 지역에 새로 선교부를 개설할 것을 조사하도록 책임을 부여 받았다. 1897년 봄 그는 베어드를 대동하고 처음으로 선천읍으로 순회선교를 떠났고 그해 가을 혼자 다시 한

---

[8] Ibid., 3.
[9] Rhodes, ed. *History of the Korea Mission, PCUSA*, 199.

선천지역 복음화의 전진기지 선천읍 북교회

번 그곳으로 순회선교를 다녀왔다. 위트모어는 다시 1898년 겨울과 봄에 마펫과 두 번에 걸쳐 선교 여행을 하고, 그와 마펫은 새로운 선교부 개설 지역으로 의주보다 선천이 좋다는 의견을 모았다. 위트모어는 순회선교를 하면서 선천에 자신의 집터를 구입했다. 이곳에 훗날 선천 남교회가 세워졌다.[10] 이렇게 해서 평안북도의 선교부가 의주가 아닌 선천에 개설되게 되었다.

처음 선교부가 선천에 개설되었을 때 조랑말 외에는 다른 교통수단이 없었다. 선천에 역이 생기고 기차 기적이 처음으로 울려 퍼진 것은 1905년 4월 28일의 일이다.[11] 선천의 의식 있는 이들의 인재양성 비전과 소원은 평북에서 선천이 의주를 제치고 기독교의 중심 기지로 정착되면서 가시화 되었다.

1900년 샤록스(A. B. Sharrocks) 부부는 베스트 양과 함께 선천을 처음 방문했고, 이듬해 위트모어가 선천에 이주할 때 샤록 부부도 자신들의 어린

---

[10] Ibid.
[11] Ibid.

첫 딸과 함께 그곳으로 이주했다. 몇 주 후에 조지 렉(George Leck) 선교사 부부가 선천에 도착했고, 1901년 12월 최초의 미혼사역자 마리 체이스(Marie L. Chase)가 선천 선교부에 부임했다.[12]

초기 선천지역에서 복음전파는 녹록지 않았다. 특별히 지방관리는 선교사들의 선천에서의 전도활동에 대해 매우 탐탁지 않게 생각했다. 위트모어와 샤록스가 처음 선천에 도착해 그곳 군수를 방문했을 때 그 지역 최고 관리였던 군수는 선교사들이 자신을 방문했다는 전갈을 받았을 때 정문이 아닌 "쪽문"(a little side gate)으로 들어오라고 전갈할 정도로 선교사들에게 비우호적이었다. 선교사들은 이를 거절하고 정문 앞에서 문이 열릴 때까지 기다렸다.[13]

이런 선천에 복음이 전해지기 시작한 것은 1896년이다. 위트모어가 평북지역에 처음 임명 받았을 때 이곳에는 단지 2명의 기독교인이 존재했다. 나병규와 조규찬이 바로 그 주인공이었다.[14] 평양에서 복음을 접하고 귀향한 노효준, 이듬해 평양에서 세례를 받고 돌아온 읍내 나병규가 향우 조규찬의 협조를 받아 전도를 시작했다. 1896년 2월 위대모는 베어드 선교사와 함께 세례식을 거행하고 나병규, 조규환, 박승림을 교회 집사로 임명하였다. 교회당이 없고 당시 남녀가 엄격하게 구분되던 시대라 남녀가 따로 모임을 가졌다. 여자 신도는 이두찬 집에서, 남자 성도들은 이창석 집에서 회집했다. 이들이 정성스럽게 성탄절 헌금으로 낸 600원을 기금으로 선천읍 석장동에 예배당을 마련했는데, 이 교회가 바로 1897년 설립된 선천의 최초의 교회 선천읍교회였다.[15]

양전백이 마포삼열 선교사에게 세례를 받고 1897년 평북지방 전도사로 임명 된 후 위대모는 양전백의 협력을 받으며 선천 선교에 매진했다. 1897년에 선천지역에는 60명의 신자들이 있었다. 그해 처음으로 예배를 드리기 시작했으며, 1898년 선천에 선교부를 개설하기로 결정했다.[16] 1898년 김기반이 800냥을

---

[12] Ibid.
[13] Ibid., 198.
[14] Ibid., 201.
[15] Ibid., 201. 첫 모임은 언덕 나무 아래에서 가졌고 이어 개인 집에서 그리고 1897년 가을에 그곳 교인들이 예배 처소로 한국인 큰 집을 구입했다.
[16] "Suppliment to the KR" *Korea Review* (Mar. 1904), 1. 그러나 정식으로 선교부가

출연하여 교회로 기와집 한 채를 구입한 것이 선천읍교회였다. 그해 위대모는 제 1회 사경회를 개최하였다. 1902년 겨울사경회 때 양전백이 장로 장립을 받았다.[17] 이후 선천지역 교세는 가파르게 성장했다. 1903년에 이르러 평북도내 47개 예배 처소에 전체 교인이 4,537명이었고, 1904년 초에 60개 교회 5천명의 등록 교인을 가진 선교부로 급성장했다.[18]

북장로교 선교부 교인 및 헌금 통계

	서울	부산	평양	대구	선천	재령
교인	7,435	2,017	20,414	6,145	15,348	7,428
헌금(엔)	9,774	1,213	28,745	3,802	27,914	8,706

이 같은 놀라운 성장은 평양대부흥운동을 거치면서 더욱 더 강하게 진행되었다. 평양보다도 더 강한 부흥운동의 역사가 나타난 곳은 선천이었다. 1906년 음력 정월 6일부터 16일까지 선천읍교회당에서 열린 사경회에는 목사 5인, 장로 4인, 조사가 7인 그리고 교인 1,114명이 모인 가운데 성대하게 개최되었다. 무려 1천 1백여리 떨어진 곳에서 어른과 아이가 "고생을 무릅쓰고" 참석할 정도로 선천사경회의 열기는 대단했다.[19] 서울과 평양에서 구정을 기해 열린 부흥회로 상당한 양적 및 질적 성장을 이룩한 것처럼 선천에서도 그로 인해 대단한 성장과 결실을 이룩한 것이다.

평양대부흥운동과 선천교회 급성장

1906년 선천지역의 샤록스는 흥분을 감추지 못하고 "지난해 우리 선천선교부에서는 6,507명이 등록했는데, 올해는 11,943명이 등록했다"고 썼다.[20] 특별히

선천에 개설된 것은 그로부터 3년 후인 1901년이었다.
  [17] Rhodes, ed. *History of the Korea Mission, PCUSA*, 201.
  [18] "Suppliment to the KR" *Korea Review* (Mar. 1904), 1.
  [19] 그리스도신문 1906년 3월 8일, 237
  [20] James S. Gale, *Korea in Transition* (New York; Laymen's Missionary Movement, 1909), 195. 게일은 급성장의 이유를 자립 자치 자전에 있다고 결론을 내렸다.

초신자의 경우는 배가 훨씬 넘는 성장을 이룩했다. 구정을 기한 부흥회를 통해 새신자들이 대거 교회로 영입되었음을 알 수 있다. 1906년 그해 선천선교부의 보고서 첫 문장은 "'평안북도에서의 하나님의 역사'는 바로 제 5차 선천선교부의 연례 보고서의 제목으로 적합할 것이다"[21]였다.

1906년 선천지역은 어느 지역보다도 놀라운 성장을 이룩하였으며 지난 1년 동안에 거의 배가 성장했다. 선교 사역이 놀랍게 발전하고 효율성은 크게 증가한 반면 복음전파를 방해하는 요소는 줄어들었다. 그 결과 1905년 하반기부터 1906년 전반기 1년 동안은 선천선교부의 "역사에서 가장 놀라운 해"가 되었다. 1906년 2월에 5개의 예배처소가 선천읍교회에서 분립되었음에도 불구하고 7월 현재 교회 등록수가 1,435명이고 평균 출석수가 1,000명이었다. 시설이 부족하여 건물 신축이 불가피했다. 수많은 이들이 교회 건축을 위해 헌금을 드리거나 시계, 반지, 기타 값나가는 귀금속들을 아낌없이 바쳤고, 물질적인 헌금에 참여할 수 없는 이들은 노동력을 바쳤다. 그것도 할 수 없는 이들은 기도로 지원했다. 한국인들이 현재 헌금한 액수가 전체 건축비의 5분의 2나 되었고, 교회 지도자들은 나머지 금액도 이들이 충당할 수 있을 것이라고 낙관하고 있었다. 1905년 컨스(Kearns)의 다음과 같은 보고는 선천지역이 어떻게 성장하고 있는가를 말해준다:

> 1년 반 전에 시작된 대전도운동(the great evangelistic movement)은 불과 몇 개월이 지나자 힘을 얻기 시작했다. 전 지역에서 계속해서 사람들이 놀랍게 모였다. 한 교회도 예외 없이 성장했고, 많은 교회들이 배가 되었으며, 18개의 힘 있는 교회가 새로 형성되었다. 이와 같은 성장은 단지 수적인 성장만 있었던 것이 아니다. 부흥운동은 전교회가 영적인 삶이 깊어진 것을 의미하였다.[22]

---

[21] Annual Report, PCUSA (1906), 43.
[22] Ibid., 45. C E. Kearns, "More and Yet More," KMF. II: 9 (Jul., 1905), 171. 지난 1년 동안 60교회가 78교회로, 6,507명이 11,943명으로 무려 83.5%가 증가했으며, 이중에 3,121명이 세례를 받았고, 3,020이 학습을 받았다. 지난 한 해 동안 세례를 받은 사람이 1,164명이고 학습을 받은 사람이 2,297명이다. 52개 교회 건물이 보고되었고, 27교회가 확장되었으며 18개 교회가 최근에 신축되었다.

지난 한 해 동안 선천은 외형적인 수적 성장만 아니라 질적 성장을 경험했다. 다음 도표는 1901년 9월 선천선교부가 개설된 이래 성장이 얼마나 놀랍게 진행되었는가를 보여준다. 특별히 1905년과 1906년 사이 초신자와 전체 출석이 눈에 띄게 증가했다. 1905년 948명이었던 초신자가, 1906년에는 2,297명으로 무려 2배 이상이 증가했으며, 전체 출석자도 1905년의 6,507명에서 11,943명으로 거의 2배 가까이 성장했다.

선천 북장로교 성장률

	예배 처소	세례교인	당해세례자	학습교인	당해 초신자	전체출석
1902년 7월	44	677	267	1340	696	3,429
1903년 7월	61	1027	367	1648	740	4,537
1904년 7월	57	1265	310	1792	536	5,119
1905년 7월	60	1958	711	1952	948	6,507
1906년 7월	78	3121	1164	3020	2297	11,943

외형적인 교세의 증가만 아니라 문서 보급의 증가도 한 해 동안 두드러지게 나타났다. 8개 서점과 3명의 권서인이 1년 동안 보급한 것이 3,092권의 신약성경(대부분 중국어)을 포함 44,008권이었고, 찬송가는 4,048권이었다. 폭발적으로 늘어나는 "수요를 채우는 것은 불가능"한 일이었다. 보급할 한글 신약성경과 찬송가가 절대적으로 부족했다. 선천지역의 그리스도인 3분의 1 이상이 신약성경이 매진된 이후에 예수를 믿은 이들이었다.[23] 선천에서 열렸던 1905년 겨울 남자사경회는 8개 반에 1,140명이 등록해 지금까지 열렸던 사경회 중에서 가장 큰 규모였다.[24]

특별히 1907년 평양대부흥운동은 선천기독교에 지대한 영향을 미쳤다. 1907년 1월 14-15일 평양장대현교회에서 발흥한 그 놀라운 평양대부흥운동은

---

[23] C. E. Kearns, "More and Yet More," 172.

[24] Ibid. 의주에서 열렸던 사경회에서도 무려 500명이 등록해 대단한 수적 증가를 보여주었다. 여자 사경회의 경우 2,602명이 외국선교사들의 지도를 받았다.

선천지역에서도 나타나 "교회와 선교부의 삶에 너무도 깊이 영향을 미쳤다."[25] 선천지역에서 영적대각성운동이 점화된 것은 1907년 2월, 선천과 의주의 겨울 남자 사경회가 열릴 때였다.[26] 2월에 열린 이 사경회에는 어느 해보다도 더 많은 1,180명이 참석한 가운데 열렸으며, 사경회 기간 동안 저녁에 남녀를 위한 집회가 매일 열렸다. 성령의 역사는 이 기간 동안에 놀랍게 임했다. 1달 전 장대현교회에서 일어났고, 곧 이어 평양전역에서 나타났던 죄에 대한 철저한 고백과 회개를 수반한 성령의 강권적인 역사가 그대로 재연되었다.

1907년 3월 3일 컨스(C. E. Kearns)는 "성령의 놀라운 역사"가 한반도를 휩쓸고 있으며, 선천에서도 성령의 역사가 나타나 사람들이 과거 숨겨진 죄악들을 고백하고 하나님께 자비를 부르짖고 있다고 보고하였다.[27] 1907년 3월 12일자 북장로교 선교부에 보낸 마가렛 베스트(Margaret Best)의 편지에 의하면, 이미 그때에 회개와 통회를 수반하는 놀라운 성령의 바람이 선천과 많은 다른 시골교회로 확산되었다.[28] 1907년 북장로교보고서는 선천에서 일어났던 부흥운동에 대해 이렇게 기술한다.

> 비록 충분한 설명을 여기서 할 수 없지만, 우리가 올해 경험한 영적 각성, 너무도 깊이 교회와 선교부의 삶에 영향을 미쳤던 그것을 언급하지 않고는 교회 사역에 대한 보고를 마무리할 수 없을 것이다. 우리는 2월 이길함 선교사의 선천선교부 방문에 그 영예를 돌리지 않을 수 없다. 그것은 그때 부흥운동의 출구가 열리고, 교회가 몇 개월 동안 기도해왔던 바대로 하나님의 권능이 현시되었기 때문이다. 그때의 고통과 어려움은 결코 잊혀 질 수 없을 것이지만, 우리는 교회가 죄 고백으로 순결해졌으며, 죄의 통회로 힘을 얻었으며, 사랑의 영의 지배로 더 높은 차원의 계획을 세울 수 있게 되었다. 성령의 권능은 약한 사람을 강하게 만들어주었고, 흔들리는 여인들에게 도덕과 순결의 삶을 가져다주었다.

---

[25] *Annual Report, PCUSA* (1907), 64.

[26] Ibid., 64-5.

[27] C. E. Kearns, Letter to Dr. Brown, Mar. 3, 1907. Cf. A.M. Sharrocks, Letter to Dr. Brown, Mar. 12, 1907.

[28] Margaret Best, Letter to Dr. Brown, Mar. 12, 1907.

선천과 의주의 겨울 사경회 기간 동안 집회가 남녀를 위해 매일 열렸고 늦은 밤까지 죄 고백이 계속되었다. 잘못된 것들이 바로 잡혔고, 도둑맞은 돈이 되돌아왔으며, 그리고 그것은 많은 사람들에게 자신들의 신앙생활이 거듭나는 시간이었다. 우리는 외국인이던 한국인이던 우리 모두가 우리에게 이미 주어진 중생에 대한 확신을 갖기를 기도했다.[29]

선천지역이 이와 같이 축복을 받을 수 있었던 것은 이길함 선교사의 영향이 컸다.[30] 이길함 선교사가 인도하는 선천사경회에서 그와 같은 놀라운 역사가 나타났다. 1906년 여름 평양에서 열린 선교사들을 위한 사경회 때 은혜를 체험하고, 1907년 1월의 겨울남자사경회 때 성령의 역사를 확인한데다 다년간 평양 장대현교회를 담임했기 때문에 사경회 강사로서 이길함 만큼 적격자도 드물었다. 또한 영적으로 뜨거운 영변 감리교 선교부 모리스(Morris)가 사경회 성경공부와 저녁집회를 도와준 것도 선천지역 영적각성운동에 적지 않게 기여했다.[31] 뿐만 아니라 선천지역의 선교사들과 교인들이 그곳에서도 성령의 불이 임하게 해달라고 오랫동안 힘써 기도해왔다. 이와 같은 준비 기도가 뒷받침되지 않았다면 선천에서의 성령의 역사는 불가능했을 것이다.[32]

사경회에 참석한 이들이 새로운 결단과 열망으로 불타올라 자기의 고향으로 돌아갔다. 이어 지방에서도 조사들의 지원을 받으며 많게는 500명까지 모이는 9번의 사경회가 열려 부흥의 불길은 지방전역으로 급속하게 확산되었다.[33] 1907년 7월에 열린 조사와 집사들과 교회 지도자들을 위한 사경회에서는 영적인 생명력이 깊어진 것을 확인할 수 있었다.

성령의 강권적인 역사로 인한 전형적인 영적 각성이 일어나면서 선천선교부에는 질적 및 양적인 변화가 두드러지게 나타났다. 지난 한해처럼 선천교회는 과거에는 찾아 볼 수 없을 정도로 "완전히 건강한 상태"로 성장했고,[34] 지방사역

---

[29] *Annual Report, PCUSA* (1907), 64-65. Cf. C. E. Kearns, Letter to Dr. Brown, Mar. 3, 1907.
[30] Ibid., 64.
[31] Ibid., 68.
[32] Ibid., 64.
[33] Ibid., 69.

도 "급속하게 계속 성장했다."[35] 그 결과 1907년 "올해는 선천선교부 사역에 있어서 신기원을 이룩한 한 해였다."[36] 1907년 4월 1일자 윌리엄 헌트(William B. Hunt)의 편지에 의하면 선천교회 주일 아침예배에 거의 1,000명이 출석하고 있었다.[37] 1907년 대부흥을 경험하면서 선천지역은 103개의 학교, 102개의 교회에 4,039명의 입교인, 4,667명의 학습교인 그리고 등록교인 15,348명의 교세로 급증하였다.[38] 기대 이상으로 교회가 급속하게 조직되고, 남녀 초등학교가 학생들로 넘쳐 났으며 신학생들도 늘어났다.[39]

20세기 초 전국에서 기독교가 가장 왕성한 곳이 선천이었고, 그 다음이 재령, 그 다음이 평양이었다. 이 중에서도 1919년 아더 브라운이 지적한 것처럼 선천 기독교계의 성장은 서울, 청주, 대구, 부산 등 4개 도시를 합한 것보다 훨씬 빨랐다. 선천교회는 세계에서 유래를 찾을 수 없이 급성장해 한국인들과 선교사들 그리고 외국인들 사이에 '기독교왕국'이라는 칭호를 받았다. 이런 부흥에 힘입어 선천읍교회는 1906년 건축비(3,000달러)를 들여 1,500석의 예배당을 신축하였고, 1907년 평양신학교를 졸업한 양전백이 동료 7명과 함께 최초로 안수를 받은 후 이 교회 담임으로 부임하였다. 이후 선천읍교회는 총회를 두 번이 유치하고 선천선교의 한국인 개척자 양전백은 총회장을 역임하였다.

선천읍교회는 계속 성장함에 따라 1911년 읍내를 가로 질러 흐르는 장천을 경계로 기존의 선천읍교회를 선천읍북교회로 명명하고 장천 남쪽에 선천읍남교회를 분립하였으며, 이후 1930년 북교회에서 중앙교회가, 1931년 남교회에서 동교회가 분립되었다. 1940년 통계에 의하면 선천 북교회, 남교회, 중앙교회, 동교회 전체 교세는 약 6,000명이었으며, 읍과 8면 모두를 합하면 42개 교회에 약 15,200명의 교인이 있었다.

이 같은 급성장의 결과로 1912년 선천읍교회에서 평북노회가 창립되었고,

---

[34] Ibid., 62.
[35] Ibid., 63.
[36] Ibid., 61.
[37] William B. Hunt, Letter to Dr. Brown, April 1, 1907.
[38] *Annual Report, PCUSA* (1907), 71.
[39] Ibid., 65, 67. 초등학교 남학생이 195명, 여학생이 91명, 신학생이 28명이었다.

선천읍북교회에서 분립된 선천읍남교회

여기서 1916년 강계지방을 중심으로 산서노회, 1929년에는 용천노회, 그리고 1939년에는 평동노회가 분리되었다. 선천지역의 복음화가 얼마나 놀랍게 진행되었는가를 단적으로 보여준다. 단순히 놀라운 성장만 이룩한 것이 아니라 훗날 민족운동과 교육의 요람으로 수많은 인재를 배출하는 지방이 되었다.

3. 선천 신성학교 설립과 설립 이념

하나님은 위대한 역사를 이루어 가시는 역사의 주인이다. 그러나 하나님께서는 사람을 통해 그 역사를 이루어 가셨다. 1898년 예일대학교를 졸업한 탁월한 북장로교 선교사 위트모어(Norman C. Whittemore, 魏大模)가 선천선교를 개척하고 1901년 선천선교부가 개설된 후 그가 책임을 맡아 부임한 것은 선천의 주민들에게는 대단한 축복이었다. 복음전도열이 강할 뿐만 아니라 특별히 교육에 깊은 관심을 가지고 있던 위대모는 처음부터 이 둘을 독립적으로 생각하지 않았다. 위트모어의 신실한 동역자였던 의료 선교사 샤록스(A. M. Sharrocks, 射樂秀) 역시 교육에 깊은 관심을 갖고 있었다.

선천선교의 개척자 양전백도 선천지역의 복음화가 학교 설립과 병행하여 진행되어야 한다는 사고를 갖고 있었다. 그는 여러 가지 면에서 당시 대부분의 기독교인들이 그렇듯이 민족애로 불타고 있었다. 위대모, 사락수 선교사와 양전백의 노력으로 선천에 최초의 교회 선천읍북교회가 설립되었고, 이 교회 옆에 서양교육의 시발이라고 할 수 있는 명신학교가 설립된 것은 자연스러운 일이었다. 백낙준은 선천에 최초의 서양학교 명신학교가 세워지게 된 배경을 이렇게 설명했다:

> 기독교 개신교의 입국 초기에 국내에서 발흥(勃興)하는 신교육 풍조를 따라 교회가 서는 곳에는 반드시 학교가 그 옆에 서게 되었으나 선천읍 교회 옆에도 신학문 학교가 서게 되었다. 북교회(北敎會) 동측(東側)에도 명신학교(明信學校)가 설립되었다. 명신학교의 설립 연대는 고증할 길이 없으나 당시 일제가 군청 근변에 세웠던 보통학교와는 비교가 되지 아니하였다. 생도의 수로는 물론(勿論), 교원 진(陣)이나 신문명(新文明)의 도입체로 상대가 되지 아니하였다. 명신은 애국민(愛國民)들이 국권회복(國權恢復)을 위하여 세웠는가 하면, 그 소위 보통학교는 일제의 식민지 지향(指向) 교육이기 때문이었다. 필자는 1910년과 가을 신성중학에 입학할 때에 흑색 정복에 칼 차고 다니는 보통학교 훈도 교원들을 보았다.[40]

이렇게 해서 선천지역 복음화는 한국의 초기 선교역사(宣敎歷史)가 그렇듯이 복음전파와 학교 설립이 병행되어 진행되었다. 평양선교의 개척자가 마포삼열과 이길함, 소안론이었다면 선천 선교의 개척자는 위대모, 사락수와 윤산온(George McCune)선교사였다. 이들은 복음전파와 교육의 균형을 이루는 일에 있어서 어느 누구보다도 완벽한 균형을 이루었던 선교사들이었다. 누가 처음 복음을 전파하기 시작했느냐 하는 것은 선교 역사를 살펴볼 때 중요하다. 성령께서 복음전파의 주역이지만 그러나 성령의 역사가 사람을 통해서, 그것도 준비된 사람을 통해서 이루어진다는 사실을 고려할 때 그 점은 더욱 무시할 수 없다. 선천지역의 복음의 주역이 위대모와 사락수였고, 한국인 동역자가 양전백이었다는 사실은 선천지역으로서는 축복이 아닐 수 없다.

---
[40] 백낙준, "創立背景과 初期史略" 信聖學校史, 4.

훌륭한 선생이 훌륭한 학생을 키우듯이 우수한 선교사들에 의해 인재양성이 왕성하게 이루어졌다. 명신학교가 세워지고 졸업생들이 배출되면서 복음은 요원의 불길처럼 확산되었고 선천지역의 젊은이들은 신지식을 목말라 찾았다. 소학교 과정이었던 명신학교가 졸업생을 배출하면서 상급학교의 필요성이 제기되었다. 게다가 소학교에서 학업을 할 수 없는 연령대의 젊은이들에게도 교육의 기회를 제공할 필요가 있었다.

양전백과 지역의 기독교 지도자들은 선천에 상급학교를 설립하기로 결정했다. 바로 이 학교가 1906년 설립된 선천신성학교였다.[41] 양전백, 김석창, 노정관 등 선천 기독교 지도자들은 위대모 선교사와 협의를 하고 1906년 4월 신입생 26명, 6명의 교사로 학교를 개교했다. 1906년 9월 1일 위대모가 초대 교장에 취임하였고, 1909년 6월에 제 1회 졸업생 9명을 배출했다. 위대모가 교장을 맡았지만 재정과 교과목은 전적으로 한국인들이 책임을 맡았다:

> 명신학교(明信學校)에서 졸업생이 나게 되고, 또는 주변(周邊) 각지에서 서당교육을 받은 청년들이 신지식을 목마르게 구하고 있으나 연령 및 기타의 관계로 아동들과 같이 소학교에는 입학할 수 없는 교회 청년들에게 교육의 길을 개척할 필요가 있었다. 그리고 기독교회의 중심지로 되어 있는 선천에서는 인근 각 군에서 소학교 교육을 마친 소년들이 고급학교(高級 學校)에 진학할 길을 열어주어 기독교 교육의 중심지가 되어야 할 사명감과 책임감을 느끼지 아니할 수 없었다. 그리하여 시내 교회 유지들이 중학교를 설립하기로 합의를 보고, 전일(前日) 교인 집회(敎人集會) 석장동 가옥을 교사로 정하고 신성중학교를 건립하니 주도

---

[41] 신성학교보다 먼저 설립된 당시 기독교계 사립학교는 광혜원(1885, 장로회), 배재학당(1885, 감리회), 이화학당(1886), 경신학교(1886 장로회), 정신여학교(1887 장로회), 광성학교(1894 감리회), 숭덕학교(1894 감리회), 정의여학교(1894 감리회), 일신여학교(1895 장로회), 정진학교(1896 감리회), 공옥학교(1896 감리회), 숭실학교(1896 장로회), 신군학교(1896 감리회), 영화학교(1896 감리회), 배화여학교(1898 감리회), 맹아학교(1898 감리회), 명신학교(1898 장로회), 평양신학교(1901 장로회), 숭의여학교(1903 장로회), 루씨여학교(1903 감리회), 정명여학교(1903 장로회), 덕명학교(1904 감리회), 호수돈여학교(1904 감리회), 진성여학교(1904 장로회), 의창학교(1904 감리회), 영명학교(1904 감리회)가 있었고, 계성학교, 보성여학교, 한영서원, 미리흠학교, 낙현학교가 신성학교와 같은 1906년에 설립되었다. 신성학교 동창회 편, 信聖學校史, 27을 참고하라.

인물은 양전백, 김석창, 노효욱, 이창석, 노정관, 조규찬 등이었다. 당시의 학교 운영 상황과 교과목의 내용과 교원진의 인물을 소구(遡究)할 길이 없으나, 1909년과 1910년에 각 각 9인, 모두 18인의 졸업생을 배출하였다. 모두 한인 신도들이 애국심과 신앙심의 결정이었다.[42]

이렇게 설립된 민족의식이 남달랐던 신성학교 첫 졸업식은 상당히 이색적으로 진행되었다. 졸업생 일동은 교복이나 가운을 입지 않고 우리나라 고유의 두루마기를 입고 졸업식에 참석했다. 이처럼 졸업식에 서양 가운을 입지 않고 두루마기를 입은 것은 기독교 민족의식을 강하게 고취시켜 주었던 위트모어와 매큔을 비롯한 선교사들과 기독교 민족애로 불타고 있던 양전백을 비롯한 한국인 지도자들의 영향 때문이다. 졸업식 장에는 어느 학교에서 찾을 수 없는 졸업가(卒業歌)가 캠퍼스에 메아리쳤다. 이날 첫 졸업생 9명은 자신들의 미래를 축복하는 재학생들의 졸업가를 들으며 내일에 대한 각오를 다졌다.

1. 청북반석(淸北盤石) 터를 잡은 화려한 신성학교
하나님의 뜻을 따라 청년을 교육해
사회의 중추(中樞)와 교회의 양재(良才)는
오늘날에 졸업하는 우리의 학우일세

2. 물결 같은 단합력과 불꽃같은 열성으로
이 세상에 어느 것이 두려울소냐
백척불굴 용진하라 그 뒤를 따르리
개척하라 건설하라 떠나는 형(兄)들아[43]

졸업식이 끝난 후 졸업생들은 각각 말을 탔고 교사들도 말을 탔다. 이어 시내 행진을 했다. 말을 탄 졸업생들이 선두에 나서고 그 뒤를 교사들이 따르며 시내 행진을 했다. 시민들은 길가에 나와 구경을 하면서 이들의 미래를 축복했

---

[42] 백낙준, "創立背景과 初期史略" 信聖學校史, 4-5.
[43] 신성학교 동창회 편, 신성학교사, 46-7.

다.⁴⁴

매큔이 교장으로 부임하면서 학교의 외형적인 발전도 급속히 진행되었다. 신성학교는 1909년 7월 목조 2층 교사 1동, 단층 기숙사 4동과 연와조 2층 기숙사 1동을 신축하고 그해 9월 천북동(川北洞) 소재 신교사로 이전하였다. 기숙사는 미국 캐롤라인 여사의 헌금으로 건립되어 캐롤라인 홀이라고 불렸다.⁴⁵ 신성학교는 강의동과 기숙사가 완비됨에 따라 사립학교로서의 틀을 갖추었다.

신성학교의 설립 목적은 "민족주의와 기독교 정신에 입각하여 학문을 배우고 덕을 닦으며 과학과 기술을 연구 연마하여 자유 자강하려는 민족의 염원을 달성하기위하여 국가 민족 사회 교육의 지도자를 양성하며 나아가서는 세계 인류의 평화와 자유와 행복을 위해 헌신할 수 있는 유능한 인간을 길러내는 데 있다."⁴⁶ 백낙준의 말대로 그런 의미에서 신성학교는 애국심과 신앙심의 결정체였다. "신성건학정신은 애국 애족하는 사회인으로서 하나님의 섭리에 따라 나라의 동량(棟樑)이 되고 교회와 사회의 중추가 되어 이 국가와 민족사회에 헌신하고 봉사할 수 있는 인간이 되게 하는 것이다."⁴⁷

따라서 "교회" "국가" "민족"은 신성학교를 묶어주는 세 개의 중요한 키워드였다. 당시 젊은이들 사이에는 애국가가 유행했고, 애국가는 애국심을 유발하고 배일감정을 가속화시켰다. 개화기 기독교인이 된다는 것은 애국자가 된다는 의미였다. 대부분의 기독교인들에게 신앙심과 애국심은 분리되지 않았다. 애국심과 신앙심으로 가득한 초기 선천지역 기독교 지도자들은 고등교육기관을 설립하기를 원했고 그런 방향에서 학교를 이끌기를 원했다.

처음 신성학교 설립 당시 주역은 선천지역 기독교인들이었다. 선교사들이 아닌 복음을 받아들인 한국인들 스스로 자발적으로 고등교육기관 설립을 착수했다. 설립 당시부터 신성학교가 한국교계의 주목을 받은 것도 그 때문이다.

---

⁴⁴ Ibid., 47.
⁴⁵ Rhodes, ed. *History of the Korea Mission, PCUSA*, 213.
⁴⁶ 신성학교 동창회 편, 신성학교사, 36.
⁴⁷ Ibid., 37.

위대모와 양전백이 가졌던 기독교 신앙과 민족애가 학교 설립으로 이어진 것이다. 백낙준이 지적한대로 "내연(內燃)하는 민족의 애국 열성으로 추진하여 오던 교육구국운동(敎育救國運動)과 밖으로 들어오는 선교운동이 내외상(內外相) 연하여 신성학교가 설립되었음을 알 수 있다. 애국과 신앙이 입교(入校)의 근본 정신이었다."⁴⁸ 1910년 신성학교 교사 곽태종이 작사한 5절로 구성된 신성학교 교가에 애국심이 잘 담겨져 있다.

>1. 아주동방 태산반석 굳은 기초는
>관서에 홀연의립(忔然毅立)한 우리 학교일세
>화목하는 마음으로 노래 부르세
>신성학교 만세라
>2. 반도문명 발전위해 선도자 되려면
>차문중(此門中)에 입각점을 굳게 정하고
>화목하는 마음으로 노래 부르세
>신성학교 만세라
>3. 설한 형창(螢窓) 괴로움을 기리 참을 때
>하나님의 진리도덕 많이 배우고
>화목하는 마음으로 노래 부르세
>신성학교 만세라
>5. 만고(萬苦) 춘풍(春風) 무궁화의 빛난 세계로
>교육계 신천지(新天地) 신면목(新面目)을 집세다.
>화목(和睦)하는 마음으로 노래 부르세
>신성학교 만세
>
>후렴
>만세 만세 신성학교 만세
>만세 만세 신성학교 만세
>화목하는 마음으로 노래 부르세 신성학교 만세라.⁴⁹

---

⁴⁸ 백낙준, "創立背景과 初期史略" 信聖學校史, 5.
⁴⁹ Ibid., 45-6.

교가에 담겨 있듯이 하나님 신앙과 민족교육은 신성학교가 처음부터 강조하여 온 교육철학이었다. 신성학교를 설립한 기독교 애국지사들은 일제 강점하에 있는 우리나라의 미래는 "민중을 각성시켜 민중 자신으로 하여금 자주의식 속에서 독립을 쟁취하는 자주역량을 배양시키는데 있다"[50]고 생각했다. 따라서 이들은 "민족교육의 성격을 민중의 사회참여의식에서 파악코저 하였으며 민족의 자주와 독립을 위한 기본적 민권신장과 협동을 각성시키는 첩경은 이 몽매한 민중에게 자유민주사상을 고취하고 정권 자체에 대하여서는 자주독립사상을 촉구하는 교육입국(敎育立國)만이 그 길이라고 갈파하였다.":

> [신성학교의] 민족교육은 개화사상을 촉진하고 이를 신문화운동에 연결시켜 민중으로 하여금 국가 민족에 대한 의식구조의 그 자체 내에서의 자생과 이를 계기로 한 자주독립항쟁 인간의 존엄에 대한 근대적 의미의 이념 구성 실천을 사명으로 하였다. 창립 초기의 신성의 민족교육은 교육본연의 자세보다는 애국지사를 양성하고 민족의 각성과 투쟁을 고취하여 일제와 맞서 싸우게 하는 구국교육이라고 하여도 과언은 아니다. 신성민족교육에서 서양선교사들에 의한 서구식 자유민주주의 교육과 훈련은 우리 민족운동사에 있어서 근대적인 민족운동의 섬광적 역할을 하였다고 자부하는 바이다. 신성민족교육 이념은 기독교교육을 기초로 하여 이루어졌다. 기독교교육은 그 사상적 배경이 종교적인 기독교 정신이며 이 사상은 구미의 자유민권사상과 자유독립사상을 근간으로 생성되었다. 이 기독교 사상과 민중이 간직한 독립의 열의가 영합되어 신성민족교육이념은 발전되어 나갔다. 또한 신에 대한 무한한 신뢰와 양심은 신의 계시를 믿어 마지않는 민족구국의 비원의 신앙심으로 승화되었다. 신성의 민족교육은 자주 자강하려는 애국정신과 기독교사상을 분리하여서는 설명될 수 없으며 당시의 민중이 간직해온 시대적 요청인 독립사상과 근대화의 민족적 염원을 실현하려던 불굴의 발전적 민족의지로서 한국민족주의의 역사적 변천과정에서 본질적인 민족의식형성에 구현되었다고 할 수 있다. 신성민족교육은 교육자체 뿐만 아

---

[50] Ibid., 46.

니라 민중의 계몽운동으로서도 관서지방에 깊이 뿌리를 내렸으며 한걸음 나아가서는 일제 침략에 항거한 한국민족저항사에 점철되어 길이 남게 되었다.[51]

확실히 "민족교육"과 기독교 정신은 신성학교를 교육 이념을 지탱하는 두 개의 기둥이었다. 그런 의미에서 초기 신성학교의 교육 이상은 기독교 신앙에 기초한 민족교육의 실천에 있었다. 하지만 이런 애국적 발로에도 불구하고 당시 한국인들이 외부의 도움 없이 학교를 운영한다는 것은 현실적으로 불가능했다. 선교회의 재정 지원이 절대적으로 필요했다.

처음 한국인 기독교인들이 중심이 되어 지역의 인재 양성을 위해 고등교육 기관으로 시작한 신성학교는 얼마 후 북장로교 선교회의 전폭적인 지원을 받으며 미션스쿨로 바뀌었다. 선교회는 인적 자원과 물적 자원을 동시에 제공했다. 선천지역의 미션스쿨의 설립의 필요성을 확인한 선교회가 조지 매큔 선교사를 선천지역 교육담당 선교사로 파송하면서 북장로교 선교회가 신성학교를 맡아 미션스쿨로 운영하기 시작했다. 미국 선교부가 미국의 휴 오닐 부인으로부터 신성학교 발전기금 15,000달러를 기부 받아 신성학교는 새롭게 도약하는 발판을 구축했다:

> 재한 미국 북장로교회 선교단은 선천에 중등학교 설립 방침을 수립하고 교육 담당 선교사 윤산온을 선천 중학교 책임자로 파송하였다. 이와 동시에 미국 북장로교회 선교본부에서는 미국 자선사업가 휴 오닐(Hugh O'Neil) 부인에게서 그 망자(亡子)의 기념학교 설립기금 15,000불을 기부 받아 신성학교의 중흥(中興)에 제공하였다. 이로써 한인교회 지도자들이 경영하던 신성중학교는 재한 미국 북장로교 선교단에 이관(移管)되어 미션스쿨(Mission School)이 되었다.[52]

---

[51] Ibid., 48-49.

[52] 백낙준, "創立背景과 初期史略" 信聖學校史, 5. 또한 Rhodes, ed. *History of the Korea Mission, PCUSA*, 199를 참고하라.

윤산온 선교사가 선천에 온 것은 1909년이었다. 그는 파크 대학을 졸업하고 1905년 내한해 4년 동안 평양에서 숭실학교 교장 배위량(W. M. Baird) 선교사를 돕다 1909년 선천으로 전근했다. 배위량 역시 파크 대학 출신 선교사였다.

위대모 선교사에 이어 윤산온 선교사가 선천에 부임한 것은 선천지역교회로서는 대단한 축복이었다. 이 두 선교사는 비록 언더우드 마포삼열이나 여타 다른 선교사들에 비해 상대적으로 덜 알려졌지만 한국선교에 미친 영향은 대단했다. 특별히 교육 분야에 있어서는 더욱 그렇다. 위대모에 의해 토대가 구축된 상황에서 매큔의 부임은 교육적인 측면에서 시너지 효과를 자아냈다.

일찍이 선천에 정착해 신성학교 교장을 맡은 윤산온은 학교 부지를 매입하고 교사를 건축하여 신성학교를 서북지역의 기독교학교의 중심지요, 민족운동의 요람으로 만들었다. 특별히 매큔이 도입한 미국의 파크 칼리지 이념은 그의 탁월한 리더십 하에 신성학교 설립 이념으로 정착했다. 사회와 민족을 책임지는 인재를 양성하겠다는 이 학교 이념에 기초한 신성학교 교육은 시대적 요청과도 정확히 맞아떨어졌다.

> 윤산온이 선천에 정착하고 학교장이 되는 동시에 대륙 산하에 광활한 교지를 매입하고 교감 사락수(謝樂秀, A. M. Sharrocks)는 2층 내양외한(內洋外韓) 개량식 교사(校舍)와 삼동의 기숙사와 일동의 창고를 건축하여 교세를 일신하였다. 사락수 교감의 노력은 기숙사에 전용 수도까지 설치하였다. 신성학교는 평북 일대의 독특한 근대 문명 기관이요, 신흥 청년의 수도장(修道場)이었다. 그리하여 주권자로 신도(新到)한 일제(日帝)의 주목과 증오의 대상이 되었던 것이다. 교회 교육 사업이 중등학교 교육에 도달하게 될 때에 평양을 위시하여 교육정책과 학교 운영 방식을 미국 미조리주 Park College Plan을 채용한 것이 특색이었다. 그 소위 Park College Plan은 3H(Head, Heart, Hand) 교육, 즉 지덕공(智·德·工)의 집성 교육이다. 각 학교 간에 이 교육 방침의 채택 정도와 운영의 차이는 있으나 농업경제(農業經濟) 생활을 벗어나지 못하였던 우리 사회실정 하에 실질 교육의 목적 구현을 위하여는 필요한 교육 방침이었다.[53]

조지 매큔은 파크 칼리지 졸업생이었고 그의 아내 헬렌 매카피(Helen McAfee)는 미국 북장로교의 저명한 선교지도자 매카피(C. B. McAfee)의 외동딸이었다. 신성학교 교감으로 신성학교 교사 건축을 감독한 사락수(謝樂秀)도 파크 칼리지 졸업생이었다. 이런 이유로 신성학교는 이념적으로나 실제적으로 "파크대학 교육체제의 도입과 운영에 표본이 되었다."[54] 당시 미션 스쿨들이 그런 것처럼 신성학교 역시 "정규 중등학교 교육에 필요한 학과목들이 완전하게 교수"[55]되지 못하고 선교회가 정하는 교과목을 가르쳤다.

4. 신성학교 교사진과 교과과정

1906년 설립 당시 학제는 3년이었다가 1910년부터 4년제로 바뀌었다. 당시 미션스쿨에서는 자격을 갖춘 교사들을 구하기가 쉽지 않았다. 아무리 학력이 뛰어나다 해도 기독교인이어야 했기 때문이다. 교수진은 숭실학교와 일본유학을 마치고 돌아온 사람들로 구성되었다. 백낙준 박사는 자신이 재학하던 시절 신성학교 교사진에 대해 다음과 같이 말한다:

> 필자의 재학시대의 신학문(新學問) 교사는 주로 숭실중학과 일본 유학생들이 섞여 있었다. 물리 화학 국문법은 숭실중학 졸업생이던 곽태종, 수학과 기하학은 선우혁, 성경은 홍성익, 길진형이었다. 한문과 작문은 강규찬, 일어에 임경엽, 법학통론에 최용화, 체조에 신효범, 구약사와 부기에 윤산온, 사무처 총무 장시욱이 있었다.[56]

설립 당시 교사진으로는 교장 위대모(魏大模), 교감 사락수(射樂秀), 교사로

---

[53] 백낙준, "創立背景과 初期史略" 信聖學校史, 6.
[54] Ibid.
[55] Ibid.
[56] Ibid., 7.

안준(安濬), 선우혁(鮮于爀), 강규찬(姜奎燦), 곽태종(郭泰鍾), 홍성익(洪城益), 신효범(申孝範), 장시욱(長時郁)이 있었다. 사락수는 생리와 위생 과목을 가르쳤고, 황은선은 성경, 안준은 한문, 선우혁은 수학과 기하학, 강규찬은 한문과 작문, 곽태종은 물리 화학 국문법 경제 역사, 홍성익은 성경 신효범 체조를 담당했고, 장시욱은 총무처장을 맡았다. 1906년 설립부터 1910년까지 신성학교 교과 과정은 다음과 같다:

1906-1910 신성학교 교과목

학년	교 과 목
1학년	성경 수신 국어 한문 일어 국사 지리 산술 대수 기아 박물 생리 위생 물리 화학 법제 경제 실업 도화 창가 체조 외국어(영어)
2학년	성경 수신 국어 한문 일어 국사 지리 대수 기아 박물 생리 위생 물리 화학 법제 경제 실업 도화 창가 체조 외국어(영어)
3학년	성경 수신 국어 한문 일어 만국역사 만국지리 대수 기아 박물 생리 위생 물리 화학 법제 경제 실업 도화 창가 체조 영어
4학년	성경 수신 국어 한문 일어 만국역사 만국지리 대수 기아 박물 생리 위생 물리 화학 법제 경제 실업 도화 창가 체조 외국어(영어)

출처: 신성학교사, 41-42.

위 도표에 있는 당시 신성학교 교과목을 통해 우리는 다음 몇 가지 사실을 확인할 수 있다. 첫째, 학교는 몇몇 과목을 제외하고는 1학년부터 4학년까지 공통과목을 교수했다. 예를 들어 성경, 수신, 국어, 한문, 일어, 국사, 지리, 대수, 기아, 박물, 생리, 위생, 물리, 화학, 법제, 경제, 실업, 도화, 창가, 체조, 외국어(영어)는 1학년과 2학년 학생들에게 필수 공통과목이었다. 다만 산술의 경우 1학년에만 이수하도록 하였다. 둘째, 민족의식을 고취하는 국사와 지리 과목의 경우 1-2학년에서 필수로 교수했지만 3학년과 4학년 학생들에게는 국사와 지리 대신 세계역사와 세계지리를 수강토록 요구했다. 셋째, 다음 표에 나타나듯이 각 학년마다 각 과목 이수 시간이 약간 달랐다.

	수신	국어작문	일어	역사	地誌	수학	박물학	물리화학	실업	도화	체조	법제 및 경제	창가	외국어	週間
1년	1時	6 작문 문법 습작	6	2	1	6 산술 대수	4 광물 식물		1 실업개론	1	3		1	2	34時
2년	1	6 작문 문법 습작	6	3 외국역사	3 萬國地誌	6 대수 기하	2 동물학 생리		3 농업 상업 공업	1 자재화	3		1	3	36時
3년	1	6	6	3	2	4	2 생물 위생	3 화학	상동	1 기화	2			3	36時
4년	1	6	6		1	4			6	1	2	2 현행제도 경제대의		3	32時

출처: 신성학교사, 42-43.

국어와 작문을 묶어 '국어 및 작문' 과목으로 학생들이 이수하도록 하였으며, 이 과목은 일어와 함께 가장 많은 시간을 이수해야 했다. 이 때문에 이 과목을 맡았던 강규찬은 가장 많은 시간을 학생들과 함께할 수 있었다. 이것은 그에게 특권이요, 축복이었다. 그는 자연히 많은 시간을 학생들과 함께 하며 민족의식과 애국심을 학생들에게 심어주었다.

이미 민족애로 충만했고, 위대모와 양전백을 통해 성숙한 신앙인으로 성장한 강규찬에게 이것은 너무도 좋은 기회였다. 그는 러일전쟁과 이어 진행된 을사늑약을 통해 강대국의 침략야욕을 목도하면서 한편으로 자신의 전공분야를 통해 학생들을 교육시키면서 다른 한편으로 학생들에게 민족의식을 고취시

조지 매큔과 함께 한 선천신성학교 교사들, 왼쪽에서 첫 번째가 강규찬

키는 일을 게을리 하지 않았다. 그는 실력으로도 인정을 받는 교사였다. 훗날, 당시 신성학교에는 한학에 뛰어난 교사들이 많았다는 백낙준 박사의 증언이나 일경이 선우훈에게 "네가 존경하는 강규찬 선생"이라고 언급한 것이나 신성학 교사에서 영향력 있는 교사를 소개하면서 강규찬도 포함시킨 것을 고려할 때 강규찬은 신성학교에서 존경을 받았던 교사 중 한명이었던 것으로 보인다.

신성학교 교사진에 참여한 인물들은 당시로서는 선택된 사람들이었지만 오늘날의 시각에서 볼 때 교육환경이 열악했다. 학생들은 배움에 대한 열망이 대단했지만 교수진이 부족했고, 교과과정도 체계적이지 못했으며, 교과서도 턱없이 부족했다. 당시 필요한 교과서를 구하는 일은 보통 힘든 일이 아니었다. 백낙준의 표현을 빌린다면 "돌로 떡을 만들려는 것과 같은 노력이었다."[57]

일본어 책을 번역한 번역서들과 잡지들이 있었지만 미션 스쿨의 교과서로 채용할 만한 서적은 없었다. 따라서 필사하거나 프린트 물로 만들어 사용하였다.

---

[57] Ibid.

"물리, 화학, 기하 등 교과서는 프린트 물이었다."⁵⁸ 일제의 강요에 의해 일본어가 신성학교에서도 개설되었지만 배일 감정이 강한데다 교과서도 제대로 구비되지 않아 일본어 교육은 진전이 없었다. 반면 한문에 능통한 교사들이 많아 중국 기독교계에서 사용되는 서적들을 통해 서양의 신지식을 상당히 습득할 수 있었다:

> 정부의 강요에 따라 일어(日語)를 교과목에 넣어 가르치고 있었으나 그때만 해도 수업시간이 적었을 뿐 아니라 학생 간에 배일 열로 인하여 진척을 보지 못하고 있었으니 일어 교과서의 사용은 생각도 못하였다. 그러나 한문에는 능통한 교사들이 있었으므로 중국 기독교계에서 사용하는 서적들을 통하여 신지식을 얻게 되었다. 그러므로 역사 선생이라 하면 그 학문에 소양이 있기 때문보다도 한문 역사 서적을 읽고, 그 의의를 해석할 수 있는 인사들이었다. ... 책이 없고 유자격 교원이 없었어도 인격적 감화와 서양인 접촉과 신생활의 강해는 새 사람을 조성하는 교육이 되었다.⁵⁹

특별히 우리의 주목을 끄는 것은 "한문에는 능통한 교사들이" 있었다는 것과 학생들이 교사들로부터 인격적 감화를 받았다는 마지막 문장이다. "유자격 교원"이 없는 이런 열악한 환경 속에서도 신성학교가 탁월한 인재들을 배출할 수 있었던 원동력은 "인격적 감화" "서양인 접촉" "새 사람을 조성하는 교육"이었다는 의미다.

학생들이 교사들로부터 인격적 감화를 받았다는 것은 그만큼 교사들의 인품이 탁월했음을 보여준다. 이것은 미션스쿨로서는 참으로 귀한 자산이 아닐 수 없다. 초기 교사들 대부분이 변화를 받은 신앙인들이었기 때문에 인격적 감화가 가능했을 것이다. 또한 학교의 신앙교육은 학생들에게 적지 않은 영향을 미쳤던 것으로 보인다. 과외 활동이 "기도회 사경회 전도활동"등 거의 종교생활 중심으로 되어 있어 전도사를 파송하거나 선교에 깊은 관심을 가졌다.⁶⁰

⁵⁸ Ibid., 7-8.
⁵⁹ Ibid., 8.

5. 민족교육의 요람 평북과 선천 미션스쿨

1910년에 이르러 평북과 선천은 신앙심과 애국심이 결합된 기독교 교육의 중심지로 부상했다. 당시 통계에 의하면 1910년 7월 현재 평북에는 관공립 및 준공립 학교가 10개교에 사립학교로는 비종교 학교가 280개에 종교 학교가 121개 학교로 전체 411개 학교였다. 이 수치는 평남보다는 약간 작지만 서울 경기 황해도 보다 많은 숫자이다.

서울의 경우 관공립이 18개 학교, 사립이 일반계 70개교 종교계 24개로 112개였고, 경기도 역시 관공립 및 준공립이 19개교, 사립이 일반 136개교 종교계가 64개교로 219개 학교였으며, 황해도의 경우 관공립 및 준공립이 14개 학교, 사립 일반이 104학교, 종교계가 182학교였다.

평남의 경우 관공립 및 준공립 10개 학교, 사립이 일반 189학교 종교계 254개 학교로 총 453개 학교였다. 이 통계를 통해 우리는 학교가 서북지역에 편중되어 있고 그 중에서 평북 평남 황해도에 집중되어 있는 것을 알 수 있다. 선천에는 신성학교, 선천상업학교, 선천공업학교, 보성여학교 등이 있었고 초등학교는 공립 20개 사립 11개 유치원이 2개가 있었다. 선천의 인구가 평양과 비교할 때 상대적으로 적은 것을 감안할 때 평북의 학교는 상당히 높은 편이라고 할 수 있다. 이를 도표로 만들면 다음과 같다.

국내 주요 각 지방별 학교 통계

	서울	경기	황해도	평남	평북	합계
관공립학교	18	7	7	5	5	42

---

[60] Ibid. "이 時代의 學生들의 課外活動은 거의 宗敎生活이 中心이 되어 있어, 祈禱會, 査經會, 傳道活動 등이었다. 나의 在學 時代에는 學生들이 募金하여 龍川의 車載明씨를 慶尙道에 開拓 傳道師로 派送한 일이 있었다. 또 信聖 出身 崔成坤은 忠淸道 開拓 傳道師로 奉仕하기도 하였다. 몇 해 뒤에 된 일이지만 信聖學校의 第1回 卒業生인 方孝元(方之日 牧師의 先親)은 中國 宣敎師로 일했고 그 令息 方之日 牧師도 先親의 後繼者로 中國宣敎師가 되었던 것이다."

준공립학교		12	7	5	5	29
사립학교 일반	70	136	104	189	280	779
사립학교 종교	24	64	182	254	121	545
합계	112	219	300	453	411	1495

1910년 7월 현재

학교 수에 있어서 공립학교와 사립학교는 비교가 되지 않았다. 이들 사립학교는 러일전쟁이 일면서 더욱 증가했고. 선천의 경우는 전국에서 가장 많은 수의 학교가 세워졌다. 이들 학교에서는 신앙심과 민족의식이 결합된 신앙교육이 이루어지고 있었다. 이것은 당시 일본 학자가 기록한 글을 통해서도 확인할 수 있다:

> 1905-6년 즈음, 즉 노일전쟁이 끝나자 교육열이 발흥하여, 각지에서 경쟁적으로 사립학교를 설립하고, 특히 평안도, 황해도와 같은 기독교가 널리 퍼진 지역에 기독교학교가 많아짐에 따라 사립학교도 융성해지고, 평안북도 선천의 경우 일개 군에 백을 헤아리는 상황이 되었다. 이들 사립학교는 정치와 교육을 혼동하여 불량한 교과서를 사용하고 불온한 사상을 주입하여, 학생들의 전도를 어지럽히는 일이 빈번하였다.

위 글에서 우리가 주목하는 것은 평안북도 선천의 경우 일개 군에 백을 헤아리는 학교들이 설립되었다는 기록과 이들 사립학교에서 정치와 교육을 혼동하여 불량한 교과서를 사용하여 불온한 사상을 학생들에게 주입하고 있다는 기록이다. "정치와 교육을 혼돈" "불온한 사상"이란 다름 아닌 기독교 민족운동을 지칭하는 것으로 봐야 할 것이다. 선천의 그 많은 학교에서 애국심과 신앙심이 어우러진 교육을 시키고 있다는 의미로 풀이해도 무리(無理)가 없을 것이다. 선천신성학교는 그 대표적인 사례라고 할 수 있다. 민족운동과 애국심이 어우러진 이들 학교에서 민족의 지도자들이 수 없이 배출되었고, 일제가 신성학교 학생들과 교사들을 일시에 탄압하고 체포한 것도 그런 맥락에서 이해해야 할 것이다. 한 선교사는 105인 사건이 나고 나서 다음과 같이 미국 선교부에 보고했

다:

> 선천에 있는 장로교 중학교의 교사와 학생 40여 명을 일시에 체포되어 경성에 호송되어 투옥되었습니다. 선천은, 전도지구 중 드물게 보는 성공지로 유명한 곳입니다. 선천에대한 일제의 박해는 그러므로 기독교에 대한 배척을 의미합니다. 그것은 선천 대교회의 양전백 목사와 그 직원의 체포로 이미 표면화 되었습니다. 양전백은 조선 목사 중 가장 유명한 목사입니다.....양전백 목사와 선천중학교 교사, 학생이 선량함은 선교사인 우리가 확증하는 바입니다.

확실히 선천은 기독교가 놀랍게 번성했고 그 지역의 젊은이 인재 양성기관인 신성학교는 기독교 민족운동의 요람이었다. 신성학교는 교육 여건이 열악했지만 위트모어, 샤록스, 조지 매큔이라는 훌륭한 지도자가 있었고, 선천지역 복음화를 위해 애국심을 가지고 교육에 깊은 관심을 가진 양전백을 비롯한 지도자들이 있었으며, 복음의 놀라운 확산으로 배움에 대한 갈망으로 가득한 학생들이 있었다. 특별히 1907년 평양대부흥운동으로 놀라운 영적각성을 경험한 선천지역의 기독교인들은 나라와 민족, 자녀들의 미래를 위해 고등교육기관 설립의 필요성을 절감하게 되었다. 평양대부흥운동 이후 선천 신성학교가 장족의 발전을 이룩한 것은 결코 우연히 아니다. 신성학교 설립은 이런 시대적 배경이 밑바탕에 있었기 때문에 가능했다.

마치 시대적 부름에 화답이라도 하듯이 탁월한 선교사들과 민족애와 신앙심으로 무장한 기독교 지도자들의 지도하에 신성학교 졸업생들은 한국교계에 중요한 리더십을 발휘했다. 그 중에서 신성학교가 한국교회와 민족사에 남긴 가장 대표적인 사건은 1911년 105인 사건과 1919년 삼일운동이다.

3장
105인 사건과 선천신성학교
(1911-1913)

> 일본(日本)이 한국을 합병한 다음해에 일세(一世)를 격동시킨 큰 의옥사건(疑獄事件)을 만들었으니 이것이 온 세상이 다 아는 百五人 사건이라는 것이다.
>
> 1946, 鮮于燻

    1910년 일제는 한국을 강제로 합병한 이후 한국의 영구적인 식민화를 위해 국내 반일세력을 제거하기를 원했다. 그 대표적인 사건이 1911년 105인 사건으로 알려진 '데라우치총독모살미수사건'이다. 1911년 일제는 전혀 존재하지도 않은 데라우치 총독 살해음모 사건을 날조하여 수백 명을 체포했고, 그 중 123명을 기소해 105인에게 유죄를 언도했다. 그 목적은 윤경로 교수의 말대로 "합법성을 가장한 재판제도"를 통해 "국내 반일민족세력," 특별히 신민회와 서북 출신 기독교 지도자들을 제거하는 것이 주 목표였다.

    특별히 그 중심에는 신민회와 항일운동에 앞장섰던 이들이 대거 포진한 신천신성학교가 있었다. 때문에 105인 사건은 초기 신성학교와 관련하여 빼놓을 수 없다. 당시 신성학교 학생이었던 백낙준이 지적한 대로 "세칭 백오인

---

[1] Japan Chronicle 특파원, *The Korean Conspiracy Trial 1912*, 윤경로 역 (서울: 한국기독교역사연구소, 2001), 7. 위 책에 1912년 6월 28일 1회 공판부터 그해 9월 28일까지 만 3개월 동안 진행된 20회 공판 전 과정이 상세하게 기술되어 있다.

사건(百五人事件)은 신성학교 역사뿐만 아니라, 한국교회사와 민족사 상에 빼놓지 못할 중대사건"²이었다.

1. 105인 사건과 서북기독교

105인 사건은 일제가 강제적으로 조선을 합병시키고 "배일민족(排日民族) 진영과 한국인에게 많은 영향력을 가지고 있는 기독교 운동과 선교사들을 제거하려고 무모한 연극을 꾸민 것이다."³ 일제의 타깃이 바로 신성학교였다. 백낙준은 105인 사건과 신성학교와의 관계를 다음과 같이 증언 한다:

> 사내(寺內)가 1911년 11월 하순에 압록강 철교 개통식에 내왕할 때에 신성학교 교사와 학생들이 선천역두에서 사내를 암살하려다가 미수하였다는 날조사건(捏造事件)이다. 1911년 10월에 교원 7인, 학생 20명을 구속하여 서울에 압송하더니 계속하여 3,40의 학생과 다수의 선천교회 지도자들을 검거하였다. 악형과 고문으로 살상자를 내면서 자백을 받아내고 형식적 재판에 붙여 105인에게 중형을 선고하였다가 세계적 여론에 쫓기어 주모자라는 6인만을 협의자로 유죄 선고하고 기여 99인을 무죄 백방한 사건이 있었다. 이때에 신성학교는 일시 폐교할 수밖에 없었고 교장 윤산온도 이 사건의 교사자(敎唆者)로 되어서 추방을 당할 우려도 있었다. 그러나 신성학교는 이 시련에서 일제의 날조를 폭로하고 승리를 거두었다.⁴

일제는 무섭게 성장하는 한국기독교가 식민지배의 장애가 된다고 판단했다. 특별히 서북지역 선교의 결정체라고 할 수 있는 선천신성학교는 말살의 대상이었다. 따라서 105인 사건을 통해 민족의식을 고취하고 민족운동에 참여하는

---

² 신성학교 동창회 편, **신성학교사**(서울: 신성학교동창회, 1980), 11.
³ Ibid.
⁴ Ibid.

교사들이 재직하는 신성학교를 탄압하고 이들 교사들의 사상적 배후 조직이라 할 수 있는 신민회를 제거하기를 원했다. 일제는 독립협회가 강제 해산 된 뒤 안창호, 전덕기, 이승훈, 안태국, 이동휘 등 기독교 지도자들이 중심이 되어 조직한 신민회를 말살할 계획을 세웠다.

신민회는 을사늑약 이후 1906년경에 조직된 비밀결사단체이다. 을사늑약 이후 민중들은 의병을 일으켜 싸웠고 지식인들은 조약무효화 투쟁을 벌이며 항일투쟁을 전개했지만 신무기를 갖춘 일본군에 맞서는 데는 한계가 있었다. 의식 있는 민족지도자들이 먼저 민족을 깨우고 실력을 양성한 후 국권을 회복하려는 뜻을 가지고 조직한 것이 신민회였다. 대한신민회통용장정에 나타난 신민회 목적은 다음과 같다:

> 本會의 目的은 我韓의 腐敗한 思想과 慣習을 革新하야 國民을 維新케하며 衰頹한 發育과 産業을 改良하야 事業을 維新케하며 維新한 國民이 統一聯合하야 維新한 自由文明國을 成立케 함[5]

신민회는 이 목적을 달성하기 위해 신문 잡지 및 서적을 간행하여 백성의 지식을 계발케 할 것, 각 곳에 권유원(勸諭員)을 파견하여 권유문(勸諭文)을 전파하여 백성의 정신을 각성케 할 것, 정미(精美)한 학교를 건설하여 인재를 양성할 것, 각 곳의 학교의 교육방침을 지도할 것, 실업가에게 권고하여 영업방침을 지도할 것, 신민회의 합자로 사업장을 건설하여 실업계의 모범을 보일 것, 국외에 무관학교(武官學校)를 설립하여 기회가 올 때의 독립전쟁에 대비할 것, 국외에 독립군 기지를 건설하고 독립군을 창건할 것 등을 적극 추진하기로 했다.

신민회는 회원들이 반드시 준수해야 할 다음과 같은 5개항의 규칙도 정했다: 첫째, 회원은 조국정신을 굳게 지키고 조국 광복에 헌신하여 충성을 다할 것, 둘째, 회원은 조국을 위했던 선현선열(先賢先烈)을 반드시 사모하고 계술

---

[5] 대한신민회통용장정, 제 2장 제 2절. 愼鏞廈, 한국민족독립운동사연구 (서울: 을유문화사, 1986), 30. 윤춘병, 전덕기목사와 민족운동 (서울: 한국감리교사학회 편, 1996)에서 재인용.

(繼述)할 것, 셋째, 회원이 만일 본회를 배반하였을 때는 어느 때든지 그 생명을 빼앗길 줄 알 것, 넷째, 회권은 본회의 비밀을 엄수할 것이며 만일 탄로났을 때는 해당자는 혀를 깨물고 말하지 말 것, 다섯째, 회원은 달고 쓴 생활과 힘들고 편한 활동을 다른 회원들과 함께 할 것.[6]

신민회의 초대 중앙위원은 총감독 양기탁, 총서기 이동녕, 재무 전덕기 집행원 안창호였고, 서울 총감은 전덕기, 평북총감 이승훈, 평남총감 안태국, 황해총감 김구, 함경총감 이동휘, 경상대표 김진호, 충청대표 최익, 강원대표 주진수, 기타대표 김도희, 본부직원 임치정(대한매일신보영업국장) 김홍숙, 신민회언론기관으로는 대한매일신보였다. 신용하 교수가 한국민족독립운동사에서 지적한 대로 신민회는 양기탁을 중심으로 한 대한매일신보, 전덕기를 중심으로 한 상동교회와 청년학원, 이동휘와 유동열을 중심한 무관출신, 이승훈과 안태국을 중심으로 한 평안도 실업가와 민족자본, 안창호를 중심으로 한 미주 교포의 공립협회 등 다섯 세력이 축이 되었다.[7]

신민회는 전국적인 조직이었지만 윤경로가 지적한 것처럼 신민회 활동은 서북지역이 어느 지역보다 활발했고 그 중심에는 이승훈이 있었다. 1907년 2월 20일 귀국한 안창호가 3월 10일까지 서울지역에서 귀국강연회를 마친 후 1개월간 서북지방 순회 강연회를 가졌을 때 이승훈은 안창호와 역사적인 조우를 했다.[8] 이후 이승훈은 서북지방 신민회 조직과 확장에 진력하여 평북에 이승훈, 평남에 안태국, 황해도 김구, 함경도 이동휘가 그 책임을 맡게 되었다.[9]

평북지역 신민회 책임을 맡은 이승훈은 선천 정주를 정점으로 의주 곽산 철산 용천 등지에 신민회 평북지회를 설립하였다. 그를 통해 양준명, 이용화, 오희원, 황국보, 이명룡 등 평북지방은 물론 서북지방 일대의 대표적인 토착자본가들과 상공업자들, 그리고 이용혁, 곽태종, 선우혁, 차균설, 임경엽, 강규찬 등 선천의 신성학교와 정주의 가명학교의 영향력 있는 교사들이 신민회에 대거

---

[6] 윤춘병, 전덕기목사와 민족운동, 57.
[7] 愼鏞廈, 한국민족독립운동사연구, 18-19.
[8] 윤경로, "신민회와 남강의 경제활동 연구," 남강 이승훈과 민족운동 남강문화재단 편 (서울: 남강문화재단출판부, 1988), 85.
[9] Ibid., 91.

입회하였다. 또한 이들의 영향을 받은 우수한 학생들이 신민회에 대거 참여하였다.

신민회의 입회 자격 요건 가운데 가장 중시하는 것은 "국가를 위해서 피를 흘릴 수 있을" 정도의 "투철한 국가관"과 "애국심"이었다.[10] 이승훈으로부터 권유를 받고 가입한 이들이 상당히 많았으며 자연히 서북지방에서의 신민회 활동에서 이승훈은 중추적인 역할을 감당했다. 그러다 1911년 1월 안악사건에 연루시켜 이승훈을 구속하고 제주도로 유배시키면서 그의 신민회 활동은 사실상 종지부를 찍게 되었다.

이후 선천지역 신민회는 양준명과 이용화가 공동대리인으로 평북 신민회를 이끌었다. 공동 책임자로 임명 받은 이 두 사람은 신민회 주창자 5-6명과 신성중학 뒤편 개천에서 목욕을 하며 공동책임자로 임명 받은 사실을 알리고 참석자들에게 신민회를 위해 전력해 줄 것을 부탁했다. 이 때 참석한 이들은 이용혁, 곽태종, 선우혁, 차균설, 김일준이었고, 이날 이들 외에도 최덕윤, 김익겸, 강규찬, 노창권, 안준, 홍성익, 양전백, 이정순, 박찬림을 비롯 여러 명이 더 참석한 것으로 알려졌다. 이들 모두 평북신민회 평의원들로 윤경로의 표현을 빌린다면 "당시 선천을 중심한 평북 신민회 유력인사로 보아 거의 틀림없을 것이다."[11]

우리가 주목하는 것은 신민회 조직과 활동을 주도했던 평북 이승훈, 평남 안태국, 황해도 김구, 함경도 이동휘 등 서북지방 출신들로 모두 독실한 기독교인이었다는 사실이다. 게다가 신민회는 비밀 결사조직의 독립운동단체였다. 이런 이유로 일제는 서북지역 출신 지도자들을 경계했다. 실제로 1908년 3월 샌프란시스코에서 일어난 장인환(張仁煥), 전명운(田明雲) 의사의 스티븐스 사살사건, 1909년 10월 하얼빈에서 일어난 안중근 의사의 이토 히로부미 포살사건, 그리고 1909년 12월 이재명(李在明)의 이완용(李完用) 피살미수사건 모두 서북 출신 기독교인들에 의해 일어난 사건이었다.[12] 서북 기독교 출신 지도자들의 제

---

[10] Ibid., 88.
[11] Ibid., 93
[12] 박용규, "기미년 3·1독립운동과 한국장로교회," 대한예수교장로회 총회 백년사 1권 (서울: 대한예수교장로회, 2006), 482-483.

거가 목표였다는 사실은 105인 사건 피의자 중 양기탁 윤치호를 제외하고 모두 서북 출신 기독교 지도자들이었다는 점에서도 읽을 수 있다.

일제는 1908년 황해도의 김구, 김광복, 도민권, 이승길, 김홍량 등 한국 기독교계의 쟁쟁한 지도자들이 중심이 되어 조직된 160명의 회원을 가진 해서교육총회가 도내 학교들을 포섭하고 일면일교(一面一校)의 교육시설을 확충하고 강습소를 열어 국민계몽운동에 힘쓰자 이들을 제거할 기회를 찾고 있었다. 그러다 1910년 12월 안중근 의사의 종제 안명근의 독립운동 자금 모금사건이 발각되자 일제의 경무총감부(警務總監部)는 이들을 고의로 소위 안명근 사건(安明根事件)으로 알려진 안악사건(安岳事件)과 결부시켜 김구를 위시한 회원 전원을 투옥하고 이들 중 김구를 비롯한 10여명을 내란미수죄를 적용시켜 15년 이상의 중형에 처하고 40여명은 제주도와 울릉도로 유배시켰다.[13]

황해도 일대 기독교 지도자들 제거에 성공한 일제는 105인 사건을 통해 한편으로 안창호, 전덕기, 이승훈, 안태국, 이동휘 등이 중심이 된 강력한 항일단체인 신민회를 타도하고 다른 한편으로 한국에서 가장 교세가 활발하고 교육기관이 많으며 배일사상이 강한 선천 정주 평양 등 서북출신 기독교 지도자 제거에 착수했다.[14] 김양선은 왜 일제가 평양 정주 선천 등 서북지역의 기독교에 대한 탄압을 시작했는가를 이렇게 증언 한다:

> 신민회의 조직은 일본의 침략이 절정에 달하였을 때 이루어졌으므로 회원은 애국사상이 강한 사람으로서 엄밀히 선출되었고 치밀한 조직을 세워 2명 이상 서로 알지 못하게 하였고 회원의 생명과 재산은 회의 명령에 절대 복종하는 강력한 비밀결사로 한국 유일의 독립운동단체였다. 신민회계의 평양 평양대성학교와 정주 오산학교는 애당초 항일독립을 목적하고 세운 학교였고, 평양 숭실학교와 선천 신성중학교는 기독교 학교 중에서 배일사상이 가장 강한 학교였다. 그리고 평양, 정주, 선천 교회들은 민족운동의 본거지로 알려졌다. 안창호는 평양에서, 이승훈은 정주에서, 양전백은 선천에서 솥발같이 서서 강력한 민족운동을

---

[13] 金良善, 韓國基督敎史硏究 (서울: 기독교문사, 1980), 104.
[14] Ibid.

전개하고 있었다. 일본 경찰은 한국 통치의 암적 존재인 기독교 세력을 삼제(芟除)해 버릴 계획을 세웠다.[15]

한 마디로 일제는 기독교 세력을 식민 지배를 방해하는 암적 존재로 판단했다. 때문에 일제는 이들 서북지역의 장로교 민족운동 세력을 제거하기 위해 데라우치 총독 살해 음모 사건을 조작했다.

이들이 조작한 음모 사건의 핵심 내용은 다음과 같다. 데라우치 총독이 압록강 철교 개통식 축하를 하기 위해 서순(西巡)을 한다는 소문이 1910년 음력 8월에 돌았고, 이 소식을 접한 신민회 중앙 간부 윤치호, 양기탁, 안태국, 이승훈, 옥관빈 등이 서대문 임치정 집에 모여 수차의 밀회를 갖고 총독암살 모의를 했다는 것이다. 총독이 서순할 때 배일사상이 강한 사람들을 경의선 연변의 8개 도시, 평양, 선천, 정주, 남청정, 곽산, 철산, 차련간, 신의주 역전에 환영객을 가장하여 내보내 총독을 암살하려 했다는 것이다.

일제는 이 거사에 외국 선교사들이 대거 개입하였다고 주장한다. 선교사들의 사주를 받은 서북 기독교 지도자들이 1910년 음력 8월 중에 암살계획을 세웠다가 총독의 서순이 지연되자 10월 29일부터 11월 1일(양력 12월 26일-28) 사이에 선천 신의주 등 여러 도시에 환영객을 가장하여 총독을 암살할 계획을 세웠으나 일경의 삼엄한 경계로 실행에 옮기지 못하고 미수로 끝났다는 것이다.

경무 총감부 경시 구니토모(國友尙謙)는 1911년 음력 7월 26일 정보를 입수하고 그 진위를 가리기 위해 정보를 수집하다 스왈른, 매큔, 베어드 등이 배후에 사주했다는 정보를 접하였다고 주장했다. 강도사건으로 검거된 이재윤을 조사하다 우연히 그가 이 음모 사건에 개입한 것을 알게 되었고, 이재윤과 평소 잘 아는 위장된 불평자들을 접촉시킨 결과 사실을 확인하고 이들을 서울로 압송해 조사를 하면서 전모가 드러났다고 말한다. 하지만 이 모든 시나리오는 일본 동경교육대 와타나베 마나부(渡部學) 교수가 지적한 것처럼 한 마디로 "날조된 것"이다.

이 사건은 "신성중학교 생도 외에 경성의 윤치호, 평양의 양기탁 안태국

---

[15] Ibid.

김동원, 진남포의 임충옥, 정주의 최성주, 선천의 강규찬 등 애국 독립운동 지사들을 일망타진하려 한 일본 관헌 측의 모략에 지나지 않았다"[16]

일제는 1911년 10월 이승훈, 양전백, 이명룡, 김동원, 윤치호, 안태국, 유동열, 김창건, 옥관빈, 최성주, 차이석, 강규찬, 이춘섭, 정익노, 홍성익, 장관선, 백일진 등 목사 6명 장로 50명 집사 80명을 포함하여 관서 지방 교회 지도자 500명을 검거 투옥시켰다. 이들 중 123명을 기소하고 그 중에서 105인에게 유죄언도를 내렸다.[17] 유죄 언도를 받은 명단은 다음과 같다.

105인 명단

형언도	명단
10년 (6명)	윤치호, 양기탁, 임치정, 이인환(이승훈), 안태국, 유동열
7년 (18명)	옥관빈 강응진 차리석 나일봉 변인서 최예향 양준명 김일준 선우혁 곽태종 최덕윤 이용화 임경엽 최성주 홍성린 오희원 이기당 송자현
6년 (39명)	이덕환 이춘섭 김동원 김두화 윤성운 정익로 안경록 신상호 신효범 장시욱 홍성익 차균설 이용혁 강규찬 양전백 이봉조 노효욱 김창환 노정관 안준 주현칙 김익겸 이창석 이태건 최주익 김찬오 조덕찬 이명룡 임도명 백몽규 이근택 오학수 지상주 김시점 정원범 유학렬 장관선 김창건 백용석
5년 (42명)	오대영 옥성빈 김응조 윤원삼 서기풍 안세환 정주현 양준희 손정욱 정덕연 이동화 이정순 김현식 차희선 이정순 나봉규 백일진 홍규민 차영준 길진형 조영제 강봉우 백남준 오택의 평강열 나승규 안성제 김선행 김용엽 최제규 최성민 이재윤 이지원 박상훈 이병행 박찬형 이병제 김봉수 김용오 나의섭 김응봉 안광호

출처: Japan Chronicle, *The Korean Conspiracy Trial*, 135.

여기서 우리가 주목하는 것은 이들의 출신지역별로 분류할 때 105인 사건과

---

[16] 渡部學, "남강 이승훈과 독립 쟁취의 교육," 남강 이승훈과 민족운동 남강문화재단 편 (서울: 남강문화재단출판부, 1988), 350.

[17] 金良善, 韓國基督敎史硏究, 104; 姜渭祚, 日本 統治下 韓國의 宗敎와 政治 (서울: 대한기독교 출판사, 1987), 33.

한국교회 특별히 서북지역의 장로교회와의 밀접한 연관성이다. 그 연관성은 다음 몇 가지 측면을 살펴볼 때 확실하다.

첫째, 일제가 기소한 사람들의 절대 다수가 이 지역 장로교 신자들이었다. 123명의 기소자 중에서 98명이 기독교인이었고 그 중에 89명이 장로교인이었고, 감리교인이 6명이었으며, 기타 교파가 2명이었다. 89명의 장로교인 가운데는 현직 목회자가 5명, 장로와 집사가 각 8명씩, 각 지교회 평신도 지도자가 10명, 입교인이 42명, 학습교인이 13명이었다.[18] 더 놀라운 사실은 이들 89명의 장로교인 중에서 단 1명을 제외하고는 모두가 선천과 평양 출신이었다는 점이다.[19]

기소된 123명 중 유죄 언도를 받은 105명의 종교별 분류 역시 장로교가 절대적이다. 105인을 종교적으로 분류하면 개신교인이 91명, 천주교인이 2명, 천도교도 2명 그리고 종교가 없는 이들이 10명이었으며 불교와 유교는 한명도 없었다. 91명의 개신교인 가운데 장로교가 81명으로 단연 가장 많았고, 감리교 6명, 조합교 2명, 기타 2명 순이었다.[20] 기소된 123인을 기준으로 하던, 유죄언도를 받은 105명을 기준으로 하던 장로교가 압도적이다. 기소나 유죄 언도를 받은 전체 기독교인 중에서 절대 다수가 장로교 신자인 셈이다.

이와 같은 일제의 서북기독교 탄압은 이 지역 교회들 특별히 장로교의 급성장과 깊은 연관성이 있다. 주지하듯이 1907년 한국장로교회는 놀라운 부흥을 경험했다. 1907년 1월 14일과 15일 장대현교회에서 열린 평안남도 겨울남자도사경회 기간에 발흥한 평양대부흥운동은 곧 평양전역으로 그리고 더 나아가 한반도 전역으로 확산되어 대부분의 한국교회가 부흥을 경험했다. 이 특혜를 가장 많이 누린 교단은 역시 한국장로교회였다. 게다가 놀라운 평양대부흥이 일어나던 그해 9월 북장로교선교회, 남장로교선교회, 호주장로교선교회, 카나다 장로교선교회는 하나의 민족교회인 대한예수교장로회 독노회를 조직하였다.

---

[18] Brown, *The Korean Conspiracy Case* (New York, 1912), 13.
[19] Ibid.
[20] 구체적인 명단은 윤경로, **105인 사건과 신민회연구** (서울: 일조각, 2004), 89를 참고하라.

더 나아가 2년 후 소위 백만인구령운동을 통해 진행된 전국적인 전도운동이 보여주듯 한국교회는 교파와 교단을 초월하여 하나의 네트워크를 가질 수 있었다. 특별히 장로교회가 노회라는 전국적인 조직망을 가지고 있어 일제는 한국교회를 경계하지 않을 수 없었다. 대부흥운동과 노회 조직 과정에서 평안도와 황해도 지역 장로교회들은 절대적인 리더십을 발휘했다. 대부흥운동이 평양에서 일어났고 독노회 역시 평양에서 조직되었으며, 자연히 최초의 목사안수식도 그곳에서 거행되었다. 한국장로교회를 주도하는 이들이 평양에 집중되었고, 가장 영향력 있는 대학이었던 숭실대학과 평양신학교가 평양에 있었다.

둘째, 이 사건과 서북장로교회와의 연관성은 일제가 특별히 이 사건을 영향력 있는 서북지역 선교사들, 평양과 선천 주재 몇몇 장로교 선교사들과 연계시키려고 한 것에서도 알 수 있다. 일제는 선천, 정주, 평양의 교회 지도자들과 더불어 조지 매큔(George S. McCune, 尹山溫, 1864-1939), 스왈른(William L. Swallen, 蘇安論), 베어드(William M. Baird, 裵緯亮), 위트모어(Norman C. Whittenmore, 魏大模), 샤록스(A. M. Sharrocks, 射樂秀), 사무엘 마펫(Samuel A. Moffett, 馬布三悅, 1894-1939)을 그 표적으로 삼았다.[21]

셋째, 민족운동의 구심점이라고 생각되었던 북장로교선교회가 운영하는 선천신성학교를 중심으로 한 선천지역을 주 타깃으로 삼은 것에서 알 수 있다. 105인 사건으로 기소된 123명 가운데 지역별로는 선천지역 출신이 46명으로 가장 많았다. 123명 가운데 서울 출신 5명을 제외하고 모두가 선천(46명), 정주(6명), 내청정(24명) 철산(4), 곽산(4), 의주(3), 용천(2) 평양(27) 황해도 신천(2) 출신들이었다. 평북 89명, 평남 27명, 황해도 2명 등 전체 123명 중 118명이 서북지역 출신들이다.[22]

---

[21] Harry A. Rhodes, ed., *History of the Korea Mission, Presbyterian Church, U.S.A., 1884-1934*, 499. 또한 Japan Chronicle 특파원, *The Korean Conspiracy Trial 1912*, 윤경로 역 (서울: 한국기독교역사연구소, 2001), 13을 보라.
[22] 윤경로, **105인 사건과 신민회연구**(서울: 일조각, 1990), 73.

2. 105인 사건과 선천신성중학교

처음부터 일제가 서북지역 그중에서도 선천과 신성 신성학교를 겨냥하고 있었다는 사실은 다음 몇 가지 사실을 통해서 확인할 수 있다.

첫째, 혐의를 씌워 체포하여 조사를 받은 사람의 숫자 중 선천출신이 제일 많았다. 이 사건에 가담혐의자로 체포되어 조사를 받은 사람이 389명이었으며, 지역별로는 평양지역이 111명, 납청정(納淸亭) 27명, 정주 27명, 선천 145명, 곽산(郭山) 30명, 철산 6명, 신천안악(信川安岳) 13명, 신의주 의주 용천 23명, 경성 7명 합 389명이었다. 위 기록이 말해주듯 혐의로 체포되어 조사를 받은 사람 중에서 선천 출신이 압도적으로 많았다.

둘째, 기소된 자의 숫자도 선천이 제일 많았다. 일제는 혐의로 체포된 145명 중에서 99명을 불기소처분하고 46명을 기소시킨 것이다. 기소된 숫자가 평양 27명, 납청정 24명 정주 6명 선천 46명, 곽산 4명, 철산 4명, 신주안악 2명, 신의주 의주 용천 5명, 경성 5명, 합 123명으로 기소된 사람의 숫자를 기준으로 할 때 선천 평양 납청정 순으로 많았다. 일제가 각 지역의 주모자로 내세운 자들이 평양은 안태국(安泰國), 납청정은 이승훈, 정주 최성주, 선천 양준명, 신천안악 김구, 경성 윤치호였다. 혐의자로 체포되어 조사를 받은 사람의 수로나 기소된 사람의 수로 볼 때 선천이 어느 지역보다 심한 박해를 받은 것을 알 수 있다. 이는 선천이 그만큼 민족운동이 살아 있는 지역이라는 사실을 방증해주고 있다.

셋째, 선천지역에 기소된 사람들 가운데 신성중학교 교사들과 학생들이 상당수 포함되었다. 기소된 선천 출신 46명 가운데 신성중학교 교사는 물리 화학 국문법 교사 곽태종(郭泰種), 수학과 기하학 교사 선우혁(鮮于爀), 성경 교사 홍성익(洪成益)과 길진형(吉眞亨), 한문과 작문 교사 강규찬(姜奎燦), 체조 교사 신효범(申孝範), 사무처 총무 장시욱(張時郁) 외 안준(安濬), 이용혁(李龍赫), 임경엽(林昍燁) 등 10명이었다.[23] 105인 사건으로 기소된 123중에 교사 출신이

31명으로 가장 많았는데 31명 가운데 10명이 선천신성중학교 교사였다. 또한 105인 사건으로 기소된 학생 20명 가운데 18명이 선천신성중학교 학생으로 명단은 김성태(金成泰), 김순도(金順道), 김용선(金龍善), 김용환(金龍煥), 김인도(金仁道), 김태헌(金泰軒), 김현식(金賢軾), 라봉규(羅奉奎), 백몽량(白夢良), 백일진(白日鎭), 선우훈(鮮于燻), 이규엽(李圭葉), 이순구(李順九), 이재윤(李在潤,) 이정순(李廷淳), 이창식(李昌植). 정덕연(鄭德燕), 차희선(車熙善) 등이다. 신성중학교 10명의 교사와 18명의 학생들이 기소되어 전체 선천출신 기소자 46명 가운데 무려 28명이 신성중학교 교사거나 학생들이었다.[24] 신성학교 설립과 운영에 깊이 관여한 양전백까지 합치면 신성중학교 교사진들과 학생을 비롯한 관계자들이 대거 기소된 셈이다.

넷째, 신성중학교가 105인 사건의 중심세력으로 박해를 받은 것은 일제의 날조된 105인 사건의 공판기록을 통해서도 확인할 수 있다. 일제는 "총독암살에 사용할 단총(短銃)을 구입하는 일과 동시에 선천지역에서는 이 지역 외국인 선교사들의 협조를 얻기 위한 모임이 1910년 음력 11월말 신성학교에서 평양 정주 의주 등지로부터 온 150여 명이 참석한 가운데 수차에 걸쳐 있었다"[25]고 주장하는 것에서 알 수 있다.

일제는 전국에서 온 150여 명이 신성학교에서 모여 모의할 때 신성학교 교사인 곽태종이 당시 그 학교 교장 조지 매큔 선교사에게 이 일에 협조를 요청하자고 제의하였고, 참석자 전원이 찬동하였다고 주장한다. 그리고 그 자리에서 교섭위원을 선정했는데 교섭의원으로 곽태종, 선우혁, 장시욱, 이용혁, 강규찬, 양준명 등이 선정되어 즉시 조지 매큔 선교사를 방문했다고 공판기록을 날조했다.[26] 이들 6명의 교섭위원들은 양준명을 제외하고는 5명 모두 신성학교 교사들이다.

뿐만 아니라 일제는 암살모의가 완료된 후 가담하기로 한 이들이 각지에서

---

[23] Ibid., 81.
[24] Ibid.
[25] "양준명 신문조서," 국사편찬위원회 편, 한민족독립운동사자료집 3 (서울: 국사편찬위원회, 1987), 199-115.
[26] Ibid.

선천으로 모여들어 안태국이 평양에서 20여명을 인솔하고 도착했으며, 이승훈이 납청정에서 30명을 인솔하고 왔으며, 김구가 황해도 신천에서 수십 명을 데리고 선천에 왔다는 것이다. 바로 이때가 "총독 데라우치(寺內)가 서순(西巡)하기로 한 1910년 음력 11월 27일 경이었다"고 한다. 선천 모살 총책임자로 "이승훈으로 결정하고 신성학교 학생 중에서 담대한 자를 선발한 후 다음날 곧 총독 사내가 오기로 한 동년 음력 11월 27일 신성학교에 다시 모여 그 동안 준비해 두었던 단총 70정을 분배했다"고 날조했다. 일제는 이런 이유를 내세우고 신성학교 학생들 18명을 기소한 것이다. 일제가 얼마나 집중적으로 신성학교 교사들을 공격 대상으로 삼았는가를 여실히 알 수 있다.[27]

일제는 1심에서 기소된 123명 중에서 이창식 등 18명에게는 충분한 증거가 없다는 이유로 무죄를 언도하고 105명에게는 징역 10년, 8년, 6년, 그리고 5년을 각각 언도했다. 기소된 10명의 신성중학교 교사와 18명의 학생들 가운데 8년의 언도를 받은 교사는 선우혁, 곽태종, 임경엽 등 3명이고, 6년의 언도를 받은 교사는 신효범, 장시욱, 홍성익, 이용혁, 강규찬, 안준 6명이고, 5년의 언도를 받은 교사는 길진형이다.[28]

1심에서 이와 같은 결정이 내려진 후 제 2심 재판인 경성복심공판이 1912년 11월 26일부터 이듬해 3월 20일까지 52에 걸쳐 진행되었다. "변호인들의 변론이 활발하게 진행되어 제 1심 공판과정과는 현격한 차이"[29]를 보였으며 그 결과 "제 1심에서 유죄판결을 받은 105인 중 이 사건의 주모자로 지목된 윤치호 외 5인을 제외한 99명이 제 2심 공판에서 무죄판결"[30]을 받았다. 이런 판결이 나오기까지는 변호인단의 적극적인 변론이 크게 작용했다.[31] 그러나 그 이면에는 일제가 날조된 105인 사건으로 인해 전 세계로부터 여론의 공격을 받게 되자 처음 강경한 입장에서 후퇴한 것으로 풀이할 수 있다. 처음부터 데라우치

---

[27] 윤경로, **105인 사건과 신민회 연구**, 34.
[28] Ibid., 51; 경성지방판결문, 조선음모사건, 117.
[29] Ibid., 54.
[30] Ibid.
[31] 105인 사건에 변호인으로 선임된 변호사는 일인 변호사는 9명이었고, 한인변호사는 4명이었다.

총독 살해음모 사건은 있지도 않고 설정할 수도 없는 날조한 사건이었음을 만천하에 드러낸 것이다.

강규찬은 1908년 여름 김익겸의 권유로 신민회에 가입했다.[32] 105인 사건에 관련되어 취조를 받은 사람들은 예외 없이 신민회 가입 여부에 대해 취조를 받았는데 강규찬도 예외는 아니었다. 이 때 일제가 묻는 신민회의 목적에 대한 질문에 강규찬은 이렇게 답변했다:

> 서간도(西間島)에 무관학교(武官學校)를 세워서 청년(靑年)을 교육(敎育)하고 일말(日末), 청일전쟁(淸日戰爭)이 일어나면 그 기회(機會)를 틈타 독립전쟁(獨立戰爭)을 일으켜 국권회복(國權回復)을 도모하는 데 있었다. 그러나 그것은 원대한 일이므로 당시로서는 통감(統監) 오늘의 총감(總督) 및 오적 칠적 대신(五賊 七賊 大臣)을 암살하는데 있었다.[33]

일제의 취조 조서에 의해 작성된 1911년 현재 대한신민회 국내조직상황표에 따르면 강규찬은 이승훈이 회장으로 있는 선천지회 산하 선천지역 평의회 회원이다. 선천반장에는 양준명이고 재무는 선우혁이 가찰은 이용혁이 맡았으며 평의회 의원으로는 양전백과 강규찬을 비롯하여 19명이다. 이들 19명 중에는 신성중학교 교사 곽태종, 장시욱, 홍성익이 포함되었다. 선우혁과 이용혁까지 포함할 경우 신성중학교 교사 6명이 신민회에 참여한 셈이다.

일제가 서북교회 특별히 선천 신성학교를 주 타깃으로 삼았다는 사실은 1910년 12월 29일 데라우치 총독이 선천을 지나가는 기회를 타서 그를 암살하려는 음모를 계획했다며, 총독암살음모 사건을 날조하여 신성학교 교사들과 학생들을 대거 체포한 것에서 알 수 있다.[34] 체포 과정에 대해서는 자료에 따라 약간의 차이가 있다. 1934년 간행된 북장로교선교사(*History of the*

---

[32] "강규찬 신문조서," 국사편찬위원회 편, 한민족독립운동사자료집 3권 (서울: 국사편찬위원회, 1990), 124.

[33] Ibid.

[34] Brown, *The Korean Conspiracy Case*, 4-5 ; Carlton Waldo Kendall, *The Truth About Korea* (San Francisco : 1919), 100.

Presbyterian Church, USA, 1884-1934)는 다음과 같이 기술하고 있다 :

> 105인사건(The Conspiracy Case). 1910년 8월 한일병탄 후 일제는 자연히 한국인들을 의심했다. 특별히 기독교회를 의심했다. '전투 행진곡'과 같은 교회의 찬송가들, 기독교인들이 악령들을 몰아내는 대형집회들, 다윗과 골리앗과 같은 이야기, 전도 집회 모두는 반정치적(semi-politic, 半政治的)이라는 의심을 받았다. 휴 오닐 학교[선천신성학교]의 학생들과 교사들이 특별히 의심의 눈총을 받았다. 드디어 1911년 10월 12일 3명의 학생들이 체포되었다. 2주후에 모든 신성학교 교사들, 얼마의 초등학교 교사들, 많은 [신성학교] 학생들과 몇몇 다른 사람들이 체포되었다. 이유 가운데 하나는 데라우치 총독이 1910년 12월 28일 선천역을 통과하였을 때 그를 살해하려는 음모를 꾸몄다는 것이다. 얼마 동안 신성학교는 폐쇄되었다. 1912년 3월 학교가 다시 개교했을 때 처음에는 단지 19명의 학생들만 등교했으나 나중에 등록 학생이 70명에 달했고 6월에는 되돌아온 상급반 학생들 중에 8명(전체 28명의 급우들 중)이 졸업했다.[35]

일제는 음력 1911년 9월 3일 오전 선천 신성중학교를 급습 아침 기도회를 마치고 각자 교실로 들어가려는 교사와 학생들을 대거 서울로 압송하면서 대대적인 체포에 나섰다.[36] 당시 교사 중 한명이었던 곽태종이 증언하는 바에 의하면 경성 경무청에서 온 이들이 신성학교 교사들과 학생들을 체포 압송하던 그날 갑자기 강당에 모이라는 종소리가 울려 퍼졌다. 당시 신성학교 교사의 한 사람이었던 곽태종의 회고에 의하면 강당에 있던 윤산온 교장은 이렇게 알렸다:

> 지금 서울 경무청 본부에서 순사 세 사람이 와 있소. 그들은 우리 학교 선생님 몇 분과 학생들 여러 명의 명단을 제시하면서 서울까지 연행해

---

[35] Harry Rhodes, ed. *History of the Korea Mission, PCUSA* (Seoul: Chosen Mission, Presbyterian Mission, USA, 1934), 223.
[36] Ibid., 221. 1911년 10월 12일 신성학교 학생 3명이 체포되고, 2주 후에 신성학교 교사 전체와 초등학교 교사 몇 명, 그리고 많은 학생들이 체포되었다.

갈 것을 내게 요청하고 있소이다. 무슨 일 때문인지 아직까지 그 상세한 것을 알 수 없으나 여러분은 불가불 서울까지 가서 심문을 받으며 무고함을 해명해야 하겠소. 과히 염려들 마시오. 안심하고 다녀오시기 바랍니다.[37]

이날 윤산온 교장은 경무청이 제시한 교직원 명단을 읽어 내려갔다. 교사들은 강규찬, 선우혁, 홍성익, 길진형, 장시욱, 곽태종 등 9명이었고 학생들은 4학에서 1학년까지 30여명이었다.[38] 이들 일행은 신성학교 운동장에서 수갑을 찬 채 선천역에서 서울행 기차에 실려 서울로 압송되었다. 역에는 윤산온 교장을 비롯하여 10여명의 미국 선교사들이 나와 일행을 맞았다. 곽태종이 증언하는 바에 의하면 이들은 미처 가족에게 기별도 못하고 선천을 떠나 남대문 정거장에 도착했다. 이들은 앞으로 어떻게 될 것인지 전혀 앞일을 예측할 수 없었다. 그러나 선교사들은 "대충 그 귀추를 짐작하고 있었던지 말없이 보고만 있어서 불길한 예감이 일행을 긴장시켰다."[39]

105인 사건으로 기소된 신성학교 교사와 학생

이름	연령	신분	1심 형량	이름	연령	신분	1심 형량	이름	연령	신분	1심 형량
양전백	43	설립자	6년	김익겸	25	졸업생	6년	김용환	21	학생	5년
노정관	39	이사	6년	양준희	28	졸업생	5년	이규엽	19	학생	5년
선우혁	29	교사	7년	손정욱	25	졸업생	5년	이순구	19	학생	5년
곽태종	29	교사	7년	이동화	22	졸업생	5년	김태헌	20	학생	5년
임경엽	28	전교사	7년	이정순	23	졸업생	5년	백몽랑	20	학생	5년
신효범	33	교사	6년	차희선	23	학생	5년	김성봉	21	학생	5년
장시욱	32	교사	6년	이정순	22	학생	5년	김용선	20	학생	5년
홍성익	31	교사	6년	백일진	29	학생	5년	김순도	20	학생	5년
이용혁	26	교사	6년	나봉규	28	학생	5년	이재윤	19	학생	5년
안준	46	교사	6년	홍규민	25	학생	5년	선우훈	19	학생	5년
강규찬	39	교사	6년	김현식	22	학생	5년	정덕연	24	학생	5년
길진형	21	전교사	5년	이창식	28	학생	5년				5년

출처: 윤경로, 105인 사건과 신민회연구 와 김영혁 편, **창립 100주년 신성학교사**

---

[37] 김영혁, **창립 100주년 신성학교사** (서울: 신성학교 동창회, 2006), 140에서 재인용.
[38] Ibid. 윤경로는 교사 7명 학생 20명 등 27명을 서울로 압송했다고 말한다. Japan Chronicle 특파원, **105인 사건 공판 참관기**, 13.
[39] 김영혁, **창립 100주년 신성학교사**, 141.

선천의 위대모, 윤산온, 샤록스를 비롯한 서북지방 선교사 30여명은 최선을 다해 구명운동을 전개했다. 평양의 마펫은 적극적으로 이 문제를 해결하기 위해 나섰다. 그러나 일제는 이를 무시하고 고문을 통해 허위 자백을 받아내고는 105명에게 유죄언도를 내렸다. 위 도표가 보여주듯 유죄 언도를 받은 105인 가운데 선천신성학교 교사 출신이 전체 31명 가운데 10명이었고, 유죄 언도를 받은 신성학교 재학생은 전체 20명 학생 중에 18명이었으며, 신성학교 졸업생으로 유죄 언도를 받은 사람은 5명이었다.

이들이 어떤 고문을 받았는지는 본 논고의 주제가 아니지만 서울 경무 총감부 제1헌병대 유치장으로 이첩된 피의자들은 단근질, 학춤고문, 물고문, 손톱과 발톱에 대나무 못 박기, 입안에 석탄가루 쑤셔 넣기 등 무려 72종에 달하는 가혹한 고문을 받았다. 얼마나 고문이 가혹했으면 김근형(金根瀅), 정희순(鄭希淳)은 고문을 견디지 못하고 심문과정에서 세상을 떠났다.[40]

3. 105인 사건과 강규찬

공판 기록이 보여주듯 이들이 당한 고문은 상상을 초월했다. 적지 않은 신성학교 교사들이 일경의 고문에 못 이겨 허위 자백을 했다. 아쉽게도 강규찬 역시 끝내 하지도 않았던 데라우치 총독 살해 음모 사건에 동참했다고 허위 자백하고 말았다. 또한 일경의 고문에 굴하지 않았던 자신의 제자 선우훈과 여러 사람들이 데라우치 총독 살해 사건에 동참했다고 허위로 자백했다. 이렇게 강규찬이 허위 자백을 할 수 밖에 없었던 것은 같은 감방에 투옥되어 있던 선천 농부 출신 김일준이 고문에 못 이겨 강규찬을 비롯한 수많은 주변 사람들이 이 음모 사건에 가담한 것처럼 허위 자백을 했기 때문이다. 훗날 강규찬은 자신이 당회장으로 있는 선천읍북교회 교역자 강신명이 심방 왔을 때 105인

---

[40] Japan Chronicle 특파원, 105인사건 공판 참관기, 14.

사건에 얽힌 숨은 이야기를 다음과 같이 토로했다:

> 나는 그와 같은 감방에 있었는데, 그가 고문을 받고 들어오더니 검사가 묻는 대로 다 시인했다고 하지 않아요! 그래서 검사가 우리더러 말하기를, '김일준은 범죄 사실을 다 시인하는데 너희는 왜 부인하느냐? 너희도 김일준 처럼 자백해라!' 이런 식으로 고문을 해서 우리가 모두 죽을 뻔 했지요![41]

김일준이 허위 자백을 하는 바람에 모든 피고인들이 곤욕을 치러야 했다. 선우훈이 민족의 수난, 백오의 피눈물에서 지적한 것처럼 김일준은 터무니없는 무근지사(無根之事)를 엄청스럽게 광인같이 장시간 공술하여 모든 피고가 사상이 되었다. "김일준이는 말끝마다 했다고 시인을 하니 심리는 일사천리로 진행되었다. 왜놈들은 너무 통쾌해서 궁둥이를 땅에 대지 못하고 미친 듯하였다. 피고와 방청인들은 사상이 되었고 가족들과 친구들은 모두 주먹을 부르쥐고 이를 갈며 눈물을 뿌리며 '이제는 죽었고나!' 피고 자신이 저렇게 사실 전부를 시인하니 이제는 변명도 변호사도 다 소용이 없구나하며 모두 절망에 빠졌다."[42] 실제로 허위 자백을 받아 내기 위해 일본 검사는 강규찬과 다른 피고인들에게 갖은 고문을 가했다. 1주일이나 단호하게 한 마디도 하지 않고 버텼던 강규찬도 더 이상 버티기 힘들었다.

강규찬은 1912년 1월 25일 일경이 "너는 총독의 서순(西巡) 때 어디 있었는가?"라고 취조하자 "그것은 작년 음력 11월로서 선천에 있으면서 정거장에 갔었다"고 대답했다. 주지하듯이 이것은 사실이 아니다. 일경이 "무엇 하러 갔었는가"라고 질문하자 강규찬은 "겉으로는 환영을 가장하였으나 내용은 총독을 살해하기 위해서 갔었다"고 일경의 구미에 맞게 대답했다. 실제로 가지 않았는데도 일경 앞에서 그렇게 자백한 것이다. 강규찬이 "이 사건의 발단에 대하여는 참으로 말하기 곤란하다"며 주저하자 일경은 "곤란하다 할지라도 사실을 진술

---

[41] 전택부, 토박이 신앙산맥 3권 (서울: 대한기독교출판사, 1992), 176.
[42] 선우훈, 민족의 수난 백오의 피눈물 (서울: 애국동지회서울지회, 1955), 147.

하는데 무슨 지장이 있는가"라고 다그쳤다. 그러자 그는 "내가 입으로 진술하는 것뿐이라면 상관없겠으나 그 사실을 조서에 기재한다면 참으로 곤란하다"고 말했다. 그가 이렇게 말한 것은 강압에 의해 할 수 없이 허위 자백했지만 자신의 허위 자백으로 다른 사람이 피해를 보는 것을 우려했기 때문으로 풀이할 수 있다. 잠시 주저하던 강규찬은 다음과 같이 진술했다:

> 그렇다면 진술하겠다. 내가 지금까지 일주일 동안이나 매일 취조를 받았으나 한 마디도 말하지 않은 것은 전적으로 자기의 죄를 면하고자 함과 동시에 다른 사람에 관한 일을 진술하지 않을 결심이었기 때문이다. 오늘에 이르러서는 진술을 말하겠다. 대체 총독 암살은 이승훈이 수령이 되어 계획한 것이다.[43]

우리는 강규찬의 진술 가운데 두 가지 사실을 주목할 필요가 있다. 첫째, 위 기록에 있는 대로 강규찬이 1주일이나 버티다 강압에 못 이겨 허위로 자백했다는 사실이다. 강규찬은 체포되어 서울로 압송된 후 1주일 동안 극심한 고문을 받으며 매일 취조를 받았으나 한 마디로 말하지 않았다. 그러다 같은 감방에 있는 김일준이 허위자백을 하는 바람에 그 불똥이 같은 감방에 있는 피고인들에게 붙어 버린 것이다. 그 후 일경이 김일준과 같은 감방에 있는 이들을 대상으로 허위 자백을 받아내기 위해 전보다 더 강도 높은 극심한 고문이 가했을 것은 가히 상상할 수 있다.

둘째, 아마도 극심한 고문에 못이겨 심경의 변화를 일으킨 후 강규찬은 신민회와 관련된 사건들을 털어놓았던 것으로 보인다. 그는 이승훈이 데라우치 총독 살해 음모 사건의 총책이라고 자백했는데 이것은 분명 허위자백이다. 이승훈이 평북지역 신민회의 책임자인 것은 맞지만 데라우치 총독 살해 음모 사건의 책임을 맡은 것은 아니기 때문이다. 주지하듯이 안창호의 전폭적인 신뢰를 받은 이승훈이 평북지역 신민회의 수장이었고, 강규찬은 신민회의 신실한 협력자 가운데 한명이었다. 일단 이승훈을 거론한 상황에서 일경은 "또 다른 사람은

---

[43] "강규찬 신문조서," 국사편찬위원회, 한민족독립운동사자료집 3권, 116.

없는가"라는 다그쳤고, 강규찬은 신성학교 교사들과 학생들 그리고 신성학교 밖의 인물들이 음모사건에 연루되었다고 허위로 자백했다. 그가 연루되었다고 거론한 신성학교 교사들과 다른 인물들은 모두 신민회 멤버들이었다:

> 이[번] 총독 암살은 윤치호(尹致昊), 양기탁(梁起鐸)이 지휘한 것이다. 그러나 두 사람이 선천에 왔었다는 것은 아니다. 또 지휘를 하는 것을 직접들은 것도 아니다. 이 두 사람이 주동자라는 것은 여러 사람으로부터 들었다. 이것을 말한 사람(중) 이름을 기억하고 있는 것은 이승훈(李昇薰), 이용화(李溶華), 김일준(金一濬), 양준명(梁濬明), 옥관빈(玉觀彬), 길진형(吉鎭亨) 등이다. 아무든 날짜는 잊어서 확실히 기억하고 있지 않으나 하여튼 총독이 선천에 오기 十일인가 혹은 十四·十五일 전이었다. 평양에서 옥관빈(玉觀彬), 길진형(吉鎭亨) 두 사람이 총지점(總支店)을 왔다. 그리하여 저녁 때 양준명(梁濬明)으로부터 상의할 일이 있으니 와달라는 통지가 있었으므로, 저녁 식사 전이라 (밥을) 먹지 않고 총지점으로 갔다. 그 때 모였던 사람은 양준명(梁濬明), 길진형(吉鎭亨), 옥관빈(玉觀彬), 김익겸(金益謙), 김일준(金一濬), 이용혁(李龍赫), 차균설(車均卨), 신효범(申孝範), 양전백(梁甸伯), 김극행(金極行), 안준(安濬), 이기당(李基唐), 김봉문(金鳳文), 노효욱(魯孝旭), 아무든 二十여명이 모였다. 그러자 양준명(梁濬明)이 모두 모여 달라고 한 것은 다름이 아니라 평양에서 옥관빈(玉觀彬)이 나라의 일로 왔기 때문이라고 말한 즉 옥관빈(玉觀彬)이 『경성에서 윤치호(尹致昊), 양기탁(梁起鐸)의 명령을 받고 평양에 들러 상의를 하고 이곳에서도 상의를 하려고 왔다. 그것은 다름이 아니다. 그것은 머지않아 총독이 서순(西巡)을 하니 그때는 반드시 선천(宣川)에서 살해를 하라는 것이었다.』고 말하자 일동은 그것은 대단히 좋다고 대답하였다. 그로부터 기계와 돈의 준비도 필요하고 또 동지들과 상의할 필요도 있으니 오늘 밤 석장동(石墻洞) 양준명(梁濬明)의 집으로 모이자고 약속을 하고 헤어졌으며, 서로 다른 동지들에게 통지를 하여 나는 손정욱(孫廷郁)에게 통지를 하였다. 나는 일단 귀가하여 저녁을 먹고 양준명(梁濬明)의 집으로 갔다.[44]

---

[44] Ibid., 116-117.

강규찬은 일경 앞에 사실과 허위를 섞어가며 음모 가담 사실을 진술했다. 강규찬의 위 진술은 크게 두 가지로 집약할 수 있다. 첫째, 데라우치 총독 살해음모 사건을 총 지휘한 사람은 윤치호와 양기탁이라는 사실이다. 이 사실을 이승훈(李昇薰), 이용협(李溶華), 김일준(金一濬), 양준명(梁濬明), 옥관빈(玉觀彬), 길진형(吉鎭亨) 등 여러 사람으로부터 들었다는 것이다.

둘째, 옥관빈이 서울로부터 윤치호와 양기탁의 부탁을 받고 선천에 내려와 이 사실을 알렸고, 양준명이 신민회 회원들에게 이 사실을 전달하는 연락책 역할을 했다는 것이다. 양준명이 총지점에 사람들을 모았는데 모인 사람들은 양준명(梁濬明), 길진형(吉鎭亨), 옥관빈(玉觀彬), 김익겸(金益謙), 김일준(金一濬), 이용혁(李龍赫), 차균설(車均卨), 신효범(申孝範), 양전백(梁甸伯), 김극행(金極行), 안준(安濬), 이기당(李基唐), 김봉문(金鳳文), 노효욱(魯孝旭) 등 二十여명이었다고 진술했다.[45] 그리고 그 밖에도 다음과 같은 사람들이 모였다고 허위 진술했다:

총지점에 모였던 자는 물론, 그 밖에 강원채(姜轅埰), 김인도(金仁道), 손정욱(孫廷郁), 김순도(金淳道), 이재희(李在熙), 김용선(金龍善), 백몽량(白夢良), 이정순(李貞淳), 이정순(李正純), 김용환(金龍煥), 김재희(金載熙), 김동원(李東元), 이순구(李順九), 김현식(金賢軾), 이규엽(李圭葉), 라봉규(羅奉奎), 김태헌(金泰軒), 홍규민(洪規旻), 백일진(白日鎭), 함영택(咸靈澤), 조상옥(趙尙玉), 김주봉(金周鳳), 이동엽(李東華), 차영준(車永俊), 양준희(梁濬熙), 함계택(咸啓澤), 김성봉(金成奉), 노중승(魯重承), 이창식(李昌植), 차희선(車熙善), 선우훈(鮮于勳), 최찬제(崔燦濟), 김득찬(金得瓚), 김창현(金昌鉉), 이영기(李永基), 이성회(李成曾), 홍가순(洪河順), 홍국운(洪國連), 차균설(車均卨), 박세건(朴世建), 김영필(金永弼), 김성호(金成浩), 김계진(金啓鎭), 김낙을(金洛乙), 최관실(崔寬實), 최성호(崔成浩), 길경춘(吉景春), 윤인순(尹仁亨), 한경범(韓敬範), 송국환(宋國煥), 김영선(金永善), 정덕연(鄭德燕), 백

---

[45] Ibid., 117.

낙준(白樂濬), 김원길(金元吉) 학생은 이 정도였다고 생각된다. 주현칙(朱賢則), 김정순(金貞順), 이봉조(李鳳朝), 박윤근(朴潤根), 안용린(安龍麟), 이근신(李根信), 계시항(桂時恒), 변달성(邊達聖), 이승석(李昇錫), 유지 신사는 이 정도, 선천에서는 홍성린(洪成麟), 최성주(崔聖桂), 임도명(林道明), 한원도(韓源道), 이명룡(李明龍), 차용린(車龍麟) 등이 모였다.[46]

강규찬은 신성학교에 재학하는 많은 학생들이 총지점에 모였고, 이 가운데 선우훈도 포함되었다고 진술했다. 스승이 본의 아니게 사랑하는 제자가 음모사건에 가담했다고 허위 진술한 것이다. 하지만 선우훈은 가진 고문 속에서도 자신은 데라우치 총독의 음도 사건에 참여한 적도 총독을 살해하려 정거장에 간적도 없다고 일경 앞에서 흔들리지 않고 맞섰다.

강규찬이 신문을 받은 지 약 2주 후 1912년 2월 8일 선우훈은 "작년 12월 28일, 29일 음력으로 작년 11월 27, 28일 총독이 서순하기 위하여 선천을 통과하였을 때 너는 어디에 있었는가?"[47]라는 질문에 선천 형의 집에 있었다고 답했다. 다시 "그러면 총독이 선천에 왔을 때 정거장에 갔었는가"라는 질문에 데라우치 총독 살해음모 사건에 가담한 적도 정거장에 간적도 없다고 단호하게 대답했다.

선우훈이 계속 허위 진술을 거부하자 일경은 선우훈과 같은 학교 학생인 "김현식(金賢軾)"을 불러 들였다. 김현식은 선우훈 앞에서 같은 훈도 "공범"이라고 진술했다. 경찰은 선우훈을 향해 "김현식도 너의 면전에서 너도 총독 암살의 공범자라고 진술하고 있지 않은가?"[48]라고 쏘아 붙였다. 자신은 가지 않은 일이기 때문에 모른다고 밝혔다. 그러자 일경은 너의 형 선우혁도 "너도 총독 암살의 공범자라고 진술"하고 있고, 김현식 선우혁 "이 두 사람뿐 아니라 자백한 피고들 전부도 네가 공범이라는 것을 진술"[49]하지 않느냐며 다그쳤다.

사실 선우훈이 데라우치 총독 살해음모 사건에 연루되었다고 허위 진술을

---

[46] Ibid.
[47] Ibid., 214.
[48] Ibid., 215.
[49] Ibid., 216.

한 사람은 강규찬 만이 아니었다. 선우훈이 계속해서 단호한 입장을 취하자 일경은 허위 자백을 받아내 선우훈을 구속하기 위해 강규찬을 증인으로 불러들였다. 형 선우혁을 불러들이지 않고 강규찬을 불러들인 것은 강규찬이 당시 학생들로부터 존경 받는 선생님이었기 때문이다. 이렇게 해서 강규찬과 선우훈의 불편한 만남이 이루어졌다. 훗날 선우훈은 자신의 **민족의 수난**에서 자신이 받은 극심한 고문과 그 과정에서 스승 강규찬과의 만남의 사건에 대해 '선생과 제자'라는 제목으로 다음과 같이 기록했다:

이렇게 十여일을 두고 저들은 가진 수단과 가진 애를 다 써보았으나 어찌할 수가 없었다. 달고 치고 놓고 치고 가진 형벌에 때릴 대로 때려도 보았다. 밥 안주고 물 안주어 굶겨도 보았다. 죽어보기도 열 수무 번만이 아니었다. 이제는 온 몸이 상하고 터지고 익으러져서 성한 곳이 없으니 더 때[때]릴 곳도 없다. 기운도 진하고 몸은 쇠할 때로 쇠하였으니 더 굶길 수도 없다. 방법이 있다면 아주 죽이는 수밖에는 별도리가 없었다. 나도 서글프지만 저들도 안타까웠다. ... 사내총독을 암살하려고 계획했다 ... 이 터무니없는 범죄사건을 기어히 성립시켜 조선의 애국자는 전부 없새 버리자는 것이며 이 애국자들은 거이다 기독교인이니만치 선교사를 드려 쫓고 기독교를 박멸 하자는 것이다. 조선민족 정신에 새 생명을 넣어주는 기독교만 박멸한다면 조선의 민족정신은 영영 말살할 수 있는 것이며 三천리 영토는 영원히 삼킬 수 있고 조선민족은 영원히 노예를 삼을 수 있다는 것이다. ... 이것이 조선민족의 반발력을 말살하자는 계획으로 된 것이니만치 먼저가 조선민족의 사기의 꺽는 것이요 둘째가 기독교를 박멸하는 것이다. ...
　우도는 이런 말을 했다. 『너는 지금까지 십 여일이 되어도 종시 개심하는 빛이 없이 죽기로써 한하고 죄를 숨기니 너는 매로만 할 것이 아니다. 네게는 증인이 필요하다. 네가 아무리 부인한대도 증거만 확실하면 그뿐이니 오늘은 증인 대질로 결말을 지겠다. 김현식이나 강규찬이나 둘 중에 누구를 원 하느냐? 네가 원하는 사람을 불러 올 터이다.』 나는 그 말이 도리어 기뻤다. 선생님의 얼굴이나 동창의 얼굴을 본다는 것 그것만으로도 한 없이 기뻤다. 저들도 죄 없고 나도 죄 없으니 대면만

한다면 청백하게 풀릴 것만 같은 생각이 났다. 그래도 사라보려는 생이 요구에서 오는 부질없는 희망에서 혹 저놈들이 그래도 법 있게 처리하려는가 보다 하는 저로서도 부정은 하나 호기심이 이러났다.

一,
선생님 벗어 놓으신 신만 보고도
이 내맘 반가워서 눈물 났거늘
선생님 오신다니 나는 좋아요
二,
선생님 죄가 없고 나도 죄 없고
죄 없는 사제 간이 마조 마시면
우리는 청청 백백 푸러지게소

그래서 강이나 김이나 다 좋으니 어서 대면 지켜달고』 했다. 우리는 다시 『강규찬은 네가 신임하고 존경하는 선생이니 만일 그 선생이 너와 같이 했다고 한다면 너는 틀림없다.』 이렇게 준열히 꾸짖고 사지를 결박하여 꾸러 앉지고 곤봉과 철장을 둘러메고 당장에 죽일 듯이 기세를 높였다.
조금 있으니 강규찬 선생이 들어왔다 수갑을 차고 박승을 진몸이 손에는 과자 몇 개와 물 한잔을 들리운채 끌리어 들어왔다. 도살장에 드려가는 소처럼 부들부들 떨면서 끌려 드러왔다. 머리털은 다 없어지고 수염도 다 뽑헛고 파리한 그 모습은 알아 볼 수가 없었다.
시선이 서로 마주쳤다 죽었든 아버지를 다시 뵈옵는 듯 이 고통 중에서 어머니를 만나는 듯 반가운 선생님! 나를 건저 주실 거만 같이 믿어지는 선생님 이었지만 그 처참 하게도 모습은 눈을 들어참아 바라볼 수가 없이 나의 마음은 아팠다.
철없는 제자의 마음이 선생님의 저 모양을 볼 때 이다지도 아프거든 제자를 자식같이 내 몸의 살 같이 사랑하시는 내 선생님의 마음은 어떠 하시랴? 내가 보기에도 귀신 같이 된 내 이 참혹한 꼴을 보시는 선생님의 마음은 얼마나 아프시랴? 생각할 때 나는 더욱 기가 막혔다.

一,
선생님 이것이 웬 일이세요
저몹슬 왜놈을 잔악한 놈들
죄 없는 선생님 저렇게 치고
이놈들 망한다 두렵 잖은가
二,
제자된 이 마음 기맥히거든
선생님 마음은 어떠하시랴
죽게된 제자의 이 꼴 보시는
선생님 마음은 어떠하시랴

아 - 참혹하구나 저것이 웬일이냐 저것이 저 모양이 되도록 그 악독한 고초를 다 참고 견디는고 나 아 - 참 나와는 비교도 할 수 없다. 백이고 천이고 저렇게만 거절하면 벌써 일은 다 무사히 해결 되었을 것이 아니냐! 나는 저이에 진실하고 거짓말을 말자 밤낮으로 성경말씀으로 교훈 하든 자가 아니냐? 그런데 저는 저렇게 죽기까지 참고 견디어서 끝까지 진실하였는데 도리어 나는 그 악형을 못이지 없는 일을 했다고 거짓 자복을 하지 않었는가?
그리고 이제 저를 설복 시키겠다고 법관에게 서약까지 하고 이 자리에 선 것이 아니냐 아 - 이일을 어찌한단 말이냐!
저렇게 참아오는 내 제자에게 죽으면 거저 죽었지 참아 내 입으로 없는 일을 했다고 거짓 자백을 하라고 권할 수는 없지 않으냐! 그러나 만일 이것을 못한다면 나는 또 다시 죽는구나 - 육신 쓰고는 견딜 수 없는 그 악형을 나는 어찌하나 -

一,
훈아 - 이것이 꿈이 아니냐
그 모양 되도록 견디었구나
천이요 백이요 다 그렇다면
문제는 문제도 안되으련만
二,

훈아 - 이 일을 어찌하자나
선생된 이 몸은 너머졌구나
훈아 - 이 일을 어찌하자나
선생님 이 몸은 못 견뎠구나

선생님은 떨리는 음성으로 겨우 『여봐 - 훈이 그러니 어찌 하겠나!』 이 한마디를 남기고 전신에 경련을 일으켜 손에 들었든 과자와 차종이 떨어져 깨어졌다. 나는 북받쳐 오르는 정을 억제할 수 없어서 사력을 다해서 우름 섞인 목소리로 『선생님 이게 웬일이십니까?』 한마디를 외쳤다. 독사같은 악한들은 벼락같이 달려들어 사정없이 발길로 차니 선생님은 그만 그 자리에서 거꾸러졌다. 놈들이 선생님을 죽는 개와 같이 끌고 나가는 관경이 번개 불처럼 내 눈에 들어오는 순간 청천벽력 같이 사방에서 두들기는 곤봉은 다 부러져나가고 철장으로 치는 내 뼈 속까지 녹여 내었다.

이 사제 대질의 연극도 실패에 돌아가자 저놈들은 죽였다가 다시 살리는 애꾸진 수고를 또 다시 하게 되었고 나는 또 다시 천정에 높이 달리우는 신세가 되었다. 악독이 털끝까지 오른 저놈들은 발목에다 석탄을 가득 담은 상자를 매어 달았다.

생의 최후순간의 발작은 놀낼만 하였다 이 발꿈치에 단 석탄상자가 뒤 벽을 차고 터져나가니 온 방안에 석탄 몬지가 가득 찼다 내 발길을 잡으려는 상대라는 키 적고 얄미운 놈은 발길에 채어서 나가 너머졌다가 다시 일어나 내 발목을 결박하여 테이블 다리에 붙들어 매었다. 『하나님 - 하로 바삐 이 영혼을 불러 주시오-』 하는 간단한 기도는 끊어지려는 숨과 함께 내 입에서 나왔다.

一,
하나님이 영혼을 불러 주서요,
하나님 하로 바삐 불러 주서요
하나님 품안으로 불러 주서요
二,
이 괴롬 벗기시고 불러 주서요,

영원한 저 나라로 불러 주서요
아버지 품안으로 불러 주서요

내가 다시 정신이 들어서 눈을 뜨니 그 이튿날 아침 일곱 시가 지났다 헌병의 등에 업혀서 유치장 어름장같이 찬마루에 쓰러져 생각하니 죽지 않고 다시 사라난 것이 한없이 야속 하였다. 그러나 내속에는 신앙에서 오는 깨끗이 죽자는 한줄기 광명이 그대로 비치고 있었다.[50]

강규찬은 일경의 강요에 못 이겨 할 수 없이 선우훈을 만났지만 막상 사랑하는 제자가 가진 고문에도 흔들리지 않고 자신의 결백을 주장하는 모습에 할 말을 잊었다. 고문에 못 이겨 허위 자백했던 자신의 모습이 부끄러웠다. 강규찬은 사랑하는 제자를 본 순간 심경의 변화를 일으켜 그 앞에서 더 이상 거짓 증언을 할 수 없었다. 그가 할 수 있는 말은 『여봐 - 훈이 그러니 어찌 하겠나!』였다. 그 이상의 어떤 말도 할 수 없었다. 강규찬은 "이 한마디를 남기고 전신에 경련을 일으켜 손에 들었든 과자와 차종이 떨어져 깨어졌다."[51] 과자와 차는 일경에 순복하여 자백한 자들에게 이들이 던지는 미끼였다.

물론 고문과 강압에 의한 것이지만 허위 자백은 강규찬이 자신의 생애에 남긴 가장 큰 오점이었다. 그에게 이 사건은 자신을 돌아보는 인생의 큰 거울이었다. 강규찬이 그로부터 7년 후 1919년 삼일운동 때 자신의 절개를 단호히 지키며 흔들리지 않고 민족운동의 선봉에 설 수 있었던 것도 그 같은 가슴 아픈 교훈이 있었기 때문이리라. 따라서 이 사건을 통해 강규찬을 지나치게 혹평하는 것은 공정한 평가라고 할 수 없다. 누구나 실수가 있다. 문제는 그런 실수를 되풀이 하느냐 아니면 그것을 거울삼아 다시는 그런 실수를 반복하지 않느냐 하는 것이다. 강규찬은 분명 후자이다.

선우훈의 회고록을 통해 강규찬과 선우훈과의 관계가 널리 알려진 후 훗날 손병희는 자신의 글에 이 일을 수차례 반복해서 언급했다. 그것도 대중들이 읽는 일간 신문에서 말이다. 그러나 한 가지 분명한 것은 일경의 고문에 굴복한

---

[50] 선우훈, 민족의 수난 (서울: 애국동지회 서울지회, 1955), 74-81.
[51] Ibid., 80.

사람은 강규찬 뿐만 아니었다는 사실이다. 주지하듯이 105인 사건의 조서를 통해 선우훈의 형으로 신성학교 교사였던 선우혁도 극심한 고문에 못 이겨 허위 자백했다. 아니 대부분의 교사들도 극심한 고문에 그만 굴복하고 말았다. 어쩌면 유일하게 고문을 견뎌낸 사람은 선우훈과 홍성린 두 사람뿐이었다:

> 수많은 피의자 가운데 한 두 사람만을 제외한 기소자 거의 전원이 총독을 암살하려 하였다는 허위 자백을 할 수밖에 없었던 것은 바로 이와 같은 잔혹한 고문 때문이었다. 말하자면 일제가 짜놓은 각본에 따라 심문관이 일방적으로 사건 내용을 열거하고 이에 대해 피의자들이 "아니오", 혹은 "모른다"고 부인하면 "예"라는 소리가 나올 때까지 무자비한 고문을 계속해 결국 허위자백을 받아내었던 것이다. 그러나 선우훈 홍성린 등 끝까지 시인하기를 거부한 사람도 없지 않았다.[52]

먹을 것 마실 것도 주지 않고 잠도 재우지 않고 물리적으로 온갖 방법을 다 동원한 무서운 고문을 견뎌내는 것은 쉽지 않았다. 허위 자백할 때까지 일경은 고문을 중단하지 않았다. 여러 명이 죽고 훗날 풀려난 이들도 고문 후유증으로 정상적인 생활을 할 수 없었다. 얼마나 고문이 심했는가를 말해준다. 일경이 강규찬을 선우훈에게 데리고 간 것은 그가 신성학교에서 학생들로부터 존경받는 교사였음을 잘 알고 있었기 때문이다.

4. 법정에서 드러난 고문에 의한 허위자백

1912년 6월 28일부터 정식 재판이 경성지방법원에서 열렸을 때 기소된 123명 중 미친 김일준을 제외하고 모두 고문에 못 이겨 할 수 없이 허위 자백했다고 법정에서 폭로했다.

신성학교 교사들과 학생들 재판은 1912년 7월 1일 열렸다. 이날 "가장 중요

---

[52] Japan Chronicle 특파원, **105인 사건 공판 참관기**, 14.

한 특징은 신문 당한 피고들 모두가 매큔의 신성학교 교사들과 학생들이었다는 사실이다."⁵³ 7월 1일 월요일 그 현장에서 재판의 진행과정을 지켜본 일본 특파원은 다음과 같이 기술했다:

> [7월 1일] 또 다른 중요한 사실은 몇 명의 피고들이 자신들의 자백은 고문에 못 이겨 한 것이었음을 통역관을 통해서 재판장에게 항의하였다는 점이다. 전에도 이런 종류의 진술이 있었지만 나는 이제야 통역관들이 피고들의 고문(torture)이라는 조선말을 훨씬 부드러운 단어로 대체했음을 알았다. 사실 통역문제와 피고에 대한 재판관들의 일반적 태도 문제는 조선말과 일본말을 모두 잘 아는 사람들 사이에는 상당한 논쟁거리가 될 만한 주제이다."⁵⁴

이날 14명이 재판을 받았으며 재판을 받은 순서는 길진형, 최덕윤, 노정관, 강규찬, 안준, 장시욱, 손정욱, 홍성익, 곽태종, 양준희, 이창석, 정덕연, 김용환, 이규엽이었고, 이중 첫 6명은 오전에 조사를 받았다. 첫 번째 재판정에 선 길진형은 혐의 사실을 전면 부인했고, 자신의 자백이 고문에 의한 허위 자백임을 밝혔다. 그는 매큔 선교사가 학생들에게 암살 모의를 지시했다는 사실도, 황해도 신민회원들을 만났다는 사실도, 로버츠 선교사가 학생들에게 다윗과 같이 위대한 일을 시도하라고 연설했다는 사실도, 선천역에 신성학교 학생을 가장하고 갔다는 사실도 모두 부인했다. 그 외 다른 다섯 명의 사람들도 한 결 같이 혐의 사실을 부인했다:

> 피고[길진형]에 대한 신문이 끝난 후 나머지 다섯 명의 피고인[최덕윤 노정관 강규찬 안준 장시욱]에 대한 신문도 있었다. 그러나 그들의 진술은 여기에 모두 적을 만한 가치가 없어 요약만 하겠다. 그들은 모두 신민회 회원임을 부인했으며, 총독 암살계획을 세웠다는 것과, 그 계획이 윤치호와 양기탁에 의해 지시되었다는 것도 부인했다. 그들은 모두

---

⁵³ Ibid.
⁵⁴ Ibid.

총독 암살을 위해 선천역으로 갔다는 것도 부인했으며, 매큔 교장과 또 다른 선교사들이 이 계획에 관련되어 있다는 것을 알지도 듣지도 못했다고 했다.[55]

이날 강규찬도 법정에서 혐의를 부인했음을 말해준다. 같은 날 오후 재판정에 선 손정욱, 홍성익, 곽태종 모두 혐의 사실을 전면 부인했다. 양준명의 동생 양준희와 신성학교 학생 이창식과 정덕연 역시 판사의 질문에 "결코 들은 바 없다," "받은 바 없다," "아는 바 없다"며 혐의를 전면 부인했다. 판사가 학생 김용환에게 "피고는 왜 예심 신문 때 지금과는 다른 진술을 했는가?"라고 질문하자 "더 이상 고문을 피하기 위해서였다"[56]고 단호히 답했다. 신성학교 교사들과 학생들이 용기 있게 모든 혐의를 부인하고 고문당한 사실을 폭로함으로 조서에 있는 진술이 고문에 의한 허위자백임을 폭로한 것이다. 그 결과 이날 재판과정을 통해 "몇 가지 놀라운 사실들과 신문방법들"[57]이 폭로되었다. 검사는 피고들이 고문을 받았다고 주장하는 것은 자신들의 자백을 번복하기 위한 상투적인 변명으로써 귀담아 들을 것이 못된다고 강변했다.

1912년 9월 28일 20회 공판에서 판사는 123명의 기소자 중 이창식 등 18인을 제외한 나머지 105인에게 검사측이 구형한 형량대로 구형했다. 105인은 판결에 불복하고 상급법원인 경성복심법원에 상고하였다. 변호를 맡은 우자와, 오쿠보, 하나이, 오가와, 다카하시, 미야케, 나카무라, 나카노 등 10명의 일본인 변호사와 장도, 권혁책, 김정목, 박용태, 윤방현, 태명식, 박승빈, 이기환 등 8명의 한인 변호사들은 법정에서 관할위 문제, 법률적용상의 위법성 문제, 모살죄 적용의 부당성을 지적하며 변론했다.

비록 이들 변호사는 105인 사건이 완전히 조작된 허구라는 사실을 드러내는 데는 실패했지만 1912년 11월 26일부터 1913년 3월 20일까지 진행된 상급법원의 재판에서 재판상의 문제점이나 법률적용상의 문제점 등을 지적하는 등 큰 활약을 했다. 그 결과 윤치호, 양기탁, 이승훈, 안태국, 임치정, 옥관빈 6인을

---

[55] Ibid., 47.
[56] Ibid., 50.
[57] Ibid., 50.

제외한 99인이 무죄로 풀려났고, 이들 6인도 1915년 2월 12일 특별사면 형식으로 출옥했다.[58]

풀려난 신성학교 교사들은 더 이상 교사로 재직하기 힘들었다. 일제의 탄압과 감시가 계속되었기 때문이다. 1913년 봄 대부분의 교사들이 무죄 석방된 뒤 그해 여름 곽태종(郭泰鍾)은 미국에 망명했다가 8·15 광복 후 귀국하여 세상을 떠났다. 선우혁(鮮于爀)은 중국에 망명하여 독립운동에 활약하다 중국이 공산화된 후에는 거취 불명이었다. 홍성익(洪成益)은 3·1독립운동에 참여하였다가 순국하였고, 강규찬은 평양신학교에 진학해 안수 받고 평양산정현교회 목사가 되었다. 임병엽, 길진형, 이용혁, 일명 이일(李逸) 등도 도미하여 안창호 선생이 영도하던 홍사단(興士團) 운동에 참여하여 교포사회에서 활약하였다. 그 중에 길진형은 다시 귀국하여 고문의 후유증으로 세상을 떠났고, 임병엽, 이용혁 양씨도 미국에서 세상을 떠났다.[59]

105인 사건으로 구속된 신성학교 교사들은 훗날 국내외에서 한국의 독립운동과 민족운동에 중요한 역할을 감당했다. 거의 동시에 중국에서 진행된 만청(滿淸)의 오족공화(五族共和)의 혁명운동은 신성학생들에게 무한한 충격을 가져다주었다. 이 사건은 훗날 3·1독립운동에 적지 않게 영향을 미쳤고 3·1독립운동은 다시 중국 청년들에게 5.4운동을 일으키도록 영향을 주었다.[60]

중국과 한국에서 일어난 민족운동이 상호 연관성을 지니고 있었다는 백낙준의 해석에 동의하던 하지 않던 분명한 사실은 105인 사건이 3·1독립운동과 밀접이 연계성을 지니며 독립운동으로 승화되어 나갔다는 사실이다. 그런 의미에서 우리는 105인 사건을 통해 한국의 기독교와 민족운동과의 상관성을 이해하는 중요한 한 사건으로 해석하는 것이다.

우리는 지금까지 연구를 통해 몇 가지 사실을 확인할 수 있다.

첫째, 105인 사건은 일제가 기독교 세력, 특별히 무섭게 발흥하는 서북기독교 세력을 제거하려는 데서 출발했다.

---

[58] Ibid., 18.
[59] 신성학교 동창회 편, 신성학교사, 7.
[60] 백낙준, "창립배경과 초기사략," 신성학교사 (서울: 신성학교 동창회, 1980), 11.

둘째, 선교사들이 배후에서 한국인들이 총독을 살해하도록 조정했다고 꾸며 선교사들을 제거하려고 하였다.

셋째, 일제는 기독교 민족운동의 선봉에 서 있던 매큔이 교장으로 있는 선천신성학교를 주 타깃으로 삼았다. 1907년 "대한자강회월보유감"에 잘 나타나 있는 것처럼 강규찬의 민족의식은 매우 분명했다. 그는 이 같은 민족의식을 가지고 신성학교 교사로 재직하는 동안 신성학교 학생들에게 영향을 미쳤다.

넷째, 구속된 이들 거의 대부분이 고문에 못 이겨 전혀 하지도 않았던 총독 살해음모사건에 연루되었다고 허위자백을 했고, 강규찬 역시 1주일 동안 매일 일경에 취조를 했지만 1주일을 버티다 김일준이 허위 자백하는 바람에 더 이상 버티지 못하고 일경의 강압에 무너졌다. 이 사건은 강규찬에게는 가장 가슴 아픈 사건으로 남았다. 하지만 강규찬은 이 사건을 자신의 생애에 거울로 삼고 이후 일생동안 일제의 식민 탄압에 용감히 맞섰다.

4장
목회자로의 소명과 평양신학교 시절
(1913-1917)

학교 권유사(勸諭師) 강규찬 군이 육군에 산재 한 팔십이 교회와 육십오 학교를 순시하여 과정(課程)과 문부(文簿)를 정제(整齊)하니라.

朝鮮예수敎 長老會史記 下

1913년 강규찬은 무죄 언도를 받고 풀려나 학교로 돌아갔다. 하지만 일경의 감시가 너무 심해 더 이상 교사 생활을 할 수 없었다. 그는 신성학교 교사직을 사임하고 바로 평북노회 추천을 받아 평양신학교에 진학했다.

그의 신학교 진학은 보이지 않는 하나님의 손에 이끌린 거룩한 섭리였다. 하나님께서는 선천읍교회를 섬기며 위대모 선교사, 윤산온 선교사, 선천읍교회 담임 양전백 목사의 절대적 신임을 받았던 그를 당신의 종으로 쓰시기 위해 부르신 것이다. 그가 평신(平神)에 재학할 때 신민회에서 함께 활동했던 남강 이승훈도 평북노회의 추천을 받아 1916년 평신에 입학했다.[1] 평신에 재학하는 동안 강규찬은 선천읍북교회의 조사로 사역하며 교회를 섬겼다. 그가 조사로 선천읍북교회를 섬기고 있을 때 벽동 태생 박형룡이 선천에 와서 신성중학교에 다니면서 그 교회를 출석하고 있었다.

평신에서의 5년은 강규찬에게 사역자로서의 준비 기간이었다. 강규찬이

---
[1] 장로교회 신학교요람 1916 (평양: 평양장로회신학교, 1916), 43.

1913년 평신에 입학했을 때 31명의 학생이 입학했다. 이는 1901년 설립된 평신이 1938년 폐교될 때까지 평신 역사상 두 번째 많은 입학생 수였다. 105인 사건의 동지이자 훗날 장대현교회 부목사였던 변인서와 독립서명자 33인 중의 한 명이었던 김병조도 그와 평신 입학 동기였다. 그가 평신에 입학했을 때 2학년에 차재명을 비롯 24명이 재학하고 있었고, 3학년에는 김찬국, 방효원, 유여대, 선우훈 등 28명의 학생이, 4학년에는 김장호와 한경희를 비롯 24명이, 그리고 졸업반에는 최봉석과 김선두 등 33명이 재학하고 있었다.[2]

당시 평신의 교수진도 훌륭했다. 마포삼열, 이눌서, 곽안련, 방위량, 원두우, 게일, 부두열, 업아력, 편하설을 비롯한 1세대 선교사들이 대거 포진하고 있었다. 105인 사건으로 투옥되었다 풀려난 이들이 상당수 평신에 입학하면서 기왕의 나라사랑과 민족애가 기독교 신앙과 깊이 접목되면서 기독교 정신으로 승화된 민족의식이 강하게 흐르고 있었다. 조사로 임명받은 강규찬은 41세가 되던 1914년 선천북교회 장로로 임직 받았다. 당시 조사와 장로는 신학생들과 목회자가 될 사람들에게 거쳐야 할 정해진 코스였다. 이렇게 해서 그는 거룩한 손에 이끌리어 제 2의 인생을 시작한 것이다.

1. 강규찬의 조사 임명과 장로 임직

그가 평양신학교로의 진학을 결단하기까지의 선 이해를 위해서는 선천읍교회의 발전과정을 잠깐 살펴볼 필요가 있다. 주지하듯이 선천읍교회는 1898년 위대모에 의해 설립되었으며, 초대 장로 양전백이 1907년 평양신학교를 졸업하고 제 1회 독노회에서 목사 안수를 받은 후 선천읍교회 담임목사가 되었다. 양전백의 리더십 아래 강규찬을 비롯한 유능한 장로들이 하나 둘씩 세워져 선천읍교회는 복음전도에서만 아니라 인적 자원에서도 풍요로운 자원을 갖는 교회가 되었다. 그것은 조선예수교장로회사기 상에 있는 선천읍교회에 대한 기록을

---

[2] 장로교회 신학교요람 1916 (평양: 평양장로회신학교, 1916), 29-36; 박용규 편, 대한예수교장로회 총회 백년사 제 2권 (서울: 대한예수교장로회총회, 2006), 684-685.

통해서도 확인할 수 있다:

> 一千九百七年(丁未)에 선천읍북교회(宣川邑北敎會) 장로(長老) 양전백(梁甸伯)이 목사(牧師)로 취임시무(就任視務)하니 시내(是乃) 평북(平北)의 수목사(首牧師)러라. 시시(是時)에 교회 증진(敎會 增進)하고 취임융합(就任融合)하니 진시차회(眞是此會)의 황금시대(黃金時代)로다. 상속(相續)하야 장로(長老)된이난 김석창(金錫昌), 이성삼(李成三), 노정관(魯晶瓘), 강규찬(姜奎燦), 한덕제(韓德濟), 박성린(朴成獜), 계영수(桂英秀), 백시찬(白時贊), 노정린(魯晶璘), 장시혁(張時赫), 이경만(李耕萬), 주백영(朱伯英), 주현칙(朱賢則), 양기혁(梁基赫) 장규명(張奎明) 등(等)인대 개중(個中) 수인(數人)은 후래(後來) 목사(牧師)가 되니라.[3]

우리는 여기서 세 가지 사실을 확인할 수 있다. 첫째 양전백이 1907년 선천읍교회 담임 목사로 부임했다는 사실이다. 기독교대백과사전에는 1907년 양전백이 전도목사로 활동하다 1909년에 가서야 선천읍교회 담임을 맡은 것으로 되어 있는데 이것은 수정되어야 할 것이다.

둘째, 1907년 양전백이 선천읍교회를 담임한 후 성공적으로 교회를 이끌었다는 사실이다. 이것은 조선예수교장로회사기 상이 "교회증진(敎會 增進)" "취임융합(就任融合)" "황금시대(黃金時代)"라는 극찬의 용어를 사용하면서 양전백의 목회 사역을 높이 평가하며 예찬한 사실에서도 알 수 있다. 조선예수교장로회사기 상이 1918년에 기록된 것으로 볼 때 적어도 1907년부터 1918년까지 10년 동안 양전백이 선천읍교회 담임을 성공적으로 감당한 것을 알 수 있다.

셋째, 선천읍교회 장로로 임직 받은 사람들 명단 중에 강규찬이 네 번째로 언급되어 있다는 사실이다. 순서를 무시하고 무작위로 기록한 것으로 이해할 수도 있지만 당시 관례상 이름이 기록된 서열은 매우 중요하다. 명단이 임직순서라면 강규찬은 선천읍교회 5번째 장로가 된 셈이다. 이것은 강규찬이 선천읍교회에서 장로로 임직 받은 사람들 중에서도 매우 중요한 위치를 차지하고 있음

---

[3] 車載明, 朝鮮예수敎長老會史記 上 (京城: 新門內敎會堂, 1928), 197-198.

을 말해준다.

넷째, 양전백을 중심으로 한 선천읍교회 기독교 공동체가 훗날 민족운동에서 중요한 역할을 감당하였음을 암시해주고 있다는 사실이다. 양전백, 강규찬, 노정권, 주현칙은 모두 1911년 105인 사건이 났을 때 기소된 123명에 포함된 자들이다. 위대모를 통해 내려온 민족정신이 윤산온을 통해 다시 양전백을 통해 선천읍교회 안에 계승되어 왔고, 강규찬에게도 이어졌다. 대한자강회 기고, 신민회 참여, 신성중학교 교사, 105인 사건, 또 훗날 산정현교회 목회가 보여주듯 강규찬의 심장에는 기독교 민족애가 강하게 흐르고 있었다.

강규찬이 자신의 일생을 주를 위해 헌신하기로 결심한 것은 105인 사건 이후의 일로 보인다. 그의 조사임명과 장로 임직과 관련된 평북노회 기록을 조사하다 보면 일련의 과정이 105인 사건과 거의 맞물려 진행되었음을 알 수 있다. 시기적으로 평북노회는 105인 사건이 절정에 달하던 1912년 2월 15일 선천읍남예배당에서 창립되었고, 초대 노회장에는 위대모가 맡았다.[4] 노회가 조직될 당시 선교사가 5명이었고 목사가 13명이었고 장로가 11명이었다.

조선예수교장로회사기 하권에 따르면 이들 다섯 명의 선교사들은 의주서변(義州西邊)과 선천서변(宣川北邊) 지역 선교를 맡은 위대모(魏大模), 용천 철산을 맡은 함세영(盧世永), 선천 남변(南邊)을 맡은 윤산온, 곽산 정주 가산(嘉山) 박천 구성(龜城)을 맡은 나부열, 의주 동변(東邊) 삭주(朔州) 창성 벽동(碧潼)을 맡은 남행리(南行理), 강계 구상 위원(渭源) 후창(厚昌)을 맡은 곽혜법(郭惠法), 강계 수하 자성급 남만주(慈城及 南滿洲)를 맡은 노해리(魯解理) 등이다.

위대모, 노세영, 윤산온, 나부열, 남해리, 곽혜법, 노해리 선교사는 한국선교를 빛낸 주역들로 훗날 북장로선교회 내에서 중요한 리더십을 발휘하던 이들이다. 참으로 훌륭한 선교사들이 선천선교부에 대거 포진해 있었던 것을 알 수 있다. 선천이 놀라운 선교 결실을 거두며 영향력 있는 선교부로 부상할 수 있었던 것도 이와 무관하지 않다. 개척선교사 위대모나 그 뒤를 이은 이들의 적극적이고 헌신적인 선교활동에 힘입어 교세가 날로 급증하였고, 1907년 평양대부흥

---

[4] 조선예수교 장로회사기 하, 82.

운동 당시 선천은 전국의 어느 지역보다도 활발한 공동체를 이루고 있었다. 1912년 평북노회가 조직될 당시 노회 산하 평양신학교 재학생들만도 32명이나 되었던 것은 어쩌면 당연했다.[5]

2. 강규찬의 평양신학교 입학

일제는 1심에서 유죄 언도를 받은 105인들을 대상으로 1912년 11월 16일부터 1913년 3월 20일까지 58회 걸쳐 제 2심 공판을 진행했다. 피 말리는 과정을 거쳐 윤치호, 양기탁, 이승훈, 안태국, 임치정, 옥관빈 등 6인을 제외한 99명이 무죄로 석방되었을 때 강규찬도 출옥했다. 2심에서 무죄 언도를 받고 출옥한 강규찬은 일제로부터 사상범으로 감시를 받는 상황에서 더 이상 신성중학교에서 교사로 활동하기가 어려웠다. 그해 강규찬은 목회의 길을 걷기로 결심하고 바로 평양신학교에 진학했다. 1913년 8월 26일 양시예배당(楊市禮拜堂)에서 열린 제 4회 평북노회 때 강규찬은 이미 조사로 시무 중 이었다:

> 동년(同年) 8월(八月) 이십육일(二十六日) 평북노회(平北老會) 제(第) 4회(四回)가 양시예배당(楊市禮拜堂)에 회집(會集)하니 회원(會員)은 선교사(宣敎師) 4 인(四人), 목사(牧師) 이십일인(二十一人), 장로(長老) 이십오인(二十五人)이었다. 신임원(新任員)은 회장(會長) 위대모(魏大模), 서기(書記) 백정진(白貞振), 회계(會計) 김석창(金錫昌)이 피선(被選)하다. 창회외(倉會外) 다섯 교회(五敎會)에 이기선(李基宣), 산정외(山亭外) 네 교회(四敎會)에 양준식(梁俊湜), 미산외(美山外) 네교회(四敎會)에 박형빈(朴亨彬), 남제외(南齊外) 두 교회(二敎會)에 조상섭(趙尙燮), 강북영내(江北嶺內)에, 안동식(安東湜), 영외(嶺外)에 백시관

---

[5] 朝鮮예수敎長老會 史記 下卷에 나타난 이들 32명의 명단은 다음과 같다. "신학생 취교자는 김진화, 김용승, 김병예, 김창흡, 계시항. 계이영. 장억노, 윤희복, 박승호, 방효원, 송병조, 양준식, 한경희, 이기선, 함석규, 유여대, 신기초, 백봉수, 문세일, 고봉상, 김관일, 김승만, 한응수, 조상섭, 이준화. 박인도, 박신택, 김영훈, 허정, 김민철, 박용거, 안호이었다." 韓國敎會史學會 編, 朝鮮예수敎長老會 史記 下卷, 82-83.

(白時楷), 강계수상(江界水上)에 송윤진(宋潤鎭), 수하(水下)에 김대건(金大鍵), 함원군(咸原郡)에 권위모(權衡模), 금산군(楚山郡)에 최명현(崔明賢), 세평외(世坪外) 다섯 교회(五敎會)에 김민철(金敏哲), 영동외(嶺東外) 세 교회(三敎會)에 방효원(方孝元), 신창외(新倉外) 한 교회(一敎會)에 송병조(宋秉祚), 남시외(南市外) 네 교회(四敎會)에 한경희(韓敬禧), 길읍구(古邑區)에 한응수(韓應秀), 내동(內洞)에 길종수(吉宗秀), 남창구(南倉區)에 계시항(桂時恒), 대현외(大峴外) 세교회(三敎會)에 백봉수(白奉守), 삭주읍급(朔州邑及)에 창성읍회(昌城邑會) 박신탁(朴信鐸), 선천북회(宣川北會)에 강규찬(姜奎燦), 곽산구(郭山區)에 강제현(姜濟賢), 구성지방(龜城地方)에 허정(許鼎), 태외(台外) 두교회(二敎會)에 김현모(金賢模), 당준외(堂俊外) 세 교회(三敎會)에 최명준(崔明俊), 박천지방(博川地方)에 김진화(金鎭華), 호암외(虎岩外), 세교회(三敎會)에 이준화(李俊化), 관리외(舘里外) 세교회(三敎會)에 김병조(金秉祚), 지천구읍외(誌川舊邑外) 다섯교회(五敎會)에 함석규(咸錫奎), 신미도(身彌島)에 김도희(金道熙), 대관지방(大舘地方)에 박린도(朴麟道), 제인(諸人)이 조사(助事)로 시무(視務)하다.[6]

위 기록으로 미루어 볼 때 강규찬은 이 때 처음으로 조사로 임명을 받은 것이 아니라 제 4회 평북노회 당시 이미 선천읍북교회 조사로 시무를 시작했음을 보여준다. 여기서 우리는 강규찬이 1913년 105인 사건에서 풀려난 후 바로 그해 봄 평양신학교에 진학하여 선천읍교회 조사로 사역을 시작한 것을 알 수 있다. 당시 선천읍북교회 담임목사는 양전백이었고, 이 지역을 담당한 선교사는 위대모였다. 앞서 언급했듯이 그의 조사 임명은 양전백과 위대모의 협의와 동의 없이는 불가능한 일이었다. 선천 지역 개척선교사인 위대모는 자신이 처음 개척한 이 지역 특별히 선천북변 지역 선교를 지속적으로 담당하고 있었다. 이 지역의 선교구 중심교회인 선천읍북교회 조사를 임명하는 당시 권한은 그 지역을 담당한 선교사들에게 있었던 것으로 미루어 볼 때 이것은 당연한 일이다.

조사로의 임명, 평양신학교 진학은 피할 수 없는 하나님의 거룩한 소명이었

---

[6] 韓國敎會史學會 編, 朝鮮예수敎 長老會史記 下 (서울: 연세대학교 출판부, 1968), 84.

다. 당시 평신에 입학하는 학생들은 조사로 혹은 장로로 피택되어 검증과정을 거친 이들이었다. 1913년 강규찬이 평신에 진학했다는 사실은 1914년 2월 4일 선천읍남예배당에서 제 5회 평북노회가 회집되었을 때 그가 평북노회 "신학생 취교자(神學生 就校者)" 명단에 올랐다는 사실에서도 확인할 수 있다:

一九一四年(甲寅) 二月 四日에 평북노회(平北老會) 제(第) 5회(五回)가 선천읍(宣川邑) 남예배당(南禮拜堂)에 회집(會集)하니 선교사(宣敎師) 4인(四人), 목사(牧師) 이십인(二十人), 장로 이십팔인(長老 二十八人) 이 출석(出席)하였다. 신학생 취교자(神學生 就校者)는 김현모(金賢模), 김석항(金錫抗), 김병조(金秉祚), 이기선(李基宣), 이준화(李俊化), 유여대(劉如大), 박형빈(朴亨彬), 백봉수(白奉守), 조상섭(趙尙燮), 함석규(咸錫圭), 문세일(文世逸), 송병조(宋秉祚), 한경희(韓敬禧), 김청달(金淸達), 신기초(申基礎), 김관일(金貫一), 방효원(方孝元), 한응수(韓應秀), 이지은(李枝殷), 계시항(桂時恒), 길종수(吉宗秀), 강규찬(姜奎燦), 이원익(李元益), 박신택(朴信澤), 허정(許鼎), 김창흡(金昌洽), 박시모(朴時模), 임준철(林俊哲), 김진화(金鎭華), 김도희(金道熙), 김영찬(金永粲), 한응주(韓應柱), 최득의(崔得義), 이봉태(李鳳泰), 조시한(趙時漢), 이상백(李尙白), 조승윤(趙承允), 양준희(梁濬熙), 이상조(李尙祚), 차원환(車元煥), 김취곤(金聚坤), 문윤국(文潤國), 김탁하(金倬河), 손정욱(孫貞郁), 김영화(金永化)이었다.[7]

1914년 2월 제 5회 평북노회 때 강규찬이 신학생 취교자 명단에 오른 것은 그 때 이미 그는 평양신학교에 다니는 신학생이었다는 의미다. 신학교 진학한 후에도 여전히 그는 선천읍북교회 조사로 사역을 했다. 노회록을 참고할 때 선천읍북교회의 조사로는 강규찬이 유일했다. 이미 한학의 조예가 깊어 이미 이 분야에서 탁월한 인정을 받는 데다 신성중학교에서 한문과 작문을 교수하면서 또한 민족의식을 고취하면서 영향력을 인정받은 상황이었기 때문에 강규찬의 선천읍북회의 조사 임명과 활동은 당시로서는 그리 놀라운 일이 아니었다.

---

[7] Ibid., 85.

1913년 3월 평신에 진학한 강규찬은 변인서 등 31명과 함께 신학 공부에 전념했다.[8] 그가 평신에 1학년으로 입학했을 때 이미 뛰어난 학생들이 상당수 재학하고 있었다. 동료 입학생과 2학년에서 5학년까지 당시 평신에 재학하고 있던 강규찬의 신학교 선배들은 다음과 같다.

평양신학교 재학생 명단 (1916년 3월 기준)

학년	입학	재학생 명단	졸업
1	1913	강규찬(姜奎燦), 강학린(姜鶴麟), 김성원(金誠源), 김충점(金充漸) 김응규(金應奎), 김병조(金秉祚) 김선환(金善煥) 김성로(金聖魯) 김창선(金昌善) 김현점(金炫漸) 권영해(權永海) 이석진(李錫珒) 이기은(李枝殷) 이만집(李萬集) 이은주(李恩疇) 양의근(楊義根) 박성애(朴晟愛) 임정찬(林貞燦) 김태석(金泰錫) 이원익(李元益) 이성국(李成國) 이인식(李仁植) 박상순(朴尚純) 배진성(裵振聲) 변인러(邊麟瑞) 송윤진(宋潤鎭) 오득인(吳得仁) 전승근(田承根) 정태인(鄭泰仁) 정원형(鄭元衡) 한원칠(韓元七) 이상 31명	1917 (10회)
2	1912	姜斗松, 金大鍵, 金敬三, 金賢模, 金貫一, 金鍵厚, 金鳳浩, 金昌源, 桂時恒, 李明赫, 李喜鳳, 李俊化, 梁錫鎭, 林鐘純, 朴亨武, 朴寅寬, 朴獜道, 白奉守, 趙尙燮, 車相晋, 車載明, 崔俊翼, 韓應秀, 咸說 이상 28명	1916 (9회)
3	1911	김덕회, 金鎭華, 김종삼, 金剛瑢, 김찬국, 유여대, 노인묵, 유만섭, 이두섭, 이여한, 이승철, 이기선, 이경필, 이자익, 李用麟, 朴昇燁, 박영조, 방효원, 서성오, 선우훈, 안치호, 오웅식, 전관일, 정재순, 정덕생, 崔鎭泰, 함석규, 許鼎 이상 28인	1915 (8회)
4	1910	길종수, 김인전, 김장호, 金有穆, 이원필, 李在彦, 이영하, 유내춘, 임택권, 박득명, 이영엽, 송병조, 심익현, 申鍾珏, 全啓殷 최승현, 한경희, 허섭 이상 18인	1914 (7회)
5학년	1909	계리영, 김기원, 김백원, 김규현, 金酒範, 김성식, 金敏哲, 金聲瑚, 김용승, 김수봉, 김선두, 김영훈, 곽기방, 양응수, 梁俊湜, 이재풍, 이용진, 이기영, 이윤모, 朴奎顯, 박치형, 박창영, 사병순, 윤문옥, 윤희복, 임성옥, 장덕상, 장덕로, 전동석, 최봉석, 최승현, 黃濟國, 黃寅晟 이상 33인	1913 (6회)

출처: 평양신학교요람(1916년)을 기초로 작성

---

[8] 長老敎會 神學校 要覽 1916, 36-38.

1914년 강규찬은 평북노회에서 장로안수를 받았다. 그의 장로 안수에 대해 조선예수교장로회사기 하권은 이렇게 기록하고 있다:

> 장로(長老) 안수자(按手者)는 동회(東會)에 김기창(金基昌), 정심(正心)에 유천복(劉天福), 용산(龍山)에 고승화(高承華), 창회(倉會)에 이기선(李基宣), 입암(立巖)에 장준태(張俊泰), 양시(楊市)에 송자현(宋子賢), 동상(東上)에 김지용(金志用), 동산(東山)에 차주경(車洙景), 신성(新城)에 백성련(白成鍊), 구읍(舊邑)에 김정열(金貞悅), 무산(舞山)에 고산류(高山崙), 북회(北會)에 강규찬(姜奎燦), 고읍(古邑)에 최운기(崔雲起), 남창(南倉)에 이정일(李靖逸), 구진(舊律)에 이정선, 남시(南市)에 허정(許鼎)이었다.[9]

이렇게 해서 1913년 평양신학교 진학과 함께 선천읍북교회 조사로 임명받은 강규찬은 그 이듬해 1914년 장로로 안수를 받았다. 당시 조사로 임명받거나 장로로 안수를 받는다는 것은 곧 단순히 평신도를 넘어 교역자로서의 입문을 의미했던 것을 고려할 때 강규찬은 이제 정식으로 목회자의 길로 접어든 셈이다. 당시 다른 신학생들이 그랬던 것처럼 그는 가족을 선천에 두고 평양에 와서 신학교를 다닌 것으로 보인다. 평양에서 선천은 기차로 큰 불편 없이 가고 올 수 있는 거리였다. 평양에서 선천까지 거리가 멀지 않기 때문에 주일에는 선천읍북교회를 출석한 것으로 예견된다. 조사라는 직분상 본 교회를 섬기는 책임을 맡았기 때문이다. 강규찬은 1915년 2월 23일 선천읍북예배당에서 회집된 제7회 평북노회 때에도 신학생 취교자 명단에 올랐다:

> 一九一五年(乙卯) 二月 二十三日에 평북노회(平北老會) 제(第) 7회(七回)가 선천읍(宣川邑) 북예배당(北禮拜堂)에 회집(會集)하니 출석원(出席員)은 선교사(宣敎師) 5인(五人), 목사(牧師) 22인(二十二人), 장로(長老) 45인(四十五人)이었다. 조사시무(助師視務)는 거개여전이(擧

---

[9] 韓國敎會史學會 編, 朝鮮예수교 長老會史記 下, 85.

皆如前而) 조승윤(趙承允), 조시한(趙時漢), 김관일(金貫一), 이봉태(李鳳泰), 고재륜(高載崙), 제군(諸君)이 새로 피임(被任)하다. 목사(牧師) 김건주(金健柱)를 양시교회(楊市敎會)에 위임(委任)하다. 목사(牧師) 윤희복(尹希福)은 차연관구성(車輦舘區城)으로 이임(移任)하다. 신학생(神學生) 취교자(就校者)는 허정(許鼎), 함석규(咸錫奎), 방효언(方孝彦), 유여대(劉如大), 김진화(金鎭華), 조상섭(趙尙燮), 김현모(金賢模), 김관일(金貫一), 박형빈(朴亨彬), 백봉수(白奉守), 이준화(李俊化), 박인도(朴麟道), 계시항(桂時恒), 한응수(韓應秀), 김병조(金秉祚), 이지은(李枝殷), 강규찬(姜奎燦), 김도희(金道熙), 이원익(李元益), 김취곤(金聚坤), 김석항(金碩伉), 최득의(崔得義), 문윤국(文潤國), 이봉태(李鳳泰), 이상조(李尙祚), 양준희(梁俊熙), 김영화(金永化), 차원환(車元煥), 최명준(崔明俊), 조유승(趙有承)이었다.[10]

평신에서 신학교 3년의 과정을 마치고 4학년 진학을 앞둔 강규찬은 1916년 2월 15일 선천읍남예배당에서 회집된 제 9회 평북노회에서 평북노회 "신학생 취교자" 명단에 그대로 올랐다.[11] 1916년 평양신학교요람에 의하면 강규찬은 당 43세였고, 선천읍에 주거를 정하고 있었으며, 북회당 장로요 조사였다:

姜奎燦 年 四十三 居 平北 宣川郡 邑內面 川北理 五統 一戶 本 邑北會堂 長老助事.[12]

신학교 안에서 그리고 선천읍북교회 장로와 조사로서의 그의 리더십은 조용히 인정을 받기 시작한 것으로 보인다. 그것은 1916년 제 9회 평북노회의 기록을 통해서 확인할 수 있다:

학교(學校) 권유사(勸諭師) 강규찬(姜奎燦) 군이 6도(六郡)에 산재(散在)한 82교회(八十二敎會)와 65학교(六十五學校)를 순시(巡視)하여 과

---

[10] Ibid., 86.
[11] 韓國敎會史學會 編, 朝鮮예수敎 長老會史記 下, 87.
[12] 長老敎會 神學校 要覽 1916, 36.

정(課程)과 문부(文簿)를 정제(整齊)하니라.[13]

위 간단한 기록을 통해서 우리는 적어도 분명한 한 가지 사실을 확인할 수 있다. 그것은 강규찬의 리더십이 점차 교회 안에서 인정을 받기 시작했다는 사실이다. 앞서 언급했듯이 강규찬은 1913년 조사로, 1914년 장로로 임직을 받고 선천읍북교회 양전백 목사와 그 지역을 맡은 위대모 선교사를 도우며 사역을 감당했다. 그러던 그가 단순히 선천북변 지역만 아니라 6개 군에 산재한 82교회와 그 안에 있는 65개 학교를 순회하면서 교회와 학교를 돌보는 이중적인 책임을 맡는 위치에 올랐다는 것은 그의 리더십이 인정을 받지 않았다면 불가능한 일이다.

강규찬은 1913년부터 1917년까지 평양신학교에 재학하는 동안 한편으로 선천북교회 조사로 봉사하고, 다른 한편으로 1916년부터는 평북의 여러 학교에서 "권유사(勸諭師)"로 봉직했다. 권유사라는 직분이 대체 어떤 직분인지는 여러 기록을 통해서 살펴보지만 분명하지 않다. 다만 "학교 권유사"라는 권유사 앞에 이를 수식하는 학교라는 말을 통해 일종의 신앙과 교육 "指導" 혹은 "主任"의 책임과 권한이 동시에 주어진 위치를 말하는 것으로 보인다. "勸諭"라는 말은 '권하여 이끌어준다'는 의미로 지역에 흩어진 교회들과 학교들을 순회하면서 신앙적으로 그들을 돌보면서 필요할 경우 권면하기도하고 이끌어 준다는 의미로 풀이할 수 있다. 여하튼 강규찬에게 그와 같은 책임이 주어진 것은 그만큼 그의 리더십이 인정을 받았기 때문이다.

3. 평신졸업과 목사 안수

1917년 1월 30일 선천읍남예배당에서 회집된 제 11회 평북노회에서 강규찬은 여전히 "신학생 취교자" 명단에 올랐다.[14] 신학생 취교자 명단에 오른 것은

---

[13] 韓國敎會史學會 編, 朝鮮예수敎 長老會史記 下, 97.
[14] Ibid., 88.

당시 평양신학교 학제 상 보통 3월부터 6월 중순까지 3개월 간 집중 수업을 받고 6월에 졸업식을 거행했기 때문이다. 예를 들어 1916년 평양신학교 학사 일정에 따르면 3월 2일과 3일 입학시험을 치렀고, 3월 4일부터 선학기 수업을 시작했다. 4월 25일과 26일 선학기 학기말 시험을 치르고 선학기를 마쳤다. 4월 28일 후학기를 시작해 6월 13일과 14일 기말고사를 치르고 후학기를 마쳤다. 이어 바로 6월 16일 졸업식을 거행했다.

평양신학교 학사 일정 (1916년 기준)

학사 일 정	학 사	학사 일정	학 사
3월 2-3일	입학시험	4월 28일	後 학기 시작
3월 4일	선학기개학	5월 2일	본 교 이사회
4월 4일	춘기식목절	5월 15일	前 졸업생 개학
4월 25-26일	선학기시험	6월 10일	聖餐 設行
4월 26일	선학기말일	6월 13-14일	後 학기 시험
4월 27일	휴학일	6월 15일	前졸업생강설회 교장의 환영회 전 졸업생회
		6월 16일	졸업예식및방학

출처: 평양신학교 요람 1916

이렇게 해서 1913년 3월 평신에 입학한 강규찬은 5년의 과정을 마치고 1917년 6월 제10회로 졸업했다.[15]

우리는 여기서 잠시 강규찬이 평신에 재학하고 있을 당시 학교의 상황을 살펴 보고자 한다. 그가 평양신학교에 재학하던 1913년부터 1917년까지는 평양신학교가 상당히 안정을 찾고 있던 시기였다. 마포삼열이 교장으로 재직하고 있었고, 소안론, 왕길지, 기일, 곽안련, 어도만, 원두우, 마로덕, 업아력, 구보철 등 북장로교, 남장로교, 호주장로교, 카나다장로교 선교회에서 파송한 훌륭한 전임 교수들이 재직하고 있었다.[16]

---

[15] 박용규, 총회 백년사 2권, 684. 강규찬은 1917년 평양신학교 제 10회로 졸업했고, 그해 졸업생은 31명이었다.
[16] 長老敎會 神學校 要覽 1916 (평양: 평양장로회신학교, 1916), 3-5.

1916년 현재 평양신학교 전임 교원

담임교사	소속선교회	담당과목	임용연도
마포삼열	미 북장로회	신도, 교회정치, 성례, 선교사기	1901-1916
소안론	미 북장로회	新舊約解義	1906-1916
왕길지	오스트렐냐	교회사기	1906-1916
이눌서	미 남장로회	신도 신약해의	1906-1916
기일	미 북장로회	말세학	1909-1916
곽안련	미 북장로회	강도법	1908-1916
사우업	미 북장로회	목사지법	1907-1916
어도만	미 북장로회	구약해의	1911-1916
원두우	미 북장로회	신도 심리학	1905-1914
배유지	미 남장로회	신도 신약해의	1908-1916
마로덕	미 남장로회	신구약해의	1909-1916
나부열	미 북장로회	신구약해의	1913-1916
업아력	가나다장로회	교회사기	1915-1916
久保徹	일본교회	각반국어	1915-1916

자료: 평양장로회신학교요람 1916, 2-3.

이들 전임 교수 외에도 이길함 전위렴, 배위량, 허세영, 하위렴, 방위량, 한위렴, 방한량, 최의덕, 편하설, 부두일, 부위렴, 부해리 등이 강사로 섬겨 교수진이 막강했다. 그가 평신에 재학하던 1913년부터 1917년까지 5년간 뛰어난 학생들이 대거 평신에 진학했고, 그는 이들과 교류를 나누며 목회자로서의 훈련 과정을 밟아 갔다. 그가 1917년 평신 졸업반이었을 때 1학년에서 4학년까지의 재학생 명단은 다음과 같다.

평양신학교 재학생(1917년 3월 기준)

학년	입학	재학생 명단	졸업
1	1917	43인의 신입생	1923
2	1916	金鏡億, 김정복, 김관식, 김봉섭, 김창순, 이승훈, 이승봉, 양성하, 염봉명, 유해천, 배은희, 白時琯, 白永燁, 석근옥, 양성춘, 엄치상, 吳舜炯, 오능조, 윤하영, 趙濟武, 조남명, 최재교, 咸錫溶, 許 侃, 홍성익, 홍종필 이상 26인	1919-1923

3	1915	강준, 김명강, 김건우, 김성택, 김기형, 김두헌, 김복출, 김동원, 김이곤, 김찬근, 곽경한, 유치선, 유원봉, 유재남, 이일문, 이종근, 이병하, 이우혁, 이헌교, 이순영, 이춘원, 이봉태, 이기양, 이용규, 박기철, 박순, 오찬주, 정노헌, 곽학근, 조승윤, 조유승, 조시모, 채영환, 최명준, 최상식, 최영식, 최홍종, 함태영, 황보덕삼 이상 39인	1919-1923
4	1914	金碩亢, 金昇柱, 김태석, 金永漢, 김중석, 김영화, 김인실, 權衡模, 李載馨, 이정규, 이기창, 李春澄, 李昌珏, 임종하. 문윤국, 박영화, 박성엽, 백용기, 장흥범, 조의환, 최영택, 최진섭, 최진하. 최득의, 채필근, 황재삼 이상 26인	1918 (11회)
5	1913	강규찬(姜奎燦), 강학린(姜鶴麟), 김성원(金誠源), 김충접(金充漸) 김응규(金應奎) 김병조(金秉祚), 김선환(金善煥), 김성로(金聖魯), 김창선(金昌善), 김현점(金炫漸), 권영해(權永海), 이석진(李錫珍), 이기은(李枝殷), 이만집(李萬集), 이은주(李恩疇), 양의근(楊義根), 박성애(朴晟愛), 임정찬(林貞燦), 김태석(金泰錫), 이원익(李元益), 이성국(李成國), 이인식(李仁植), 박상순(朴尙純), 배진성(裵振聲), 변인서(邊麟瑞), 송윤진(宋潤鎭), 오득인(吳得仁), 전승근(田承根), 정태인(鄭泰仁), 정원형(鄭元衡), 한원칠(韓元七) 이상 31인	1917 (10회)

출처: 평양장로회신학교 요람, 총회 백년사 2권 참고로 저자 작성

강규찬은 평양장로회신학교에 재학하는 동안 뛰어난 선배와 후배 신학생들과 교류를 나누며 한국교회와 민족을 가슴에 품고 신학훈련에 전념한 것으로 보인다. 이들 선배와 후배들 가운데 훗날 한국교회를 빛낸 이들이 상당히 배출되었다. 3·1독립선언서 서명자 중의 한 명이었던 김병조와는 동급생이었고 105인사건과 1919년 3·1독립운동의 주역 남강 이승훈, 비교종교학의 거장 채필근, 훗날 부통령을 지낸 함태영, 105인 사건의 동지이자 평양 산정현교회 김동원 장로도 강규찬의 후배로 평신에 재학하고 있었다.[17]

강규찬은 5년간 선천북교회 장로요 조사로 사역하면서 평양신학교를 다녔다. 1916년에 발행된 **장로교회 신학교 요람**에 따르면 그 당시 강규찬은 4학년 학생이었다. 강규찬이 재학하고 있는 4학년에는 31명의 학생이 있었고, 그 중에

---

[17] Ibid., 38-44. 남강 이승훈은 1916년 평양신학교에 입학했다.

강규찬은 제일 먼저 이름이 나타난다:

> 姜奎燦 年四十三 居 平北 宣川郡 邑內 面川 北里 五統 一戶 本邑北會堂 長老 助事.[18]

1913년 3월에 입학해 1917년 6월까지 꼬박 5년의 전 과정을 마친 강규찬은 이듬해 1917년 6월 평양신학교를 졸업하고, 목사안수를 받은 후 산정현교회 동사목사로 부임하였다. 산정현교회 초빙을 받은 강규찬은 평북노회에서 평남노회로 바로 이명을 청원해 1917년 6월 14일 평양신학교에서 회집된 제 12회 평남노회에서 목사안수 허락을 받았다:

> 동년(同年) 유월(六月) 십사일(十四日)에 평남노회(平南老會) 제(第)이십이회(二十二回)가 평양신학교(平壤神學校)에서 회집(會集)하여 시무(視務)하니 직원(職員)은 회장(會長) 임종순(林種純), 서기(書記) 김성택(金聖鐸), 회계(會計) 李윤모이었다. 金광수, 李명수, 崔운봉, 崔진상, 張석간, 李병하, 吳응선, 崔만렴, 丁일선, 金성기, 朴리형, 로양배, 田광조, 강찬규, 金제도, 金용전, 李경모, 金건후, 李창호, 李석팔 제인(諸人)을 시취(試取)하여 장로(長老)[牧師] 안수식(按手式)을 허락(許諾)하다.[19]

위 기록 중 장로안수식을 허락하다는 목사안수식으로 수정되어야 할 것이다. 이미 강규찬은 1914년 선천읍북교회에서 장로로 임직을 받았기 때문이다. 신학교를 졸업한 후 그가 평남노회에서 목사안수를 받고 산정현교회 부임한 것이다. 그의 산정현교회 동사 목사로의 부임은 제 12회 평남노회에서 결정되었다:

> 신학준사(神學準士) 변인서(邊麟瑞)는 장대현교회(將臺峴敎會) 부목

---

[18] Ibid., 36.
[19] 韓國敎會史學會 編, 朝鮮예수敎 長老會史記 下, 119.

사(副牧師)로, 이인식(李仁植)은 황주읍교회(黃州邑敎會) 부목사(副牧師)로, 강규찬(姜奎燦)은 산정현교회(山亭峴敎會) 동사목사(同事牧師)로, 金선환은 대동군(大同郡) 남면(南面) 대승 等地에 동사목사(同事牧師)로, 金창선은 대동군(大同郡) 빈장동 等地에 동사목사(同事牧師)로 청원(請願)한 것은 허락(許諾)하고 우(右) 제인(諸人)을 시취(試取)하여 목사(牧師)로 장립(將立)하다.[20]

1917년 강규찬의 평양산정현교회 동사 목사 부임에 대해 길선주가 기록한 것으로 알려진 평양산정현교회 사기는 다음과 같이 기술하고 있다:

一九一七년 교회는 여전하고 六月十七日에 신학교 졸업생 선천읍교회 장로 강규찬씨를 청빙하여 본 교회 목사로 장립하고 동 二四日 주일에 위임식을 거행하고 예배당 서편 쪽에 가옥을 사서 목사의 가족을 이주케 하였다.[21]

위 기록을 통해 볼 때 강규찬은 평양신학교를 졸업하고 바로 산정현교회 동사 목사로 부임한 것으로 보인다. 그것은 1917년 6월 14일 평양신학교에서 열린 제 12회 평남노회(노회장 임종순, 서기 김성탁, 회계 이윤모)에서 강규찬이 산정현교회 동사 목사로 "장립청원 허락"을 받은 데서도 확인할 수 있다.[22] 그날 강규찬과 함께 장립 청원 허락을 받은 사람은 신학준사 변인서(장대재교회 부목사), 이인식(황주읍교회 부목사), 김선환(대동군 남편 대승 등지 동사 목사), 김찬선(대동군 빙장동 등지 동사 목사)였다.[23]

주공삼 목사가 평양사창동교회 동사 목사로 청원 허락을 받은 것도 바로 그날이었다. 당시 동사 목사와 부목사는 엄연히 달랐다. 동사 목사는 보통 선교사와 함께 공동으로 담임목회를 하는 것을 지칭하는 것인 반면 부목사의 경우는 한국인 담임목사가 있는 교회에 오늘날처럼 부교역자로 동역하는 경우를 지칭

[20] Ibid.
[21] 길진경 편, 靈溪 吉善宙 牧師 遺稿 選集 第1輯 (서울: 대한기독교서회, 1968), 193.
[22] 김요나, 동평양노회사 (서울: 동평양노회, 2003), 1224.
[23] Ibid.

하는 것이었다. 같은 날 제 12회 평남노회에서 변인서와 이인식의 경우는 분명히 부목사로 장립 청원허락을 받은 것이고, 김찬선, 강규찬, 주공삼은 동사 목사로 장립 청원을 받은 것이다.[24] 당시 강규찬이 장로로 시무하던 선천북교회는 평북노회에 속해 있어 강규찬은 산정현교회 동사 목사로 부임하기 위해 평남노회로 이명을 했을 것으로 여겨진다.

42세에 "平北諸學校 勸諭師"[25]로 봉직하던 강규찬은 44세 때인 1917년 평양 산정현교회에 부임해 1933년 은퇴할 때까지 만 16년 동안 목회 사역을 감당했다.

---

[24] Ibid.
[25] 姜奎燦, 晋州姜氏宣川派族譜 (宣川: 福音印刷所, 1939), 49.

5장
강규찬의 평양 산정현교회 부임 (1917-1919)

> 본 [산정현교회] 예배당에서 예배드리는 회중은 약 5백 명입니다. 그들은 한 탁월한 사람[강규찬]을 모시고 있는데 그 사람은 회중들에게 훌륭한 리더임이 입증되었습니다. 그의 사역 결과는 그 도시에 풍요롭게 현시되고 있습니다.
>
> 1917, C. F. Bernheisel's Letter to Dr. Brown.

산정현교회는 강규찬을 한승곤 후임으로 청빙했다. 산정현교회는 1916년 3월 11일 한승곤 목사가 사임하고 미국에 가면서 공석이 생기자 3월 16일부터 안봉주(安鳳周)가 3개월간 임시로 시무했다. 그 후 거의 1년 여 동안 산정현교회는 목사 없이 지냈다. 물론 그 동안 번하이젤이 그 공백을 훌륭히 메꾸어 주었지만 목회자 청빙은 산정현교회로서는 참으로 시급한 과제가 아닐 수 없었다.

1917년 5월 평양신학교를 졸업한 강규찬은 6월 14일 평양신학교에서 모인 제12회 평남노회에서 산정현교회 목사로의 부임이 허락되었고,[1] 6월 17일 산정현교회에 부임하고 일주일 후 24일 위임식을 거행했다.[2] 강규찬의 산정현교회 부임은 여러 가지 면에서 그 자신에게나 산정현교회에 시의적절 했다. 43세의 강규찬은 이미 양전백 밑에서 장로와 조사로 목회를 배웠고, 선천신성학교 교사

---

[1] 김요나, 동평양노회사(서울 : 동평양노회, 2003), 1224.
[2] 길선주, "平壤山亭峴敎會史記," 길진경 편, 靈溪 吉善宙 牧師 遺稿 選集 第1輯 (서울: 대한기독교서회, 1968), 193.

로서 기독교교육과 인재양성의 풍부한 경험을 갖추었으며, 무엇보다 탁월한 학문적 소양과 목회적 소양에다 남다른 나라사랑과 민족의식까지 겸비했다. 이런 강규찬이 산정현교회에 부임한 것은 교회로서는 대단한 축복이었다.

1. 준비된 교회, 준비된 목회자

그가 부임할 당시 산정현교회는 설립 11년 주년을 맞았다. 1906년 1월 설립된 산정현교회는 선교사들 사이에서도 탁월한 리더십을 인정받았던 편하설 선교사의 지도아래 꾸준한 성장을 이룩해 왔다. 전임자 한승곤 목사 역시 성실하게 목양해 강규찬이 부임할 당시 산정현교회는 교세에서나 질적 수준에서 평양의 여타 다른 교회들과 비교해도 손색이 없었다.

강규찬의 산정현교회 부임은 두 가지 점에서 매우 중요한 의미를 지닌다. 첫째, 산정현교회 수석 장로 김동원과는 105인 사건으로 함께 투옥되었고, 그 후에는 비록 학년은 달랐지만 평양신학교에서 같이 신학 수업을 들은 신학교 동료였다. 둘째, 44세의 강규찬은 이미 한학자로, 민족운동지도자로 인정을 받은 데다 평양신학교를 졸업하여 성숙한 리더십을 갖추고 있었다.

선천신성학교 출신들이 평양숭실학교에 상당히 입학했고, 그 중의 여러 명이 산정현교회에 출석하고 있었다. 신성중학교를 졸업하고 1916년 숭실대학에 입학한 박형룡은 1917년 강규찬이 산정현교회에 부임했을 때 자연스럽게 평양에서 조우했다. 한학자로, 민족운동의 지도자로, 그리고 목회자로 이미 동료들과는 차별화되기 시작한 강규찬을 산정현교회가 동사 목사로 모신 것은 참으로 귀한 일이 아닐 수 없다.

강규찬 목사가 부임한 첫해부터 산정현교회는 활기차게 움직였다. "산정현교회사기"는 1917년 산정현교회의 모습을 이렇게 기록하고 있다:

---

[3] T. Stanley Soltau, *Yin Yang Korean Voices*, (Wheaton: Key Publishers Inc, 1971), 68.

당시 교회 상황은 남여(男女) 교우 세례 학습, 원입을 받은 사람의 수가 합쳐서 六百여 명인데 매 주일 출석이 四百여 명이었고 당회원이 六명이요 제직원이 十四명, 여권사가 한 명이 되고 권찰구역 一二구에 남녀 권찰이 三六명이고 주일공부반은 장년 남반이 一二반, 여반이 一六반, 유년반은 남녀 각 二반이었다. 연 경비는 一千여 원이었고 간간이 남녀 전도인을 세워 몇 개월씩 전도하였다. 七月 二三日에 집사 김건보(金健甫)씨가 별세(別世)하였고 겨울에 황주읍교회(黃州邑敎會) 정명리 목사(鄭明理 牧師)를 청빙(請聘)하여 일주일 간 사경회(査經會)를 하였다.[4]

위 기록을 통해 강규찬이 부임하던 그해 산정현교회가 어떤 교회의 모습을 지니고 있었는지를 한눈에 읽을 수 있다. 당시 매주일 4백 명이 주일 예배에 출석했으며, 편하설 강규찬 그리고 4명의 장로를 포함 당회원이 6명이 있었고, 28개의 주일학교 성경공부반이 있었다. 교회 재정 규모도 1915년 7백 원에서 2년 만에 1,000원으로 증가했다. 강규찬의 부임으로 교회가 역동적으로 움직이기 시작한 것이다.

1917년 산정현교회 부임한 후 1919년 조선독립운동 사건으로 구속되기까지 불과 2년 동안에 산정현교회는 눈에 띠게 발전했다. 강규찬이 부임할 당시 산정현교회는 상당히 안정된 교회였다. 산정현교회 사기에 기록된 대로 1917년 6월 24일 위임식을 거행할 때 평양산정현교회의 "당시 교회 상황은 남녀 교우 세례 학습 원입을 받은 사람의 수가 합쳐서 육백여명인데 매 주일 출석이 사백여명이었고 당회원이 육명이요 제직원이 14명, 여권사가 한명이 되고 권찰구역 12구역에 남녀 권찰이 36명이고 주일공부반은 장년 남반이 12반 여반이 16반, 유년반은 남녀 각 2반이었다. 연 경비는 일천여원이었고 간간히 남녀 전도인을 세워 몇 개월씩 전도하였다. 7월 23일에 집사 김건보(金建甫)씨가 별세하였고 겨울에 황주읍교회 정명리(鄭明理) 목사를 청빙하여 일주일간 사경회를 하였다."[5] 위 기록을 통해 강규찬이 평양산정현교회 부임할 당시 산정현교회의 형편

---

[4] 길선주, "平壤山亭峴敎會史記," 길진경 편, 靈溪 吉善宙 牧師 遺稿 選集 第1輯, 193.
[5] Ibid.

을 한 눈에 알 수 있다.

첫째, 교세가 등록교인 600명에 출석교인 400명이었다는 점이다. 매주일 출석이 400명이라고 했는데 이것이 주일 중 어느 예배를 기준으로 한 것인지는 분명하지 않다. 당시 주일 오전 10시, 오후 2시, 8시 세 차례 회집되었다. 오전 10시는 성경공부 주일학교를 했고 오후에는 주일대예배를 드렸고, 저녁에는 일종의 부흥회 식의 예배가 진행되었다. 장년주일학교를 별도로 기록한 것으로 보아 주일 오전 주일학교 회집수를 지칭하는 것으로는 보이지 않고 그렇다고 저녁예배 출석을 기준으로 한 것으로 아닌 것으로 여겨진다. 그렇다면 4백 명은 주일 오후 2시에 있었던 주일 대예배를 지칭하는 것으로 보인다. 당시 주일예배 출석이 4백 명이라는 숫자는 적지 않은 숫자이다.

둘째, 장년주일학교 운영이 눈에 띠게 강하다는 사실이다. 유년 주일학교는 남녀 2반에 불과했으나 장년주일학교의 경우 남자반 12반 여자반 16반으로 남녀 주일학교가 착실하게 운영되었던 것으로 알 수 있다. 남자반이 12반으로 여자반 16반에 비해 상대적으로 적지만 당시 여자들이 절대 다수를 차지하는 상황에서 남자반 12반은 적지 않은 숫자라고 할 수 있다. 산정현교회가 비교적 남성들의 출석이 많다는 것을 함축하고 있다. 반면 주일학교가 비교적 약했다. 남녀 각 2반에 불과했다. 이것이 일반적인 추세인지 아니면 산정현교회만의 현상인지는 불확실하다. 유년 주일학교가 남녀 각 2반이라고 할 때 각 반의 인원이 얼마인지는 모르지만 장년주일학교에 비해 상대적으로 미흡했던 것이 사실이다.

셋째, 복음전파를 위한 노력이다. 강규찬은 산정현교회에 부임한 후 "남녀 전도인을 세워 몇 개월씩 전도"시켰다. 뿐만 아니라 1917년 겨울 강규찬은 황주읍교회 정명리 목사를 청빙하여 일주일간 사경회를 가졌다. 1910년 평양신학교를 졸업한 정명리 목사는 남달리 전도에 대한 열정이 강해 황주읍 능소리 교회에 부임한 후 많은 전도 결실을 맺었던 모범적 목회자였다. 강규찬이 그를 청빙한 것은 산정현교회가 적극적으로 복음전파 사역에 동참하겠다는 의미를 담고 있었다.

1917년 산정현교회 제직들의 구성도 매우 탄탄했다. 1917년 산정현교회 직원은 선교사 편하설(片夏薛), 목사 강규찬(姜奎燦), 장로 김동원(金東元), 김찬두(金燦斗), 박정익(朴楨翊), 변홍삼(邊興三), 집사 최정서(崔鼎瑞), 김용흥(金龍興), 양성춘(楊性春), 김봉순(金鳳淳), 장석주(張錫周), 김건보(金建甫), 이근섭(李根燮), 우정순(禹貞舜), 이영칠(李永七) 등 제씨(諸氏)이었다.[6] 강규찬이 부임한 후 이근섭, 우정순, 이영칠 세 명의 집사가 더 임명되어 강규찬 목사의 부임 이후 산정현교회는 날로 제도적인 틀을 더해 갔다.[7] 이 같은 사실은 당시 편하설 선교사가 미국 북장로교 선교부 총무 아더 브라운에게 보낸 편지에서도 확인할 수 있다 :

> 본 예배당에서 예배드리는 회중은 약 5백 명입니다. 그들은 한 탁월한 사람[강규찬]을 모시고 있는데 그 사람은 회중들에게 훌륭한 리더임이 입증되었습니다. 그의 사역 결과는 그 도시에 풍요롭게 현시되고 있습니다. 교회는 완전히 자립하고 있으며, 선교회비 일전도 교회 사역에 투입되지 않습니다. 내가 알고 있는 한 그것은 처음부터 교회 사역의 특징이었습니다. 그들은 자신들의 지역 사역 전체를 지원할 뿐만 아니라 그 지방 시골의 불신자들 가운데 사역하고 있는 한 명 혹은 두 명의 전도인을 기꺼운 마음으로 지원하고 있습니다.[8]

위 편지를 통해 당시 산정현교회 모습에 대해 다음 몇 가지 사실을 확인할 수 있다. 첫째, 무엇보다 강규찬의 리더십이 교회 안에서 인정을 받았다는 사실이다. 편하설이 강규찬을 가리켜 "탁월한 사람"이라고 평한 것이나 "훌륭한 리더임이 입증되었다"는 기록이 이를 뒷받침해 준다. 둘째, 산정현교회가 지역을 섬기는 교회로 견고하게 세워져 갔음을 보여준다. 강규찬의 사역 결과가 평양지역에 풍요롭게 현시되고 있다는 것이나, 시골 불신자들 가운데 사역하는 전도인을 지원하고 있다는 기록을 통해 이를 확인할 수 있다. 셋째, 산정현교회

---

[6] Ibid.
[7] Ibid.
[8] C. F. Bernheisel's Letter to Dr. Brown, *PCUSA Reports 1910–1960*, Vol. 22 (Philadelphia: Presbyterian Historical Society, 2002), 276.

가 재정적으로 완전히 자립하고 있었다는 점이다. "완전한 자립" "선교회비 일전도 교회 사역에 투입되지 않는다"는 기록이 이를 말해준다.

2. 젊은 학생과 지성인들이 찾아 드는 교회

강규찬의 부임 후 불과 1년 동안에 산정현교회는 상당히 변모했다. 그의 리더십으로 1918년 산정현교회는 "점점 발전"⁹하였다. 그의 부임 후 교회가 더욱 역동적으로 움직였고, 평양에서 주목받는 교회로 발돋움하기 시작한 것이다. 편하설이 증언하는 대로 "교회를 방문해 산정현교회의 위치, 산정현교회 교우들의 열정, 그리고 그들이 하고 있는 훌륭한 사역을 목도하는 것은 대단한 기쁨이다."¹⁰

특별히 대학생 중학생 지성인들이 눈에 띠게 증가하기 시작했다. 많은 젊은 이들과 지성인들이 산정현교회를 찾아들었고, 이들은 강규찬 목사의 설교를 좋아했다. 강규찬의 설교가 이들 젊은이들과 지성인들에게 호소력 있었던 것은 그가 수년 동안 신성학교 교사를 지낸데다 논리적이고 철학적인 사고력을 지닌 것과도 연관이 있었다. 이 같은 교회 분위기는 산정현교회 설립자이자 숭실대학 철학과 논리학 교수였던 편하설의 영향도 크게 작용했던 것으로 보인다.¹¹ 당시 설립자의 영향이 절대적이었던 상황을 고려할 때 산정현교회는 평양의 어느 교회보다 지적이고 학적 수준이 높았던 것으로 여겨진다. 강규찬은 그런 산정현교회 분위기와 코드가 맞았다. 젊은이들이 교회에 모여들자 강규찬은 남자청년회를 조직하여 이들을 체계적으로 훈련시키기 시작했다. 장년부와 주일학교도

---

⁹ 길선주, "平壤山亭峴敎會史記," 길진경 편, 靈溪 吉善宙 牧師 遺稿 選集 第1輯, 193.
¹⁰ C. F. Bernheisel's Letter to Dr. Brown, *PCUSA Reports 1910−1960*, Vol. 22, 276.
¹¹ 편하설, 論理畧解 (橫濱: 福音印刷合資會社, 1920)을 참고하라. 본문 98쪽과 "부록"으로 구성된 이 책 맨 뒷장 영문 표제에는 편하설(C. F. Berheisel)이 자신을 숭실대학(Union Christian College) 철학 및 논리학 교수(Professor of Philosophy and Logic)로 소개하고 있다.

많은 성장을 이룩해 강규찬 부임 이후 산정현교회 전체 분위기가 짧은 기간에 놀랍게 달라졌다. 특별히 온 교우들이 말씀을 간절히 사모했다.[12] 길선주는 "평양산정현교회 약사"에 1918년 산정현교회의 형편을 다음과 같이 집약했다:

> 一九一八年 교회는 점점 발전하고 있으며 一月 六日에 집사 양성춘(楊性春)씨를 장로(長老)에 장립(將立)하였다. 이때에 예배당(禮拜堂)이 협착(狹窄)하여 사십평(四十平)을 증축(增築)하였는데 간역(幹役)은 이영칠(李永七)씨로 하고 총 공비(公費) 사천(四千)여원으로 사월(四月)에 착공하여 팔월(八月)에 준공하였다. 유년주일학교를 확장하였는데 남녀 학생이 이백(二百)여명이었고 장로(長老) 김동원(金東元)씨를 교장(校長)에 남자 청년회를 설치하였다. 겨울에 안주읍교회(安州邑敎會) 목사(牧師) 김찬성(金燦星)씨를 청빙(請聘)하여 일주간(一週間) 사경회(査經會)를 하였다.[13]

산정현교회는 교세가 급신장함에 따라 교회 증축이 불가피했다. 교회는 4천여원의 건축비를 투자하여 불과 착수한지 4개월 만에 증축을 완료했다. 1917년 1년 예산이 1천원이었던 것을 감안할 때 4천여원은 결코 적은 금액이 아니다. 전체 예산의 4배에 해당하는 건축비를 들여 4개월 만에 증축을 완료했다는 것은 그만큼 교회가 안정적 성장을 이룩했음을 보여준다.

주일학교도 놀랍게 성장했다. 1917년에만 해도 각각 2반씩에 불과했던 남녀 유년주일학교가 1년 후에 2백여 명으로 급증했다. 놀라운 발전이 아닐 수 없다. 기왕의 안정된 장년 주일학교에 유년주일학교마저 급속한 발전을 이룩하고 이어 청년회가 조직됨에 따라 산정현교회는 유년주일학교 청년회 장년회에 이르기까지 균형 잡힌 성장을 이룩했다.

강규찬은 산정현교회에 부임한 후 한편으로 주일학교를 강화시키면서 다른 한편으로 교회의 체계를 다져나갔다. 그는 1918년 1월 6일 집사 양성춘을 장로

---

[12] T. Stanley Saltau, *Yin Yang: Korean Voices* (Wheaton: Key Publishers, 1971), 69.

[13] 길선주, "산정현교회사기," 193-4.

로 장립했고, 김동원을 주일학교 교장으로 임명하고, 청년회를 조직했다. 교회의 조직도 탄탄했다:

> 이해[1918]의 직원은 선교사 편하설, 목사 강규찬, 장로 김동원, 김찬두, 박정익, 변홍삼, 양성춘, 집사 최정서, 김용흥, 김봉순, 장석주, 이근섭, 김건보, 우정순, 이영칠, 오윤선, 김예진 등 제씨이었다.[14]

양성춘이 장로로 장립 받음에 따라 산정현교회 장로는 5명이 되었다. 이들 다섯 명의 집사는 10명이었는데 이들은 서리 집사가 아니라 안수집사였다.

강규찬은 1918년 겨울 민족의식이 강한 안주읍교회 김찬성 목사를 강사로 청빙해 1주일 간 사경회를 열었다. 김찬성은 여러 가지 면에서 산정현교회와 잘 어울리는 강사였다. 그는 강규찬과 같은 평양노회 소속인데다[15] 부흥의 열정과 민족의식을 동시에 겸비한 보기 드문 지도자였기 때문이다. 찬성의 고백[16]에서 훗날 블레어가 증언한 대로 김찬성은 1907년 평양대부흥운동 기간 동안 놀라운 은혜를 경험했으며 뒷날 3·1독립운동 때는 독립운동에 헌신하다 옥고를 치렀고, 석방된 뒤에는 아예 항일독립군을 창설하여 독립운동에 뛰어들었던 철저한 민족주의자였다. 김찬성이 1909년 평양신학교를 졸업해 강규찬 보다는 대선배였지만 "민족"을 사랑하고 민족의 독립을 간절히 염원했다는 점에서 둘 사이에는 통하는 데가 많았다.

강규찬의 부임으로 민족의식과 민족적 책임의식을 더욱 강하게 갖기 시작한데다 김찬성의 사경회는 산정현교회 교인들의 가슴에 더 강한 책임감을 불어넣었다. 1919년 삼일운동 때 산정현교회가 독립운동의 주역으로 부상한 것은 우연히 아니다. 의도한 것은 아니지만 공교롭게도 사경회가 끝나고 얼마 지나지 않아 3·1독립운동이 일어났고, 강규찬, 이동원, 조만식을 비롯하여 산정현교회 온 교우들은 민족의 독립을 염원하며 평양의 삼일운동 시위에 앞장섰다.

---

[14] 길선주, "산정현교회사기," 길진경, 영계 길선주, 193.
[15] "평남노회 제10회 촬요," 김요나, 동평양노회사, 1224.
[16] William N. Blair, *Chansung's Confession*(Topeka, Kansas : H. M. Ives and Sons, 1959)

6장
3·1독립운동, 서북장로교, 그리고 강규찬
(1919-1920)

> 예수교인만이 참혹한 식민정책에서 소망을 포기하지 않았던 유일한 부류의 한국민(韓國民)이다.
>
> 1919, *The Korean Situation*

한국교회는 겨레와 함께하는 교회였다. 처음부터 민족의 독립은 한국교회가 가장 열망했던 주제였다. 105인 사건이 일어나기 전 적지 않은 선교사들이 비정치화 노선을 걸었지만 민족의 미래를 염려하는 의식 있는 기독교인들은 그들의 가르침과는 달리 대거 신민회에 핵심 멤버로 항일운동의 선봉에 섰다. 특히 평양과 선천을 중심한 관서지방 기독교인들은 이 일에 선두주자였다. 105인 사건, 조선국민회사건,[1] 3·1독립운동이 보여주듯 민족운동의 선봉에 관서

---

[1] 총신대학교 백년사 편집위원회 편, **총신대학교 100년사** (서울: 총신대학교, 2003), 274. 한국교회 특별히 장로교회와 민족운동과의 연관성을 가름할 수 있는 또 하나가 조선국민회운동이다. 조선국민회는 장일환, 배민수, 백세빈 등 숭실학교 출신들과 오병섭 등 평양장로회신학교 출신이 주축이 되어 결성된 비밀 결사 조직이다. 이 운동을 국내에서 주도한 인물은 장일환이다. 그는 1914년 9월 미국으로 건너가 박용만의 지도를 받아 조선국민회를 조직하였다. 그는 박용만과 협의를 통해 국내에 청년단체를 조직하여 총독정치의 실상과 국내의 민정을 통보하며 함께 독립운동을 전개하기로 하고 1915년 4월 비밀리에 귀국하였다. 그는 하와이 국민회원으로 활동하다 입국한 강석봉과 동향인 서광조와 접촉하고 그해 겨울 중국 안동현에서 활동하는 백세빈을 만나 향후 독립운동에 대해 협의했다. 1927년 2월 장일환은 배민수, 김형직과 회합을 갖고 조직 결성을 논의하였다. 마침 전국에서 흩어져 사역하던 평신 재학생들이 평양에 오는 시기여서 이

지방 기독교가 있었다. 1911년 일제가 데라우치 총독 살해음모 사건을 조작하고 그 책임을 한국교회 지도자들에게 뒤집어씌우며 관서지방 기독교를 극심하게 박해했던 것도 그 때문이었다.

한국교회와 민족운동 및 독립운동과의 관계를 잘 보여주는 사건이 3·1운동이다. 널리 알려진 것처럼 한국교회는 기미년 3·1독립운동에 중추적인 역할을 감당했다. 국내외에서 3·1운동을 주도한 "중추세력" "일곱 그룹의 지도 인물들은 모두 기독교인이었다."² 중국 상해에 김규식, 여운형, 선우혁, 서병호, 신석우, 장덕수 등이 신한청년당을 조직하여 김규식을 파리강화회의에 파송하여 우리민족의 독립을 호소하였고³ 선우혁을 국내 지도자들과 협력하도록 국내에 파송하였는데 이들 모두가 기독교인들이었다.

미국에서 대한인국민회총회와 흥사단을 조직하여 독립운동을 주도한 안창호, 이승만, 정한경, 노령연해주에서 3·1운동을 일으킨 이동휘, 일본 동경에서 3·1운동을 주도한 이들도 기독교 계통의 메이지학원의 한인 학생들이었다. 김규식은 새문안교회 장로였고, 여운형은 평양신학교에서 수학한 전도사였으며, 선우혁은 정주교회 집사였고, 서병호는 소래교회 집사였으며 신석우는 감리교 목사였다. 이승만, 안창호, 정한경 모두 기독교인이었고 이동휘도 평양신학교를 수학한 전도사였다.⁴

를 이용하여 세력을 규합하고 조직을 결성하기로 한 것이다. 8개 항으로 된 시행규칙에는 "재미국민회, 기타 재외 동포와 연락을 도모하여 우리의 이상을 실천할 것" "회의 세력을 점차 중국. 간도 방면에 부식할 것," "회칙. 취지서. 회원 명부 등은 비밀 누설에 염려가 있으므로 일체 만들지 말 것," "여병선은 경상도, 노선경은 황해도, 강석봉은 전라도의 구역장으로 각각 추천하여 회원 모집에 노력할 것," "매년 춘계 평양신학 및 숭실학교 개학 기간에 정기회를 개최할 것" 그리고 "국외 연락기관으로 중국 안동현에 있는 백세빈을 북경에 통신원 1명을 배치할 것" 등이 그 골자였다. 평양신학 및 숭실학교 개학 기간에 정기회를 개최한다는 내용이 보여주듯이 운동은 처음부터 숭실학교와 평양신학교와 깊은 관련이 있었다. 실제로 1918년 2월 일제에 의해 발각된 후 밝혀진 바로는 25명의 회원 가운데 15명이 숭실 출신이었다. 조선국민회를 주도했던 배민수는 이후 평신에 진학하였고, 후에 평신 학생들이 주도한 농민회 사건을 주도하기도 했다. 총신대학교 백년사 편집위원회 편, 총신대학교 100년사, 278.
² 金良善, 韓國基督敎史硏究 서울: 基督敎文社, 1971) 114.
³ "강규찬 신문조서," 국사편찬위원회, 한민족독립운동사자료집 11권 국사편찬위원회 편 (서울: 국사편찬위원회, 1990), 97.
⁴ 金良善, 韓國基督敎史硏究, 114-115.

국내에서 삼일운동 준비를 주도한 서울 평양 정주 모두 기독교인들이 중심이 되어 진행되었다. 손병희 최린 등 천도교 지도자들과 접촉하며 삼일운동의 중추세력이었던 서울의 함태영, 박희도, 이갑성은 기독교인이었고, 김선두, 강규찬, 변인서, 도인권, 이덕환 등 목사와 장로가 중심이 되어 삼일운동을 이끌었던 평양 역시 기독교가 중심세력이었으며, 정주에서도 이승훈, 김병조, 이명룡 등 목사와 장로가 삼일운동을 준비하고 이끌어 갔다.

이중에서도 105인 사건의 중심인물이었던 이승훈이 조서에서 밝힌 대로 기독교 측은 그가 인수하여 주도하였고 천도교 측은 최린이 주도하였다.[5] 이승훈은 조서 과정에서 "금번의 독립운동에 있어서 야소교 측은 피고가 주장하여 운동한 것인가"라는 일경의 질문에 "그렇다. 야소교 측은 내가 인수하여 주도하였고, 천도교 측은 최린이가 주로 한 것으로 생각한다."고 답했다. 그가 모든 책임을 자신이 지겠다는 의미에서 그렇게 답한 것으로도 해석할 수 있다. 천도교 측의 책임자가 최린이었다고 밝힌 것으로 보아 실제로 두 사람이 삼일운동의 준비과정에서 주도적인 역할을 했던 것으로 해석된다.

1. 3·1운동에서의 기독교 역할

천도교 측과의 연합전선이 결실을 맺을 수 있도록 주선한 이들도 기독교인들이었다. 김양선의 말대로 이승훈 장로의 제자며 서울중앙중학교 교사였던 현상윤과 그 학교 교장 송진우 그리고 최남선의 주선으로 기독교 측과 천도교 측이 연합전선을 구축할 수 있었다.

연합전선의 구축과정에서 한 때 최남선 송진우 최린이 개인 사정으로 후퇴할 뜻을 표시하였을 때 이승훈, 박희도, 함태영이 기독교 측 단독으로 거사를 결행한다는 선포를 했으며, 이에 자극을 받은 천도교 측은 합동을 다시 요청하게 되어 그 연합전선이 성사되었다. 기독교 지도자들이 삼일운동 준비 과정에서

---

[5] 이승훈, "3·1운동 공판기," 남강 이승훈과 민족운동(서울: 남강문화재판출판부, 1988), 439에서 재인용.

주도적인 역할을 했음을 그대로 보여준다:

> 독립선언서의 민족 대표 33인의 종교적 분포가 기독교인 16인, 천도교인 15인, 불교인 2인으로 되어 있는 것은 3·1운동의 주도권이 기독교측에 있었음을 시사해 주거니와 3·1운동의 시위만세 역시 언제 어디서나 교회가 중심이 되었다. 서울 평양 진남포 원산 개성 안주 정주 선천 의주 등 제 1회 만세 시위처가 모두 기독교회가 주동이 되었고 그 뒤를 이어 전국적으로 번진 만세시위 역시 대부분 교회를 중심으로 일어났다. .... 3·1운동은 종파와 계급을 초월한 거족적 독립운동이었지마는 기독교회라는 주도체가 있어서 출발되었고 진행되었고 정부기구의 조직에 까지 발전되었다. 그러므로 일본 위정자들의 기독교회와 교인에 대한 적개심은 극에 달하였다. 3·1운동에 참가한 인원은 거의 거족적인 수에 미친다. 그러나 대량 검거에 있어서는 확실히 기독교인을 더 많이 체포하였다. 어떤 지방에서는 전 촌락이 만세를 불렀는데 기독교인만 잡아 갔다. 경찰과 헌병들은 만나는 사람은 누구나 붙잡고 기독교인 여부를 묻고 기독교인인 때에는 용서 없이 구타하고 모욕을 주었으며 기독교를 말살하고 교인은 총살한다고 위협하였다. 전국에서 가장 큰 참화를 입은 곳도 교회와 교회학교였다. 수원(水原) 제암리(堤岩里) 교회당 학살사건, 강서(江西) 사천교회 학살사건, 정주(定州) 교회 학살사건, 강계(江界)교회 학살사건, 위원(渭原) 교회 학살사건, 서울 십자가 사형사건, 북간도 노루바위(獐岩里)교회 및 서간도 각지 교회 학살사건, 정주 오산학교 피소사건 등은 우리나라 독립운동사상 영원히 잊지 못할 가장 가혹 처참한 박해였다.[6]

한국교회는 삼일운동의 준비와 진행 과정에서 매우 중요한 역할을 감당했다. 특별히 한국장로교회의 리더십은 두드러졌다. 33명의 서명자 중 기독교인이 16명이었고, 이들 16명 중 7명이 장로교 지도자들이었다. 3·1운동에서 가장 중요한 역할을 했던 이승훈이 정주장로교회 장로였고, 한국에서 가장 크고 영향력 있던 평양장대현교회 길선주, 선천 북장로교회 목사 양전백, 정주 장로교회

---

[6] 金良善, 韓國基督教史研究, 115-117.

목사 김병조, 신의주 동장로교회 목사 유여대, 남산장로교회 집사 이갑성, 정주 덕흥장로교회 장로 이명룡도 모두 장로교였다. 이들 모두가 관서지방 장로교회 출신이었으며, 이중 3명은 105인 사건으로 유죄 언도를 받은 이들이다. 105인 사건으로 기소된 자들 123명이나 유죄 언도를 받은 105인을 기준으로 할 때도 서북지역 출신이 지배적이었다는 사실을 앞서 살펴보았다. 이 점은 삼일독립운동에서도 그대로 나타난다.

특별히 우리가 주목하는 것은 105인 사건으로 기소되거나 유죄 언도를 받은 이들이 삼일독립운동에서도 여전히 주도적인 리더십을 발휘했다는 점이다. 1911년 소위 105인 사건으로 체포되어 갖은 고문을 당하고 날조된 각본에 의해 기소되어 유죄 언도를 받았던 상당수의 서북지역장로교회 지도자들이 1919년 삼일독립운동의 선봉에 서 있었다. 이들 중 상당수의 인물들이 신민회의 지도자들이었음을 우리는 주목하지 않을 수 없다. 독립운동에 서명한 7명의 장로교 지도자 가운데 이승훈, 양전백, 이명룡 등 3명은 105인 사건으로 유죄 언도를 받은 사람들이었다.

105인 사건과 3·1운동과의 연속성은 단순히 33인 가운데 3명이 105인 사건으로 유죄언도를 받은 자들이었다는 점에서 그 가능성을 주장하는 것은 아니다. 삼일운동 진행과정에서 105인 사건으로 기소되거나 유죄언도를 받은 서북지역 장로교회 지도자들은 매우 중요한 리더십을 발휘했다. 처음 삼일독립운동이 활발하게 일어난 곳이 서울, 평양, 정주 세 곳이었는데 그 중요한 발판을 놓은 인물은 105인 사건의 동지 선우혁, 양전백, 이승훈이었다.

선우혁은 105인 사건 이후 중국 상해로 망명하여 조국의 국권 회복에 투신했다. 그러던 중 1918년 미국 대통령 위드로우 윌슨의 민족자결론과 파리 강화회의에 소식을 듣고 여운형 장덕수 서병호 한진교 등과 협의하여 1918년 2월 신한청년당을 조직하고 본격적으로 항일운동을 전개했다. 1919년 1월 말경 선우혁이 서병호와 함께 국내에 들어와 선천장로교회 담임목사 양전백(梁甸伯)을 찾아갔다.[7] 이들의 주된 임무는 파리강화회의에 김규식을 파견하는 데 필요한

---

[7] 金良善, "3·1運動과 基督敎," 3·1運動 50週年紀念論集 (서울: 東亞日報社編, 1969), 240-242.

경비를 조달하는 일과 국내에서 독립운동 조직을 결성하는 일이었다. 양전백을 찾아간 것도 그 때문이었다. 양전백은 선우혁 집사의 부탁을 수용하고 이승훈장로를 만나 이 문제를 협의했다. 이승훈은 뜻을 같이하기로 하고 5천원의 거금을 선우혁에게 주고 길선주와 강규찬을 만나도록 주선했다.

105인 사건을 통해 옥고를 치른 선우혁, 양전백, 이승훈의 거룩한 의기투합은 기독교계를 움직이는 큰 원동력이 되었다. 평양의 지도자들도 곧 합류했다. 이승훈의 안내장을 가진 선우혁은 강규찬과 길선주를 만났고[8] 길선주는 105인 사건으로 투옥 경험이 있는 자기 교회 부목사인 변인서에게 그를 보냈다. 변인서는 105인 사건과 관련 있는 평양의 교계 지도자들을 한 자리에 모았다. 서문밖교회 목사이며 장로교 총회장 김선두 목사, 산정현교회 강규찬 목사, 산정현교회 김동원 장로, 장대현교회 장로 이덕환(李德煥), 도인권(都寅權) 목사, 김성택(金聖澤) 목사가 한 자리에 모였고 이들은 평양을 중심으로 3·1운동에 적극 동참하기로 의견을 모았다. 곧 평양의 김선두, 강규찬, 도인권, 이덕환, 윤원삼, 김동원은 독립운동을 위한 자금과 인원동원 문제를 논의하였고 장대현교회 윤성윤은 상당한 자금을 내놓았다.[9]

평양 시내 미션 스쿨 학생들과 교사들도 참여했다. 윤원삼과 안세환을 통해 숭실대학교, 숭실중학교, 숭덕학교, 숭의여학교, 숭현여학교 등 평양 시내 남녀 기독교 학교 교사와 학생들을 접촉하여 이들과 교섭하도록 하였다. 윤원삼이 숭덕학교 교사 함석원, 관권응, 황찬영, 김제현 등을 만났고 안세환이 숭실대학 학생 이보식과 박형룡을 만나 협력을 끌어냈다.[10]

같은 기간 서울 YMCA 간사 박희도와 세브란스 병원 약제사 이갑성이 서울에서 삼일운동 준비를 진행했고, 2월 21일 최남선이 이승훈을 방문해 구체적인 협의를 진행했으며, 이승훈은 길선주, 유여대, 김병조, 양전백, 이명룡, 함태영, 현순, 오화영, 신석구, 신홍식, 정춘수, 오기선 등과 접촉하여 이들의 동의

---

[8] "강규찬 신문조서," 국사편찬위원회, 한민족독립운동사자료집 11권 (서울: 국사편찬위원회, 1990), 97.

[9] 김영혁, 창립 100주년 신성학교사 (서울: 신성학교 동창회, 2006). 109.

[10] 숭실대학교 90년 편찬위원회 편, 숭실대학교 90년사 (서울: 숭실대학교 출판부, 1995), 310

와 협력을 구했다. 이승훈, 박희도, 오기선, 오화영, 신홍식, 함태영, 김세환, 안세환, 현순 등 개신교 측 지도자들은 세브란스병원 구내에 있는 이갑성의 집에서 천도교 측과의 협력문제를 상의했고, 이 문제를 위임 맡은 이승훈, 함태영은 2월 24일 최린을 찾아가 기독교와 천도교가 합동으로 독립운동을 추진할 것을 통보했다.

이렇게 해서 이승훈을 통해 기독교 측과, 다시 한용운과 백용성을 통해 불교 측과 힘을 결집하는 데 성공했다.[11] 그 결과 이승훈, 양전백, 이명룡, 유여대, 김병조, 길선주, 신홍식, 박희도, 오화영, 정춘수, 이갑성, 최성모, 이필주, 김창준, 박동완, 신석구 등 기독교 측 16인, 손병희, 권동진, 오세창, 최린, 이종일, 권병덕, 양한묵, 김완규, 홍기조, 홍병기, 나용환, 박준승, 나인협, 임예환, 이종훈 등 천도교 측 15인 그리고 한용운 백용성 등 불교 측 2인, 합 33인이 구성되었고, 그 대표를 손병희가 맡았다.

이승훈, 함태영은 최린과 만나 독립운동의 거사 일을 고종의 장례로 수십만의 민중이 경성에 모여드는 국장일 전전일인 3월 1일을 택하고 이날 오후 2시 파고다 공원에서 모여 선언서를 낭독하기로 결정했다.[12] 1919년 3월 1일 오후 2시 지방 부흥회 인도 중인 길선주, 김병조, 유여대, 정춘수 등 네 명의 목사를 제외한 민족대표 29인이 인사동의 태화관에 모여 독립선언서를 낭독하였다.[13]

거사의 준비과정에서 기독교인들이 중심이 되었음을 보여준다. 여기서 기독교, 특별히 한국장로교회와 3·1운동과의 관계를 피할 수 없다. 기독교인들이 민족운동과 독립운동에 앞장설 수 있었던 이유는 시대를 읽을 수 있는 역사적 혜안이 이들에게 있었기 때문이다:

---

[11] 김양선, 韓國基督敎史硏究, 115. 자연히 천도교와 이승훈의 접촉, 그리고 천도교와 불교 및 기독교계의 협력과 지원으로 이루어진 삼일운동은 서울과 평양과 정주가 중심이 될 수밖에 없었다. 서울에서는 손병희, 최린, 함태영, 박희도, 이갑성이, 평양에서는 김선두, 변인서, 도인권, 이덕환이, 정주에서는 이승훈, 김병조, 이명룡 등이 중심이 되어 독립운동을 준비하고 있었다.

[12] Carlton Waldo Kendall, *The Truth About Korea* (San Francisco: The Korean National Association, 1919), 28.

[13] Ibid.

예수교인만이 현시점에서는 국제 정세에 가장 정통하여 민족자결의 횃불을 들겠다는 판단을 내릴 수 있었다. 그것도 시간적으로 보아 이때가 가장 적당하다고 판단하리만큼 그 안목이 트였다. 예수교인의 이와 같은 박력 있는 행동과 의의 있는 존재 양식이 없었더라면 이 백의민족이 호소하려 하고 수호하려고 하는 이념이 총을 쏘듯이 전국에 무섭게 작용하지는 못했을 것이다. 예수교인만이 참혹한 식민정책에서 소망을 포기하지 않았던 유일한 부류의 한국민이다. 물론 저들은 선교사들에게서 어떤 묘한 힘을 얻었는지 모른다. 그러나 사실 기독교회의 공동체 안에는 어떤 크고 어려운 일이라도 타개해 나갈 수 있는 유능한 인물들이 많이 있다. 미주, 만주, 중국에 흩어져 있는 기독교 지도자들은 상당한 영향력을 가진 인물들로서 세계정세에 재빨리 반응할 수 있었다. 이와 같은 모든 동인과 여건이 교회 지도자들로 하여금 3·1운동에 앞장서게 하였다.[14]

세계정세에 남다른 안목을 가진 기독교 지도자들은 민족의 아픔에 침묵할 수 없었다. 윌슨 대통령의 민족자결원칙과 파리강화 회의에서 보여주었던 소수민족에 대한 강대국들의 관심과 배려는 조선독립을 위해 절호의 기회였다. 일제의 국권찬탈의 아픔을 현장에서 피부로 느끼고 있던 기독교 지도자들이 3·1만세운동을 통해 조선의 독립의 의지를 전 세계에 드높인 것도 그 때문이다.

2. 평양기독교와 3 · 1독립운동

김양선 목사가 "3·1운동과 기독교"라는 논문에서 지적하듯 한국장로교회, 특히 한국서북장로교회가 3·1운동에 적극 동참했다. 이 사실은 3·1독립시위 과정을 통해서도 확인된다.[15] 105인 사건으로 유죄언도를 받은 강규찬, 변인서, 김동원 등이 신앙생활을 하고 있는 평양은 가장 선두에 서 있었다. 평양장로교

---

[14] *The Korean Situation*, 1919 미국기독교연합회, 동양문제연구위원회 편; 金良善, 韓國基督敎史硏究, 113-114에서 재인용.

[15] 金良善, "3·1運動과 基督敎," 235쪽 이하.

회는 처음부터 기독교민족운동신앙적인 차원에서 전개했다. 3월 1일 평양 장로교회에서는 총회장 김선두 목사, 산정현교회 강규찬 목사, 이일영 목사가 중심이 되어 6개 교회(장대현교회, 남문외교회, 사창골교회, 산정현교회, 서문외교회, 창동교회)가 연합하여 숭덕학교에서 3천명의 사람들이 참석한 가운데 고종황제 봉도식을 거행했다.[16]

고종황제의 봉도식이 거행된 뒤 참석자들에게 계속 남아 있으라는 안내가 있었다. 봉도식이 거행된 것은 1919년 3월 1일 오후 2시 평양숭덕학교 교정에서였다. 평양지역 조선독립선언식을 거행하면서 사회를 맡은 사람은 총회장 김선두였다.[17] 그는 예배가 끝나고 남아 있는 교인들에게 베드로 전서 3장 13-17절과 로마서 9장 3절을 읽었다:

> 또 너희가 열심으로 선을 행하면 누가 너희를 해 하리요. 그러나 의를 위하여 고난을 받으면 복 있는 자니 저희의 두려워함을 두려워 말며 소동치 말고 너희 마음에 그리스도를 주로 삼아 거룩하게 하고 너희 속에 있는 소망에 관한 이유를 묻는 자에게는 대답할 것을 항상 예비하되 온유와 두려움으로 하고 선한 양심을 가지라. 이는 그리스도 안에 있는 너희의 선행을 욕하는 자들로 그 비방하는 일에 부끄러움을 당하게 하려 함이라. 선을 행함으로 고난 받는 것이 하나님의 뜻일진대 악을 행함으로 고난 받는 것보다 나으니라.(벧전 3: 13-17)

> 나의 형제 곧 골육의 친척을 위하여 내 자신이 저주를 받아 그리스도에게서 끊어질지라도 원하는 바로라(롬 9:3)

이미 참석자들은 분위기를 통해서 사태가 심각하다는 것을 직감하였다. 현장에서 진행되는 과정을 처음부터 지켜본 번하이젤이 증언하는 대로 참석한 교인들은 "그의 낭독하는 음성의 억양을 들어서도 무엇인가 심각한 것을 내포

---

[16] 이날 참석자 수에 대해서는 이견이다. 강규찬은 신문조서에서 "七, 八백명"이라고 말했다. "강규찬 신문조서," 국사편찬위원회, 한민족독립운동사자료집 11권, 97.

[17] Ibid., 96.

하고 있음을 짐작할 수 있었다." 이날 총회장 김선두가 위 성경 말씀을 가지고 무슨 말을 했는지 찾을 수 없지만 성경본문을 참고할 때 참석자들이 두려워하지 말고 기독교인으로서 양심을 가지고 나라와 민족을 사랑하는 마음으로 삼일운동에 적극 참여하라는 격려의 메시지를 했을 것으로 보인다.

김선두는 1918년 제7대 총회장에 피선되어 총회장으로 재직하던 중 삼일운동이 일어나자 평양지역 "거사에 주도적인 역할을 수행했다."[18] 이날 독립 선언서 낭독은 숭실대학을 졸업한 정일선이 담당했다.[19] 그는 선언서 낭독에 앞서 이날이 자신에게는 가장 기쁘고 영광스런 날이라는 언급을 하고 차근차근 선언서를 읽어 내려갔다.

이어 105인 사건으로 이승훈, 양전백 등과 함께 2년간 옥고를 치른 강규찬이 단에 올라 "격려 연설"[20]을 했다. 그는 호소력 있는 강연을 통해 참석자들의 가슴에 민족의식을 강하게 심어주었다.[21] 그가 행한 강연의 요지는 "나는 세계가 어지러웠는데 평화가 되어 기쁘다, 또 인도 정의를 제창할 수 있는 세상이 되어 기쁘다"는 내용이었다.[22] 강규찬의 연설은 3천명의 회중들에게 민족의식과 독립에 대한 열망을 강하게 고취시켜주었다.[23] 이미 대한자강회에 참여하고, 신민회의 멤버로 선천신성중학교 학생들에게 민족의식을 심어주어 다른 교사들과 함께 105인 사건으로 유죄언도를 받았던 강규찬의 호소는 힘이 있었다.

참석한 모든 사람들에게 사전에 준비된 태극기가 전달되었다. 그들은 연단 벽에 대형 태극기가 매달리자 태극기를 손에 들고 한 목소리로 "대한독립만세"를 외쳤다. 독립선언서는 서울 천도교 인쇄소인 보성상에서 인쇄하여 평양으로 밀송되었고, 태극기는 박현숙 교사가 이끄는 여학생들이 비밀리에 미리 준비한

---

[18] 총신대학교 백년사 편집위원회 편, 총신대학교 100년사, 286.
[19] 강규찬, "신문조서," 국사편찬위원회, 한민족독립운동사자료집 11권, 97.
[20] 총신대학교 백년사 편집위원회 편, 총신대학교 100년사, 286.
[21] 이날의 진행과정에 대해서는 자료에 따라 약간씩 상이하다. 그러나 장로교인들이 숭덕학교에서 봉도식을 거행하고 시위에 참여했다는 부분에 대해서는 일치한다. 김인수, 장로회신학대학교 100년사 (서울: 장로회신학대학교, 2002), 143와 김인수, 한국기독교회의 역사 하(서울: 장로회신학대학교 출판부, 2004), 406.
[22] 강규찬, "신문조서," 국사편찬위원회, 한민족독립운동사자료집 11권, 96.
[23] 김인수, 장로회신학대학교 100년사(서울 : 장로회신학대학교, 2002), 143.

후 빨래 광주리와 물지게로 운반하여 숭실학교 지하실에 감추어 두었던 것이다. 이렇게 준비된 독립선언서와 태극기가 손에서 손으로 전해졌고 설교가 끝난 후 전 회중이 일제히 "대한독립만세! 대한독립만세! 대한독립만세!" 삼창을 목이 터져라 외쳤다. 감리교의 경우 박석훈 목사, 장로교의 경우 김선두의 지휘로 참석한 군중들은 일사 분란하게 움직였다. 당시 숭실중학교 학생회장으로 그 현장에 있었던 김건은 훗날 강규찬이 대열의 선두에서 군중들을 선도했다며 다음과 같이 증언했다:

> 1919년 3월 1일 당시 나는 평양숭실중학 5학년 졸업반 학생이었다. 숭실중학 학생회장으로 3·1독립선언문의 평양배포 책임을 맡았다. 나는 이른 아침부터 2천여 장의 선언문을 평양 중심가인 종로 거리에 뿌린 다음 숭덕학교로 갔다. 정문에 이르렀을 때 이 학생들은 "대한독립만세"를 부르며 막 교문을 나서고 있었다. "해추골"로 방향을 잡고 있었다. 대열의 선두에는 독립선언서를 낭독했던 강규찬 목사가 섰으며, 선언문을 배포한 나와 동료들도 선두에 합세했다.[24]

평양의 여러 장로교회 교우들로 구성된 군중들은 집회 장소인 숭덕학교를 나와 가두 행진에 들어갔다. 이들은 좁은 언덕길을 내려와 관후리 골목을 빠져나가 평양의 종로 거리에 이르자 거리는 온통 군중들로 가득 찼다. 이들은 태극기를 하늘 높이 흔들며 소리 높여 대한독립만세를 외쳤다. "상인들은 가게 문을 급히 닫고 합세를 하였고 시민들은 기꺼이 데모 행렬에 합류 평양시내는 마치 독립을 되찾은 듯 독립만세 소리와 감격의 눈물로 바다를 이루고 있었다. 들뜬 마음에 덩실덩실 춤을 추는 사람도 있었다."[25] 그 현장에 있던 김건은 이렇게 당시 상황을 증언했다:

> 만세 대열이 종로 거리를 지나 남문근천에 있던 평양경찰서에 이르렀을 때는 가게를 철시하거나 집안을 박차고 나온 시민들이 합류해 거리가

---

[24] 金鍵, "그 만행 그 진상 내가 겪은 일제 침략을 증언한다," 동아일보 1982. 07. 30.
[25] 김요나, 고향을 묻지 맙시다 (서울: 엠마오, 1987), 102.

터져나갈 지경이었다. 군중들은 경찰서를 에워쌌다. 특히 목이 터져라 "대한독립만세"를 외쳤고 더러는 압제의 설음에 통곡하기도 했다. 그리고 며칠 밤을 새워가며 숨어 만든 태극기를 품속에서 꺼내들고 하늘 높이 휘저었다. 완전무장을 하고 경찰서 앞에 도열했던 일경들은 처음에는 경계의 눈초리로 쏘아보고만 있었다. 그러더니 만세 소리가 드높아지자 일제히 허리에 찬 대검을 빼들고 휘두르며 우리들 앞으로 다가왔다. 그러나 군중들은 누구하나 동료도 없이 "대한독립" 만을 부르짖었다. 자주 독립의 굳은 의지는 그만큼 가슴마다 응어리져 있었던 것이다.[26]

이날 평양의 6개 장로교회 3천여 명의 교우들의 함성이 평양시내에 메아리쳤다. 숭덕학교에 모인 군중들에게 독립의식을 고취시켜주며 3·1독립운동에 앞장선 강규찬, 이 일에 앞장서기 위해 오산학교 교장을 그만둔 조만식을 비롯한 산정현교회 목회자와 교우들은 누구하나 할 것 없이 민족애로 가득 찼다. 평양의 교회들이 다 그런 교회였지만 특별히 민족의식이 투철한 신앙인들이 모여 있는 산정현교회는 처음부터 삼일운동의 주역이었다. 강규찬은 변인서, 이덕환, 김선두와 함께 삼일운동을 주도했고, 조만식은 아예 오산학교 교장직을 사임하고 이 일에 전념했다. 조만식은 거사 전후 여러 지방을 비밀리에 순회하며 중앙에서 진행되는 거사 소식을 각 지방에 전해주고 지역 지도자들에게 3·1독립운동에 동참할 것을 호소했다. 3·1독립운동은 일사분란하게 성공적으로 진행되었다.

1919년 3·1독립운동은 강규찬이 산정현교회에 부임한지 채 2년이 지나지 않았을 때 일어났다. 1911년 105인 사건으로 투옥 경험이 있는 강규찬, 이 때 함께 투옥된 산정현교회 수석 장로 김동원, 훗날 한국의 대표적인 민족주의자 조만식이 한 교회에서 만났다는 것은 참으로 놀라운 일이다. 아니 이들이 한 교회에서 만났다기보다 한 교회를 섬기며 같은 이상을 공유하며 민족 지도자로 성장했다는 표현이 더 잘 어울릴 것 같다. 이 일의 중심은 편하설 선교사였다.

---

[26] 金鍵, "그 만행 그 진상 내가 겪은 일제 침략을 증언한다," 동아일보 1982. 07. 30.

편하설은 3·1운동이 발발하자 일경의 감시 속에서도 한국인들의 시위 현장에 달려갔다. 그만큼 한국인들과 호흡을 같이 했다. 하지만 편하설 보다도 더 산정현교회를 민족운동의 구심점으로 끌어올린 주인공은 역시 강규찬이었다. 그의 리더십 하에 산정현교회는 철저한 민족의식을 가지고 민족운동에 앞장서기 시작했다.

1919년 발생한 3·1조선독립만세운동에서 강규찬은 다음 몇 가지 측면에서 매우 중요한 리더십을 발휘했다.

첫째, 산정현교회 부임 후 목양과 설교를 통해 산정현교회 안에 민족의식을 고취시켜주었다. 1917년 강규찬이 부임했을 때 산정현교회 장로 중에는 105인 사건으로 함께 고문과 구금을 당했던 김동원 장로가 있었고, 훗날 민족주의의 대변자가 된 조만식도 있었다. 강규찬은 이미 형성된 산정현교회 안에 있는 민족의식의 흐름과 잘 어울리는 목회자였다. 강규찬은 부임 후 이런 평신도들이 흐름을 주도하는 산정현교회에서 주일강단과 목회를 통해 자연스럽게 민족의식을 고취시켜 준 것으로 보인다. 강규찬의 민족의식이 이미 어느 정도 형성된 산정현교회 민족의식과 어우러져 상생작용을 했다는 의미다.

둘째, 평양교계 안에서의 민족의식 형성과 고취 그리고 이어진 3·1운동에서 강규찬은 중요한 역할을 감당했다. 평양에는 105인 사건 때 기소된 상당수의 지도자들이 평양 교계의 지도자로 활동하고 있었다. 평양기독교가 중심이 되어 삼일운동을 전개한 것은 자연스러운 일이었다. 1919년 3월 1일 장대현교회, 남문외교회, 사창골교회, 산정현교회, 서문외교회, 창동교회 등 평양 6개 교회가 연합하여 숭덕학교에서 3천여 명이 운집한 가운데 고종황제 서거 추모예배를 드리고 독립운동을 전개할 때 강규찬은 김선두 목사 이일영 목사와 함께 이 일에 적극적으로 앞장섰다.

산정현교회 강규찬은 목사로, 김동원은 장로로, 특별히 산정현교회 교인이었던 조만식은 3·1독립운동에 전념하기 위해 오산학교 교장을 사임하고 이 일에 뛰어들었다. 이미 한학과 작문을 교수할 정도로 문장력이 탁월했던 강규찬은 조리 있고 설득력 있게 숭덕학교에 모인 3천명의 평양시내 장로교인들에게 독립정신을 불어넣어주었고, 그 현장에 참석한 많은 교인들 특별히 김동원 조만식을 비롯한 산정현교회 교인들은 담임목사와 전적으로 호흡을 같이 하며 민족의 독립을 간절히 염원했다.

셋째, 강규찬의 흔들리지 않는 일관된 민족의식과 독립정신은 산정현교회 교우들만 아니라 주변의 목회자와 선교사들에게 적지 않은 도전을 준 것으로 보인다. 그 중에서도 특별히 산정현교회를 설립하고 산정현교회를 맡고 있는 편하설 선교사와 너무도 호흡이 잘 맞았다. 1919년 3·1독립운동이 발생한 후 강규찬이 구속된 뒤 편하설 선교사는 산정현교회 강단을 맡았고, 3·1독립운동으로 인한 피해 상황을 소상하게 보고하였다.[27] 산정현교회 편하설 선교사는 1919년 3월 말 총독부 내무국장 우자미(宇佐美勝天)가 제임스 게일, 에비슨, 하디, 노블, 웰치, 샤록스, 편하설, 벙커, 저다인, 밀러 등 대표급 선교사들을 초청 3·1운동 진압에 선교사들이 협력해 줄 것을 요청했을 때 참석한 선교사들과 함께 이를 단호히 거절했다.[28]

번하이젤이 강규찬의 영향을 받았다는 표현보다 강규찬과 편하설이 서로 공동목회를 하면서 서로 격려하고 용기를 북돋아 주었다는 표현이 적합할 것이다. 민족의식과 관심사에 있어서 둘은 통하는 데가 많았다. 이미 수년간의 공동목회를 통해 체험하고 확인한 편하설의 용기와 분명한 정체성은 강규찬에게 직간접의 영향을 주었을 것으로 여겨진다. 105인 사건을 통해 확인할 수 있듯이 대한자강회와 신민회 핵심 멤버였던 강규찬의 민족의식과 겨레사랑은 편하설에게 큰 도전과 자극이 되었을 것이다.

3. 일제의 3·1운동 탄압과 한국장로교회

이 민족적 거사 앞에 일제는 대단히 놀랐다. 일제는 대대적으로 한국교회를

---

[27] C. F. Bernheisel, "Report of the Union Christian College, Pyengyang Korea 1920－1921," 1920년 숭실대학 14명의 졸업생 가운데는 1919년 3·1독립운동으로 졸업하지 못한 한 명의 학생이 포함되었다.

[28] 민경배, "삼일운동", 기독교대백과사전(서울: 기독교문사, 1980), 818.

탄압했다. 무서운 검거 선풍과 박해가 평양에서 몰아쳤다.[29] 시위를 주도한 인물들이 대거 검거되었다. 장로교회, 특히 서북지역의 교회 피해는 극심했다. 33인으로 독립선언서에 서명했던 길선주, 양전백, 유여대, 이승훈, 김병조는 일경에 체포되어 옥고를 치러야 했다. 33인 가운데 한명이었던 길선주는 2년간 옥고를 치러야 했고, 자신의 인장을 함태영에게 맡기고 33명 독립선언 서명에 참가한 양전백은 3년간 옥고를 치러야 했다.

33인 가운데 한 명이었던 유여대는 3·1운동 당시 양전백 목사 집에서 이승훈, 이명룡, 김병조 등과 3·1운동에 민족대표로 서명하고 정명채, 김두칠 등 20여명과 의주에서 별도의 만세계획을 세웠다. 유여대는 1919년 3월 1일 자신이 담당하는 교구 교인들과 숭실학교 학생 칠팔백 명을 모아 기도와 찬송을 하면서 독립선언서를 배포하다 체포되어 2년간 복역했다. 33인으로 삼일운동을 주도한 남강 이승훈은 1920년 경성지방법원에서 3년 형을 언도 받고 마포형무소에서 복역하다 1922년 출옥했다. 3월 1일 선천에서 독립선언서를 배포하며 시위를 주도하던 김병조는 상해로 탈출하여 이후 임시정부에서 활동하였다.

피해는 이들에게만 국한되지 않았다. 평양의 경우 장대현교회 집회를 주도한 윤원삼이 체포되고 황찬영, 박인관이 서대문 감옥소로, 산정현교회 당회장 강규찬 목사는 경성 서대문감옥에, 김선두 목사, 정일선 목사, 남산현교회 집회를 주도한 김찬웅, 주기원, 박석훈 목사 및 홍기황, 박치록 장로 등은 평양감옥소에 수감되었다. 김창건, 변인서 역시 체포되어 옥고를 치러야 했다. 3·1운동으로 인한 장로교의 피해 상황은 대단했다. **총회록**에 기록된 각 노회의 피해 상황이 이를 단적으로 말해준다. 1919년 3월 1일부터 6월 12일까지 장로교 총회의 피해는 사망자 41명, 복역자 976명, 태형 928명, 중상자 116명, 집행유예 159명, 방죄방면 5명, 부상석방 16명, 악형 85명, 상고 중 60명, 교회 파괴 31동 피고인원 총계 2,386명이었다.

---

[29] 3·1운동으로 인한 장로교의 피해 상황은 대단했다. 1919년 3월 1일부터 6월 12일까지 장로교 총회의 피해는 사망자 41명, 복역자 976명, 태형 928명, 중상자 116명, 집행유예 159명, 방죄방면 5명, 부상석방 16명, 악형 85명, 상고 중 60명, 교회 파괴 31동, 피고인원 총계 2,386명이었다.

각 노회는 그 피해 상황을 상세하게 조사하여 총회에 보고하였다. 대한예수교장로회 총회 산하 경남노회 및 경북노회,[30] 경충노회,[31] 전북노회 및 전남노회[32] 남한 지역의 노회들이 피해를 입었지만 서북지방의 노회의 피해는 더 심했다. 황해도와 평안남북도에 산재한 황해노회,[33] 의산노회,[34] 산서노회,[35] 평남노회와

---

[30] Mrs. Henry M. Bruen, *40 Years in Korea*, 249; 1919년 제8회 총회에 보고된 부산을 배경으로 한 경남노회 보고는 3·1운동으로 인한 피해를 "금츈에 독립운동을 인ᄒᆞ야 교인 중에 총살자 一명 옥스쟈 一명 복역ᄒᆞᄂᆞᆫ 쟈가 四十二명 중에 十六셰된 녀학싱도 잇스오며 집힝유예된쟈가 三명 티형당훈 쟈가 三명 미결에 잇ᄂᆞᆫ쟈가 六명 구류와 입감ᄒᆞ엿다가 방면된 쟈는 만ᄉᆞ오며 그중에 칠원읍교회는 직원일동이 피착되여 복역ᄒᆞᄂᆞᆫ 중에 그 교회 인도ᄒᆞᄂᆞᆫ쟈 업시나 시로 밋는 사ᄅᆞᆷ은 날노 만허 가오며" 金聖鐸 편, 朝鮮耶蘇敎長老會 總會 第 八回 會錄 (평양: 광문사, 1919), 98]로 집약했다. 경북지역에서 활동하던 Henry M. Bruen은 3·1운동으로 목사와 제직들이 구속되어 자신이 한동안 교회를 이끌어야 했다. 경북노회는 "금년죠션독립ᄉᆞ건으로 피회쟈가 대략 三빅여인 중에 ᄉᆞ망쟈 四인이오 복역쟈 一빅九十여인이오 구류당훈쟈가 九十여인이오 티형당훈쟈가 十여인"(Ibid., 100-101)이나 되었다.

[31] 金聖鐸 편, 朝鮮耶蘇敎長老會 總會 第 八回 會錄, 103. 독립운동과 관련된 경충노회 보고는 다른 노회에 비해 아주 간단하다. "죠션독립ᄉᆞ건으로 인ᄒᆞ야 목스 二인은 현금 슈금중에 잇스오며 쟝로 一인은 복역ᄒᆞ며 교인 十二인도 복역ᄒᆞ오며 쟝로 일인과 조스 一인도 슈금중에 잇스며 교인 여러 사ᄅᆞᆷ도 슈금중에 잇스오며"라고 기록되어 있다. 서울에서 3·1운동이 강하게 일어났고, 상당수의 장로교회가 서울 경기 충청지방에 있는 것을 감안하면 구속된 이들이 상대적으로 적은 편이다. 서울 경기에서는 감리교가 장로교에 비해 더욱 적극 이에 동참했다.

[32] Ibid., 108. 남장로교선교회가 맡고 있는 전라남북도 역시 독립운동으로 인해 피해를 입었다. 1919년 전북노회는 "특별ᄉᆞ건"이라는 항을 통해 노회 내 그 피해 상황을 이렇게 보고했다. "죠션독립만셰ᄉᆞ건으로 인ᄒᆞ야 본로회 디경ᄂᆡ에 몃교회는 례비회로 모히는 것을 병정이 금지ᄒᆞᆷ으로 교인들이 각각 ᄌᆞ긔집에서 례비를 보앗스오며 교역쟈와 一반 교인중에 총살된쟈 三인이오 百여인은 톄포되여 고싱중에 잇스오며 이일노 인ᄒᆞ야 연약훈신쟈와 타락훈쟈도 잇스오며." 전남노회는 이렇게 보고했다. "금츈죠션독립만셰ᄉᆞ건을 인ᄒᆞ야 쟝로와 조스와 남녀학싱과 긔타 수다흔 교우가 슈감되엿스ᄂᆞ 위험즁에라도 ᄉᆞ망쟈는 업셧고 쏘흔 그간에 출감흔남녀도 만이잇스오며 슈감중에셔라도 아모신병업스오며 신도들이 얼마동안 잠ᄌᆞ든 신앙심이 씨여셔 새열심과 즁싱ᄒᆞᄂᆞᆫ 교회가 만이 잇스오며 세례인 수효도 젼진ᄒᆞ오며 긔도와 젼도와 회기흠으로 하ᄂᆞ님의 영광이 더욱 나타ᄂᆞ심을 감샤ᄒᆞᄂᆞ이다."(Ibid., 109-114).

[33] Ibid., 74-5. 황해노회는 "특별ᄉᆞ건"이라는 항목으로 삼일독립운동의 피해 상황을 다음과 같이 보고했다: "1. 독립ᄉᆞ건으로 인ᄒᆞ야 교회가 피회된 졍황을 조스인[한]바 태형 밧은쟈가 八十인중에 쟝로 三인 조스 二 인 령수 三 인 집스 十六 인 남녀 교원 二인 녀 교원 一인 남교인 五十인 녀 교인 四인 이오며 륙그월브터 二년ᄭᆞ지 쳐역된 이가 八十五인 중에 쟝로 五인 조스 五인 령수 六인 집스 十三인 남교원 十二인 녀교원 一인 남교인 四十二인 중에 十七셰된 학싱 윤틱진은 평양감옥에셔 치명ᄒᆞ엿스오며, 녀 교인 五인이오며 미결수가 二十七인 중에 목스 一인 조스 一인 쟝로 三인 령수 四인 남교원 三인 남교인 十五인이오며 총마즌이가 十인 중에 ᄉᆞ망쟈가 집스 四인 부상쟈가 六인이오며 별형벌 밧은이가 九인이오며 욕만보고 빅방된쟈가 남녀 합 百十二인이오며 피착시 수용쟈가 남녀 합 五十인이오며 심문시 수욕쟈 百二十八이오며 몃쥬일 식 례비 못본 교회도 잇스오며 녀셩경학교는 공부중 지식힘을 당ᄒᆞ엿스오며 2. 이샹ᄉᆞ건으로

평북노회는 대표적인 사례라고 할 수 있다. 이 중에서도 평남노회와 평북노회의 피해는 더욱 심했다.

1) 3·1운동과 평남노회 피해

무서운 박해가 몰아치면서 평남노회는 피해가 극심했다. 대한예수교장로회 1919년 **총회록**은 평남노회의 피해 상황을 이렇게 기술하고 있다:

인호야 허위된 교회 안악 신쳔디경 十六기 소를 위호야 로회당 석에셔 百八十여원 연보금으로 죠스 二인을 턱호야 륙기월간 시무케 호엿스오며."

[34] Ibid., 105. 황해노회에서 분립한 의산노회 역시 심한 피해를 입었다: "거 츈 죠션독립운동시에 교인 즁 포살을 당호쟈 四인이오 례ᄇ당쇼화된 것시 五쳐요(삭쥬읍, 삼화, 도령, 방산, 연봉) 례ᄇ당 긔구파상호 것 교인이 집이 四쳐오(면창, 당목, 상단, 틱산) 쇼화된 것이 二기소이오며 손히된가격은 모다 三만여원가량이고 현금 옥중에셔 예심혹 복역호는 목ᄉ 三인이오 금고를 다호고 츌옥한 목ᄉ 一인이오 츌타호 목ᄉ 五인이오며 그[긔]타 쟝로 령슈 평신도급 교ᄉ 학성이 복역 혹 미결노 감옥에 잇는쟈 여러 十명이고 구류와 틱형을 당호며 벌금을 밧치여 혹 빅방된 쟈는 수가 심히 만하 一일히 미거치 못ᄒᄂ이다."

[35] Ibid., 117. 존 로스에게 기독교 신앙을 전해 받은 백홍준의 희생적인 노력으로 복음의 씨가 뿌려진 산서노회 역시 "독립만세운동으로 여러 가지 어려운 일"(Ibid., 115)을 겪어야 했다. 산서노회는 이로 인해 피해 상황을 다음과 같이 보고했다. "3 독립만셰운동에더호야 강계읍교회 죠ᄉ 뎡쥰시와 한시원시는 당쟝에 총살이 되옵고 즁학성 탁창국 김명하 량인은 의쥬감옥에셔 틱 九十도식 맛고 션쳔읍 미동병원에셔 쟝독으로 ᄉ망을 당호옵고 죠ᄉ 김챵욱 즁학성 최즁원 김우식 김셩길 四인은 신의쥬 감옥에 구류호엿다가 틱 九十도식 맛고 방환이오며 쟝로 명운힝 최량헤 량인과 집ᄉ 한봉민 디병슌 김룡쥰 강학슈 四인은 평양감옥에셔 복역호는 즁이오며 죠ᄉ 김경허 집ᄉ 김관슌 량인은 평양감옥에셔 병이나셔 보셕치료 즁이옵고 령슈 김틱희시는 틱 二十九도를 밧고 즁학싱 강셩문도 틱 二十九도를 밧고 령슈 김병하시는 十一일 구류를 당호고 녀교우 十인도 十일간 구류를 당호엿다가 방환되엿ᄉ오며 강계읍교회 당죵(鐘)은 만셰운동을 시작호고로 지금ᄭ지 그죵을치지 못호며 초산읍교회 목ᄉ 송윤딘시도 평양감옥에셔 방금 복역즁이오며 쟝로 안셩쥰 량익쥰 량시와 교인 됴틱영 리의겸 四인은 신의쥬 감옥에셔 틱 九十도식 밧고 방환되엿ᄉ오며 본분대에셔 틱형을 당호쟈 四十여 인이요 五일동안 구류를 당호 녀교우도 四十여인이오며 죠셩군 즁강교회 령슈 리지명 김인형 죠ᄉ 김죵션 三인은 평양감옥에셔 방금 복역즁이오며 교인 김응식 기웅현 김룡삼 三인은 신의쥬 감옥에셔 틱 九十식 맛고 방환이오며 집ᄉ 최응환 교인 강응틱 량인은 二일간 구류를 당호엿ᄉ오며 례비당에 모히는 거슬 금홈으로 二긔월 동안 례비를 못보왓ᄉ오며 죠셩읍교회에셔 교학싱 二인도 여러날 동안 구류를 당호엿ᄉ오며 셔간도 왕쳥문 시푸교회에셔 교인 十五인을 十五일 동안 감옥에 구류호엿다가 방환이옵고 쏘호 군인이 부녀와 유아들을 무슈히 란타호 일도 이셧ᄉ오며 광쳥 누두거우교회에셔 교타호 일과 교회당에셔 례비보지 못호게 ᄒᄂ고로 일쥬일간 례비를 보지못호일도 잇ᄉ오며."

금번 독닙만셰 스로 각 교회가 비상흔 환난을 당흔 바 예배당에 모히기를 금흠으로 얼마 동안 회집 못흔 교회도 잇고 병뎡과 경관의 손에 모든 기구의 파상된 손히도 만스옵고 감옥에 갓쳐잇는 수는 208인이요 감옥에서 九十도 티형마즌 이는 47인이오 경찰셔에셔나 주지소에셔 二十九도 티벌당흔 이는 68인이요 속밧치고 노힌 이는 7인이오 총과 칼에 상흔이나 란당으로 악형을 당흔 이는 80인이오 총에나 미에 상호야 죽은 이는 12인이온디 이러흔 사룸의 시명과 亽실샹 참혹흔 정형은 대강 별지에 텸부흠.[36]

"비상한 환란," "참혹한 정형"이라는 표현이 당시 교회의 피해 상황이 얼마나 극심했는지를 단적으로 말해준다. 번하이젤의 말대로 "전 나라가 정치적인 불안으로 들끓었다."[37] 많은 사람들이 태형" "태벌' '악형"을 당해야 했고, 12명은 총이나 매에 맞아 목숨을 잃었다. 너무도 혹독한 민족적 시련이었다. 일제의 고문과 핍박과 박해가 어느 정도였는지 짐작할 수 있다.

일경의 무서운 검거와 박해로 인해 정작 피해를 가장 많이 본 단체는 역시 교회였다. "많은 지도적인 목회자들과 교회 사역자들이 투옥되었고 그들 중 많은 이들이 실형의 언도를 받았다."[38] 1920년까지 그 피해는 계속되었다. 1920년 총회록에 따르면 평남노회의 경우 "조선독립운동 사건으로 교인들과 직원들이 수감된 이가 많사오며 무죄히 고문을 당하고 백방된 이도 있고 만기되어 출감된 이도"[39] 많았다. 평남노회는 각 시찰별로 1919년 3월 1일부터 6월 12일까지 입은 피해 상황을 다음과 같이 별지로 보고했다:

평남로회디경에독립만세亽건별지(三月一日노六月十二日ᄭ지된일)

一, 평양 셔면 시찰지경

---

[36] 金聖鐸 편, 朝鮮耶蘇敎長老會 總會 第 八回 會錄(평양: 광문사, 1919), 77.
[37] C. F. Bernheisel, "Mourning gives Place to Joy," *The Korea Mission Field* (Dec., 1920), 249.
[38] Ibid.
[39] 제 9회 총회록 (1920) "평남노회 상황보고," 79.

1 사쳔교회 령수 도봉쥰, 집ᄉ 송쥰영, 권찰 노사현 三기월 구류에 九十도 틱벌밧고 교인 최시우씨는 十五일 구류에 태三十도 밧고 방환이오며 송현근 목ᄉ와 쟝로 졍양규 최원근은 거쳐 부지이오며 헌병들이 례비당과 ᄉ무실과 학교를 훳파ᄒ엿ᄂᆞᆫ디 례비당 류리창 젼부와 룰입문 젼부와 신쟝과 강도상과 교ᄌ와 시계와 휘쟝과 풍셕과 화독 二기와 죵 一기와 신구약셩경과 춍회 로회록과 유년쥬일학교 문부와 셩명록과 등 三기와 ᄉ무실 문챵과 판ᄌ 一기를 널파 소화ᄒ엿ᄂᆞᆫ디 가익은 四百원 가량이오며 학교 문챵젼부와 연셜상 二기와 칙상 十五기와 요령 一기와 셔적부와 란로 一기와 차양판 ᄌ젼부와 부속교실 젼부를 널파 소화ᄒ엿ᄂᆞᆫ디 가익은 三百여원 가량이오며 목ᄉ 송현근 집에 문쟝 젼부와 칙상 三기와 곡물과 시계와 부뎡과 신학졸업시에 상품 밧은칙함 一기와 물독 一기와 쓀독과 모ᄌ와 셔적을 몰수히 렬파ᄒ엿ᄂᆞᆫ디 가익은 二百八十원 가량이오며 령수송 승법시 가쟝즙물과 의복과 침구와 곡물과 상업물품과 상구와 문챵을 몰수 훼파도 ᄒ고 가져도 간ᄂᆞᆫ디 가익은 二千여원 가량이오며 령수 김희진시에 집에 류리문챵 젼부와 가쟝 집물과 즘싱ᄭᅡ지 몰수히 훼파도ᄒ고 가져도 간ᄂᆞᆫ디 가익은 一百五十원 가량이오며 학교ᄀᆞᆺ 빅종범시의 가구와 셔적과 모ᄌ와 양화를 훼파ᄒ엿ᄂᆞᆫ디 가익은 八十원가량이오며

2 반셕교회는 三월 九일 쥬일브터 지금ᄭᅡ지 환난을 인ᄒ야 례비당에 모히지 못흐옵고 례비당과 ᄉ무실 류리창 젼부를 파상ᄒ여 풍우를 가리우지 못ᄒ게 되온바 손히 가약 二百여원이오며 집ᄉ 최명흠(崔命欽)시는 평양헌병본부에서셔 악형으로 죽엿스오며 집ᄉ 리티익등 五인은 평양감옥에 수금중이오며

3 원쟝교회는 ᄉ상ᄒᆞᆫ 사롬이 만ᄉ오미 김린슈, 리셩모, 홍찬익 三시는 악형으로 인ᄒ야 현지병원에서 치료중이오며 김병호, 윤관도, 윤창도, 차딘규, 리죵권, 현경묵, 김옥속 七인은 춍에마ᄌ 죽엇고 한승모, 셔영셰, 차병규, 박영셥, 윤상열, 차남규, 차즁호, 김의겸, 김영근, 차영규, 낭희연, 림원걸, 리국현, 셔봉걸, 셔봉현, 리규셩, 차도셕, 차문형, 리티화, 리지텰, 고유실 二十인과 목ᄉ 심익현시는 평양감옥에 수금중이오며 윤시차, 졍신모, 셔영셕쳐, 박반셕, 셔승두쳐, 조시윤창도쳐, 박시영두모, 곽딘번 七인은 쥬지소에서 악형을 당ᄒ엿스오며 교회가 모히지도 못ᄒ

고 학교도 기학 못ᄒᆞ엿스오며

4 셜을교회 장로 김대혁 령수 김치션 집스 김대녑 김두원 교인 장병삼 젼홍세 등 六인은 광량만경찰셔에서 인치되엿다가 진남포로 지금 평양감옥에 수금즁이오며

5 고읍교회 김뎡식 김뎡쥰 김티안 김병일 四시는 평양감옥에 수금즁이오며

6 롱악동교회 장로 김관형시는 평양경찰셔에서 태 二十九도를 밧고 박인관시는 경성감옥에서 예심즁에 잇스오며 회당 니에 휘장 조명칙과 기타 셔적등을 군인들이 가져가고 보광학교는 지금ᄭᅡ지 폐학즁이오며

7 신흥동교회 강더상에 잇는 셩경젼셔를 환도로 씌엇스오며 요령 一긔 연보조리 五긔 장즈문과 학교칙상 一긔문 一쩨를 파상ᄒᆞ온바 손희는 약 十五원이오며 기타 조명록 학싱 츌셕부를 가져 갓스오며 집스 김병쥰 교인 김계찬 김례슈 三시는 평양감옥에서 태 九十도식 밧고 박립현 홍긔틱 김계남 三시는 평양감옥에수금즁이오며

8 쳥산포교회 十二세된 홍셕즁은 총에마자 긔홀병원에 들어와서 복부에서 총알을 쏩고 二삭 동안 치료ᄒᆞ고 례비보고 가는 길에 우낙봉 등 三인을 경관이 착거ᄒᆞ여 二일간 구류ᄒᆞ엿다가 방송ᄒᆞ엿고 교회일지를 병뎡들이 가져 갓스오며

9 외셔창교회 장로 정건용시는 평양감옥에 슈월 슈금되엿다가 태벌 九十도를 맛고 령수 김슈졍은 헌병분견소에서 태 二十九도 박관모시는 경찰셔에서 태 二十九도 리용석 김명셩 김뎡삼 리럭셜 리셕홍 五시는 헌병소에서 태 九十도를 맛고 나왓스오며

10 한쳔교회집스 손진봉 김면복 량시는 주지소에셔 악형을 당ᄒᆞ고 쏘분견소에서 태 二十九도를 맛고 집스 최졍현 송국젼 교인 최윤관 리휘환 四시는 평양감옥에 二긔월간 슈금되엿다가 태 九十도식 맛고 리홍국 김병극 리봉슌 三시는 평양분견소에서 태 二十九도를 맛고 셔형믁 최쥬일 계지근 三시는 평양감옥에 슈금 즁이오며 부인즁 송국젼쳐와 리관슈쳐는 주지소에서 五시간뒤 짐지고 악형을 당홈으로 지금것 스무를보지 못ᄒᆞ오며

11 진다동교회 젼임 목스 리경규 쟝로 김몽환 령슈 김풍한 교스 정회원 김함 교인 송인셥 김병로 김능빈 八인은 그곳 주지소에셔 체포되여 진

남포감옥에 수금이다가 지금 평양감옥으로 경성감옥에서 복역 중이오며

12 진남포 비석리교회 집ᄉ 김츙국시는 二十여일 수금되엿다가 나왓고 슌ᄉ 二명이 三월 三일에 봉쇄훈 례비당 문을 쳐셔 열고 들어가 류리문 六쩨를 파상훈바 손희가 약 十여원 가량이오며

13 독즈동교회 김광욱시는 三월 초에 총에 마즈 죽고 지금것 례비 보지 못ᄒ오며

14 한룡교회 쟝로 김졈현시는 평양 헌병본부에셔 악형으로 죽엇스오며 군인들이 례비당 문창과 학교 문창을 파상ᄒ고 교인 一인은 평양감옥에 잇스오며 교인 집에 가장즙물을 파상훈 손희가 약百여원이오며

15 탄포리교회 리시희 리화교 김달셩 김달화 송국텰 박셩구 六인이 톄포되여 평양경찰셔에서 태 二十九도식 맛고 김상현 졍승도 량인은 평양감옥에 二기월 수금되엿다가 태 九十도식 맛고 나왓스오며 一쥬일은 모히지 못ᄒ엿스오며 녀 즁학싱 안믹결은 감옥에 三기월 간 슈금되엿다가 나왓스오며

16 반쳔리교회 례비당 양등 류리창 二기 죵 一기 파상ᄒ고 신구약 죠명록 회록 총회록 등 셔젹과 연보 죠리 四기를 헌병들이 가져 간는디 손희는 약 十五원이오 쟝로 김희슈 령수 한용슈 교ᄉ 한옹셕 교인 김규영 四시는 평양경찰셔에서 태 二十九도를 맛고 부인 도희영은 三능태보 탄광에서 악형을 밧아는디 심지어 의복을 볏기고 형벌홈을 당ᄒ엿스오며 쟝로 김희슈시 가옥을 군인 十여명이 수식ᄒ야 각 셔젹을 널파ᄒ고 상업ᄒ던 잡화를 가져간는디 손희가 一百五十원이오며

17 졔지교회 례비당 문창 一기와 등 一기를 파상ᄒ엿고 목ᄉ 리긔창 집에 군인들이 와셔 부인을 난타ᄒ야 즁상홈으로 지금 것 치료 중이오며 가장즙물을 파상ᄒ고 즘싱ᄭ지 죽임으로 손희가 약 七十원이오 쟝로 림윤간시는 헌병소에 잡혀가셔 十일간 구류ᄒ엿스며 그집 쟝독을 파상ᄒ여 손희가 약 五원이오 령수 김치근시는 헌병소ᄒ고 집ᄉ 방ᄉ즁 송션범 권찰 김병근 三시는 평양감옥에 三기월 동안 갓쳣다가 태 九十도를 맛고 박달영 박달황 량시는 츌쟝소에셔 一쥬일 간 구류되엿스오며

18 칠꼴교회 령수 도익쥰 학싱 리긔화 량시는 평양감옥에 수금되엿고 쟝로 一인 집ᄉ 一인은 쥬지소에서 태를 맛고 나왓스오며

19 당지교회 쟝로 김쥰국시는 진남포에서 징역 二년반 션고밧고 공소ᄒ
여 평양지감 즁에 二년 징역을 션고밧고 지금 경셩감옥에셔 복역 즁이
오며

20 허련말교회 三월 브터 지금ᄭᅡ지 례비보지 못ᄒ옵는바 그 원인은
헌병들이 와셔 모히라 ᄒ고 그후에 모히면 교인을 톄포홈이오 우태목
도관보 안형쥬 박달홍 四시는 복역 즁이오며 김용담 김긔형 리응널 외
몟 사롬은 태 九十도를 맛고 나왓ᄉ오며

21 리목동교회 목ᄉ 김창문 쟝로 디봉호시는 강셔헌병소에 구류되엿다
가 평양ᄭᅡ지와셔 五일간 구류후에 노엿ᄉ오며

22 반셕三리교회 박셰즁시는 사천헌병소에 十여일간 악형을 당ᄒ고 나
왓ᄉ오며

23 망덕리교회 김군보 김윤셩 二인은 태 二十九도를 맛고 회당 구약젼
셔를 파상ᄒ엿 ᄉ오며

24 학교리교회 현지녹시는 총에 맛아죽엇고 긔도실 문칭 十日부와 강더
상 교ᄌ 광명 등 파상된 손희가 불소ᄒ오며 김인조 박화슈 량시는 태
二十九도 맛고 나왓ᄉ오며

25 八쳥리교회 령수 한응쥰시는 평양감옥에 슈금 즁이오며

26 학로리교회 쟝로 조승익시는 평양감옥에 슈금 즁이오며

27 태동교회 황찬영시는 평양감옥에 슈금되고 황용긔 황찬셩 뎐즁오
三시는 태 三十도 맛고 나왓ᄉ오며

28 황각리교회 령수 송창쥬 교인 셔종구 량시는 평양감옥에 슈금 즁이
오며

29 고봉동교회 김은셕시는 진남포 디방법원에셔 징역 一긔년 언도를
밧고 공소와 샹고에도 그더로 되어셔 지금 경셩 감옥에셔 복역 즁이오
며 十四셰된 김공셕은 쥬지소에셔 五일간 구류 당ᄒ엿ᄉ오며

30 이리셤교회 령수 한극모 집ᄉ 안도겸 냥시는 평양감옥에셔 복역
즁이오며

31 태평동교회 젼임목사 김니졔시는 지금 경셩감옥에셔 예삼 즁에 잇ᄉ
오며 쟝로 리용식시는 평양감옥에셔 복역 즁이오며

二, 대동남즁화 셔시찰지경

1 대긔암교회 쟝로 한슌업시는 十四일 슈금되엿고
2 대동 남젼도인 나시뭉시는 十二일 슈금 중에 악형을 당ᄒᆞ여 지금ᄭᅡ지 치료 중이오며
3 문발리교회 김희셩 등 녀교인 三인은 톄포되여 악형을 밧아 지금ᄭᅡ지 치료 중이오며
4 조왕리교회 쟝로 홍익명 교ᄉᆞ 김낙형 라영복 三시는 슈금 중이오며
5 두단리교회 쟝로 김경두시는 슈금되고 령수 홍명슉시는 一긔년 징역 션고를 밧앗ᄉᆞ오며
6 버드동교회 목ᄉᆞ 허셥시와 쟝로 윤원식시는 톄포되여 二十일 수금되 엿다가 나왓ᄉᆞ오며

三, 평양동면시찰지경
1 니도리교회 집ᄉᆞ 황병현 오촌교회 교ᄉᆞ 왕긔슌 미림교회 쟝로 김긔녑 학싱리셩두산사리교회 조ᄉᆞ 김낙종시 三형뎨 합 七인이 톄포되여 경찰 셔에서 태 二十九도를 맛고 나왓ᄉᆞᆷ
2 능셩리교회 김진영 박의현 냥시는 쥬지소에서 태를 맛고 나왓ᄉᆞ오며
3 파능리교회 집ᄉᆞ 김병학시와 리쥬황시는 무수난타를 당ᄒᆞ엿ᄉᆞ오며
4 오촌교회 목ᄉᆞ 김죵셥 령수 박병한 냥시는 평양감옥에 수금되고 청호 리교회 쟝로 김봉규 령수 김진규 황병필 三시는 경찰셔에 피수되여 난 타흠을 당ᄒᆞ고 나왓ᄉᆞ오며
5 승호리교회 집ᄉᆞ 방건즁 쟝천교회 령수 윤뎡호 교ᄉᆞ 강셰웅 리뎡근 남경리교회 령수 박영농 교ᄉᆞ 김만진 리천교회 쟝로 김명션 교ᄉᆞ 한창 션 八시는 평양감옥에 슈금 중이오며
6 리천교회 신우학교에 칠판 시계 류리창을 군인들이 파상ᄒᆞ엿ᄉᆞ미 손 희가 약 七十원이오며 등사판을 압수ᄒᆞ여 교인 박규三시의게 지워 가지 고가셔 무수 난타ᄒᆞ엿ᄉᆞ오며
7 승호리교회 례빈당 초가 八간과 긩도샹을 다타파ᄒᆞ고 학교의 모든긔 구 등물과 셔젹을 소화ᄒᆞ엿ᄉᆞ오며

四, 평양부시찰지경
1 三월 二일 쥬일에 경찰셔에서 션교ᄉᆞ 마포三열시를 쳥ᄒᆞ여 회집을

금호과 슈비대가 각례비당에 파슈홈으로 모히지 못ᄒ엿스오며
2 목ᄉ 길션쥬 김션쥬 걍규찬 리一영 四시는 지금 경셩감옥에서 슈금되여 예십즁에 잇스오며
3 피착된 사름은 쟝로 정一션, 정익로, 박인관, 김인쥰, 윤긔화, 리덕환, 박치록 七인이오 집ᄉ 고진한, 도익슌, 윤원三, 김례진 四인이오, 교ᄉ 조만식, 곽권웅, 장신국, 최득의, 김인환, 정남연, 황잔영 七인이오, 학싱 리보식, 길진경, 리인션, 김례필, 쥬형一, 김치덕, 리태셔, 김뎡샹, 리양식, 김동인, 김동평, 쥬요셥, 리겸호, 김동녑, 김건형, 김태슌, 황광식, 홍종복, 리동근, 리원근, 양도명, 리태화, 김유셩, 우태호, 셔창균, 황농하, 김영긔 二十八인이오, 교우 즁 김찬셔, 젼태一, 김니형, 오만셩, 김교식, 박용한, 박슌환, 졍지텰, 리지명, 김병션, 동남인 十인이오 부인은 김보은, 오찬一, 최관호, 권긔옥, 한경실, 김션형, 옥어진, 김문익, ᄉᆼ복신 九인이오, 도합 六十九인 즁 수금 즁에 잇ᄂᆞᆫ 이는 교ᄉ 四인 쟝로 三인 집ᄉ 二인 교ᄉ 六인 학싱 十一인 교우 남三인 녀二인 합 三十一인이오 태형 당ᄒᆞᆫ이 十여인이오 무죄방면된이 二十一人이오며

五, 덕쳔, 령원, 밍산 시찰지경
1 덕쳔교회에서는 헌병들이 례비 보지 못ᄒ게 홈으로 十一 쥬일을 모히지 못ᄒ엿스오며 피착된 사름은 목ᄉ 양의근시와 긔타 김긔항 강찬복 김뎡샹 강도원 김창셰 六인이온디 김창셰 강도원은 八일 만에 히방되고 김긔항 김뎡샹은 감옥에서 四기월만에 태 九十도를 밧앗고 양의근 목ᄉ 와 강찬복시는 지금ᄭᆞ지 복역 즁이오며
2 최명셥 리ᄉ윤 냥시는 헌병소에서 호츌ᄒᆞ야 예수를 밋지말나 셜유홈을 불복홈으로 무수 난타를 당ᄒ엿스오며
3 밍산젼도인 부인 허봉슌은 헌병소에서 젼도ᄒ지말나고 내엿 쫏츔을 당ᄒ엿스오며

六, 강동, 셩쳔, 슌쳔시찰지경
1 슌쳔읍교회 쟝로 최봉한 김셩오 집ᄉ 김샹호 류은진 령수 표영각 교ᄉ 김창호 六인이 수금되엿스오며
2 자산읍교회 즁학싱 김창룡시와 부인즁 쟝시원시 등 三인이 피슈되엿

스오며

3 풍뎐교회 쟝로 윤텬각 교스 리관비 교인 조슌길 김셩항 노병긔 五인이 슈금되엿스오며

4 비산막교회 례비당을 훼상호바 손히가 약 八十원이오 령수 림봉학 집스 림찬규시가 슈금 즁이오 긔외 二인은 태형맛고 나왓스오며

5 관산교회 례비당이 파상된바 숀히가 약 三十여원이오 교인즁 四인이 피슈되엿다가 태형을 맛고 나왓스오며

6 마산교회 례비당 파상된 손히가 약 五十여원이오 태형을 당흔이가 一인이오며

7 강동군교회에셔 태형 밧은이가 六인이오 홍빅촌교회 조스 윤경쥬시와 동 三교회 리현식 리빈식 손창현 三시와 열파교회 부인 리一신 五인은 쥬지소에셔 태 三十도식 맛고 여우닉교회 경셕록시는 평양경찰셔에셔 태 二十九도를 맛고 나왓스오며

七, 안쥬시찰지경

1 부빅교회 三기월간 회집지 못ㅎ온바 총에 상혼이는 변찬복 셕창린 황창슈 셕긔농 四인이오 창에 상혼이는 고익영 김대쥰 二인이오 피수된 이는 쟝로 고익영 령수 셕창린 二인이오 축 당혼이는 교인과 그타 교인의 가죡들이오 태형 당혼이는 령수 김농상이오 교인의 가옥 파상흔 손히와 례비당에 요긴흔 셔적과 종각 파상된 손히가 불소ㅎ오며

2 셕암교회 쟝로 홍셩모 다용헌 령수 한경원 최영쥰 四시는 피수되엿고 축츌된 집 五에 인구 수는 二十五명이오며 밧은이는 一인이오며

3 남궁리교회 태형 당흔 고인二인이오 슉쳔쳥농긔도희 구역에 교인 二인이 피착되여 태맛박 고인숑 시는 수금즁이오며

4 슌안읍교회 김병건시는 태형을 밧고 한지경시는 수금 즁이오며

5 북창교회 박창희시는 수금즁이오며

6 셩지교회 례비당 류리창 젼부 파상흔 손히가 약 九十원이오 최익슌시는 태형을 당ᄒ엿스오며

7 자로비교회에 속ᄒ 퇴현리 례비당 문창과 등 젼부를 파상ᄒ고 물모류교회 강더와 문창을 파상ᄒ고 뎐형농시는 피수중이오며

8 평리교회 김쥰오, 김경슈, 김찬도, 신영민, 쟝필명, 박봉슈, 박종혁

七인이 태형을 당ᄒ엿스오며
9 닙셕리교회 윤동희시는 피슈되고 사산교회 리찬회 김극슌 二인이 피수되엿스오며
10 안쥬읍교회 부인교우 셔시는 총에마자 죽엇고 총에 샹흔이는 一인이오 평양감옥에 피수된 이는 김화식 박의송 김희쥬 김영원 리인턱 김병졔 김병건 七인이오 七十일 구류된 이는 쟝동셩 김셩셰 리웅모 윤학필 길영三 농흥교회교우 一인 합五[六]인이오며
11 영유읍교회 교인 송계빅시는 일본에서 七기월 징역 션고를 밧고 八동교회 셕옥린시는 헌병소에서 十일간 구류중 태 三十도를 맛고 마촌교회 령수 김찬간시와 통호리교회 교스 임진샹시는 헌병소에 구루되엿다가 노엿스오며 즁학생 노원찬시는 평양감옥에 슈금중이오며

八, 즁화 동명시찰지경
1 즁화읍교회 노정길 노텬셩 부인 즁 리셩실 문정년 최시쟝시 六인은 즁화경찰셔에서 속젼 五원식 밧치고 목스 김션환 쟝로 김치규 유리쥰 령수 김두찬 림호쥰 집스 문웅구 교인 오진셥 채원셰 김치봉 교스 김뎡셩 十인은 평양감옥에 수금되엿스오며
2 어부산교회 젼도인 홍덕힝시는 경찰셔에서 태 二十九도 맛고 나왓스오며
3 간동교회는 슈비대군인들이 풍셕과 양등시계등 긔구를 가져갓는디 례비 보지못ᄒ다가 션교스 필닙보시 슌힝시에 군인들이 도로 가져왓스오며 쟝로 김빅경 령수 차졔남 리경휘 집스 리영휘 조만억 차승남 六인이 평양감옥에 수금되고 김슌범 김셩범 리보필 차지은 四인은 즁화경찰셔에서 태형을 맛고 부인중 쥬교쥰은 속밧치고 리셩휘는 쥬지소에서 악형을 당ᄒ엿스오며
4 샹귀동교회 양동션 송혜빅 냥시는 평양감옥에 수금되고 송계민시는 군인들의게 챵에 샹ᄒ고 무수난타를 당ᄒ으로죽엇다가 다시 ᄭᅴ여남으로 지금ᄭᆞ지 의스의게 치료중이오며
5 닉동교회 한정옥 한정三 한병윤 三시는 평양감옥에서 태 九十도를 맛고 리회싱 셔윤보 한두영 三시는 즁화경찰셔 태형밧고 나왓스오며
6 무진교회 교스 윤긔안시는 평양감옥에 수금되고 노영션 셔우찬 리홍

근 리홍묵 오션두 五인은 태 九十도를 밧고 나왓스오며
7 츄비리교회 남농우시는 평양감옥에서 태 九十도 맛고 장온진시는 그 부친 딕신에 경찰셔에셔 악형을 당ᄒ엿스오며

九, 황쥬시찰지경
1 쟝동교회 양성학교쟝 홍원표 교ᄉ 김지유 노긍셕 三시는 二十八일간 조ᄉ 오챵뎡 쟝로 안지셰 령수 안호슌 집ᄉ 안치슌 안형오 五人은 二十二일간 령수 리긔관 집ᄉ 리지홍 교인 안달현 三인은 八일간 슈금되엿다가 히방ᄒ엿스오며
2 농연리교회 양몽학교 ᄌᄉ 한쥰익시는 감옥에 슈금중이오며
3 닉셩리교회 목ᄉ 뎡명리 쟝로 림인근 집ᄉ 젼원계 령수 계셩근 권찰 방즁一 五인은 슈금되엿다가 나왓스오며
4 겸이포교회 례빅당 류리창 젼부와 젼도실 문창과 종 一긔와 난로 一좌와 강딕상과 광목 四十쳑 휘장을 파상홈으로 손히가 약 五百여원이오 쟝로 박민식 령수 김영희 쟝도쥰 三시는 감옥에 수금 중이오며

十, 슈안곡산시찰지경
1 두 대동교회 목ᄉ 김슈봉 곽긔방 령수 류경널 긔영달 교인 조익셰 쟝로 김태윤 교인 리원경 리란슌 누루터교회 리인범 八인이 수금되엿스오며[40]

전국의 노회 중에서 평남노회 피해가 가장 심했다. 피해의 정도는 삼일운동의 참여도와도 깊은 관련이 있다. 평양 3·1독립운동에는 105인 사건으로 옥고를 치른 기독교 민족지도자들이 그 선봉에 서 있었고, 자연이 이들이 운영하는 숭실대학과 숭실중학 숭덕학교 숭현여학교 등 수많은 기독교 학교의 교사들과 학생들이 그 영향권 하에 있었다. 일제가 이 지역을 집중적으로 탄압하고 수많은 이들을 살해하고 투옥시키고 고문을 가했던 것은 자연스러운 일이다.

---

[40] 金聖鐸 편, 朝鮮耶蘇敎長老會 總會 第 八回 會錄, 78-91.

2) 3·1독립운동과 평북노회 피해

선천 신성중학교와 이승훈 양전백 등 기독교 민족운동의 지도자들이 포진한 평북노회 역시 삼일운동으로 많은 피해를 입었다. 평북노회는 "특별ᄉ건"이라는 이름으로 3·1운동의 피해를 보고했다:

(2) 금년 三月 분에 대한독립만셰ᄉ로 포살 당흔쟈가 三인이오 부상쟈가 二十여人이며 현금예심에 잇눈쟈가 목ᄉ 량뎐빅 쟝로 리승훈 리명룡 三시오 복역ᄒ눈쟈 목ᄉ 박승호 계시항 문윤국 쟝로 빅시찬 계영슈 김봉쥰 김국명 심리규 송ᄂ|경과 조ᄉ 김샹현 김병규 十一人과 령슈 집ᄉ 교인 등 합 十八人이오며 틱형 당흔쟈와 구류당ᄒ엿던 쟈는 본로회 디경에 五빅여人이오 기타 피신흔 쟈는 목ᄉ 三인 조ᄉ 二人 교인 합 수십여人이오며 덩쥬읍 례비당 四十二간 오산례비당 二十간과 중학교실 三十四간 곽산례비당 二十四간 도합 一빅 二十간이 젼부 쇼화되고 혹 二쥬 [혹] 一기월 이샹 례비ᄒ지 못흔 곳도 잇ᄉ오며 본로회후에 피착된 목ᄉ 김덕션시는 미결이고 션쳔읍ᄂ| 교인 三十여 人이 슈금되엿ᄉ오며[41]

평남노회와 평북노회의 피해가 어느 다른 지역의 피해보다 심했다는 사실은 그만큼 이 지역의 교회들이 삼일운동에 적극 참여하였음을 방증해준다. 평남노회와 평북노회 외에 함남노회[42]와 함북노회[43] 피해를 포함시킬 경우 3·1독립운

---

[41] Ibid., 95-96.
[42] Ibid., 66-67. 함남노회가 "특별ᄉ건"이라는 이름으로 총회에 보고한 내용에 의하면 "셩진 함흥 원산 세 구역 교회 남녀 교우가 만셰사건을 인ᄒ여 시험 당흔자와 고싱ᄒ눈자와 무죄히 피착되엿다가 몽방된 자와 익미히 악형밧은쟈"가 많앗다. "1. 일자는 三月 三日 2. 함흥에 복역 二十六 녀학싱 二 틱형 十七 슈십일후 방면 十四 녀학싱 七 공소무죄방면 五 부상홈으로 즉방 二 수일악형밧은자 二 수삭악형에 무죄방면 二 구타밧은자 三 ᄋ미히 악형밧은 부인 三 3. 졍평 복역 五 4. 판츈복역 三 5. 남지경복역 四 6. 죠랑복역 二 7. 영쳔복역 三 8.북쳥신창복역 二 9. 북쳥공소무죄방면 三 10. 원산복역 五 틱형 四 11. 고원하고읍복역 二 12. 고원미둔리복역 一 13. 영흥읍무죄히 구류를 당흔젼도인이 젼도쳭을 쎼앗겨ᄉ오며 14. 션진교회 남녀 교우가 무고히 피탁되엿다가 몽방된쟈 만ᄉ오며 틱형밧은 자와 복역의 쳐결을 밧고 상고중에 잇는 쟈가

동으로 인한 서북지역 한국장로교회의 피해는 이루 말할 수 없다.

1919년 10월 4일 평양신학교에서 회집된 제 8회 총회 때 전국의 각 노회가 보고한 3·1운동 피해 상황을 종합하면 체포된 교인이 총 3,804명, 체포된 목사 장로 134명, 기타 기독교 관계 지도자로 체포된 자가 202명, 구속된 성도가 남자 2,125명, 여자 531명, 매 맞고 방면된 자 2,162명, 사살된 성도 41명, 1919년 10월 현재 수감된 성도 1,642명, 매 맞고 죽은 자 6명, 파괴된 교회 당 12개, 그리고 파괴된 학교가 8개였다.[44]

4. 3·1독립운동과 평양산정현교회

산정현교회 역시 큰 피해를 입었다. 산정현교회사기는 "조선독립운동사건(朝鮮獨立運動事件)으로 목사 강규찬(姜奎燦), 집사 김예진(金禮鎭), 교인 조만식(曺晩植)씨 등이 체포(逮捕)"되었고, "수개월 후에 김예진은 탈신도주(脫身逃走)하여 국외로 망명"하였다고 기록하고 있다.[45] 이 같은 큰 시련에도 불구(不拘)하고 산정현교회 교우(敎友)는 날로 증가했다.[46] 참 아이러니가 아닐 수 없다.

합이 二十八중에 목ᄉ와 교사들이 그중에 잇ᄉ오며 샹고 六八 차호례비당은 훼파를 당ᄒ엿다가 별금五百圓을 밧아 즁슈ᄒ엿ᄉ오며 단천읍 교인은 무한흔 곤란을 밧은 즁 례비당은 억지로 쎄아셔 몃달 동안 학교로 소용흔일이 잇ᄉ옵ᄂ니다."

[43] Ibid., 67, 71-2. "금년 봄 독립만세 ᄉ건으로 교인 듕에 총과 창에 별셰흔이가 九인인디 그중 교ᄉ와 학ᄉ이 잇고 즁샹쟈가 十여인이오 一년반이하 징역으로 선고를 밧아 복무중에 잇ᄂ이와 금옥중에 잇ᄂ이가 三十인인디 그 중 명동 김약연 쟝로ᄂ 국ᄌ가에 회녕 최령지쟝로ᄂ 쳥진감옥에 잇ᄉ옵고 쳥진집ᄉ 윤병후, 우셕구씨도 쳥진에셔 현금 복무 즁이오 경혼군닉 김명원은 회령학교 녀교ᄉ로 쳥진에셔 복무중이오 얼마동안 감금ᄒ엿다가 티형을 밧고 노흰쟈가 룡졍, 회녕, 쳥진 등지에 여러 사롬이오 셜유만 밧고 노힌이도 경흥, 경셩, 쳥진, 회녕, 룡졍, 두도구, 국ᄌ가등디에 빅명가량 되오며 교회 직원급신도와 학교임원급 교ᄉ가 슈쳐로 희산되야 셔 뎡지된 학교와 퇴보된 교회도 만ᄉ온더 그중 명동남즁학교와 남녀쇼학교는 아직폐문즁에 잇ᄉ옵고." 함북노회에 속한 간도의 경우 1920년 10월 9일부터 11월 5일까지 27일간 피살 3,469명, 체포 170명, 강간 71명, 민가소실 3,200동, 학교 36동, 교회당 14개 처, 곡물소실 54,045였다. 600여 촌락 800여명이 학살되고 1,000채의 가옥이 소각되고 15개 처의 교회와 학교가 불탔다.

[44] 李贊英, 黃海道敎會史(서울: 황해도교회사발간위원회, 1995), 273-274.

[45] T. Stanley Saltau, *Yin Yang: Korean Voices* (Wheaton: Key Publishers, 1971),

담임목사와 교회의 중심인물이 투옥된 상황에서도 교회가 전혀 흔들림이 없었으니 말이다. 시련 속에서도 교회가 안정을 유지할 수 있었던 것은 첫째 편하설의 탁월한 리더십 덕분이고 둘째 4명의 장로를 비롯한 온 교우들의 희생과 헌신이 뒷받침되었기 때문이다.

강규찬과 조만식이 투옥되었지만 김동원, 김찬두, 박정익, 변홍삼, 양성춘 등 산정현교회 5명의 장로들의 투옥을 피할 수 있었다. 산정현교회로서는 천만다행이었다.[47] 이들 다섯 명의 장로들은 편하설과 함께 담임목사의 공백을 너무도 잘 메워 주었다. 이들 당회원들은 개인적인 사업을 희생하면서도 교회 사역에 전무하였고, 산정현교회의 필요한 사역을 능력 있게 감당했다.[48] 이처럼 편하설과 당회는 위기의 순간에 탁월한 리더십을 발휘한 것이다.

편하설의 부인 헬렌(Helen K. Bernheisel) 역시 산정현교회 주일학교 여자반을 이끌며 교회 안정에 크게 기여했다. 1919년 상황을 돌아보며 1920년에 보낸 그녀의 보고서에 의하면 헬렌은 자주 설교하고 기도회에서 말씀을 전했다. 겨울에는 3주 동안 매일 성경을 가르쳤고, 1주일간의 사경회 기간 동안에는 매일 1시간씩 성경을 가르쳤으며, 낮 기도회를 수차례 인도하며 남편의 사역을 헌신적으로 지원했다:[49]

> 매우 극소수의 예외적인 일이 아니면 내[헬렌]는 교회에 출석해 산정현교회 여자 주일학교 책임을 맡아 왔습니다. 현재 등록학생이 325명에 평균 출석이 약 240명입니다. 현재 산정현교회 주일학교에는 24개 반이 있습니다. 이들 외에도 어머니와 함께 참석하는 40-50명의 어린이들로 구성된 한 반이 있습니다. 지난 몇 개월 동안 산정현교회에 새로 영입된 부인 새신자로 구성된 3개의 반이 있습니다. 부인들은 열심이 대단하고 출석률이 매우 좋습니다. 비록 모두가 우리가 원하는 것만큼

---

[46] 길선주, "平壤山亭峴敎會史記," 길진경 편, 靈溪 吉善宙 牧師 遺稿 選集 第1輯 (서울: 대한기독교서회, 1968),194.

[47] Bernheisel, "Mourning gives Place to Joy," 251.

[48] C. F. Bernheisel, "Annual Reports of the Pyengyang Station of the Korea Mission 1919-1920," March, 31, 1921.

[49] Helen's Letter to Dr. Brown, *PCUSA Report 1910-1959*, Vol. 11, 143.

자격을 잘 갖춘 것은 아니지만 교사들은 자신들의 사역에 충실하려고 신실하게 노력을 기울여 왔습니다. 나는 지난 한 해 동안에 산정현교회에 속한 약 70명을 심방했습니다. 나는 가능한 더 많은 가정을 심방하기를 원했는데 그것은 이것이 매우 만족스러운 사역이었기 때문입니다.[50]

편하설은 강규찬 몫까지 감당하며 교회를 이끌었다. 당시 미국 선교부에 보낸 서신에 나타나듯이 그의 아내 헬렌 역시 시련 가운데서 교회 안정을 위해 노력을 아끼지 않았다.

강규찬 목사가 어떻게 일제에 용감히 맞서 신앙을 지키며 민족독립운동에 참여하면서 신앙을 지켰는지 몇몇 자료를 통해 확인할 수 있다. 일경은 3·1운동에서 중요한 리더십을 발휘한 강규찬을 체포해 경성 서대문 감옥에 투옥시켰다.[51] 소열도 선교사가 증언하는 것처럼 강규찬은 투옥 중에도 옥중의 동포들에게 복음을 전해 그의 전도로 상당히 많은 사람이 주님께로 돌아왔다:

> 그[강규찬]는 말했다. "여러 해 동안 나는 나의 모든 동포들을 만날 수 있도록 한국의 십삼도를 방문하게 허락해 달라고 간절히 기도해 왔습니다. 그러나 주님은 더 좋은 길을 아시고 계셨습니다. 주님은 내가 그러한 오랜 여행을 하기에는, 특별히 나의 과체중을 가지고 여행을 하기에 너무 늙고 약해졌다는 사실을 잘 아시고 계셨습니다. 주님은 그래서 나를 경성 서대문 감옥에 집어넣으셨으며, 내가 2년 동안 그곳에 있었는데 주님은 13도 각 도로부터 감방동료를 보내 주셔서 내가 복음을 가지고 그들에게 다가갈 수 있게 하셨습니다. 나의 복음 증거 결과로 약 95명이 주님을 구주로 영접했고 주님에 대한 믿음의 실체(reality)와 신실성(sincerity)에 대한 분명한 증거를 보여 주었습니다. 이들 중에서 나는 문답을 거쳐 몇 명을 학습교인으로 등록하였으며 6개월 혹은 그 이상이 지난 후 그들은 실제적인 영적 성장을 현시했습니다. 나는 그들

---

[50] Helen K. Bernheisel, "Personal Report 1919," *PCUSA Report 1910-1959*, Vol. 18, 755.

[51] 길선주 역시 강규찬과 같이 경성 서대문 감옥에 투옥된 것으로 보인다. 소열도의 글에도 서대문감옥으로 명시되었다. 또한 길진경, 靈溪 吉善宙, 277을 참고하라.

중 아홉 명에게 세례를 주었습니다. 이 사람들이 각자 집으로 돌아가면 시내 각 교회에서 이들을 정식 교인으로 받아 줄 것을 요청하는, 그들이 경성 서대문 구치소 교회에 모범적인 세례교인들임을 말해 주는 증서를 소지하게 했습니다!"[52]

옥중에서도 개종한 자들에게 학습문답을 하고 세례를 주었으며,[53] 강규찬은 이들 개종자들이 출옥 후에 교회에 정착할 수 있도록 그들이 다니는 교회의 목회자들에게 옥중에서의 개종을 확인해주는 성격의 편지도 써주었다.[54]
　강규찬이 서대문 감옥에 투옥되어 있는 짧은 기간 동안 무려 95명을 전도했다는 것은 참으로 놀라운 일이다. 95명은 결코 적은 숫자가 아니기 때문이다. 이들에게 복음만 전한 것이 아니라 이들을 신앙으로 양육해 그 중 9명에게 세례를 베풀었다는 사실은 더욱 놀랍다. 강규찬은 이들이 출옥 후에는 각자가 살고 있는 지역의 교회에 다닐 수 있도록 증서까지 만들어 주었다.
　전도, 양육, 세례 이 모든 것이 어떻게 옥중에서 가능했는지 알 수 없다. 일경이 묵인한 것인지 아니면 철저하게 비밀리에 준비했기 때문인지 잘 알 수 없지만 하나님께서 비상하게 역사하시고 섭리하신 것만은 분명한 것 같다. 그렇지 않다면 14개월이라는 짧은 기간 동안 어떻게 7번이나 감방을 옮겨 다닐 수 있었겠는가? 강규찬이 증언한 대로 주님은 이 감방에서 저 감방으로 그를 옮기셨고, 그는 그 기회를 복음전도의 기회로 활용했다.[55] 이 일은 강규찬이 복음의 열정으로 불타고 있지 않다면 불가능한 일이다.[56] 편하설의 말대로 옥중에서 동료들에게 복음을 증거하고 그들이 복음을 받아들였다는 이야기는 참으로 놀라운 일이 아닐 수 없다."[57]
　우리는 강규찬에게서 민족복음화에 대한 의지, 조국교회에 대한 깊은 책임

---

[52] T. Stanley Soltau, *Yin Yang Korean Voices*, 70.
[53] Ibid.
[54] Bernheisel, "Mourning gives Place to Joy," 250.
[55] Bernheisel, "Annual Reports of the Pyengyang Station of the Korea Mission 1919-1920," March, 31, 1921.
[56] Soltau, *Yin Yang Korean Voices*, 70.
[57] Ibid.

의식을 그대로 읽을 수 있다.⁵⁸ 그는 하나님께서 자신을 이 방 저 방으로 옮기신 것이라고 믿었다.⁵⁹ 산정현교회 사기는 1919년 3·1독립운동으로 담임목사 강규찬과 집사 김예진, 교인 조만식이 투옥되는 시련 속에서도 산정현교회가 성장했다고 증언한다:

> 一九一九年 교회는 흥왕하였다. 三月 一日에 조선독립운동사건(朝鮮獨立運動事件)으로 목사 강규찬(姜奎燦), 집사 김예진(金禮鎭), 교인 조만식(曺晚植)씨 등이 체포(逮捕)되었다. 수개월 후에 김예진 씨는 탈신도주(脫身逃走)하여 국외로 망명하였고 조만식 씨는 평양감옥(平壤監獄)에서 징역(懲役)을 하게 되었고 강규찬 목사는 경성감옥(京城監獄)에서 징역(懲役)하게 되었다. 그러나 교회는 이 같은 큰 시련에도 불구(不拘)하고 교우(敎友)는 날로 증가되었다.⁶⁰

다행히 1920년 3월 13일 조만식이 출옥하고 이어 4월 10일에 강규찬이 출소했다. 담임목사가 공석인 가운데서 산정현교회 강단을 책임진 사람은 번하이젤이었다.⁶¹ 그는 당시 미국 북장로교 선교회에 보낸 편지에서 "나의 책임은 그 교회 유일한 목사로 꽤 무거웠다"⁶²고 토로한 대로 깊은 책임의식을 느끼지 않을 수 없었다. 이런 가운데 감사하게도 강규찬 목사가 옥중에 있는 동안 김동원, 김찬두, 박정익, 변홍삼, 양성춘 등 다섯 명의 장로들은 편하설과 일체가 되어 흔들리지 않고 교회를 지켰다.⁶³ 1920년 편하설은 다음과 같은 보고서를 미국 선교부에 보냈다:

---

⁵⁸ Ibid.

⁵⁹ C. F. Bernheisel, "Annual Reports of the Pyengyang Station of the Korea Mission 1919-1920," March, 31, 1921.

⁶⁰ 길선주, "平壤山亭峴敎會史記," 길진경 편, 靈溪 吉善宙 牧師 遺稿 選集 第1輯, 194.

⁶¹ 편하설이나 그의 아내가 본국에 보낸 보고서나 편지에는 산정현교회 사역에 관한 기록이 종종 등장한다. PCUSA Reports 1910-1960, Vol. 10, 408. 여기서 편하설의 아내는 "제4교회[산정현교회]에서의 나의 사역은 여느 때와 마찬가지로 계속되었다."고 보고한다.

⁶² C. F. Bernheisel, "Annual Reports of the Pyengyang Station of the Korea Mission 1919-1920," March, 31, 1921.

⁶³ Soltau, *Yin Yang Korean Voices*, 70.

평신도 리더십은 언제나 산정현교회에서 중요했지만 지난해[1919년] 보다 더 중요했던 해는 결코 없었다. 편하설씨는 평양성제4교회[산정현 교회] 당회에 경의를 표한다. 나의 동료 목사 강규찬 목사는 1년 중 대부분을 옥중에 보냈고 단지 4월에 출소했다. 그러므로 그 교회 유일한 목사로서 나의 책무는 꽤 무거웠다. 다행히도 그들 모두는 총독부로부터 체포를 면할 수 있었으며, 비록 종종 자신들의 개인적 사업을 상당히 희생해야 했지만 주저하지 않고 교회 사역에 전무하였다. 각 장로는 일주일씩 나와 함께 교회 사역 및 공 예배 수행을 책임졌다. 그들의 효과적인 지원 없이는 우리가 어떻게 현 난국을 헤쳐 나갔을지 나는 알지 못한다. 그들 중의 두 사람은 신학생이었고 다른 세 명 또한 설교하고 교회의 필요한 일을 감당하는데 자신들의 능력을 잘 발휘하였다.[64]

1920년 4월 10일 14개월 만에 출소해 강규찬이 산정현교회 강단에서 다시 서서 외친 첫 설교 본문은 디모데 후서 2장 9절이었다. "복음을 인하여 내가 죄인과 같이 매이는 데까지 고난을 받았으나 하나님의 말씀은 매이지 아니 하니라"였다.[65]

비록 설교 내용이 남아 있지 않지만 그가 이 말씀을 본문으로 택한 데는 특별한 이유가 있었다. 비록 바울이 영어의 몸이지만 하나님의 말씀을 전하는 사명을 게을리 하지 않았던 것처럼, 자신 역시 서대문 감옥에 투옥되어 교회 강단을 지킬 수 없었지만 복음을 전하는 일을 조금도 소홀하지 않았던 사실을 환기시키며 이 땅에 살고 있는 주의 백성들이 어떤 환경에 처해 있을지라도 복음전파의 사명을 충실하게 감당해야 한다는 메시지를 교우들에게 전하고 싶었던 것이다.

그의 첫 설교는 산정현교회 교우들에게 진한 감동과 도전을 주었을 것이다.[66] 3·1운동이 일어난 이듬해 1920년 편하설은 미국 북장로교 선교부에 다음

---

[64] C. F. Bernheisel, "Annual Reports of the Pyengyang Station of the Korea Mission 1919-1920," March, 31, 1921.

[65] Bernheisel, "Mourning gives Place to Joy," 250.

[66] Ibid.; C. F. Bernheisel, "Annual Reports of the Pyengyang Station of the Korea

과 같이 편지를 보냈다:

지난해 우리가 보고한 대로 나라 전체가 정치적 불안으로 들끓었습니다. 교회 역시 자연히 그런 불안한 상황에 동참하지 않을 수 없었습니다. 지도적인 많은 목회자들과 다른 기독교 사역자들이 투옥되었고, 그들 중 많은 이들이 징역 언도를 받았습니다. 그러므로 교회는 보통의 지도자들 없이 최선을 다해 지내야 했습니다. 사람들이 투옥됨으로 교세 격감했었으나 이들 중 상당수의 사람들이 출옥하여 사역으로 다시 돌아왔습니다. 그들이 감옥에서도 주님을 증거 하는 기회를 가져 그 결과 감옥 안에서도 복음이 놀랍게 선포되고 그것을 받아들이는 일들이 있었다는 놀라운 이야기들이 있습니다. 많은 회심자들이 그래서 자신들의 마음에 주님의 기쁨을 가지고 출옥하여 자신들의 집으로 돌아가 복음을 증거 하였습니다. 그들은 감옥의 벽 뒤에서 학습문답을 하고 세례를 베풀었다고 말합니다. 우리 목사 중의 한 사람[강규찬]은 출옥 후에 많은 편지를 받았는데 그 편지들은 감옥 교회에서 자신들이 거하는 지역교회로 이명해 달라고 요청하는 편지들이었습니다. 이 목사는 14개월 동안 무려 일곱 번이나 감옥을 전전해야 했습니다. 매번 그는 큰 무리의 사람들을 만났습니다. 그는 자신이 자주 이동하는 것이 새롭게 만나는 큰 무리들에게 반복적으로 복음을 전하도록 하시기 위해 주님이 기름 부으시는 은혜였다고 결론을 내렸습니다. 진실로 바울이 옥중에 있는 동안 그를 역동적으로 만드신 성령께서 또한 이들 한국인 목회자들과 다른 그리스도인들의 마음을 움직이셨습니다. 이들의 투옥의 결과로 우리는 얼마나 많은 영혼들이 구원을 받았을지, 얼마나 많은 새로운 교회들이 시작되었을지 이 세상에서는 알 수 없을 것입니다. 위에서 언급한 목사는 출옥 후에 디모데후서 2장 9절의 말씀을 가지고 첫 설교를 했습니다.[67]

14개월의 옥중생활이 강규찬의 신앙을 정금같이 단련시킨 것이다. 105인

Mission 1919-1920," March, 31, 1921.
 [67] C. F. Bernheisel, "Annual Reports of the Pyengyang Station of the Korea Mission 1919-1920," March, 31, 1921.

사건으로 구속된 후 일경 앞에서 그가 보여주었던 모습과는 완연히 다른 모습이었다. 우리는 그의 메시지가 교인들에게 얼마나 많은 도전을 주었을지 상상할 수 있다.

그가 강단에 복귀한 뒤 산정현교회는 더욱 활력을 되찾았다.[68] 강규찬이 출옥한 두 달 뒤인 1920년 6월 21일부터 일주일 간 산정현교회를 비롯 평양의 일곱 개 교회가 연합으로 열린 김익두의 평양장로회연합부흥회는 삼일운동으로 심신이 지친 평양지역 교회에 큰 힘을 불어 넣었다.[69] 평양의 일곱 교회가 놀라운 성장을 이룩했고 평양의 일곱 교회 모두 교인들이 크게 증가했다.[70] 편하설의 표현을 직접 빌린다면 평양의 "교회가 부흥하고 있었고 많은 지역에서 사람들이 그처럼 교회에 모여든 일은 결코 이전에는 없었다."[71]

5. 장로교 선교사들과 3·1운동

한국 선교사들은 그동안 자신들이 설정한 정교분리 원칙에 의해 직접 삼일운동에 가담하는 일은 쉽지 않았다. 그러나 적지 않은 선교사들이 3·1운동에 대해 협조적이었고 우호적인 입장을 갖고 있었다. 김양선의 표현을 빌린다면 "우리[한국교회]와 똑 같은 심정을 가지고 도울 수 있는 데까지 도와준 것은 사실이다."[72] 켄델이 한국에 관한 진실이라는 책에서 증언하듯 3천명의 군중 가운데는 평양지역의 영향력 있는 사무엘 마펫, 찰스 번하이젤, 그리고 홀드크로프트도 참여했다.[73]

---

[68] 길선주, "平壤山亭峴敎會史記," 길진경 편, 靈溪 吉善宙 牧師 遺稿 選集 第1輯, 194.
[69] "평남노회 상황보고," 제 9회 총회록(1920), 79.
[70] C. F. Bernheisel, "Annual Reports of the Pyengyang Station of the Korea Mission 1919-1920," March, 31, 1921.
[71] Bernheisel, "Mourning gives Place to Joy," 252.
[72] 金良善, 韓國基督敎史研究, 117.
[73] 대한예수교장로회역사위원회 편, 대한예수교장로회교회사 (서울: 장로교출판사, 2003), 277.

3월 1일 한국인들 가운데 며칠 동안 억눌려 온 흥분들이 있음이 느껴졌다. 그리고 우리는 무언가 중요한 일이 일어나고 있다는 여러 가지 소문들을 들었다. 마펫과 홀트크로프트와 내[번하이젤]는 지역 3·1운동 집회에 참석하기로 결정하고 우리들이 무엇이 진행되고 있는가를 알아보았다. 우리는 그 [숭덕학교]운동장이 사람들로 가득찬 것을 발견했다. 모든 우리 교회 학교 학생들이 거기에 있었고 또한 많은 공립학교 학생들도 그곳에 모여 있었다.[74]

여러 자료를 종합하여 살펴볼 때 여기 "나"는 번하이젤로 여겨진다. 이들 세 명의 선교사는 처음부터 삼일운동 시위대에 끼여 그 진행과정을 지켜보았다. 일경은 선교사들을 의심했고 실제로 마펫과 모우리 선교사가 4월 4일 경찰에 호송되어 취조를 받았다. 김양선이 지적하는 것처럼 적지 않은 선교사들이 삼일운동에 적극 협력하였고, 한국의 독립을 호소했다:

서울 연희전문학교 교수 베커 박사는 독립선언 발표 장소에 대한 적절한 의견을 제시해 주었고, 세브란스의학전문학교 교수 스코필드 박사는 제암리 학살 사건 등 우리의 받은 참상을 사진에 담아 일본의 폭정과 야만적 행동을 세계에 폭로시켰고, 숭실전문학교 제 5대 교장 마우리 박사는 자기 집에서 독립선언문과 태극기를 제작한 학생들을 은닉 보호하고 독립선언문을 번역하여 미국 선교본부에 보낸 탓으로 평양 감옥에 구금되어 징역 6개월의 구형을 받았다. 동양선교회 선교사 토마스 목사는 강경에서 독립운동을 협조하다가 일본 헌병에게 구타당하였고 선천 신성중학교 교장 윤산온 박사는 교회 지도자들과 함께 3·1운동을 계획했다 하여 국외 추방을 당하였고 숭실전문학교 교장 마펫 박사는 세계 선교대회에서 한국독립을 협조하자는 연설을 행하였다. 서울 감리교 선교사 노블 박사, 빌링스 박사 등도 3·1운동에 크게 협조하였다. 그리고 중국 상해 Y.M.C.A. 총무 질레트 박사와 피셔 박사는 상해 임시정부에 크게 협력하였다.[75]

---

[74] Kendall, *The Truth About Korea*, 28.
[75] 金良善, 韓國基督敎史研究, 117-118.

총독부 관리가 사태의 진압에 선교사들이 협력해 줄 것을 요청하였을 때 제임스 게일은 소요의 책임이 일본에 있다며 반일적인 발언을 서슴없이 토해 냈다.

게일은 첫째, 독립운동을 선교사들이 그 신분으로 막을 수 없다는 것, 둘째, 그렇게 하면 한국교회의 적대감을 일으키고 따라서 교회 문제에 대한 선교사들의 정신적 영향력 감퇴 그리고 선교활동에 지장이 생길 것이라는 사실, 셋째, 본국 정부가 선교사들에게 정치문제에는 전혀 상관치 말라고 고시한 것을 들어 총독부의 요청을 거부했다.

조지 매큔은 삼일운동이 일어난 후 수많은 시위 참가 학생과 교직원을 자신의 집에 숨겨주고 일본 헌병의 가택 수색을 완강히 거절하여 이들을 구출하는 한편 일본 헌병들에게 체포되어 투옥된 학생들과 애국지사들 그리고 그 가족들을 찾아 위로하고 도와주었다.[76] 조지 매큔은 1921년 큰 아들의 병 때문에 본국으로 돌아갔으나 이는 표면상의 이유였고 그 이면에는 일제의 추방령 때문이었다.[77]

삼일운동의 피해를 미국을 비롯한 전 세계에 알리는 일에도 선교사들은 매우 중요한 역할을 감당했다. 지방에 있는 선교사들은 그 지방에서 일어난 일본인들의 잔학행위를 선교본부에 보고하였다. 카나다 장로교선교회 스코필드(Frank W. Scofield)는 덕수궁 광장에서 시위 현장을 카메라에 담아 해외에 알렸고, 제암리 참상을 사진에 담아 전 세계에 알렸으며, 북장로교 선교회 원한경(Horace H. Underwood) 선교사는 제암리 교회 대학살 내용을 미국에 보고해 7월 17일자 국회보고에 이것이 게재되었다.

북장로교 선교사 마포삼열은 일어난 모든 정황을 안식년으로 미국에 가 있던 북장로교 선교회 방위량(William N. Blair) 선교사에게 편지를 통해 알렸다. 그리고 할 수 있는 한 북장로교 해외선교부와 필요한 곳에 보내도록 요청했다. 이와 함께 마포삼열은 미국 공사 리 버콜즈(Lee Bergholz)에게 평양 주재

---

[76] 김영혁, 창립 100주년 신성학교사, 103.
[77] Ibid.

선교사들의 가옥이 일경들에 의해 수색을 당하고 모의리(Eli Mowry) 선교사가 일경에 체포되어 구속된 사실을 알렸다.

1920년 5월 마포삼열은 미국 필라델피아에서 모인 장로교 총회에서 일제의 만행을 보고했고, 1921년 9월 피츠버그에서 열린 세계개혁교회총회(The Alliance of the Reformed Churches)에 참석해 한국지원을 호소했다.[78] 적지 않은 선교사들이 엄정중립의 정책을 어기고 독립운동을 직 간접으로 지원하거나 참상을 해외에 알렸다.

주한 선교사공의회는 새로 부임한 사이토(齊藤) 총독에게 일본 관리들의 비인도적 만행을 반박하고 그 시정을 촉구하는 건의서를 제출하였다.[79] 원한경, 쿤스, 크램, 스코필드 등으로 삼일독립운동조사위원회를 구성하여 사태 조사에 나섰고, 스왈른의 아내 샐리 스왈른(Sallie Swallen)은 자신이 목도한 참상을 자신의 형부 공화당위원 애쉬부룩(William Asbrook)에게 일일이 적어 보냈는데 그것이 오하이오 주 신문에 게재되었다.

미국의 선교본부는 미국기독교연합회 동양문제연구회를 조직하고 **한국사태**(*The Korean Situation*)라는 팜프렛을 만들어 전 세계에 배포하였다. 미국의 개신교와 천주교 42개 교파는 한국 독립을 비롯한 기도제목을 놓고 매일 1회 이상을 기도하기로 결정하고 전국교회에 그 실행을 호소하였고, 미국교회연합회는 주미 대사에게 일본의 만행에 대한 강경한 항의서를 제출하고 윌슨 대통령에게는 한국독립에 대한 건의서를 제출했다.

맺는 말

지금까지 연구를 통해 우리는 다음 몇 가지 중요한 사실을 확인할 수 있다. 첫째, 한국장로교회, 특별히 관서지방 장로교회는 3·1운동에 동참하는 차원이 아니라 그 운동이 전국적으로 확대되는 일에 주도적인 역할을 감당했다. 황해도

---

[78] Ibid. 269.
[79] 金良善, "3·1運動과 基督敎," 269-270.

서해교육총회사건, 신민회 및 105인 사건, 조선국민회운동에서 중추적인 역할을 감당하던 한국장로교회 특별히 관서지방 교회들은 1919년 3·1독립운동에서도 앞장섰다. 그 중에서 평남의 평양과 평북의 선천 교회들은 선봉에 서있었다.

독립운동 서명자 33명 가운데 이승훈, 길선주, 양전백, 김병조, 유여대 등 5명이 평양장로회신학교 출신이거나 재학했던 인물이다. 이승훈은 정주장로교회 장로였고, 길선주는 평양장대현교회 목사였으며, 양전백은 선천 북장로교회 목사, 김병조는 정주 장로교회 목사, 그리고 유여대는 신의주 동장로교회 목사였다. 평양신학교에 입학했다 졸업을 하지 못한 이승훈을 제외하고 나머지 4명은 평양신학교를 졸업하고 목사안수를 받은 대한예수교장로회 소속 목회자들이었다. 1931년판 평양신학교 요람에 1919년 삼일운동 시위도가 삽입되어 있는 것도 이와 무관하지 않다.[80] 게다가 남산장로교회 집사 이갑성와 정주 덕흥장로교회 장로 이명룡을 포함할 경우 독립운동 서명자 33명 가운데 7명이 장로교인이었고, 이들 모두가 관서지방의 장로교 출신이었다.

총회 산하 12개의 노회 중 피해를 보지 않은 노회가 하나도 없었다. 모든 노회들이 크고 작은 피해를 입은 것이다. 또한 목회자들만 아니라 장로와 조사와 영수 그리고 집사나 평신도에 이르기까지 거의 모든 직분의 교인들이 이 운동에 참여했다. 민족의 아픔에 기꺼이 동참하였고, 민족을 살리는 길이 곧 자신들이 바라는 간절한 소원이었다. 그 중에서도 평양지역의 장로교회가 그 선봉에 있었다. 삼일운동의 준비와 진행 그리고 박해에 이르기까지 서북지역의 한국장로교회, 특별히 평양이 그 중심에 있었다.[81]

이처럼 한국장로교회는 기독교민족운동의 중요한 구심점이었다. 105인 사건, 삼일독립운동의 준비, 진행과정, 박해에 이르기까지 한국서북장로교회들은 삼일운동에 적극 가담하였다. 한국장로교는 삼일운동에 대해 자긍심을 갖고 삼일운동 이후 이를 기념하는 기념대회를 가졌으며, 심지어 해방 후 김일성

---

[80] 長老敎會 神學校要覽 (朝鮮 平壤: 평양장로회신학교, 1931), 20.
[81] 그것은 105인 사건 때 유죄언도를 받았던 강규찬과 변인서를 비롯한 상당수의 지도자들이 평양에서 목회를 하고 있었던 것과 무관하지 않다. 강규찬은 산정현교회 담임목사로 평양지역의 삼일운동을 주도하였고, 변인서 역시 장대현교회 동사 목사로 시무하면서 선우혁과 함께 평양지역 목회자들과 교우들을 동원하는 역할을 하였다.

정권이 들어선 이후에도 평양의 장로교회들은 삼일절기념예배를 연합으로 드렸던 것도 이와 무관하지 않다. 우리는 여기서 삼일운동과 한국장로교회 특별히 서북장로교회와의 연관성을 피할 수 없다.

둘째, 105인 사건과 1919년 기미년 삼일독립운동이 모종의 깊은 연관성을 지니고 있다는 사실이다. 독립운동 서명자 33명 가운데 105인 사건으로 유죄언도를 받은 이들이 이승훈, 양전백, 이명룡 3명이었고, 그 외 삼일운동에 적극 가담한 선우혁, 강규찬, 변인서를 비롯한 여러 지도자들이 105인 사건으로 구속된 이들이었다. 여기서 105인 사건과 삼일운동이 깊은 연관성을 지니고 있음을 본다. 윤치호가 105인 사건으로 옥고를 치른 후 삼일운동에는 참여하지 않은 것과는 대조를 이룬다.

셋째, 3·1독립운동에서 산정현교회와 강규찬이 매우 중요한 역할을 감당했다는 사실이다. 강규찬은 산정현교회 목사로서 숭덕학교에 온 교우들이 동참하도록 독려했고, 6개 장로교회 교우들이 모인 후에는 독립의식을 고취하는 강연을 통해 독립의지를 강하게 불어넣었고, 식이 끝난 다음에는 시위에 앞장섰다. 이런 이유로 소열도는 강규찬이 33인 가운데 한 명이라고 생각한 것이다. 비록 33인 가운데 한 명이기는 하지만 길선주가 집회를 인도하느라 숭덕학교 집회 현장에 없었던 것과는 대조를 이룬다. 산정현교회 김예진이 거사에 적극 참여하고 조만식이 오산학교 교장을 그만두고 3·1운동에 헌신한 것도 강규찬의 민족의식에 기초한 목회의 영향이 크게 작용한 것으로 보인다.

7장
산정현교회와 조선물산장려운동

"조선인은 자본이 무(無)한지라 상업에 실패(失敗)하며, 조선인은 자본이 무(無)한지라 또 공업에 실패(失敗)하는도다. 조선인은 그 사용품을 제작하지 못하고 판매하지 못하는 도다. 이와 갓치하야 일본인의 자본주의가 왕성하면 왕성할사록 조선인은 그 반비례로 궁축(窮縮) 멸망(滅亡)을 당하게 되는도다. …이럼으로 오인은 먼저 조선인이 그 산업의 발달을 인의적(人意的), 결정적(決定的)으로 장려(獎勵)하고 도모(圖謀)하기를 주장하며 일본인의 자본주의에 대항하기 위하야는 첫재 조선인이 소비에 동맹하고 둘재 생산에 단결하기를 희망하노니 차를 환언하면 조선인이 소비에 동맹함으로 그 생산의 발달을 기도하자 함이로다.

1922, 동아일보

   3·1독립운동 직후 1920년부터 "내 살림 내 것으로"라는 깃발 아래 물산장려운동이 전국에 메아리쳤다. 처음 평양에서 시작된 이 운동은 우리 물산장려를 통해 민족자본을 육성해 일본에 예속된 조선 경제의 자립을 이룩하자는 민족운동이었다.

   물산장려운동은 조만식, 김동원, 김찬두, 양성춘, 오윤선 등 평양 산정현교회 지도자들이 중심이 되어 결성되었다.[1] 강규찬 목사가 시무하는 평양 산정현교회 교우들과 평양시내 교계 지도자들은 1920년 7월 20일 평양에서 조선물산

---

[1] 이들 다섯 명은 1920년 8월 평양에서 열린 조선물산장려회 발기인으로 참여했다. "조선물산장려회" 동아일보 1920. 08. 23을 참고하라.

장려회 발기인대회를 개최하고, 그해 8월 창립 취지서를 통해 한일무역역조 시정, 산업보호와 민족경제 진흥, 한국인의 고용기회 증대를 들어 전 국민의 공덕심과 공익의식에 호소했다. 이런 노력에 힘입어 2년 후 1922년 6월 20일 평양에서 조선물산장려회 창립총회가 열렸고, 이어 평양에 조선물산장려회 조합이 조직되었다.

처음 출발할 때 조선물산장려운동의 기본 정신은 세 가지였다. 첫째, 의복은 남자는 무명베 두루마기를, 여자는 검정물감을 들인 무명치마를 입는다. 둘째, 설탕-소금-과일-음료를 제외한 나머지 음식물은 모두 우리 것을 사 쓴다. 셋째, 일상용품은 우리 토산품을 상용하되, 부득이한 경우 외국산품을 사용하더라도 경제적 실용품을 써서 가급적 절약을 한다. 물산장려운동은 이런 정신을 가지고 "내 살림 내 것으로" 모토 하에 시작되었다.

곧 조선물산장려운동은 평양을 넘어 전국으로 놀랍게 확산되었다. 전국적인 확산과정에서 동아일보는 이 운동의 신실한 후원자였다.[2] 동아일보는 마치 물산장려운동의 대변지라고 할 만큼 처음부터 물산장려운동을 적극 소개하였다. 동아일보는 '다소 품질이 뒤지고 값이 불리해도 적어도 입는 옷 먹는 음식 마시는 술 가정 그릇 등 일용품은 국산을 씀으로써 가능하면 하나라도 더 한국인의 공장이 서게 하고 무궁화 삼천리를 이천만 민족의 낙원으로 만들자'고 격려했다.

이런 노력에 힘입어 1922년 서울에서 자작회와 토산품애용부인회가 결성되었고, 이듬해 1923년 1월에는 경성에서 조선물산장려회가 결성되었다. 평양산정현교회 조만식, 김동원, 김찬두, 양성춘, 오윤선 등이 평양에서 조선물산장려운동을 견인했다면 서울에서는 한말지사 설태희 이득년, 한말석학 유길준의 아우 유성준, 서울 명상 김윤수 실업인 장두현 등이 주역으로 활동했다. 일제의 탄압과 박해 속에서도 물산장려운동의 행렬은 "요원의 불길처럼" "영동에서 대전에서 평양에서 밀양에서 전주에서 그칠 줄 모르고 계속됐다."[3] 조직적인

---

[2] 1920년부터 1932년까지 동아일보는 사설과 보도 기사를 통해 물산장려운동의 발단부터 전개 평가에 이르기까지 수많은 글을 실었다. 민족지로서의 역할을 충실하게 감당한 것이다. 동아일보는 조선정부가 정부의 구실을 다하지 못하는 상황에서 정부의 역할을 감당한 셈이다.

활동보다 이심전심의 애국심과 반일의식에 불이 붙어 이 운동이 시작된 지 5개월 동안 전국 일백오십칠 개 단체가 결성됐다. 일제의 조직적인 박해와 핍박, 사회주의자들의 비판이 끊이지 않았지만 이런 가운데서도 물산장려운동은 1920년부터 해방이 될 때까지 지속적으로 진행되며 한국인들의 생활과 가치관에 적지 않은 영향을 미쳤다.

확실히 물산장려운동은 평양산정현교회가 중심이 되어 저변 확대된 애국적 민족운동이었다. 그럼에도 불구하고 지금까지 학계에 물산장려운동과 평양산정현교회와의 관계가 분명하게 드러나지 않거나 간과되었다. 연구의 출발은 이 같은 동기에서 시작되었다. 본 장에서는 이런 문제의식을 가지고 산정현교회 당회원들을 중심으로 출발한 물산장려운동을 역사적으로 고찰하여, 한국교회와 민족을 깨운 한국교회의 대 사회적 민족적 책임 실천을 연구하는데 그 목적이 있다.

1. 조선물산장려운동의 발흥

역사적 배경

1920년대 접어들어 일본의 경제수탈로 우리 민족은 극심한 경제난을 겪었다. 이것은 1910년 일본에 의해 강제합병당할 때부터 충분히 예견된 일이었다. 일제는 1910년 한국을 강제로 합병시킨 뒤 경제적인 예속 정책을 꾸준히 펼쳐나갔다. 메이지 유신을 통해 서구의 문물을 과감하게 받아들인 일본은 개방정책을 바탕으로 놀라운 경제성장을 이룩했다.

이미 1910년대 한국이 아직 가내 수공업에 머물고 있을 때 일본은 놀라운 제조업 발전을 이룩하며 공산품을 대량으로 생산하고 있었다. 일본은 한국을 이렇게 생산된 제품들을 판매할 일제 상품시장으로, 동시에 원료 공급지로 삼기

---

[3] "민족 경제의 서장 (7) 물산장려운동 …기생도 무명치마로" 동아일보 1971. 03 30.

를 원했다. 자연히 1910년 강제합병과 동시에 조선을 경제식민지로 삼기위한 일본의 경제 수탈은 놀라운 속도로 진행되었다. 세금을 인상하고 토지를 수탈하고, 임야 소유권이 일본 재벌에게 넘어갔다. 수탈은 어업 광업 공업 모든 분야에서 진행되었다.

1910년 회사령을 공포해 기업을 허가제로 만들고 한국인에 의한 공장 설립을 극력 억제한 반면 일본자본의 한국 진출을 적극 보장했다. 그 결과 무섭게 일본 기업들이 한국에서 생겨났다. 1911년부터 1920년까지 10년 동안 매년 180개의 일본인 공장이 설립되었다. 한국인이 운영하는 것은 전체 14.5%에 불과했다. 광업자원의 수탈은 더욱 심했다. 1915년 조선 광업령이 공포되어 한국의 광산을 장악하는 삼정 삼릉 등 일본 재벌이 발흥했다. "일본은 한국에다 면제품, 식료품, 담배, 지물, 의류, 기계 및 부속품 등 수출하고 석탄, 금, 철 등 광산물과 쌀을 가져갔다."[4] 이렇게 해서 한국은 일본의 상품 시장과 원료 공급지로 전락하고 말았다.

표면적으로는 문화정치를 표방했지만 1920년 3·1독립운동 이후에도 일제의 수탈은 여전했다. 3·1독립운동의 책임으로 육군대장 '하세가와'(長谷川好道) 총독이 물러나고 해군대장 '사이또'(薺藤實)가 조선 총독으로 부임한 후 1920년 소위 조선회사령을 철폐하고 한국과 일본 간의 관세 장벽을 제거해 버렸다. 그 결과 일본 자본과 상품의 대한 침투가 본격화되었다.

조선 경제의 일본 예속화는 심하게 진행되어 1921년 대일수입의 75%이상이 일용품이었고, 1939년 한국 수출 총액의 95%가 대일본 거래였고 일본 전체 수출의 34%가 한국 대상이었다. 조선 경제는 일본에 완전히 잠식당했다. 한국 기업들 대부분이 자본의 영세에다 주로 노동집약적인 중소기업에 편중되어 1920년에서 1930년에 이르는 십년간 한국내의 회사 수는 4배로 늘어났지만 한국회사의 불입자본 규모의 증가는 1.6배에 불과했다. 농촌경제상황은 더욱 참혹했다. 1924년 농촌의 이백칠십삼만가의 44.6%인 일백 이십 칠만 호가 영농

---

[4] "물산장려운동이 주는 교훈" 경향신문 1966. 03. 02. 이런 경제적 착취정책을 사학자 문정창씨는 학갈지어 정책이라고 불렀다. 말하자면 물을 말리어 고기를 죽이려는 계략과 같다는 것이다.

적자에 허덕였다.[5]

이런 상황에서 일제의 경제 수탈에서 벗어나기 위해 민족 자본 육성이 절대 필요했다. 1920년대 물산장려운동은 일제의 수탈 경제 수탈에서 벗어나기 위해 국산품을 장려하여 민족자본을 적극 육성하자는 취지에서 시작한 운동이었다.

산정현교회와 조선물산장려회 발기인대회

3·1독립운동은 산정현교회 목사 강규찬과 온 교우들에게 민족의식을 강하게 자극했다. 비 온 뒤에 흙이 다져지는 것처럼 3·1독립운동 이후 산정현교회는 교우간의 유대와 신앙적 결속력이 견고하게 다져졌다. 겨레의 아픔에 동참하며 민족적 수난을 방관하지 않았던 강규찬, 옥중에서 흔들리지 않고 많은 사람들을 전도하며, 하나님의 살아계심을 입증시킨 그의 옥중생활은 기왕에 가졌던 그에 대한 신뢰를 더욱 견고하게 만들었다.

1920년 3월 13일 출옥한 조만식은 4월 10일 출옥한 강규찬의 신앙 지도를 받으며 안수집사가 되었다. 105인 사건으로 함께 구속된 김동원 역시 민족의식이 강했다. 이들 두 사람과 강규찬 목사와의 관계는 매우 견고하고 긴밀했다. 105인 사건과 평양신학교를 통해서는 강규찬과 김동원이, 3·1독립운동을 통해서는 강규찬과 조만식이 같은 고난의 길을 걸었기 때문에 이들의 관계는 교회 안에 새로운 리더십 구축으로 이어졌다.

조만식은 산정현교회 당회와 평양 YMCA를 중심으로 물산장려운동이라는 이름으로 복음의 대 사회적 민족적 책임을 구현해 나갔다. "고당은 기독교를 단순히 영혼 구원을 지향하는 종교라는 데 국한시켜 놓지 않고 사회 속에 진리를 구현하는 산 종교로 부각시키는 데 힘썼고 기독교 정신을 민족 부흥운동에 이식시키고자 노력했다."[6] 이 같은 고당의 기독교 사회책임의식은 번하이젤 선교사와 강규찬으로 부터 물려받은 것이다. 산정현교회 교인들에게 기독교인이

---

[5] "민족 경제의 서장 (7) 물산장려운동 …기생도 무명치마로" 동아일보 1971. 03 30.
[6] 김요나, 고향을 묻지 맙시다 (서울: 엠마오, 1987). 128.

된다는 것은 곧 민족적 사회적 책임을 구현하는 것을 의미했다:

> 고당의 물산장려운동은 조선 백성 모두가 국산품을 애용하여 민족자본 육성을 통해 독립정신과 민족애를 고취하려는 기독교 사회 계몽운동이 었다. 비록 전국적으로 크게 파급되지 못하고 평양을 중심으로 한 운동으로 끝나 버렸지만 물산장려운동은 기독교 정신에 기초한 강력한 민족 운동의 시도였다.[7]

이런 산정현교회의 분위기는 3·1독립운동 이후 산정현교회가 평양지역은 물론 전국에서 가장 영향력 있는 교회로 발돋음하는 중요한 자원이었다. 조선물산장려회가 평양 산정현교회의 지도자들을 중심으로 조직되었고, 곧 평양을 넘어 전국으로 놀랍게 확산될 수 있었던 것도 그 때문이다. 조선물산장려운동에 평양산정현교회가 매우 중요한 역할을 감당했다는 사실은 조선물산장려회 발기회 명단에서도 확인할 수 있다.

1920년 7월 30일 50여명이 참석한 가운데 평양 차관리 야소교서회 2층에서 발기인대회가 열렸다. 임시회장 조만식의 사회로 진행된 이날 발기인대회에서는 조직에 관한 제반 사항을 협의하고 규칙기초위원으로 정세윤(鄭世胤), 김동원(金東元), 김형숙(金亨淑)을 선정하였으며, 오는 8월 23일 창립총회를 개최하기로 결정했다.[8] 발기인대회는 한반도의 자원의 풍부와 자립의 가능성을 간파하고 그 가능성을 개진했다.

조선물산장려회취지서에서 밝힌 대로 조선반도는 "천부의 土" "부원의 地"로 반만년의 장구한 세월동안 풍요로운 물자를 간단없이 공급해 종족이 번식하고 문화가 발전해온 자원이 풍부한 나라였다.[9] "무진장의 광물"을 포함한 지질, "사통오달한 위치," 원예와 임업 목축업에 적절한 "기후와 풍토" 어업과 운수에 알맞은 "하해와 항만"을 두루 갖춘 "삼천리 근역은 이천만 민족의 보고이요, 태창" "아니 낙원이요 에덴"이다.[10] 그런데도 우리 경제가 심히 위기를 만나는

---

[7] 박용규, 평양산정현교회 (서울: 생명의말씀사, 2009), 122.
[8] "조선물산장려회" 동아일보 1920. 08. 06.
[9] "조선물산장려회" 동아일보 1920. 08. 23. 4면.

것은 자작자급을 하지 않기 때문이라고 평가했다. 따라서 조선물산을 장려하고 이를 위해 보호무역을 실시해야 한다는 것이 조선물산장려회취지서의 골자다:

> 자(玆)에 오인(吾人)은 일대근인(一大近因)이 유(有)함을 간파(看破)하얏스니 즉(卽) 자작자급(自作自給)치 아니함이라 하노라. 환언(換言)하면 조선물산(朝鮮物産)을 장려(奬勵)치 아니함이니 고(故)로 오인(吾人)이 이에 대서특서(大書特書)하고 절규고창(絶叫高唱)하는 바는 자작자급(自作自給)하쟈 함이니 조선물산(朝鮮物産)을 장려(奬勵)함이오 또 환언(換言)하면 보호무역(保護貿易)을 의미(意味)함이니 이것이 우리 조선인(朝鮮人)의게 가장 큰 문제(問題)라 하노라. 국제무역(國際貿易)에는 보호무역(保護貿易)과 자유무역(自由貿易)이 유(有)하니 보호무역(保護貿易)은 국화(國貨)를 보호(保護)키 위(爲)하야 외화(外貨)에 대(對)한 관세(關稅)를 중(重)히 부담(負擔)식혀 자국(自國)에 수입(輸入)키 난(難)케하는 무역(貿易)이오. 자유무역(自由貿易)은 자국(自國)에 상공업(商工業)이 파(頗)히 발달(發達)되여 외화(外貨)가 수입(輸入)될지라도 타격(打擊)이 업슬만한 정도(程度)인 고(故)로 관세(關稅)를 경감(輕減)하야 외화(外貨)가 자유(自由)로 수입(輸入)되게 하는 무역(貿易)이니 영국(英國)이 일시차주의(一時此主義)를 행(行)하엿슴 현금구미각국(現今歐美各國)은 더와 가치 상공업(商工業)이 발달(發達)되엿스나 자유무역주의(自由貿易主義)를 행(行)하는 국(國)은 일(一)도 업고 다 보호무역주의(保護貿易主義)를 행(行)하나 유차관지(由此觀之)컨대 선진(先進)이오 부강(富强)한 국(國)도 여피(如彼)히 국산(國産)을 장려(奬勵)하고 무역(貿易)을 보호(保護)하거든 우황낙오(又況落伍)이오 빈약(貧弱)한 조선(朝鮮)이리오.[11]

현재 영국을 비롯한 구미 각국이 보호무역을 실시하며 외국 상품에 대해서는 높은 관세를 부과하여 자국의 산업을 보호 육성하는 것이 일반적인 추세인데 국내 산업 기반이 허약한 조선에 더욱 이를 실천해야 한다고 강조했다. 조선물

---

[10] Ibid.
[11] Ibid.

산장려회는 구체적인 다섯 개의 행동강령까지 제시했다:

고(故)로 오인(吾人)은 조선물산(朝鮮物産) 본화(本貨)를 장려(獎勵)하지 아니치 못하나라 하노니 차(此)를 행(行)함에는 좌(左)의 실익(實益)이 유(有)함을 확신(確信)하노라.
一, 경제계(經濟界)의 진흥(振興)이니 대범(大凡) 조선(朝鮮)은 년년(年年)히 거액(巨額)의 수입초과(輸入超過) 외화(外貨)의 수입(輸入)된 가액(價額)이 국화(國貨)의 수출(輸出)된 가액(價額)보다 고(高)함으로 결국금화(結局金貨)가 유출(流出)함을 지(指)할가 되여 경제계(經濟界)가 점차(漸次)로 위미(萎靡)하고 쇠퇴(衰退)하는지라 고(故)로 본화(本貨)를 장려(獎勵)하야 수입초과(輸入超過)의 해(害)를 방지(防止)함으로써 경제(經濟)의 진흥(振興)을 도(圖)함이요.
二, 사회(社會)의 발달(發達)이니 경제(經濟)는 인류생활(人類生活)의 기본(基本)이오 원체(元體)라 경제(經濟)의 융체(隆替)는 오인(吾人) 생활상만반(生活上萬般) 사업(事業)에 기영향(其影響)이 파급(波及)치 안는 것이 업나니 고(故)로 본화(本貨)를 장려(獎勵)하야 경제계(經濟界)의 융성(隆盛)을 기(期)하는 동시(同時)에 사회발달(社會發達)을 도(圖)함이오.
三, 실업자(失業者) 구제책(救濟策)이니 농공상(農工商) 물론(勿論)하고 타화(他貨) 비본화(非本貨)의 세력(勢力)으로 인(因)하야 조선인(朝鮮人) 실업자(失業者)의 다(多)함은 실(實)로 천(千)으로 계(計)하며 백(百)으로 산(算)할 수 업는지라. 고(故)로 본화(本貨)를 장려(獎勵)하야 실업자(失業者)로 취직(就職)케 함이 사회구제상(社會救濟上) 막대(莫大)한 효과(效果)를 수(收)함이오.
四, 본화(本貨)를 애중(愛重)히 녁임이니 이는 정신상(精神上)에 관(關)한 대문제(大問題)라. 근대(近代) 조선인(朝鮮人)은 숭외배외심(崇外拜外心)이 성(盛)하야 본화(本貨)는 여하(如何)히 우미(優美)한 것이라도 탁(濁)하니 진(陳)하니 하야 염지기지(厭之棄之) 하고 타화(他貨)는 아무리 조열(粗劣)한 것이라도 청(淸)하니 신(新)하니 하야 애지호지(愛之好之)한다. 하특물화(何特物貨) 뿐이리오. 천사만반(千事萬般)이 개연(皆然)하다 하노라. 고(故)로 본화(本貨)를 장려(獎勵)하야 위선본화

애중념(爲先本貨愛重念)을 발(發)케하고 아울너 자중자애성(自重自愛性)을 함양(涵養)케 함이오.

五, 근검풍감용성(勤儉風敢勇性)을 화성(化成)케 함이니 근대조선인(近代朝鮮人)은 나약(懦弱)하고 나타(懶惰)하야 사치(奢侈)와 허영(浮虛)를 숭상(崇尚)함이 일심(日甚)하는지라. 기(其) 원인(原因)이 나변(那邊)에 재(在)한가 함에 대(對)하야 여러 가지 원인(原因)이 유(有)할 줄 지(知)하거니와 연(然)한 중취(中脆)하여 약(弱)하며 박(薄)하며 경(輕)한 타화(他貨)를 수요(需要)함이 중요(重要)한 원인(原因)의 일(一) 됨을 인(認)치 하니치 못할지라. 고(故)로 견(堅)하며 실(實)하며 후(厚)하며 질박(質朴)한 본화(本貨)를 장려(獎勵)하야 차(此)를 사용(使用)케 함으로 근실(勤實)과 검소(儉素)의 풍(風)을 성(成)케하는 동시(同時)에 감용(敢勇)하며 쾌활(快活)한 성(性)으로 화(化)케 함을 도(圖함)이라.

차(此)를 려행(勵行)하야 실효(實效)를 거(擧)코저 함에 가장 필요(必要)한 것은 공덕심(公德心)과 공익심(公益心)이라 함이니 대개(大槪) 우리가 법령(法令)이나 정책(政策)으로는 여차(如此)한 문제(問題)를 해결(解決)할 권리(權利) 또는 처지(處地)가 아니인 즉 자위상(自衛上) 불가불(不可不) 공덕심(公德心)과 공익심(公益心)에 의(依)하지 아니치 못할지라. 가령 본화(本貨)가 설혹 타화(他貨)보다 품질상(品質上) 또는 가격상(價格上)으로 개인(個人) 경제상(經濟上) 다소 불이익(不利益)점이 유(有)하다할지라도 민족경제상(民族經濟上) 이익(利益)에 유의(留意)하야 차(此)를 애호(愛護)하며 장려(獎勵)하야 수요(需要)하며 구매(購買)하지 아니치 못할지라. 고(故)로 오인(吾人)은 의복음식(衣服飲食)을 위(爲)하야 가장즙물(家藏汁物)이며 일용품물(日用品物)에 지(至)하기까지 부득이(不得已)한 물품(物品) 외(外)에 철저(徹底)히 본지(本旨)를 실천궁행(實踐躬行)하고 일보(一步)를 진(進)하야 상공업(商工業)에 착수력행(着手力行)하야 직접(直接)으로 실업계(實業界)의 진흥(振興)과 융창(隆昌)을 도(圖)하고 간접(間接)으로 일반사회(一般社會)의 발전(發展)과 진보(進步)를 기(其)하야 권역 삼천리(槿域三千里)가 이천만(二千萬) 민족(民族)의 진개낙원(眞個樂園) 진개(眞個)에덴이 되기를 지성(至誠)으로 갈망(渴望)하는 바로다.

대정(大正) 9년(九年) 8월(八月) 日
임시사무소(臨時事務所)
평양남문통4정목(平壤南門通四丁目)
야소교서원(耶蘇敎書院)
　발기인씨명(發起人氏名) 가나다 순(順) 고진한 고영수 김광선 김광원 김동원 금보원여사 김성엽 김성탁 김승기 김신모 김우석 김찬두 김형숙 김형식 김행일 김흥식 금취성 곽권응 권성관 장기섭 정규현 정두현 정세윤 정약연 정창신 정일선 조덕용 조명식 조태선 이명범 이병돈 이보식 이석원 이석찬 이영하 이영han 이영한 이용준 이겸양여사 이인식 이희철 이재후 이제학 이진성여사 임찬익 박경석 박기원 박인관 박인관 박치록 박치종 백윤식 백응현 변인서 변치덕 손수경 송기창 양성춘 오윤선 주공삼 전덕순 전홍서 조만식 채광덕양 작영복 최석환 최억태 한영길 한윤찬 한효식.(이상)[12]

　조선물산장려회 취지서에 나타난 대로 설립의 주된 이유는 대부분의 강대국들이 자국의 자본을 보호 육성하기 위해 보호무역을 하고 있는 상황에서 조선도 자국의 자본과 산업의 발전을 먼저 고려해야 한다는 것이다. 조선물산장려 취지서에 담겨진 내용을 통해 우리는 몇 가지 중요한 사실을 확인할 수 있다.
　첫째, 물산장려회의 성공을 위해 다섯 가지 구체적인 실천 강령을 제시했다는 점이다. 다섯 가지 실천 강령이란 "경제계의 진흥" "사회의 발달" "실업자 구제책" "본화(本貨)를 애중히 여김" "근검풍감융성을 화성케 함"이 바로 그것이다. 본국의 화폐 사용을 장려하여 "수입초과(輸入超過)의 해(害)를 방지(防止)함으로써 경제(經濟)의 진흥(振興)"을 도모하고, "경제계의 융성을 기하는 동시에 사회발달"을 촉진시키며, 또한 실업자를 줄여 "사회 구제상 막대한 효과"를 가져올 것이고, 본국화폐 중심의 경제구조를 발전시켜 자기 존중과 자기 사랑의 정신을 함양시키며, 그리고 "근실(勤實)과 검소(儉素)의 풍(風)을 성(成)케하는 동시에 감용(敢勇)하며 쾌활한 성(性)"을 만들어 가자는 것이다.

---

[12] Ibid.

이런 이유로 설령 한국 화폐가 다른 나라 화폐보다 품질이나 가치상으로 개인 경제적으로 다소 불이익이 있다고 하더라도 민족 경제상 이익이 있다는 사실을 고려하여 적극 통용해야 한다는 것이다. "의복음식" "가장즙물" "일용품물"에 이르기까지 부득이한 물건 외에는 물산장려를 철저하게 실천에 옮겨 "상공업"을 진흥시켜 "직접으로 실업계의 진흥과 융창"을 도모하고 "간접으로 일반사회의 발전과 진보를 기하야 근역삼천리가 이천만민족의 진개낙원진개에덴이 되기를 지성으로 갈망"하자고 촉구했다.

둘째, 공덕심(公德心)과 공익심(公益心)에 호소했다는 점이다. 국내 산업을 발전시키려면 정부가 중심이 되어 산업발전을 이룩해야 하지만 나라 잃은 현금의 상황에서 그 일을 실천할 수 있는 길은 백성들이 애국심을 가지고 동참하는 길 밖에 없었기 때문이다.

셋째, 발기인 명단이 보여주듯 기독교 인사들, 특별히 산정현교회 당회원과 교우들이 중심이 되었다는 사실이다. 동아일보는 조선물산회 기사를 보도하면서 서두에 "평양부 유지제씨의 발기로 조선물산회 창립총회를 개최한다"고 고지했지만 실제로 발기인의 주축은 평양부 유지제씨가 아니라 평양 교계 지도자 제씨였다.

특별히 명단에서 보듯이 평양의 기독교계 지도자들이 대거 여기에 참여했다. 발기인 명단에 참여한 이들 거의 모두 평양교계를 대변하는 인물들이었다. 특별히 조만식, 김동원, 김찬두, 양성춘, 오윤선 등 산정현교회 당회원과 집사가 물산장려회를 주도하였다. 당시 김동원, 김찬두는 산정현교회 장로였고 조만식, 오윤선, 양성춘은 산정현교회 집사였다. 임시 사무실로 사용하는 것도 야소교서회였다.

평양의 기독교 지도자들이 중심이 되고 발기회 장소도 야소교 서회로 정한 것에서 보듯이 물산장려운동은 처음부터 기독교 민족운동의 일환이었다. 3·1독립운동이 일제의 무력 탄압으로 민족적 수난을 당하는 상황에서 산정현교회 장로들과 집사들은 민족자본 육성이 시급하다는 결론을 내리고 물산장려회를 결성한 것이다. 기독교인들이 이 일을 시작했지만 민족중흥과 민족자본육성이라는 애국적 발로였기 때문에 **동아일보**는 이 일에 적극 참여했다.

1920년 7월 물산장려회가 발기한 후 1년 6개월 동안의 활동에 대해서는 기록을 찾을 수 없다. 물산장려운동을 처음부터 소상하게 소개해준 동아일보에서도 전혀 발견할 수 없다. 물산장려운동에 대한 기사가 다시 실리기 시작한 것은 1922년 1월이다. 1922년 1월 4일 동아일보는 "경제적 각성 촉하노라"는 제목으로 조선의 백성들과 경제인들이 분발하자고 독려했다.[13]

우리 민족의 결점이 "경제를 경시"하고 "산업을 무시함이니 경제의 발달이 무하면 그 생활이 빈핍할 것은 물론이며 산업의 개발이 무하면 그 사회가 쇠잔할 것은 명료한 사실"이다. 그런데도 "조선민중은 그 빈핍을 오히려 고상하다," "그 쇠잔을 오히려 청아하다"고 생각하고 있다. 우리에게 가장 시급한 과제는 경제력을 키우는 것이다.

"경제가 사회의 기초"며 "인생의 제일조건"이고 "문화향상의 근본토대"이다. "물론경제가 인생의 전부가 아니며 인생의 최고이상"은 아니지만 "경제가 그 최고 이상을 달하는 제일착수단이 되는 것은 확연한 사실"이다. 이런 이유로 조선민중이 다음 내용을 실천에 옮길 것을 촉구했다:

> 오인(吾人)이 금년[1922]에 기(期)할 것은 단단한 결행(決行)이라. 하를 결행(決行)할고 첫재 조선인은 조선인 상점에서 매(買)하며 조선인 상인을 통하야 매(買)하고, 둘재 조선인은 조선인의 제작품을 사용하며 조선인의 편익을 도모하고, 셋재 이와 갓치하야 경제적 자립을 기하되 일 근면(勤勉)하며 검소하며 저축하며 협동하고 일면으로 경제적 지식을 수득(修得)하는 동시에 타면(他面)에는 과학적 경영방법을 채용하라. 차외에도 필요한 방법이 허다하거니와 오인은 신년벽두에 경제적 자립이란 대주지하(大主旨下)에 기개조(幾個條)의 필요사항을 일반 민중에게 고하야써 그 결행을 요하고자 하노라.[14]

이처럼 동아일보는 구체적인 물산장려운동의 행동강령까지 제시했다. 그것은 조선의 경제적 자립을 위해 조선인은 조선인 상점에서 조선 상인을 통해

---

[13] Ibid.
[14] "경제적 각성 촉하노라," 동아일보 1922. 01. 04.

물건을 구입하고 조선인이 제작한 물품을 사용하자는 것이다. 그러기 위해서는 한국인이 경영하는 산업이 활성화 되어야 한다는 보았다. 같은 해 1922년 5월 17일 동아일보가 "산업운동을 제창하노라"는 제목으로 산업 육성의 필요성을 제시한 것도 그런 맥락이다.[15] "이천만 민중이여 생하려는가, 사하려 하는가"로 시작한 이 글은 오늘의 현실을 직시하도록 도전하고 있다.

지금 일본인 동탁회사의 점탈, 일인의 직조공장 독점, 일인의 광대한 임야 소유로 인해 "식완(食碗)" "의착(衣着)" "주택(住宅)" 등 모든 분야에 이르기까지 일본인에게 의존하고 있으며, 일본인들의 경제 찬탈로 한국인들은 생존을 위해 평야를 떠나 산속 깊은 곳으로, 도시에서 시골로 이동하는 경향이 뚜렷하다.

한 마디로 당시 한국인의 경제 상태는 심각한 위기를 만나고 있다. "그 원인은 만인이 공지하는 것과 갓치 조선(朝鮮)의 금융권(金融權)을 장악한 조선식산양대은행(朝鮮殖産兩大銀行)과 암기삼정영목등제부호(岩岐三井鈴木等諸富豪)의 경제적 약탈(經濟的 掠奪)을 자유방종(自由放縱)한 까닭이라"[16]고 보았다. 그런 후 다음 네 가지 해결 방책을 제시했다:

"금(今)에 오인이 산업운동을 제창한 소이(所以)라. 그 방책이 여하오. 첫재 민족적으로 일치단결하야 경제적 주체(主體)를 작할 것이니 경제적 이세(經濟的 理勢)로 말하면 물론 개인이 경제상 주체가 되는 것이나 현하(現下) 조선인에 지(至)하야는 도저히 개인으로는 타인의 경제적 약탈을 방지할 세력(勢力)이 업스며 개인으로는 이권상(利權上) 보호를 철저히 할 수가 업는 것은 사실이라. 그러므로 조선민족된 자는 소리(小利)를 사(捨)하고 대국(大局)에 착안(着眼)하야 민족적(民族的) 경제단체(經濟團體) 하(下)에 집중할 것이며, 둘재는 조선인은행을 전부 합동하야 일대(一大) 금융기관(金融機關)을 설립하고 본점은 경성에 지점은 지방에 설치하야 일로써 조선인 상공자금(商工資金)을 원조하며 일로써 조선인 대차신용(貸借信用)을 민활히 하며 예금저축을 장려

---

[15] "산업운동을 제창하노라," 동아일보 1922. 05. 17.
[16] Ibid.

하야 소위 친(親) 은행(銀行)의 지휘기반을 이탈하게 할 것이며, 셋재는 토산보호이니 조선의 토산물품(土産物品)이 외품수용(外品 需用)으로부터 쇠퇴하며 자멸되어 가는 것은 사실이라. 종차(從次)로 조선인된 자는 사소(些少)의 이해(利害)가 유(有)할지라도 조선산물을 식(食)하며 의(衣)하며 용(用)할 것이며 또한 방방곡곡에 소비조합을 설(設)하야 향촌시장(鄕村市場)의 상리(商利)를 보호할 것이며, 넷재는 민족적으로 경조조사기관(經濟調査機關)을 설립하야 조선의 유리한 제조공업은 조선인으로 경영케 할 것이니 이에 대하야는 보조장려(補助奬勵)가 필요하며 관세정책이 필요하도다.[17]

국내산업운동을 전개하기 위해서 민족적으로 일치하여 경제적 자립을 이룰 것, 조선인은행을 전부 통합하여 일대 금융기관을 설립할 것, 토산물품을 소비하여 외국상품으로부터 보호하고 이를 위해 소비조합을 만들 것, 민족적 경제조사기관을 설립하여 조선의 유리한 공업은 조선인으로 경영하게 할 것, 그리고 조선인 공업을 보호하기 위한 정부의 보조 장려책과 관세정책을 촉구할 것을 제안했다.[18]

동아일보가 제시한 내용이 상당히 구체적이다. 인도의 간디의 비협동운동을 사례로 들어 구체적인 산업운동의 실천 방안도 제시했다. 일제하의 통제 속에 있는 한국 정치 상황에서 동아일보가 이렇게 노골적으로 일본의 경제 침탈을 언급하면서까지 국내산업의 육성의 필요성을 제기한 것은 대단한 용기가 아닐 수 없다.

외래 물품을 구입하지 말고 국산품을 애용하여 민족자본을 육성하자는 물산장려운동은 일제의 시각에서 볼 때 일제의 경제수탈에 대한 일종의 항거였다. 일제가 처음에 이 운동을 지켜보다 점차 세력을 떨치며 기대 이상의 호응을 받자 더 이상 저변확대 되지 못하도록 막으려고 했던 것도 그 때문이다.

---

[17] Ibid.
[18] Ibid.

2. 물산장려회 창립총회와 협력기관들

한국의 역사학계는 물산장려운동의 출발을 1923년 1월 23일 경성에서 조직된 조선물산장려회에서 찾는 경향이 있다. 이것은 사실이 아니다. 주지하듯이 물산장려회는 그 보다 2년 6개월 앞서 1920년 7월 평양에서 조선물산장려회 발기회가 조직되어 평양을 중심으로 시작되었고 2년 후인 1922년 6월 평양에서 물산장려회 창립총회가 결성되었다.

이어 1922년 12월 자작회와 토산애용부인회가 조직되고, 1923년 1월 경성 조선물산장려회가 조직되면서 평양을 넘어 전국적인 운동으로 발전했다. 역사적 진행과정을 고찰할 때 조선물산장려회는 1920년 평양의 기독교 지도자들이 중심이 되어 시작된 애국적 민족운동임을 부인할 수 없다. 따라서 이 운동의 기원과 발전 과정을 정확히 이해하기 위해서는 평양의 물산장려회 창립총회, 자작회와 토산품애용부인회 조직, 서울의 조선물산장려회 창립총회를 역사적으로 고찰할 필요가 있다.

물산장려회 창립총회

1920년 7월 30일 평양 차관리 야소교서회 2층에서 발기회를 갖고 바로 총회를 개최하기로 결정했다. 1920년 8월 22일 동아일보는 "평양유지 김동원 조만식 제씨의 발기중이던 조선물산장려회는 來 이십삼사일 경에 창립총회를 개최한다"며 조선물산장려회 창립 소식을 전했다.[19]

그러나 어떻게 된 일인지 이날 총회는 열리지 않았다. 총회는 그로부터 약 2년이 지난 1922년 6월 20일에야 열렸다. 본래 처음 계획했던 것보다 2년이 늦어진 것이다. 왜 늦어졌는지 정확한 이유에 대해서는 알려지지 않았다. 다만

---

[19] "물산장려회창립" 동아일보 1920. 08. 22.

1922년 5월 26일자 "물산장려발기회"라는 동아일보 기사를 통해 내부적으로 무언가 "사정(事情)"이 있었음을 알 수 있다:

> 작추(昨秋) 평양에서 발기(發起)되얏든 조선물산장려회는 기간사정(其間事情)으로 하야 총회를 개최치 못하얏든바 去[5월] 十六日오후 팔시부터 평양기독교청년회관 내에서 다시 발기인 총회를 개최하고 만반을 협정하얏는대 상무위원으로 조만식 고진한 김광원 한영길 김형식 五氏가 선정되얏는바 동상무위원은 금후 조선물산장려를 위하야 대대적으로 선전을 행하며 회원을 모집하야 불원(不遠)창립총회를 개최하리라 더라.[20]

어떤 이유에서인지 발기인 총회를 가진 조선물산장려회는 예정된 날짜에 창립 총회를 개최하지 못하고 거의 2년이 지나 발기인 총회를 다시 열고 이어 창립총회를 가졌다. 조선물산장려 창립총회는 예정된 날짜에 평양 장대현교회 예수교청년회관에서 열려 회무와 임원 선거가 순조롭게 진행되었다. 50여명이 참석한 가운데 임시 회장 조만식이 그 취지를 설명하고 김형식이 경과보고 한 회칙을 통과하고 임원도 선출했다. 회장에 조만식이 부회장에 이덕환이 이사에는 김동원 오윤선을 포함 10명이 선출되었다. 1922년 6월 26일 동아일보는 "물산장려창립" 기사 보도를 통해 물산장려회 창립 소식을 전국에 알렸다.[21]

> 기(旣)히 보도한 바와 여(如)히 조선물산장려회에서는 거(去) 이십일 오후 팔시반부터 평양장대현 예수교 청년회관내에서 창립총회를 개최하얏는대 출석회원이 오십여명에 달하얏다. 임시 회장 조만식 씨가 취지를 설명하고 김형식씨가 경과사항을 보고한 후 회칙을 통과하고 임원을 선거하얏는대 그 씨명은 여좌(如左)하더라. 회장 조만식(曺晩植) 부회장 이덕환(李德煥) 이사 김동원(金東元) 김성업(金性業) 김형식(金瀅植) 고진한(高鎭翰) 임영숙(林英夙) 김형숙(金亨淑) 변현성(邊賢成)여

---

[20] "물산장려회발기회" 동아일보 1922. 05. 26.
[21] "물산장려운동" 동아일보 1922. 06. 26.

사 오윤선(吳胤善) 최용훈(崔龍勳) 조명식(趙明植).[22]

조선물산장려회가 평양산정현교회가 중심이 되어 시작되었다는 사실은 창립총회 임원 조직에서도 분명하게 드러난다. 회장 조만식과 이사 김동원과 오윤선이 산정현교회 교인이었다. 김동원은 산정현교회 수석장로였고, 조만식과 오윤선은 평양과 인근 25개 교회 1,000여명의 축하객의 축하를 받으며 1922년 산정현교회 장로로 장립 받았다. 산정현교회 당회를 대표하는 김동원, 조만식, 오윤선이 축이 되어 물산장려회 임원진이 구성된 것이다.

이 세 사람은 교회 일로 자주 만나며 함께 많은 대화를 나누며 민족의 미래를 염려했다. 산정현교회 담임 목사 강규찬과 당회는 물산장려운동의 신실한 후원자였다. 그것은 강규찬 목사가 비록 발기인 명단과 임원 명단에는 포함되지 않았지만 물산장려운동을 독려하는 강연회 강사로 활동한 것이나 핵심 당회원들이 임원단에서 중책을 맡은 것에서 충분히 짐작할 수 있다.[23] 김동원, 조만식, 오윤선이 축이 된 산정현교회가 물산장려운동의 활동 무대를 만들어 준 셈이다.

조선물산장려회는 구체적인 실천을 위해 조선물산장려조합을 조직하기로 하고 6월 26일 평양 대성관에서 조선물산장려조합 창립총회를 개최했다.[24] 이날 임시 회장 홍재기가 조선물산장려에 대한 취지를 설명한 후 규칙통과 임원선거를 실시하여 조합장에 홍재기, 이사장 장덕건, 서기 장종건, 이제학, 평의원, 박경석, 정세, 한윤찬, 김성업, 김형식, 최창호, 김행일, 회계 이길원, 김종섭 등이 선출되었다.[25]

1923년 서울에서 조선물산장려회 총회가 개최되기 전 평양에서는 조선물산장려회와 조합까지 조직되어 본격적으로 물산장려운동을 전개하기 시작했다.

---

[22] Ibid.
[23] "장산급금주강연" 동아일보 1923. 03. 22.
[24] "조선물산장려" 동아일보 1922. 06. 17. 동아일보에 수록된 평양물산장려조합 취지서 발기인 명단은 다음과 같다. 홍재기, 장덕건, 한윤찬, 김윤신, 박경석, 정세윤, 김창하, 심혼경, 김형식, 조만식, 김성업, 임석규, 이진태, 김행일, 현기명, 최창호, 이동초, 김형숙, 이제학, 이준용, 김종섭, 김경호, 조동구, 장종건, 장문찬, 이교식, 이길원, 오완종, 박기수, 서영전, 이정하, 김한영, 이덕환, 최창환, 김두팔, 최병혁, 함화선, 안병의 무순.
[25] "물산장려속보" 동아일보 1922. 06. 29.

주지하듯이 이 과정에서 평양 지역 교계 지도자들이 중추적인 역할을 감당했다.

자작회

물산장려운동이 전국적인 운동으로 확산되기까지는 자작회와 토산애용부인회도 중요한 일익을 담당했다.[26] 1922년 12월 조직된 자작회는 연희전문학교 염태진(廉台鎭) 박태화(朴泰和) 등 50명이 이광수 김항작 지도하에 국산품 애용운동을 펼치며 민족정신을 고취하는데서 출발하였다.[27] 이들은 "조선민족이 경제적 위기"에 처한 상황을 목도하고 "구제 방도"를 깊이 고민하다 자작회를 발족했다.

자작회 취지문에서 밝힌 대로 당시 조선인들이 수출하는 수출품은 백미 200만석과 우피대두 가격이 지천인 농산물뿐이고 소비품 거의 전부는 가격이 극심한 수입 공산품들이었다. 때문에 수입이 항상 지출보다 높았고 과거 10년 동안 조선의 민족적 경제력은 파산 지경에 도달했고 공업도 상업도 없는 데다 조선인들의 유일한 재산인 토지마저 10분의 6이 일인의 손에 넘어갔다. 이들은 이런 상태로 나아간다면 조선 경제의 멸망은 불 보듯이 뻔 한 노릇이라고 판단했다.[28] 우리 민족을 경제적 멸망에서 구할 수 있는 가장 유일하고 근본적인 방책은 조선인의 필수품을 급히 조선 사람의 손으로 제조하는 일이라고 보았다.[29] 또한 "조선인은 일치하야 토지를 전당하거나 매도하지 말고 매입하기를 힘쓸 것"을 제안했다. 조선 사람들이 먹고 입고 사용할 조선의 물산을 생산 공급할 수 있는 영국의 길드식대산업조합을 결성하여 조선 전체의 생산소비의 기관으로 삼자는 제안도 했다.

이들은 조선인 전체가 자작자급의 정신으로 가급적으로 수입품을 먹거나

---

[26] 참고문헌으로는 **항일학생민족운동사연구(抗日學生民族運動史研究)** (정세현, 일지사, 1975); 조지훈, **한국민족운동사(韓國民族運動史)** 한국문화사대계 1 (서울: 고려대학교민족문화연구소, 1964)이 있다.

[27] "자작회 발기, 자작자급의 목적" **동아일보** 1922. 12. 17.

[28] Ibid.

[29] Ibid.

입거나 사용하지 말고 조선 물산을 먹고 입고 사용할 것을 촉구했다.[30] 이들은 당시 일본의 조선 경제 수탈이 얼마나 심각했는가를 정확히 간파하고 있었다. 자작회가 내건 조선인은 조선인이 만든 제품만을 사용하고, 조선인의 일용품은 조선인의 손으로 만들고, 조선인은 일치하여 토지를 저당하거나 매도하지 말고 매입하는 데만 힘쓰자는 모토는 물산장려운동의 취지와 정확히 일치한다.

다음날 1922년 12월 18일 동아일보는 "자작회, 경제적 자립의 정신"이라는 제목으로 경제적 자립의 중요성을 역설하였다. 다음 내용에서 보듯이 동아일보가 사설을 통해 제시한 내용은 물산장려회는 물론이고 자작회가 제시한 자작정신과 일맥상통 한다:

> 조선인이 산업이 발달이 되지 못하고 그 반면에 일본인의 자본주의가 점차로 그 세를 확대하게 되매 조선인의 생활은 일(日)노 궁축(窮縮)을 당하야 먼저 도시(都市)로부터 구축(驅逐)이 되고 둘재 농촌에서 그 토지와 가옥을 실(失)하야 맞참내 생명을 유지(維持)치 못하고 그 자녀와 부모를 양육치 못하는 형세(形勢)를 당하게 되니 ... 부산으로부터 신의주까지의 경부경의양선의 주요도시를 관하건대 주요가지는 전부 일본인이 점령하얏스며 단(單)히 그 주요부분을 점령할 뿐 아니라 그 생활상태를 관찰하면 조선인은 사(死)한 것과 여(如)하고 일본인은 과연 생(生)한 것과 여(如)하도다. ... 일본은 사회상으로 우승(優勝)한 계급(階級)을 점령(占領)하고 조선인은 비열(卑劣)한 계급(階級)에 처(處)하게 되는도다. ... 조선인은 이와 가치하야 천(賤)하야지고 이와 가치하야 사람구실을 못하게 되는도다. 조선인은 차(此) 사실(事實)을 차(此) 대세(大勢)를 분명히 지각(知覺)하여야 할지니 보라 경제가 생활의 기본이오 경제적 조건이 생활의 제일 조건이라. 차(此)를 실(失)하는 자는 경제적 권리 경제적 기초 경제적 자립의 기초를 실(失)하는 자는 모든 것을 실(失)하는도다. 그 인격을 실하고 그 권리를 실하고 그 문화와 아울러 가정과 부모까지를 실하는도다. ... 조선인은 자본이 무(無)한지라 상업에 실패(失敗)하며, 조선인은 자본이 무(無)한지라 또 공업에 실패(失敗)하는도다. 조선인은 그 사용품을 제작하지 못하고

---

[30] Ibid.

판매하지 못하는 도다. 이와 갓치하야 일본인의 자본주의가 왕성하면 왕성할사록 조선인은 그 반비례로 궁축(窮縮) 멸망(滅亡)을 당하게 되는도다. ...이럼으로 오인은 먼저 조선인이 그 산업의 발달을 인의적(人意的), 결정적(決定的)으로 장려(奬勵)하고 도모(圖謀)하기를 주장하며 일본인의 자본주의에 대항하기 위하야는 첫재 조선인이 소비에 동맹하고 둘재 생산에 단결하기를 희망하노니 차를 환언하면 조선인이 소비에 동맹함으로 그 생산의 발달을 기도하자 함이로다. 자본주의적(資[本]主義的) 사조직하(社組織下)에 재(在)하야 무산자적(無産者的) 생산동맹(生産同盟)을 기약(期約)함이 혹 모순(矛盾)인듯 하나 그러나 경제적 자립의 정신으로 노력을 합하면 이 근대국가의 산업발달에 대한 정책이라 즉 자본을 축하고 기술을 발전하는 정책이라. 이 소기의 목적을 어느 정도까지는 가히 달할지니 조선형제는 차에 대하야 철저한 각오로써 몬저 시(試)하야 행(行)하라.[31]

동아일보는 자작회 결성을 환영하며 이를 무게 있게 보도했다. 동아일보는 기사 마지막에 이와 같은 의미에서 "염태진씨 외 다수유지의 발기한 자작회에 대하야 만강의 찬의를 표하고 아울러 일반형제의 열열한 동정"[32]을 구한다는 멘트까지 달았다. "소비 동맹"과 "생산 단결"을 촉구하는 등 민족자본 육성과 국산품 애용이라는 측면에서 물산장려운동과 자작회는 서로 통하는 점이 많았다. 자작회를 물산장려운동과 다른 별개의 독립된 운동이 아닌 물산장려회의 일환으로 보아야 하는 이유가 여기 있다.[33] 자작회는 폭넓은 지지를 얻었다. 자작회와 물산장려회가 서로 견제하기보다 시너지 효과를 낼 수 있었던 이유도 거기 있다.

이와 같은 움직임에 힘입어 1923년 1월 자작회 창립총회가 서울에서 개최되었다. 회장에 김재홍, 총무에 강달영 재무에 신현수 간사에 천석구 등이 선출되었다. "조선물산만을 먹고 입고 쓰자"[34]는 자작회는 지식인들 사이에서도 점

---

[31] "자작회, 경제적 자립의 정신," 동아일보 1922 12 18.
[32] Ibid.
[33] "조선물산장려운동의 단서," 동아일보 1923. 01. 24.
[34] "조선물산 만을 먹고 입고 쓰자" 동아일보 1923. 02. 08.

차 널리 확산되었다. 자작회는 곧 전국 여러 곳에서도 결성되었다. 1923년 1월 29일 전라남도 무안군에서, 1923년 2월 8일 전주여자기독청년회에서 그리고 같은 해 3월 2일 경상남도 의령에서 지회가 조직되었다.[35] 이들은 토산물 애용만 아니라 외화배척, 금주금연운동, 저축운동을 적극적으로 주창하고 실천에 옮겨나갔다. 자작회는 서대문에 자작회 판매부를 신설 조선 물산을 싼 가격에 각 지방에 공급하기로 했다.[36] 이처럼 자작회는 1923년에 접어들어 "일층 그 기세"가 높아지고 이론적으로도 진일보하였다.

토산부인회

자작회가 연희전문학교 학생들을 중심으로 일어났다면 토산애용부인회는 의식 있는 서울의 중류층 이상의 부인들이 중심이 되어 결성되었다. 이들은 죽어가는 우리 민족의 살길이 남의 나라의 빚쟁이가 되지 않도록 "스사로 살림을 충실하게 함에 잇다"고 자작했다. 가정에서부터 물산장려가 실행에 옮기려 했다는 점에서 이 운동은 당시 캄캄한 우리 민족의 앞길에 그래도 미래를 밝게 하는 "다소의 밝은 빗"[37]이었다.

박영자, 최영아, 리숙 등 여러 부인들이 중심이 되어 약 50여명이 토산애용부인회를 발기하고 2월 5일 서대문민우회에서 창립총회를 열었다. 홍욱경의 사회로 진행된 이날 창립총회는 규칙을 원안대로 통과하고 순서에 따라 임원선거를 실시했다. 이어 최영아가 등단하여 "꽃치피고 입히 떠러지는 것만 보고 세월이 가는 줄알든 우리부인들도 이제부터는 세상일을 좀 하자"고 역설했다. 문세완 박영자 역시 젊은이보다 늙은이들이 본 회의 뜻을 찬동하자고 제안했다. 다음에서 보듯이 이들의 발기 취지서는 다분히 감상적이지만 가정 소비를 집행

---

[35] "자작회 창립총회" 동아일보 1923. 01. 29.
[36] "조선 물산만을 먹고 입고 쓰자는 자작회에서는 그 동안 여러 가지로 활동한 결과 회의 사업이 차차 진행되야 지금은 그 회사 사무소를 시내 서대문덩일덩목 일백사십이번디에 두고 모든 사무를 보는 중이며 더욱히 그 사무소 아래 청에는 판매부를 두고 조선물산을 각디방으로부터 주문하야 가장 싼 갑으로 일반에게 공급코저 한다더라." 동아일보 1923년 2월 8일
[37] "토산애용부인회" 동아일보 1923. 02. 07.

하는 여인들의 입장에서 물산장려의 중요성을 인식하기 시작했다는 점에서 큰 의미가 있다:

> 우리 조선 사람은 이제 제힘으로 저 살아갈 예산이 업고 제멋대로 제 뜻을 펴나갈 긔운이 업는 지경에 빠젓스니 우리가 엇지 저 거미나 개아미가 붓그럽지 아니하며 가마귀나 까치무리가 부럽지 아니하릿가. 우리는 모조리 팔아먹고 못살게 되야소이다. ...
> 이제 우리는 우리 살림을 이 가치가 업시 되게 한 큰 허물이 첫재 우리 녀자들에게 잇다고 스사로 생각합니다. ... 우리들의 동포가 만들어주고 우리들의 조상이 입으시고 쓰시던 우리 토산을 무엇이 부족해서 입지 못하고 쓰지 못하오릿가. 이제 우리는 깁히 늑기는 바잇서서 이에 토산애용부인회를 발긔하오니 약한 우리들의게 무슨 큰 경륜이 잇스릿가마는 다만 우리는 한결 가치 정성과 결심으로 토산품애용하고 용도를 절약하야 전 민족뎍으로나 우리의 가정으로나 다 각각 부인된 책임을 다 함으로써 못살게 된 우리 살림에 얼마이나마 도움이 잇슬가 할뿐이외다.[38]

취지서에는 비록 여자의 몸으로 제약이 있지만 가정 살림을 담당하는 책임자로 물산장려에 힘쓰겠다는 각오가 잘 담겨져 있다. "큰 허물이 첫재 우리 여자들에게 잇다," "한결 가치 정성과 결심으로 토산품애용하고"라는 표현이 이를 단적으로 말해준다. 발기회에 참석하는 이들은 가정에서 살림하는 이들이 대부분이었으나 창덕궁과 기타 각 사회에서 활동하는 부인들도 많았다.[39] 1923년 2월 8일 동아일보는 "토산애용부인회의 성립, 절실한 각오를 요망"이라는

---

[38] "토산애용부인회" 동아일보 1923. 02. 07.
[39] 회장에는 72세의 심정택씨가 부회장에는 53세의 홍옥경씨가 선임되었다. 간사장 겸 재무에 최영아, 부 간사장 박영자. 서기 이숙, 간사 이숙자, 이도, 윤창구, 이인숙, 노숙경, 박순자, 김성배, 김홍만, 금정진화, 문세완, 이숙영, 최현전, 손경해, 박세규, 이경옥, 김신복, 이숙종, 평의원 유선심화, 남자옥, 노대자심, 김계연, 유청정화, 김대은성, 백무량수, 안법화행안창수, 금자비월, 노대자, 박정숙, 정원각성, 금정정일김숙경 등이다. "결의 사항은 달마다 음력 이십일로 예회를 개최하야 의견을 교환할 것과 림시 사무소는 민우회관 안에 둘 것과 내일부터라도 토산으로 옷을 지여 입을 것과 회원을 만히 모집할 것 등이라더라." "토산애용부인회" 동아일보 1923. 2. 7.

사설을 통해 토산애용부인회 조직에 대해 다음과 같이 상당히 고무적으로 평가했다 :

> 물산장려의 부르지즘이 다만 우리의 구설(口舌)에 근치여서는 아니되겟다는 의미에 잇서 우리의 사랑하는 모자각위(母姊各位)의 발기(勃起)로 조직된 토산애용부인회의 성립을 축[하]하노라. …우리는 이러한 뜻으로 토산애용부인회의 성립이 비단 조선여자계(朝鮮女子界)의 첫 소래일 뿐만 아니라 물산장려운동의 일반적 진행에 몟 배(倍) 이상(以上)의 실력을 더하게 된 것으로 생각하는 바로다. 비(比)하야 말할진대 금상첨화(錦上添花)라 하는 것보담 동주상구(同舟相救)의 의미(意味)가 유(有)하다 할 것이로다. 우리는 이 회(會)의 전도(前途)를 충심으로 축하는 동시에 지방 각처에서도 이와 갓흔 부인회단체가 날로 발기되기를 바라는 바로다. … 금번의 물산장려운동과 갓흔 적호(適好)한 시기(時機)는 우리 조선부녀계(朝鮮婦女界)의 사회적(社會的) 자각(自覺)을 촉진(促進)케하며 또 부녀계(婦女界)의 사회적 능률을 발휘(發揮)케 할 기회인줄 밋는 바로다.⁴⁰

토산애용부인회는 물산장려회와 연계하여 할 수 있는 대로 여러 곳을 방문 순회강연을 하며 이 운동을 널리 알렸다. 1923년 3월 4일에는 최영아(崔英雅)가 "내 살림 내 것으로," 박영자(朴英子)가 "시작자급," 김계송(金係松)이 "토산애용에 대한 녀자의 책임," 그리고 김건우(金建雨)가 "실지로 행하라"는 제목으로 평북 선천에서 토산부인강연회를 개최하였다.⁴¹ "우리도 남과 가치 살기 위하야 우리 물건을 입고 쓰자"는 주제로 같은 해 3월 4일 경성 시내 경운동 천도교당(天道敎堂)에서 열린 강연회에서는 "만흔 열성을 가진 일반민중"은 강의시간 전부터 "사면으로 모혀들어 텬도교당이 넘치고 터질듯이 대 상황을 일우엇는대 그 수효가 무려 이천오백명에 달"⁴²하엿다.

이날 홍옥경(洪鈺卿)의 개회사가 있은 후 최영아, 박영자, 김건우, 김계송의

---

⁴⁰ "토산애용부인회의 성립" 동아일보 1923. .02. 08.
⁴¹ "토산부인강연 명사일밤에" 동아일보 1923년 3월 3일.
⁴² "토산부인의 절규," 동아일보 1923년 3월 6일.

강의가 이어졌다. 이들은 강연을 통해 "조선 사람으로 조선 물건을 입고 쓰고 하여야 할 것을 가장 자미 잇고 열렬하게 말하야 일반 텽중에게 만흔 감상을 주고 동열시경에 무사히 폐하엿더라."⁴³ 토산애용부인회는 의주군 위화면에서도 토산애용부인회가 결성되는 등⁴⁴ 점차 전국으로 확산되어 나갔다.

얼마 후 토산품애용부인회는 토산품을 쓰고 입자는 목적으로 김숙경 외 오십여 명이 발기한 미풍회와 합동했다. 미풍회 회원들이 토산애용부인회에 가입을 논의하다 같은 목적을 가진 두 단체가 아예 합동하기로 의견을 모으고 1923년 4월 14일 서대문 민우회관에서 합동총회를 개최하였다. 이날 80여명의 회원들이 참석한 가운데 김성숙(金性淑)의 사회로 상견례를 마치고 의사를 진행했다. 고숙경(高淑卿), 이석정(李奭貞), 이성래(李性來), 양근환(梁根煥) 등 미풍회 지도자들이 토산품애용부인회의 주요 간부로 피선되었다.⁴⁵ 합동 후 이들은 "그 회의 목덕을 철저히 실행하기 위하야 순전한 토산품만 파는 완전한 상뎜을 경영할 닥뎡으로 의견을 교환"하고 이를 실행에 옮기기로 4월 월례회에서 결의했다.⁴⁶ 다시 좀 더 구체적인 실천을 위해 임시총회를 열고 구체적인 조직 방법을 결정 창립위원 삼십 인을 선거하고 유한책임조합으로 명칭은 토산애용부인상회라고 하고 자본금은 일에 십원 씩 사만 원으로 제일 회 불입금은 이만 원으로 사업을 착수하기로 결정했다.

"영업의 종류는 토산품의 매매 조선의 복류의 제조판매 가뎡부업의 주선등이라 하며 리익이 생길 때는 그 일부를 토산장려운동과 밋 일반자선사업"⁴⁷에 쓰기로 했다. 하지만 이를 실천에 옮기기 위한 자금 조달이 쉽지 않았다. 토산애용부인회는 물산장려회와의 유대관계를 더욱 돈독히 하고 상호 협력증진을 위해 사무실을 시내 관훈동 물산장려회관 안으로 옮기고 유한책임조합이 돈이 많이 들기 때문에 일단 소규모하기로 하고 현금 이천 원으로 모집했다.⁴⁸

---

⁴³ "토산부인의 절규," 동아일보 1923년 3월 6일.
⁴⁴ "토산애용부인회," 동아일보 1923년 4월 5일.
⁴⁵ "양부인회합동" 동아일보 1923. 04. 15.
⁴⁶ "토산상점계획" 동아일보 1923 4 16일.
⁴⁷ "토산애용부인상회 창입계획" 동아일보 1923. 5. 14.
⁴⁸ "토산애용 부인상회" 동아일보 1924년 6월 1일.

물산장려 표어

　1922년 말에 접어들어 물산장려운동은 이미 전국적인 조직망을 가진데다 자작회와 토산애용부인회의 적극적인 지원과 협력에 힘입어 점차 확대 되었다. 1922년 12월 1일 물산장려회는 이 운동을 저변확대하기 위해 조선기독교청년회 이름으로 동아일보 광고를 통해 표어를 모집했다. 표어에는 "조선 사람은 조선 것과 조선 사람이 만든 것을 먹고 닙고 쓰고 살자"는 의미를 담아낼 것을 제시하였다. 1등 1명에게는 50원, 2등 2명에게는 15원, 그리고 3등에는 4인에겐 25원의 현상금도 내걸었다. 12월 20일까지 제출하고 제출처는 경성 조선청년연합회로 하였다.[49] 표어 현상은 심사 결과 1등은 없었다. 대신 2등 3명을 뽑았고 삼등에 4명이 뽑혔다. 동아일보 1922년 12월 26일자 신문에는 "조선물산장려 표어 현상 당선-조선청년회연합회"라는 제목으로 여기에 대해 자세하게 보도 했다:

　　조선물산장려 표어 현상 당선-조선청년회연합회
　　2등 내살림은, 내 것으로-김두관(金斗寬)
　　2등 내살림 내 것으로-오동원(吳東媛)
　　2등 조선사람, 조선 것-이광수(李光洙)
　　3등 조선사람, 조선 것으로-서인식(徐寅植)
　　우리는 우리 것으로 살자-권병길(權炳吉)
　　우리 것으로만 살기-배숙경(裵淑卿)
　　불보원물(不寶遠物), 유토물애(惟土物愛)-박기연(朴基衍)[50]

　2등 첫 두 표어 김두관의 "내 살림은 내 것으로"와 오동원의 "내 살림 내 것으로"는 글자 하나만 차이가 있을 뿐 같다. 2등 춘원 이광수의 당선작 " 조선 사람, 조선 것"과 서인식의 "조선사람, 조선 것으로" 역시 토씨 하나 차이다.

---

[49] 광고 "조선물산장려표어현상모집," 동아일보 1922년 12월 1일.
[50] 광고 "조선물산장려 표어 현상 당선" 동아일보 1922. 12. 25.

아마도 이런 이유로 1등을 선출하지 못했던 것으로 보인다. 동아일보는 "내 살림은 내 것으로"이라는 제하의 글을 통해 표어 심사 결과를 발표하면서 "위기에 처한 우리의 자위책으로 다시 여러 말할 것 없이 조선 사람 조선 것, 우리는 우리 것으로 살자는 방책 밖에 다시 활로가 없을 것이다"고 강조했다. 이제 남은 문제는 표어가 아니라 실제로 실천에 옮기느냐 마느냐 하는 것임을 독자들에게 환기했다. 동아일보는 조선기독교연합청년회를 향해서도 표어 모집으로 그치지 말고 계속 물산장려를 실제운동으로 발전시켜 나갈 것을 주문했다.[51]

물산장려 순회강연

국민계몽의 성격을 지닌 물산장려운동은 취지를 알려 동참을 호소할 필요가 있었다. 물산장려의 저변확대를 위해 조선기독교청년연합회(YMCA)가 나섰다. 조선기독교청년연합회는 전국을 순회하며 순회 강연회를 개최 물산장려운동을 널리 알리는 일에 앞장섰다. 1922년 12월 7일 조선청년연합회순강단(朝鮮靑年聯合會順講壇) 일행은 "상주야소교회내"에서 강연회를 개최했다. 이날 상주청년회 총간사 김세준씨의 개회사가 있은 후 김청수(金喆壽)가 "우리 해방의 요문(要門)"이란 제목으로 강의를 진행하여 참석한 4백여 명의 청중들에게 "다대한 감동"을 주었다.[52]

이들은 경북 의성에 도착하여 그곳 공립보통학교에서도 강연회를 개최하여 일반 청중들의 각성을 촉구하였다. 이 모임 역시 동아일보가 보도한 대로 "성황"을 이루었다. 1922년 12월 30일 동아일보는 다음과 같이 보도했다:

> 조선청년회연합회 순 강단 일행은 거[12월] 16일 의성에 도[착]하여 17일 夜(야)에 當地(당지) 공립보통학교에서 강연회를 개[최]하고 회장 오달세씨 사회 하에…(중략)…연사 김철수 씨는 경(更)히 조선물산장려의 사(辭)가 유(有)하야 일반 청중으로 하여금 심절한 각성을 촉한

---

[51] 동아일보 1922년 12월 26일.
[52] "상주에서 순회강연," 동아일보 1922. 12. 22.

후 동 10시 반에 폐회한 바 실로 성황을 정하였으며 연하여 만찬회가 유하였더라.[53]

하지만 전국적인 순회강연은 쉽지 않았다. 조선청년연합회의 순회 강연단이 의주 북하동에서 강연 도중 연사가 구인되는 상황이 발생했다. 경관은 연사가 "우리 조선 사람은 조선에서 나는 토산으로 입고 먹고 쓰고 하자는 말씀"을 듣고 강연를 중지시켜 강연회가 "산회"되고 말았다. 일경은 이튿날 아침 강연단 일행을 주재소로 오라고 하고는 배동수씨와 신태악씨를 신의주경찰서로 압송하였다.[54] 훗날 신태악은 그 상황을 다음과 같이 회고했다:

> 필자는 바로 그때 청년회연합회의 순회강연단으로 봉천에서 강연하고 돌아오던 길에 의주군 위화도에서 체포되어 신의주형무소에 구금되어 있었으므로 그 발기인회에는 참석치 못했으나 당시 청년회연합회의 중앙집행위원으로서 연합회 기관지인 '아성(我聲)'을 주간하고 있던 관계로 이 물산장려운동에 중요 실무를 담당하게 됐었다.[55]

물산장려운동의 전개가 쉽지 않았음을 단적으로 보여준다. 물산장려를 독려하는 전국 순회강연은 조선기독교청년연합회만 참여한 것은 아니다. 토산품애용부인회와 자작회 그리고 미풍회에서도 전국 순회를 하며 물산장려의 필요성을 역설했다. 앞서 언급했듯이 이들이 물산장려운동이라는 하나의 운동의 조직하에 움직인 것은 아니지만 국산품을 애용하여 민족자본을 육성하여 일제의 경제수탈에서 독립하자는 취지에 있어서는 같은 마음이었다. 그런 의미에서 동아일보가 지적한 대로 물산장려운동이 시작된 후 자작회와 토산품애용부인회가 결성된 것은 물산장려운동에 대한 일종의 시너지 효과를 가져다주었다.

---

[53] '청년연합경북순강', 동아일보 1922년 12월 30일.
[54] '토산장려론 중에 돌연히 중지', 동아일보 1922년 12월 31일자 3면.'
[55] 신태악, '물산장려운동의 전개', 신동아 (1969년 10월), 305.

동아일보의 물산장려운동 독려

동아일보는 물산장려회운동을 널리 홍보하는 것은 물론 때로는 보도를 통해 때로는 사설을 통해 때로는 토론의 장을 마련해 격려와 조언과 비판과 방향까지 제시했다. 1922년 3월 17일자 사설에서 동아일보는 조선이 "산업상으로 자립하라"며 다음과 같이 촉구하였다:

...시(試)하야 조선인의 산업상태를 고찰하건대 소존(所存)한바 토지며 소시(所恃)한바 농산(農産)뿐이라. 염(炎熱)한 서대(暑大)에 한신고골(汗身苦骨)하면서 수확한 농작물을 사분오할(四分五割)하야 기부분(幾部分)은 조세(租稅)로 제공하고 기부분(幾部分)은 일용상(日用上) 필요품(必要品)을 매입하고 기부분(幾部分)은 소작료를 지불하면 잔여(殘餘)한바 기하(幾何)오. 이리하야 풍세(豊歲)라도 포복(飽腹)의 낙(樂)을 향(享)치 못하고 흉년(凶年)이면 파산유리(破産琉璃)의 탄(歎)이 계지(繼至)할 뿐이며 피혁 광물 면작 견사 등산물은 타국공장의 원료품이 되며 주단포목 축재 심지어 잡화까지라도 외인상점에 소비품이 되나니 하(何)로 이(以)하야 생활을 유지하며 하(何)로 이(以)하야 문화를 발전하리오. 이에 경제적 각성이 필요하며 산업상 자립이 급박하도다. 한담(閑談)을 들니치고 가두(街頭)에 입(立)할 것이며 오락(娛樂)을 그만두고 공장에 입(入)할지라. 농업주의는 토지광협(土地廣狹)의 제한도 유(有)하고 보수점감(報酬漸減)의 법칙도 유(有)하야 여하(如何)히 근고노작(勤苦勞作)하여도 부의 세력을 증가키 난(難)하도다. 부의 가치를 증가하고 부의 흡수(吸收)를 기도(企圖)하랴면 상공업을 진흥하야 판로(販路)를 확장하며 물품을 제조하야 자급자족의 도(道)를 취(取)할 것이라. 그러자면 토산물장려도 필요하며 조사기관의 설립도 필요하며 상업회의(商業會議)도 필요하며 금융기관(金融機關)의 합동경영도 필요하며 경제시설의 운동(運動)도 필요하며 실업교육도 필요하도다.[56]

---

[56] "産業 上으로 自立하라" 동아일보 1922. 03. 17.

1923년 1월 9일 20여개 단체가 전국적인 규모의 국산품 애용운동을 조선물산장려회 발기준비회를 조직하려고 할 때 동아일보는 1923년 1월 5일부터 8일까지 4차례에 걸쳐 조선물산장려회에 관한 사설을 실었다. 동아일보는 1920년 7월 평양에서 산정현교회 조만식 김동원 김찬두를 중심으로 조선물산장려회 발기회가 결성되었을 때부터 이 운동에 적극 동참하며 이 사실을 전국에 널리 알렸다.

1923년 1월 5일 자 동아일보는 "주부에게 바라는 바라 살림살이에 대하여"[57] 라는 사설을 통해 물산장려를 독려했다. 동아일보는 이 사설에서 물산장려를 실천에 옮기기 위해서는 반드시 주부들이 물건을 살 때 우리 동포의 것을 사라고 권장했다. "우리의 산업이 발달되야 우리가 진실노 영원히 풍부한 생활을 하게 되기를 희망하거든" "장래를 생각하야 조선 사람의 물품을 쓰라."

다음날 1월 6일 자 사설에서는 인도의 간디가 실제로 성공을 거둔 "인도 수아라지 운동의 발전"을 소개했다.[58] 이 글의 핵심은 "인도의 수아라지 운동의 발전 비매동맹에서 완전독립으로"라는 부제에 잘 드러나고 있다. 인도의 민족적 자각의 촉진이 단순히 정치에만 아니라 산업과 기타 각 방면에 나타나고 있음을 지적하고 한국역시 인도의 사례를 통해 물산장려회의 가능성을 개진한 것이다.[59] 동아일보는 1월 7일 세 번째 사설을 통해 "경제조사기관의 필요"를 제창했다:

>…이럼으로 우리는 목하조선사회에 처하야서는 소비에 단결하고 동시에 생산방면에 노력을 합하는 것이 가할가 하나니 그러면 그 노력을 합하야 생산발달에 주력하는 방법이 엇더한가 … 조선 사람에게는 경제발달에 대한 조직적 조사기관이 업도다. …우리는 조선의 물산을 장려할 목적으로 조선(朝鮮) 전도(全道)의 청년이 중심이 되야 조선인의 경제발달에 대한 조사기관이 필요한 것을 절실하게 깨닷고 바라노니 이것은 우리가 금일에 비로소 각(覺)한 것이 아니라 재래에도 기회 잇슬 때마다

---

[57] "주부에게 바라는 바라 살림살이에 대하여" 동아일보 1923. 01. 05.
[58] "인도 수아라지 운동의 발전," 동아일보 1923. 01. 06.
[59] "사설" 동아일보 1923. 01. 06.

늘 제창하얏거니와 이제 더욱히 그 생각이 간절하니 그 조사기관의 할 바를 대략 말하면 첫재 조선에서 조선 사람으로 엇더한 물건을 산출하는지를 각 지방에 분하야 조사하야 발표 소개할 것이며, 둘재 엇더한 생산업이 조선에 필요하고 또 유망하다는 것을 조사하야 발표 소개할 것이며, 셋재 일본 사람이 엇더케 조선 사람의 돈을 빼아서가는가를 조사하야 발표 소개할 것이며, 넷재 조선 사람도 실업을 장려하야 살겟다는 의미 하에서 실업교육을 왕성히 할 것과 허명허예에 대하야 반대 선전할 것이며, 다섯재 제일 필요한 선전은 좀 더 부지런하고 영악한 것이라.[60]

마지막으로 동아일보는 1923년 1월 8일 "철저한 각오와 지구적 실행, 물산장려에 대하여"라는 사실을 통해 물산장려운동에서 가장 중요한 것은 실천임을 강조했다. "비록 하늘이 문어지고 땅이 꺼진다 할지라도 자기의 행할 바는 단연코 행하며 비록 천만인 억만 인이 방해하고 반대한다 할지라도 자기의 관철할 바는 반드시 관철"하자며 다음과 같이 독려했다. "장한 의지와 철저한 결심이 없으면 소소한 사업에라도 도저히 공을 세우기 어렵거든 조선 이천만 형제의 생활을 구제코자하는 이 물산장려의 민족적 운동에 대하야 그와 같은 각오와 결심이 없이 어찌 그 성공을 희망할 수가 있을가." 이 운동은 "결코 말만으로 될 운동도," 그렇다고 "체면상 부득이 하야 외면을 호도함"으로 달성될 수 있는 운동도 아니라는 것이다. 특별한 결단과 각오가 필요한 이유는 두 가지 측면에서 "결코 용이치 아니한 운동"이기 때문이다:

> 이 운동이 결코 용이치 아니한 운동인 소이(所以)를 논하건대 첫재 이 운동은 인심에 역행되기 쉬움이오 둘재 이 운동은 외계의 압박을 당하기 쉬움이라. 누가 싸고 편한 것을 취하지 아니할 자가 잇스며 또 누가 자기의 물건이 배척밧는 것을 보고 깃버할자가 잇스리오.[61]

---

[60] "경제조사기관의 필요" 동아일보 1923년 1월 7일.
[61] "철저한 각오와 지구적 실행" 동아일보 1923년 1월 8일.

실제로 물산장려운동은 전개하기 쉽지 않았다. 이상과 현실 사이에서 너무 현격한 차이가 있었기 때문이다. 사람들은 누구나 "편리"하고 "싼 것을 취"하려는 경향이 있어 "자기의 이익과 합치되지 아니할 때" 아무리 공익을 위한 것이라고 하더라도 "호감"을 갖기 쉽지 않은 것이 인지상정이다. 때문에 물산장려운동은 결단과 각오가 절대 필요했다. 동아일보가 조선 사람들의 공덕심과 공익심에 호소하며 "절실한 각오와 철저한 결심"을 촉구한 것도 그 때문이다:

> 이럼으로 이 운동(運動)은 결코 용이(容易)한 운동이 아니며 또 용이한 운동이 아님으로 그만큼 절실한 각오와 철저한 결심으로써 당(當)하여야 할 것을 우리는 깁히 깨닷노니 이 운동에 대하야 근대국가의 취한 태도를 관찰하면 대개는 국가의 권력으로써 보호정책이라는 방편(方便) 하(下)에 그 목적을 달(達)한 것이 사실이라. ...조선에서는 국가의 정책으로 조선 사람의 산업을 발달시키기 위하야 그와 갓치 심절한 태도를 표시함이 업도다. 조선 사람의 산업이 일일히 구축을 당하되 이일에 대하야 충심으로 우뇌(憂惱)를 감(感)하고 특별한 방책을 취하는 일이 업도다. 정부기관에 대하야 그 일을 희망하지 못할 경우에 처한 조선 사람은 불가불 민중적으로 그 일에 처할수 밧게 없스며, 민중적으로 이일에 대하는 지라. 불가불 다른 국민보다는 십배 백배의 대결심 대각오로써 당(當)하여야 할 것이 사실이 아닌가. ...물산장려운동은 우리 생명에 관한 운동이라. 원컨대 이 운동에 대하야는 그 통폐(通弊)를 타파(打破)하고 진실노 철저한 각오 하에 지구적 실행성을 발휘할지어다. 이 말을 특히 조선청년의 각개 마음속에 깁히 전하고자 하노라.[62]

동아일보는 물산장려운동이 일반적으로 소비 심리와 역행하는 성격의 운동인데다 일제의 견제가 심한 상황에서 특별한 각오 없이는 성공할 수 없다는 사실을 정확히 간파하고 있었다. 구호로 그치지 말고 실천에 옮기자고 기회가 있는 대로 외친 것도 그 때문이다. 1923년 1월 동아일보는 또 다시 "조선물산장려운동의 단서-이론에서 실제운동으로"라는 제목의 사설을 통해 물산장려운동

---

[62] Ibid.

이 이론에 그쳐서는 안 되고 실천으로 옮겨져야 할 것을 역설했다.[63] 동아일보는 자의식을 가지고 이 일에 앞장섰으며 대변지의 역할을 충실하게 감당했다. 동아일보가 계속해서 물산장려운동의 진행상황을 심층적으로 보도하며 소개한 것도 그런 이유에서였다.[64]

조선물산장려회 창립총회

동아일보가 보도한 대로 1923년에 접어들어 물산장려운동은 "일층(一層) 그 기세(氣勢)를 성(盛)히하고 수(遂)히 이론에서 일보를 진하야 실제운동의 착수에 지(至)하얏스니 선차(先次) 경성의 자작회 조직을 비롯하야 진주 평양 등지에도 임이 여사(如斯)한 조직이 유(有)"[65]하였다.

이런 노력에 힘입어 1923년에 접어들어 평양에 이어 경성에서도 물산장려운동이 공식적으로 출범할 채비를 갖추었다. 1923년 1월 9일 경성 조선물산장려회 발기준비회가 결성되고, 창립총회를 위해 유진태, 정노식, 김윤수, 이종린, 오현옥, 이덕년, 고용환, 나경석, 백관수, 김혁 등 10인의 위원도 선정했다. 드디어 1월 20일 서울 협성신학교에서 "경성의 각 유수한 사회의 대표자가 회합하야 물산장려발기총회를 개최"[66]했다. 이날 발기 총회를 마치고 창립총회로 옮겨 의사를 진행하였으나 23일 오후 6시에 다시 계속 모이기로 하고 휴회하였다. 회무가 늦어진 것은 조직구성의 문제였다. 회장제로 할 것인지 집단 체제로 할 것인지가 쟁점이었다.

1923년 1월 23일 드디어 조선물산장려회 창립총회가 속회되어 회무를 진행했다. 창립총회는 회장제로 되어 있는 발기회 초안과는 달리 이사(理事) 20인으

---

[63] "조선물산장려운동의 단서-이론에서 실제운동으로" 동아일보 1923년 1월 24일.
[64] '조선 물산을 장려코자 장려회 발기준비회를 조직' 동아일보 1923년 1월 11일자 3면; '구원일(舊元日)에 대선전 평양의 조선물산장려회에서' 동아일보 1923년 1월 14일자 3면; '물산장려 발기총회를 마치고 이십삼일에 창립회' 동아일보 1923년 1월 22일자 3면; '이백명이 목주의(木周衣) 인천에 일어나는 물산장려운동' 동아일보 1923년 1월 23일자 3면.
[65] "조선물산장려운동의 단서" 동아일보 1923. 01. 24.
[66] Ibid.

로 집행기관을 만들고 의사(議事) 30인으로 결의기관을 두어 회무를 처리하기로 의견을 모았다.[67] 이날 20명의 이사를 선출하고, 세 가지 실천사항도 결의했다. 첫째 의복은 우선 남자는 주의를, 여자는 치마를 본목으로 염색하여 음력 정월 1일부터 즉행할 일. 둘째 음식은 사당, 식염, 청량음료, 과실을 제한 이외에는 토산을 사용할 일. 셋째 일용품에 대하여는 가급적 토산을 사용하되 부득이한 경우에 한하여 외국품을 사용한다 하더라도 경제적 실용품으로 가급적 절약할 일 등이다.

1923년 1월 25일 20명의 이사들이 한 자리에 모여 이사회를 열고 유성준을 이사장에 선임했다. 이사회는 효과적이고 체계적으로 이 운동을 전개하기 위해 3개부로 나누고 각부에 담당 이사를 분산했다. 경리부에는 설태희, 정노식, 김철수, 김윤수, 백관수를, 조사부에는 나경석, 김동혁, 이순탁, 박붕서, 김덕창을 그리고 선전부에는 이종린, 이갑성, 박동완, 이덕년, 한인봉, 이시완, 임경호, 고용환을 배치했다.

이날 이사회는 또 하나 중요한 결정을 했다. 음력 정월 1일에 서울 종로 네거리에서 대선전행렬(大宣傳行列)을 가지기로 하고, 전국적으로 회원 모집에 들어갔다. 이들이 내건 물산장려회의 목적은 첫째 조선 사람은 조선 사람이 지은 것을 사 쓰고, 둘째 조선 사람은 단결하여 그 쓰는 물건을 스스로 제작하여 공급해야 한다는 것이다. 서울의 물산장려회의 실천 강령은 평양물산장려회와 큰 차이가 없었다. 경리부에서는 회원을 모집하고 회비 50전 이상이었으며, 조사부에서는 한인 산품의 조사를 실시하고, 선전부에서는 강연회 개최를 위해 활동을 벌여 나갔다.[68]

1923년 1월에 물산장려회는 중앙조직을 완성하고 전국적으로 영향력을 확대해 나갔다. 1923년 1월에 조직을 끝낸 조선물산장려회에서는 2월에 들어서자 실행에 힘을 쏟았다. 그해 2월부터 동아일보는 더 많은 회수와 지면을 할애하여 물산장려회의 진행과정을 계속해서 보도했고,[69] 이 운동이 전국적인 운동으로

---

[67] "물산장려" 동아일보 1923. 01. 22.
[68] 최영식, '사사낙수-1923년의 조선물산장려운동', 월간동아 (1967년 8월), 44.
[69] 다음은 동아일보에 실린 물산장려운동과 관련된 보도들이다. '물산장려극 계획' (1923년

확산되도록 온갖 노력을 아끼지 않았다. 1923년 2월 6일자 신문에는 "조선인의 산업운동의 발흥"에 대해 보도했다.[70] 다음날 2월 7일에는 물산장려운동의 일환으로 부인들이 나서 토산물애용운동을 벌이는 "토산애용부인회"를, 이어 2월 8일에는 "토산애용부인회의 성립" 기사를 내보냈다.[71]

3. 물산장려운동에 대한 박해와 비판

물산장려운동은 전국적인 운동으로 확산되면서 한편으로 일제(日帝)로부터 다른 한편으로 사회주의자(社會主義者)들로부터 심한 비판과 박해와 견제를 받았다. 일제는 이 운동을 무조건 반대하면 전국적인 저항이 있을 것을 우려해서인지 어느 지역에서는 허락하고 어느 지역에서는 부분적으로, 또 다른 지역에서는 반대하면서 양면정책을 구사했다. 행여 일경의 탄압으로 인해 전국적인 저항운동이나 일본 통치에 대한 조직적인 반대운동이 일어날 것을 피하기 위해 그렇게 한 것으로 보인다.

일본의 조직적 박해와 반대

따라서 물산장려운동이 전국적인 운동으로 확산되는 것을 가장 우려한 이들은 바로 일본 정부였다. 물산장려운동이 동아일보를 중심으로 전국적인 운동으로 확산되며 세력을 떨치자 일경은 1923년 2월 12일 물산장려회 간부들을

2월 1일자 4면); '물산장려 대강연' (1923년 2월 3일자 3면); '대성황의 물산강연' (1923년 2월 5일자 3면); '동래의 물산장려' (1923년 2월 5일자 3면); '토산장려와 마산기생의 동맹' (1923년 2월 5일자 3면); '대전 중호계 발기' (1923년 2월 6일자 4면); '대전에도 장려회' (1923년 2월 8일자 3면); '장려회원팔백 칠일에만 사백명' (1923년 2월 9일자 3면); '강서지방 금주단연' (1923년 2월 12일자 3면); '노동동맹도 참가 평양선전행렬에' (1923년 2월 13일자 3면); '보천교도 참가 물산장려운동에' (1923년 2월 13일자 3면); '우리물산장려' (1923년 2월 14일자 4면)
[70] "물산장려의 행렬금지 편견의 경찰당국" **동아일보** 1923년 2월 15일.
[71] "토산애용부인회," **동아일보** 1923년 2월 7일; "토산애용부인회의 성립" **동아일보** 1923년 2월 8일.

불러 2월 16일(음력 1월 1일) 경성에서 하기로 계획된 가두행진이 옥외집회이기 때문에 금한다고 통지하고, 강행하면 경찰과 마찰을 피할 수 없을 것이라고 협박했다.

이 사실을 접한 동아일보는 2월 15, 16일자에 사설을 통해 일경의 처사를 심하게 비판하고 16일자 신문에 물산장려운동 기사를 더욱 상세하게 보도했다. 2월 15일 "물산장려의 행렬금지 편견의 경찰당국"이라는 제목으로 다음과 같이 집회 금지를 신랄하게 비판했다:

> 조선 사람이 조선 사람의 물산을 장려하자는 그 취지가 무엇이 불가하며 또 이 취지를 널리 선전하기 위하여 혹 회도 조직하며 강연도 하며 또 혹은 기를 세우고 북을 울리며 시가에 대(隊)를 지어 행렬을 행함이 무엇이 불가한가. 만일 일본사람으로서 일본사람의 물산을 장려함이 불가하다 할진대 그 논법으로써 물론 조선 사람이 조선 사람의 물산을 장려함도 불가하다 하려니와 그러면 과연 일본 경관은 그 일본 사람이 일본사람의 물산을 장려하자는 운동 취지를 불가하다 하는가. 아니라 우리의 관찰하는 바에 의하면 일본 국가정책의 가장 중요한 부분은 곧 어찌 하였으면 일본 사람의 '산업'을 발달시킬 수가 있을까, 어찌 하였으면 일본 사람의 산출하는 물화의 수량을 증가할 수가 있을까 함에 심(心)을 경(傾)하고 역(力)을 주(注)하여 연구하고 행하려 함에 있는 듯 하니…(중략)…그러면 조선 사람이 조선 사람의 물산을 장려하지 아니하고 외타인(外他人)이 지은 것만 사 쓰고서 어찌 그 생활을 유지하며 그 문화를 발달할 수가 있을까. … 그 조선 사람에게 대하여 물산을 장려하지 말라함은 곧 조선 사람에게 대하여 자살을 권함이 아닐까. 물산장려의 취지가 이와 같이 당연하고 또 신성하다하면 이 당연한 취지, 신성한 목적을 널리 선전하기 위하여 시가에 행렬을 행함이 무엇이 불가한가.[72]

다음날 2월 16일 1면에서도 동아일보는 "옥외집회도 색색인가"라는 제목으로 물산장려회 집회를 금지한 일경의 처사를 비판했다. 일경의 처사에 대한

---

[72] "물산장려의 행렬금지 편견의 경찰당국" 동아일보 1923년 2월 15일.

비판은 "불통일의 경찰 취체"라는 부제에서 그대로 읽혀진다:

우리는 우리의 것을 먹고 닙고 쓰고 살림합시다. 우리는 우리의 물건을
만히 만들기 힘습니다. 우리는 말로만하지 말고 꿋까지 실행합시다. 그
리하야 우리도 남들과 가치 제법 사라봅시다. …이것이 조선물산장려회
에서 역동일(亦同日)에 경성시가(京城市街)에 대(隊)를 지어 행렬하면
서 일반 조선형제에게 선전코자하든 그 취지(趣旨)와 일반(一般)인 것
은 누구나 일견(一見)하면 직(直)히 알 것이오. 또 이것이 결코 일본인
의 상점을 파괴하라 조선인의 상점이라도 외국물화를 매매하는 자는
타살하라 또는 비단옷을 입고 시가에 통행하는 자는 철권(鐵拳)의 제재
(制裁)를 가(加)하라 혹(或)은 우리 조선은 독립을 하여야 한다 하는
등 소위 불온(不穩)한 계획과 기도(企圖)가 아니라 실(實)노 경제의 발
달 생활의 확보 단(單)히 그 소용(所用)하는 물화(物貨)를 그 스사로
생산하기 위하야 단결의식(團結意識)의 힘으로써 한번 불발(奮發)하자
하는 온건한 운동인 것을 누구나 다 갓치 일정할 것이라. 그러나 이와
갓치 온건한 취지를 선전하기 위하야 절호(絶好)한 시기(時期)를 당한
금일에 그 행(行)코자 하든 물산장려의 행렬을 경성경찰당국은 절대로
許치 아니하고 그 이유로 하는 바 행렬은 옥외집회라 허하기 난하다
하니 이 이유의 부도리(不道理) 무조리(無條理)한 것은 작일(昨日)에도
논평하얏거니와 대개 이 옥외집회의 내용과 성질은 때를 따라 다르고
혹 지방을 따라 갓지 아니한 것인가. 갓흔 취지로써 하는 갓흔 행렬이라
도 경성에서 행하면 옥외집회가 되고 평양이나 남원이나 영동에서 행하
면 옥외집회가 되지 아니하며 음력정초에 행하면 옥회집회가 되고 음력
세말(陰曆歲末)이나 혹 세말이전에 행하면 옥회집회가 되지 아니하는
가. 과연 이와 갓다하면 이 옥외집회라는 것은 대관절 엇더한 성질을
가진 괴물(怪物)인가. 오인은 그 본체를 판명하기가 극히 곤란하다 하겟
도다. 경찰관서의 판정을 따라 엇더한 지방 엇더한 시가에는 옥외집회
가 되고 또 엇더한 취지 엇더한 사람에게는 옥외집회가 되지 아니하는
가. 옥외집회를 금지한다는 그 법이 원래에도 괴물성을 대한 악법이어
니와 경찰관헌 즉 그 집행자의 행동과 판정으로 말미암아 그 괴물의
괴물성은 실노 더욱 히 기천만배(幾千萬培)의 기괴(奇怪)한 부가성(附

加性)을 첨가(添加)하게 되는도다. 만약 그러치 아니할진대 엇지 평양에서는 대(隊)를 지어 행렬을 하라고 특(特)히 허가(許可)한 그 행렬 소위 옥외집회가 경성에서는 옥외집회는 법률의 소금(所禁)이라 허(許)하기를 난(難)하다 엄령하는고. 하나는 금(禁)하는 바이오 하나는 허(許)하는 바이면 이 법률은 하나는 동(東)으로 가라하는 법률이오. 또 하나는 서(西)으로 가라하는 법률이며 하나는 죽으라하는 법률이오 하나는 살라하는 법률이라. 이와 갓혼 모순당착(矛盾撞着) 자멸자파(自滅自破)의 법률이 실(實)노 괴물이 아니라 할진대 그 법률의 행하는 바 평양과 경성은 본래부터 법률의 구역이 상이한 '다른 나라' 이라할가. 우리는 이에서 구구히 법이론을 토의코자하지 아니하노라. 비록 동일한 법률이라도 시기(時期)와 사회의 추세(趨勢)에 순응(順應)하야 집행적용(執行適用)에 참작(參酌) 가감(加減)을 가할 것은 집법자(執法者)의 맛당히 행(行)할바이오 또 실(實)노 그와 갓치하야야 법의 시의(時宜) 득(得)할 것이라. 가혼 법률의 적용 집행이 다소간의 차이가 잇다고 오인은 이것을 심히 논박하랴하는 자가 아니라 오히려 법률의 상식화 사회화를 주장하는 자이라. 그럼으로 더욱히 경성의 경찰당국자가 행렬 즉옥외집회, 옥외집회 즉 법률 소금(所禁)이라는 그 고루(固陋)한 견해에 대하야 논박을 가(加)코자 하노니 보라 경찰당국이 실노 염려하는 바는 조선물산장려회의 행렬 그것을 보다도 그 행렬로 인(因)하야 기(起)할 가상(假想)의 소동(騷動)을 염려함이 아닌가. ... 조선 사람이 물산을 장려코자 하는 것은 가장 깁흔 오저(奧底)에서부터 살고자하는 충동이며 절규이라. 경찰당국은 편편한 법률과 구구한 정치를 초월하야 이운동을 깁히 심회할지어다.[73]

위 글의 내용은 일경에 대한 비판이지만 실질적으로 담겨진 톤은 일본 정부에 대한 비판이나 마찬가지였다. 동아일보는 일경의 집회 반대의 부당성과 법 적용이 일관성이 없음을 지적했다. 서울에는 금하고 평양에서는 허락하는 그런 집회법이 어디 있느냐는 것이며, 심지어 물산장려가 반정부운동을 하는 것도 아니고 건강한 애국애족운동인데 이를 막을 이유가 무엇이냐는 것이다. 사설에

---

[73] "옥외 집회도 색색인가" 동아일보 1923년 2월 16일.

나타난 논리가 날카롭고 사용된 용어도 단호하고 직설적이다.

동아일보는 같은 날 2월 16일자 3면에서 큰 활자로 "토산장려 금일부터 실행 자급자족, 이천만민중의일치합세로 성취할 자활운동" "조선사람 조선 것"이라는 타이틀로 이날 있었던 일들을 상세하게 소개했다. 가두행렬 계획은 이날 오후 2시에 천도교당에 집결하여 회원 간친회를 갖고, 회원들의 가슴에 한반도가 새겨진 '장려회' 휘장을 달고, 조선 악대의 고악(古樂)을 선두로, 팔도 연합을 의미하는 여덟 폭으로 된 '장려회'기와 각도의 특산을 바탕으로 만든 팔도기가 그 뒤를 따르게 하여, 시민들의 눈을 끌게 하려던 계획이었다.[74] 각 가정과 거리에 뿌릴 선전지를 만드는 데는, 신문관과 한성도서주식회사에서 5, 6만장을 무료로 인쇄하여 주었다. 선전지는 현 실상을 그대로 알리고 각성을 촉구하는 내용을 그대로 담아냈다 :

> 보아라, 우리의 먹고 입고 쓰는 것이 거의 다 우리의 손으로 만든 것이 아니었다. 이것이 제일 세상에 무섭고 위태한 일인 줄은 오늘이야 우리가 깨달았다. 피가 있고 눈물이 있는 형제자매들아, 우리가 서로 붙잡고 서로 의지하여 살고서 볼일이다.
> 입어라! 조선 사람이 짠 것을
> 먹어라! 조선 사람이 만든 것을
> 쓰라! 조선 사람이 지은 것을.[75]

1923년 2월 6일 이날 간친회와 강연회는 그대로 진행되었지만 서울의 가두행렬은 일경(日警)이 집회 허락을 해주지 않아 진행할 수 없었다. 하지만 평양을 위시한 여러 곳에서 제한된 가두행렬과 각가지 행사들이 있었다. 특히 평양에서

---

[74] "토산장려 금일부터 실행 자급자족, 이천만민중의일치합세로 성취할 자활운동" 동아일보 1923. 02. 16. 팔도기는 향토의 특산물을 상징하는 바탕으로 했다. 경기도는 강화반포(江華班布), 경상도는 안동갈포(安東葛布). 전라도는 전주우견(全州牛絹), 충청도는 한산세저(韓山細苧), 강원도는 철원명주(鐵原明紬), 황해도는 해주백목(海州白木), 함경도는 육진환포(六鎭環布), 평안도는 안주항라(安州亢羅)로 만든 것이었다.

[75] "토산장려 금일부터 실행 자급자족, 이천만민중의일치합세로 성취할 자활운동" "조선사람 조선 것," 동아일보 1923년 2월 16일자 3면.

는 처음에는 50명씩 2대로 나누어 행진하다 1만여 명의 군중들이 뒤를 따라 행렬은 대성황을 이루었다.

천도교당과 청년회관에서 1시에 열린 경성조선물산장려회 강연회는 대만원 속에 성대히 마쳤다. 이날 등단한 연사는 이승훈, 유성준, 설태희, 이종린, 박승빈, 김필수, 이순탁, 김철수, 김홍식 이강이었다.[76] 일경이 경성조선물산장려회를 감시하는 상황에서도 이승훈이 경성에 내려와 조선물산장려회 강연회에 동참한 것이다.

사회주의자들로부터 비판

물산장려운동에 대한 강력한 비판이 사회주의자들로부터 나왔다. 1923년 3월 말에 열린 조선청년당대회가 물산장려운동을 극렬하게 비판한 것은 대표적인 사례라 할 수 있다. 물산장려운동에 대한 비판이 처음 제기된 것은 1923년 2월 16일이었다.[77] 이 사실은 그로부터 8일 후 2월 24일 나공민이 "물산장려와 사회문제"에서 밝히면서 드러났다. 이 글에서 나공민은 조선물산장려회의 이사라는 직책으로 물산장려의 "선전강연회"에 참석한 적이 있었음을 밝히며 자신이 목도한 한 사실을 기록하고 있다. 2월 16일 강연자가 강의를 시작하기 전에 청중석에 있던 몇몇 젊은이가 노기에 찬 어조로 "물산장려의 취지를 설명하라"며 "우리 절대다수인 무산자에게 하여한 의의가 잇느냐"고 외쳤다. 강연장은 일시에 요란해졌고 이들은 퇴장하고 말았다.

이후에도 물산장려운동은 사회주의자들로부터 지속적으로 비판을 받았다. 그렇다고 사회주의자 전체가 물산장려운동을 부정적으로만 평가한 것은 아니었다. 그들 안에서도 물산장려운동을 바라보는 시각차가 있었다:

> 1923년 물산장려운동 논쟁을 통해 전위조직을 중심으로 노농 대중이 결합한 볼세비키적 '변혁' 방법을 인정하는 서울청년회계 사회주의자와

---

[76] 최영식, '사사낙수-1923년의 조선물산장려운동', **월간동아** (1967년 8월), 44.

[77] 박찬승, 한국독립운동의 역사 제 **33권** 언론운동 (목천: 독립기념관, 2009년), 128-129.

사회주의 혁명을 위해 '생산력'의 고양이 전제되어야 한다고 주장한 상해파 국내 책임자인 나경석 사이의 첨예한 대립이 존재했다. 이는 특히 물산장려운동을 바라보는 시각에서 첨예하게 나타났다. 나경석은 사회주의 혁명을 위해서는 생산력의 발전이 전제되어야 한다고 보았다.[78]

1923년에 접어들어 동아일보는 물산장려운동을 둘러싼 논쟁을 계속해서 과감하게 게재했다. 동아일보는 먼저 물산장려회의 이사인 나경석의 '물산장려와 사회문제'를 1923년 2월 24일자부터 3월 1일자까지 1면에 6회에 걸쳐 연재하고, 3월 3일자에는 'CKW생'이라는 필명의 '조선물산장려에 대하여 나군에게 고하노라'를 역시 1면에 실었다. 이어 조선물산장려회 이사인 설태희의 '물산장려에 관하여'를 3월 4일부터 12일까지 1면에 9회 연재하고 3월 20일자에는 사회주의자를 자처한 이성태의 글 '중산계급의 이기적 운동—사회주의자가 본 물산장려운동'을 4면에 게재했다. 또 3월 26일자 1면에 물산장려운동 지지자 조중용의 '물산장려운동과 오인의 관찰'을, 3월 30일자 4면에 조선물산장려회 이사이자 연희전문 경제학 교수인 이순탁의 '사회주의자가 본 물산장려운동—이성태씨의 논문을 비평함'을 실었다.[79]

사회주의자들이 물산장려운동을 비판했던 이유는 조선의 산업이 발전된다고 해도 결국 조선인 자본가에게 이윤을 약탈당할 텐데 외인의 자본가에게 약탈당하나 조선인 자본가에게 약탈당하나 "무산자에게는 하등차별이 업다"[80]는 것이다. 사회주의자들은 노동계급과 중산계급을 구분하고 노동계급은 사회 구조상 물산장려를 실천해온 이들이었다고 강변했다. 노동자들은 이미 "오랜 옛날부터 훌륭한 물산장려계급"이기 때문에 새삼 노동자들에게 물산장려를 요구할

---

[78] 한동민, '물산장려운동 이끌며 독립 사회주의 꿈 꾼 혁명가', 경기일보 2009년 10월 30일자.

[79] 나경석, '물산장려와 사회문제,' 동아일보 1923. 02. 24- 1923. 03. 01.; CKW생, '조선물산장려에 대하여 나군에게 고하노라,' 동아일보 1923. 03. 03. 설태희, '물산장려에 관하여,' 동아일보 1923. 03. 04-12; 이성태 '중산계급의 이기적 운동—사회주의자가 본 물산장려운동,' 동아일보 1923. 03. 20.; 조중용, '물산장려운동과 오인의 관찰' 동아일보 1923. 03. 26; 이순탁, '사회주의자가 본 물산장려운동—이성태씨의 논문을 비평함,' 동아일보 1923. 03. 30.

[80] "중산계급의 이기적 운동" 동아일보 1923. 03. 20.

필요가 없다고 말한다.

노동자들은 "자본가 중산계급이 양복 아니 비단 옷을 입는 대신에 무명과 베옷을 입었고, 자본가가 우이쓰키나뿌란데나 정종을 마시는 대신에 소주나 막걸니"를 먹었다. 이들 노동자들은 "애국적이니 민족적이니 경제적 독립이니 하는 의미에서가 아니요 생활상 엇절수 업시 헐하고 조치 못한 것"을 사용할 수밖에 없었다는 것이다. 이들 사회주의자들이 볼 때 물산장려운동이 "외화배척" 생산기관을 발달시켜 산업을 진흥시키고 생활의 경제적 독립을 목표로 하는 것이라고 할 때 "'누구를 위하야' '생산기관을 발달' '산업의 진흥' '생활의 경제적 독립'을 표방하는지 계급적 경계선을 분명히 할 필요가 잇다." 이들 사회주의자들은 물산장려운동 지도자들이 이 사실을 은폐한 채 민족의식을 정치적 도구로 삼아 노동계급의 후원을 이끌어내려 한다며 다음과 같이 노골적으로 비판했다 :

> 그런데 물산장려운동의 사상적 배경에는 민족적 혹은 애국적 감정을 고취 고조하는 일종의 정치적 색채를 대하고 잇는 사실이다. …그래서 저들은 이러한 이기적 동기에서 민족적 정치운동이라는 아류적 태도를 취하게 된 것이다. 실상 저들 자본가 중산계급이 외래의 자본주의적 침략에 위협을 당하고 착취되고 잇는 경제적 정복관계의 엄연한 사실의 저들로 하야금 엇절수 업시 민족적이라는 미사(美辭)로써 동족 안에 잇는 착취 피 착취의 상반하는 양극단의 계급적 의식을 엄폐(掩蔽)해 버리고 일면으로는 애국적이라는 의미에서 외화배척을 말하는 것이며 그 이면에서는 외래의 경제적 정복계급을 축출하야 신 착취계급으로서의 자기가 그에 대하려는 것이다. 이리하야 저들은 민족적 애국적하는 감상적 미사로써 눈물을 흘리며 저들과 이해가 전연(全然) 상반한 노동계급의 후원을 갈구하는 것이다. 그러나 진실로 계급적으로 자각한 노동자에게 잇서서는 저들도 외래하의 자본가와 조금도 달을 것이 업는 것을 알며 따라서 저들 신시낭류(新豺狼類)의 전략에 빠져 계급전선을 몽롱(朦朧)케는 못할 것이다.[81]

---

[81] Ibid.

이런 관점에서 사회주의자들은 일제의 조선경제 착취나 조선의 자본가 중산계급이 노동계급을 착취하는 것이나 매일반이라고 이해했다. 그리고는 다음과 같이 결론을 내렸다:

> 우리는 이러케 물산장려운동을 해부하는 동안에 이러한 사실을 알엇다. 곳 물산장려운동은 조선의 자본가 중산계급의 이기적 운동인 것과 또 생산기관을 발달케 하여 산업을 진흥케한다는 것은 대규모의 착취(搾取) 우에 선 외래의 자본계급을 배척하고 조선의 자본가 중산계급이 그에 대하야 신착취(新搾取)의 자본주의사회를 건설하려는 운동인 것을 간파하엿다. 따라서 그것이 당초에 노동계급의 생활에는 하등의 경제적 독립을 보장하는 것이 아니오 외래의 정복자와 맛찬가지로 '경제적 착취'를 목표하는 것인 줄도 잘 알앗다. 그래서 저들은 이러한 이상향(理想鄕)을 건설하기 위하야 민족적 애국적 하는 표언(標言)을 들고 노동계급의 협동을 갈구하는 것인 줄도 잘 알앗다. 그러나 우리 노동계급이 요구하는 것은 외래의 정복계급만을 배척하야 동족 안에 잇는 착취계급의 정복계급만을 배척하야 동족 안에 잇는 착취계급의 지배를 수(受)하려는 것이 아니라 그도 또한 노동계급의 적(適)인 것을 의식하고 그의 지배까지도 전멸(全滅)케하야 ○○○○의 사회를 실행(實行)하려는 것이다.[82]

위 글에서 주장하는 핵심은 물산장려운동이 중산계급의 이기적 운동이고, 결국 무산자(無産者)를 착취하는 운동이라는 것이다. 사회주의자들이 볼 때 외래 자본에 의해 착취를 당하든 국내 자본에 착취를 당하던 노동자들에게는 아무런 차이가 없다:

> 一, 자본주의의 생산을 설혹 긍정한다 하야도 정치의 권력을 이(離)한 산업은 재산의 형체로 증식하지 못한다 함이요.

---

[82] Ibid.

二, 조선물산장려운동으로 인하야 조선의 산업이 발전된다 하야도 결국
은 조선민중 자본가에게 그 이윤 전부를 약탈 당하겟스니 외인의 자본
가에게는 약탈되는 것이나 무산자에게 하등의 차별이 벗슬 것이다. 오
리혀 조선의 다수인 무산민중을 노예화하는 장본이라 함이요.
三, 조선물산장려는 조선의 중산계급이 유산계급을 옹호하야 무산자에
게 근소한 생계를 여하고 식산흥업(殖産興業)한다는 명의 하에 혁명의
시기를 지연케 한다 함이라.[83]

위 내용은 당시 물산장려운동에 대한 사회주의자들의 전형적인 비판이었다. 이것은 "물산장려와 사회문제"라는 동아일보에 실린 사회주의 시각에서 바라본 물산장려운동에 대한 일련의 시리즈 글에서 반복하고 있는 비판 내용이기도 하다. 나공민의 이와 같은 지적에 대해 주종건(朱種建)은 1923년 4월 11일 "무산계급과 물산장려(六)"에서 나공민의 입장에 상당히 공감한다는 의견을 제시했다:

물산장려운동이란 정치적 압박으로 인하야 자기의 지위를 보전치 못하
게 된다. 다시 말하면 무산자에 대한 착취의 기회를 실하게 된 유산자급
중산자가 민족적 일치란 미명하에서 소비자인 무산자를 이중으로 착취
하려는 일종 교활한 간책이라 하야 반대하는 일부 급진론자의 말에도
일리가 업지 못하다.[84]

물산장려운동이 "무산자에게는 이용할 거리도 되지 못하고 절대로 해독이 잇다"는 것이다. 그 이유는 다음과 같다. 첫째, "조선의 무산자(無産者)는 장려를 하지 아니하야도 원래부터 조선품(朝鮮品)을 자작(自作)하야 의식(衣食)하얏는대 중산자(中産者)의 공연한 건란(件亂)으로 포목이 등귀하야 무산자로 하여금 고가의 물품을 구매케 하야 중산급 유산자가 그 이윤전부를 도득(圖得)

---

[83] "물산장려와 사회문제=나공민"(이) 동아일보 1923. 02. 25.
[84] "무산계급과 물산장려(六)" 동아일보 1923. 04. 11. 이것은 주종건이 "나공민군의 물산장려와 사회문제 급 기타에 대하야"에서 자신의 입장과 견해를 밝힌 글이다.

함이니 물질상으로 막대한 손실이 디는 것이요."⁸⁵ 둘째, "방금각처에서 소작쟁투가 발생되야 무산자의 계급의식이 형성되야 가는 중인데 재래의 진언부설(陳言腐說)로 민족적 일치라는 것으로 은연히 암시하야 계급의식을 임비(痳痺)케 하고 몽롱(朦朧)케 함이라."⁸⁶

이 두 가지가 급진사상가들이 물산장려를 심하게 반대하는 이유다. 동아일보는 거의 3개월에 걸쳐 물산장려운동에 대한 사회주의자들의 비판을 여과 없이 독자들에게 소개했다. 그것은 동아일보가 이들의 견해에 동조해서가 아니라 비판의 과정을 통해 전체 민중들로부터 공감대를 끌어내려는 의도에서였다. 동아일보는 비판에 대해 열린 시각을 갖고 있었지만 언제나 글에 나타난 톤은 긍정적이었다.

이 같은 톤은 1923년 3월 31일자 1면에 실린 "물산장려운동에 대한 논쟁-사실을 정관하라"는 논설에서 그대로 읽을 수 있다.⁸⁷ 이것은 2월 하순부터 3월까지 동아일보에 실린 논쟁을 총 정리하는 성격의 글이라 할 수 있다. 동아일보는 "조선인의 경제적 실력을 도모하고 생활을 개선하기 위해서는 조선물산장려운동이 적절한 방법"이라며 다음과 같이 주장한다 :

...이제 일부 인사 간에서 물산장려운동에 대한 약간(略干)의 회의(懷疑)와 비평을 문(聞)할 시에 물론일반사회의 고등비판은 자재(自在)하려니와 그 이유의 내용을 검토하야 공마(共磨)의 일자(一者)에 공(供)코자하는 바라. 물산장려운동에 대한 반대측 의견을 종합하건대 대개 양개논점(兩個論点)이 유(有)한 것 갓도다. 일(一)은 일본인 측이나 또는 관청의 일부분에서 물산장려운동을 일종(一種) 일화배척(日貨排斥)의 성질로 간주(看做)하고 그 불온한 사상인 것을 공격하는 것이요 우일(又一)은 소위 사회주의자 중의 일부 논객(論客)이 논하는 바인데 물산장려운동은 유산계급(有產階級)의 이익을 도모하는 것이요 무산계급에는 아무 통양(痛痒)이 업다는 까닭에 이 운동을 일부 유산계급에만 방임

---

⁸⁵ "물산장려와 사회문제=나공민"(이) 동아일보 1923. 02. 25.
⁸⁶ Ibid.
⁸⁷ "물산장려운동에 대한 논쟁 -사실을 정관하라" 동아일보 1923. 03. 31.

(坊任)하자는 논거(論據)에 재(在)하도다. 이상 양개론(兩個論)자의 관찰은 자유라. 각자의 주창대로 일임할 바이어니와 다만 오인이 고려하는 점은 이상 양개논법이 해(該) 운동의 진행에 다소의 영향이 밋칠가하는 점이로다. 현재 엇더한 지방에서는 지방관청이 은연압박을 가하야 주의의 선전을 금지하는 사실도 잇는 것이라. 우리는 지방관청의 독단을 공격치 안할수 업는 바이어니와 즉 히 풍성학려의 태도로 일화배척의 구실을 조출하는 것은 실로 기괴한 심리라 아니할 수 업도다. 조선 사람이 경제적으로 자각자립하야 혹은 소비를 절약하며 혹은 식산에 힘쓰는 것이 곳 물산장려운동의 근본정신일진대 조선인의 생활복리를 조장도 모한다는 관청의 취지와 무엇이 모순될 바가 잇는가. …조선의 무산계급이 먼저 힘슬 바는 무엇인가. 즉 계급의 분열투쟁을 책하는 것보담은 먼저 조선 사람의 경제적 실력을 배양하는 것이 당면의 문제가 아닌가. 만일 조선물산장려운동이 조선인 자체의 경제력을 증식하는 데 일조(一助)가 된다면 우리는 백난(百難)을 돌파하고라도 이 운동의 실현에 주력치 안할 수 업는 바로다. 그리고 조선인 전체의 경제력 증식에 유효한 이 운동이 엇지 일부 유산계급에만 이익이 되고 일반 무산계급에는 아무 이익이 없다 하는가.[88]

동아일보는 물산장려운동에 대한 일제의 박해와 핍박에 대해서는 직설적으로 맞섰지만 같은 민족인 사회주의자들의 비판에 대해서는 지나치게 편향된 인상을 피하기 위해서인지 다른 기고자를 통해 우회적으로 문제점을 부각시키려고 노력했다. 그러면서도 먼저 해야 할 일은 계급투쟁이 아니라 조선인 자체의 경제력을 증식하는 것이라는 사실을 분명히 했다. 동아일보는 한편으로 민족운동의 성격을 지닌 물산장려운동을 최대한 소개하고 대변하면서 이를 반대하는 사회주의자들과 물산장려운동을 견제하고, 이를 조직적으로 방해하는 일본정부에 대해서는 날카롭게 비판을 가했다.

---

[88] "물산장려운동에 대한 논쟁 -사실을 정관하라" 동아일보 1923. 03. 31.

4. 물산장려운동의 저변 확대

이 같은 일제와 사회주의자들의 비판과 박해와 반대 움직임에도 불구하고 1923년에 접어들어 물산장려운동은 전국적으로 확대되었다. 1923년 2월과 3월에 안동, 마산, 신의주, 재령, 경주, 순천, 의주, 밀양, 대전, 군산 등 전국의 수많은 지역에서 물산장려회가 조직되었다.[89] 인천 청년단체인 식산계를 중심으로 인천에서도 조선물산장려운동이 일어나 "발긔인을 널리 모집하는 동시 대대뎍으로 선뎐하야 취지를 어대까지 관텰하려고 운동"[90]을 벌였다. 인천에서는 이듬해 105명이 조선물산소비조합을 결성하고 "최후까지 분투하자"는 결의를 다졌다.[91]

1923년 2월 25일에는 고려여자관에서 조선물산장려회를 열고 준비 과정을 거쳐 3월 3일 개성조선물산장려회 창립총회를 개최하였다.[92] 3월 30일에는 평북 의주군 위원면과 용천군 양광면의 지도자들이 백마시장로교회예배당에서 200여명이 참석한 가운데 물산장려회창립총회를 성황리에 개최하고 물산장려를 실행에 옮기기로 결의하였다.[93] 경성의 조선물산장려회는 그동안 조선기독교청

---

[89] 동아일보에 실린 다음 기사들은 물산장려회 조직의 전국의 저변확대를 잘 보여 준다: "[경주]물산장려창립총회" 동아일보 1923. 04. 06; "태천물산장려" 동아일보 1923. 03. 20; "안동에도 물산장려" 동아일보 1923. 03. 06; "남포물산장려총회" 동아일보 1923. 03. 30; "마산에도 장려회 금일창립총회" 동아일보 1923. 02. 21; "경주 장려회에" 동아일보 1924. 02. 12; "[신의주] 물산장려창립" 동아일보 1923. 04.22; "물산장려회 삼량진에 조직" 동아일보 1923. 07. 15; "밀양의 물산장려회" 동아일보 1923. 03. 24; "의주물산장려총회" 1923. 04. 06; "[재령] 우리 물산장려창립" 동아일보 1923. 03. 19; "[평원] 물산장려창립" 동아일보 1923. 04. 09; "순천물산장려" 동아일보 1924. 02. 29; "경주 물산발기총회" 동아일보 1923. 03. 15; "밀양에도 장려회" 동아일보 1923. 03. 02; "대전에도 장려회" 동아일보 1923. 02. 08; "군산에 장려회" 동아일보 1924. 03. 08;
[90] "이백 명이 목주의 인천에 이러나는 물산장려운동," 동아일보 1923. 01. 23; "[대전] 우리 물산장려" 동아일보 1923. 02. 14;
[91] "최후까지 분투하자" 동아일보 1924. 04. 30.
[92] "개성물산총회" 동아일보" 1923. 03. 05.
[93] "물산장려회총회" 동아일보 1923. 04. 13.

년연합회 안에 두었던 사무소를 서대문 민우회관으로 옮기고 5월 3일에는 경운동 천도교당에서 정기총회를 개최하는 등 활발히 움직였다.[94] 민족적 애국운동이 기독교와 천도교를 중심으로 전국적으로 확산되어 나간 것이다.[95] 1919년 삼일운동이 기독교와 천도교를 중심으로 준비되고 일어난 것을 고려할 때 이는 조금도 이상한 현상이 아니었다.

평양에서 시작한 물산장려운동은 1923년에 서울로, 다시 언론들의 홍보로 전국적으로 확산되었다. 조만식이 직접 지은 물산장려가는 전국민이 애창하는 민요가 되었다:

산에서 금이 나고
바다에 고기
들에서 쌀이 나고
목화도 난다
먹고 남고 입고 남고
쓰고도 남을
물건을 낳아 주는
삼천리 강산.

물산장려운동은 출발 시부터 의식을 가진 이들 사이에 공감대를 불러일으켰다. 일경이 물산장려운동을 예의주시하고 서울에서 집회를 금한 것도 그런 이유라고 할 수 있다. 경성에 조선물산장려회가 상설기관으로 설립되고 전국 조직망을 가진 조선청년연합회 부인회를 통해 이 운동은 전국의 여러 지방으로 저변확대 되었다. 1923년 2월에 **동아일보**는 물산장려운동에 대한 기사를 계속해서 실었다:

---

[94] "물산장려회총회" 동아일보 1923. 04. 29.
[95] "물산장려운동이 주는 교훈" 경향신문 1966. 03. 02. "이 물산장려운동과 같은 정신에서 종교단체의 활동도 무시할 수 없었다. 크게 보아 경제자립운동인에 YMCA와 천도교가 앞장섰다. YMCA는 춘추로 바자, 자선사업으로 하는 상품경매를 개최, 토산품을 팔았다. 도시에서 대성황을 이루었다고 한다. 천도교에서는 주로 농촌을 파고들었다. 농민들에게 경제적으로 싸워 하겠다는 의식을 고취시켜 나간 것이다."

"민중사업-일반이 다 같이 꾸준히 합시다." (장려회 유성준, 1923. 02. 18. 3면)

"최후까지 노력하기를 바라고 싶습니다." (동양물산 장두현, 1923. 02. 20. 3면)

"신념제일-어떠한 장애가 있을지라도 나아가라." (중앙고보 현상윤, 1923년 2월 21일자 3면)

'남원청년임원회' (1923년 2월 16일자 4면)

'성천청년토론회' (1923년 2월 16일자 4면)

'작일 오후의 물산장려간친회 즉석에서 신입회원 이백 여명' (1923. 02. 17. 3면)

'연합선전 대구 육 단체가 작일 크게 선전' (1923년 2월 18일자 3면)

'쌍구(雙口)로 토한 화설(火舌)' (1923년 2월 18일자 3면)

'근검 상조회 조직' (1923년 2월 18일자 4면)

'경찰의 간섭으로 단체 선전은 중지' (1923년 2월 19일자 3면)

'영흥학생도 장려 총회에서 결의해' (1923년 2월 19일자 3면)

'김천에 물산장려회' (1923년 2월 20일자 4면)

'마산에도 장려회 금일창립총회' (1923년 2월 21일자 3면)

'물산장려선전' (1923년 2월 21일자 4면)

'물산선전 대행렬' (1923년 2월 23일자 3면)

'경주 물산장려회' (1923년 2월 23일자 4면)

위 기사 제목 중에 '경찰의 간섭으로 단체 선전은 중지'(1923년 2월 19일자 3면)라는 기사 제목이 눈에 띈다. 일경은 물산장려운동이 3·1독립운동 이후 배일운동의 성격을 지니고 있다고 판단하고 견제하려고 한 것이다. 일제는 3·1독립운동으로 심한 저항을 받은 상황에서 함부로 반대할 수 만 없었다. 그래서 가두행렬을 수적으로 제한시켜 허용하였다. 군산에서는 이십여 단체의 발기로 '우리물산장려선전회'가 조직되었다. 당국의 제한한 오십 여명의 각 단체 대표 중 선전위원 열사람은 일제히 토목으로 두루마기를 입고 토목버선에 조선집석이를 신었다.[96]

일제는 이처럼 제한된 규모로 집회를 허용했지만 민중의 호응은 막을 수 없었다. 토산애용부인회 강사가 토산애용강연을 할 때는 2,500명이 운집할 정도로 호응이 좋았다.[97] 물산장려운동이 전국적으로 확대되면서 실제로 일각에서는 눈에 띄게 호응도 좋았다. 심지어 기생들도 동참했다. "동래(東萊)에서는 각 단체가 물산장려와 소비절약을 선전한 후로 동래권번 기생들도 수일 전에 임시총회를 열고 조선물산장려와 소비절약을 실행하기로 하여 의복은 물론 토산을 사용하고 담배까지 끊기로 동맹하는 동시에 물산장려하는 노래를 지어 부르기로 하였다."[98] 군산에서도 보성예기(藝妓) 한호예기 이십 여명이 명주저고리 백목치마 버선에 조선 미투리를 신고 참석했으며 수백 명의 군중이 뒤를 따랐다.[99]

하지만 전반적으로 평가할 때 적어도 초기에는 기대했던 것보다 호응이 좋지 않았다. 일제의 조직적인 박해와 사회주의자들의 비판과 저항도 문제이지만 냉랭한 반응은 더 큰 문제였다. 1923년 초 물산장려운동이 조직된 후 반년이 흐른 1923년 9월 23일 동아일보가 사실을 통해서 지적한 것처럼 "조선 사람은 조선 사람이 만든 물건만 쓰고 살자"는 조선물산장려운동이 일어났을 때 전국이 떠들던 열렬한 운동은 "오직 륙칠 개월"만에 적막할 정도로 냉랭해졌다 :

> 남자는 무명 두루마기를 입고 여자는 무명치마를 입고 내가 조선의 아들이요 내가 조선의 딸이요. 당신의 품에서 난 것을 먹고 자란 우리가 엇지하야 남의 음식과 남의 옷감에 취하엿든가. 이제부터는 우리도 조선의 강산을 위하야 조선에서 난 물건만 사고 조선의 자녀노릇을 하겟다든 그 눈물이 흐르고 가슴이 압흐게 부르짓든 물산장려운동이 엇지하야 일개년이 못된 오늘날 다시 적막하게 되엿는가. 우리의 이 모양을 보고 처음부터 우리의 산업운동을 싀긔하고 미워하든 엇던 사람들은 말끗마다 '저의가 그럿치' '요보의하는 일이 그럿치' '처음부터 그럴줄 알앗든 것이지' 하는 조소와 랭평을 물퍼붓듯하고 심지어 친일 조선인

---

[96] '군산 각 단체의 물산선전', 동아일보 1923년 3월 4일자 3면.
[97] "토산부인의 열규(熱叫), 청중 이천오백명에 달함, 성황을 다한 아낙네 강연" 동아일보 1923년 3월 6일자 3면.
[98] '기생의 장려가', 동아일보 1923년 3월 6일자 3면.
[99] '군산 각 단체의 물산선전', 동아일보 1923년 3월 4일자 3면.

들까지도 무슨 큰경사를 본 듯이 마음에 상쾌해 하는 우슴이 그들의
입 모습에 낫타난다.[100]

 이와 같은 냉랭한 현상이 생겨난 원인은 "성의가 업는 것"도 원인이지만
"뎨일 큰 원인"은 "그 운동을 할 만한 준비가 업는 것"이다. 청국비단이나 서양
비단을 입지 말라고 하면 그 같은 것을 대신할 수 있는 국산품이 있어야 하는데
그렇지 않은 것이 문제라는 것이다. 바로 이것이 자연 물산장려운동이 "근일에
적막하게 된" 원인이다. "만일 조선 물건으로 외국 물건과 근사한 물건만 잇서
도 그들은 외국 물건 제처 놋코 조선 물건을 사가게 될 것이다."[101] :

 그 증거로는 경성방직회사에서 만든 광목이 시장에서 불가치 환영을
 바다서 밋쳐 짤새가 업시 번쩍번쩍 팔린다는 것이다. 그 회사에서 짜는
 광목은 일본서 짜는 광목보다 조곰도 못할 것이 업슬뿐 아니라 그 중
 삼성표(參星票) 가튼 것은 일본서 나오는 광목 중에 뎨일 조흔 광목
 갓모표와 대항할만하다.[102]

 비록 많은 사례가 아니지만 물산장려운동이 일어난 후 서서히 조선 사람의
힘으로 만들어 내는 물품들이 생겨났다는 것은 매우 고무적인 일이 아닐 수
없다. 1923년부터 국산 자작 모자를 만들기 시작해 십여 만개가 판매되었다.
이로 인해 일본에서 수입하는 모자가 지난해에 비해 절반으로 줄어들어들 정도
였다. 한산(韓山) 모시는 세계에서 자랑할 만한 여름 옷감이었고, 동양염직공장
(東洋染織工場)의 학생양복감과 특히 개성송보고등보통학교의 양복 속 적삼감
은 중국에 수출하여 중국당강일대(長江一帶)의 서양 사람들에게 널리 보급될
정도로 인기를 끓었다. 또한 양말, 잉크 책상 의자 커튼을 조선 사람들이 만들기
시작했다.[103]

---

[100] "물산장려운동 반 년간" 동아일보 1923. 09. 23.
[101] Ibid.
[102] Ibid.
[103] Ibid.

이런 직접적인 결실도 있었지만 무형의 결실도 뚜렷하게 나타났다. 무엇보다 "물산장려운동이 이러난 이후로 사치하는 풍속은 매우 주러젓다. 그 전에는 외국비단으로 옷을 해 입는 것으로 자랑거리를 삼엇스나 이제는 길거리로 다녀도 그런 사람이 업게 되엿다. 도로히 우리젼톄가 위급한 이 때에 그런 조흔 옷입고 다니는 자를 쳔히보게 되엿다. 그리고 입고 다니는 당자도 붓그러워하게 된 경향이 잇다. 가뎡의 부인네들도 돈이 덜드는 명주나 옥양목이나 광목으로 검소하고 깨끗한 것을 조아하고 비단옷을 입는 것은 모양을 팔고 우슴을 파는 화류계녀자들이 할 일이라 생각하게 된 것은 참 깃분 일이다. 이리하야 심지어 기생까지도 검소한 것을 숭상하게 되엿다."[104]

이처럼 초창기 물산장려운동은 국민적 각성과 계몽운동의 성격을 지니며 서서히 백성들의 심성에 파고들었다. 물산장려운동이 한국인들의 삶에 적지 않게 영향을 미치기 시작했음을 보여준다. 물론 물산장려운동 1주년을 맞는 1924년 1월 동아일보는 "물산장려운동의 일주년 기념"[105]에서 밝힌 것처럼 "천인이면 천인 만인이면 만인이 다 일호의 에누리가 업슬만큼 이 규약을 여행한 것은 아니엿다. 그 중에는 만흔 무신경무감각자도 잇섯슬 것이요 도로혀 이 운동을 냉안시하는 소수의 반대자도 업지 아니한 것은 사실이다."[106] 그러나 "반대자"는 "소수"였고 "대다수 일반민중은 이 운동에 만흔 공명"을 느끼고 동참했다. 동아일보가 지적한 것처럼 "일대공동의식을 발흥케 하는 것만으로도 이 운동"은 "위대한 성공"이었다. 그런 의미에서 비록 현저하게 드러난 결실은 없지만 이 운동이 "전혀 유명무실"하다고 말하는 것은 "너무도 일지반해의 혹평"이 아닐 수 없다.[107]

조선물산장려운동이 일면으로는 "소비문제요 또 일면으로는 생산문제"였다. 따라서 우리의 물산을 자작자급하는 외에 별 다른 방도가 없는 것이 사실이다. 국가 권력을 가진 나라들은 "보호적 관세"와 "산업장려의 국가적 보조"를

---

[104] Ibid.
[105] "물산장려운동의 일주년기념" 동아일보 1924. 01. 27.
[106] Ibid,
[107] "Ibid.

통해 자국산업의 발전을 꾀하지만 "우리는 우리 민족 스사로의 절제와 단결로 인하야 이 운동을 개시한 것뿐이다."[108] 동아일보는 지난 1년의 물산장려운동을 회고하고 평가하면서 다음과 같은 격려로 글을 마무리했다:

> 여하간 우리는 이 운동에 대하야 굿센 신념을 가지자. 그리고 이 운동의 진행에 대하야 간단 업는 노력을 경주하자. 민족적 사활을 해결할 이 큰 운동이 결코 일조일석의 단기일로 도달할 것이 아닌 것과 또 과거 일 년 간의 우리의 운동이 만흔 인심의 감화를 이르킨 것을 특히 기억치 안하면 아니 된다. 우리 민족의 다대수가 마지하는 음력설을 기회로 하야 우리 설 옷을 지을 때에 우리가 전 민족적으로 서약한 본목주의와 본목치마 만이라도 우리가 여행하는 날 그 결과가 전 민족적으로 모다 얼마나 클 것을 생각하자. 그리고 이 운동의 일주년기념을 기회로 하야 만흔 선전을 개시하자.[109]

1923년 이후에도 물산장려운동의 여정은 순탄하지 않았지만 평양과 서울이 중심이 되어 지속적으로 전개되었다. 물산장려운동이 시작되고 8년이 지난 1928년 1월 3일 평양물산장려회는 이사회를 개최하고 그해 음력 정월 초하루 날에 물산장려대선전행렬을 주최하기로 결의했다.[110] 이날 이사회는 평양 시내 각 제조업자와 상인을 초대하여 이 문제를 논의한 후 "선전 행렬 중에는 조선인의 손으로 된 각종 물산의 실물을 각기 실어가지고 행렬에 참가하야 물산장려의 근본 뜻을 더욱 철져히 선전하기로"[111] 하였다. 이날 "시내에 잇는 고무양말 털공 목공 기타 각방면 제조업자 및 상인이 참석하야 후원을 승낙"[112] 하였다.

이날 이사회는 물산장려선전일을 정식으로 작정하지 않고 중앙과 협조하는 것이 좋다는 의견에 따라 결정을 보류하고 "경성동회에 데의하야 전조선덕으로 장려 "데이"를 작뎡"[113] 하기로 하였다. 여기 중앙은 서울물산장려회를 지칭하는

---

[108] Ibid.
[109] Ibid.
[110] "물산장려운동 평양에 선전행렬" 동아일보 1928. 01. 06.
[111] Ibid.
[112] Ibid.

것으로 보인다. 우리는 여기서 세 가지 사실을 주목해야 할 것이다. 첫째, 평양물산장려회가 중앙과 협조하는 것이 좋다는 내용이고 둘째, 서울의 물산장려회를 "경성동회"라고 지칭한 것이며, 셋째, 평양물산장려회가 서울물산장려회와 동반자로 긴밀한 협력을 유지하며 이 운동을 전개하고 있다는 사실이다. 비록 평양물산장려회가 처음부터 동일한 명칭을 사용한 반면 서울의 물산장려회는 1923년 조선물산장려회에서 1929년 "조선물산장려회경성지회"로 명칭이 바뀌었지만 "중앙"의 기능을 갖고 있음을 보여준다.

평양만 아니라 서울에서도 조선물산장려행렬이 해마다 열렸다.[114] 1929년 2월 8일 오후 8시 조선물산장려회경성지회는 동 회관에서 제 5회 이사회를 개최하고 해마다 연중행사로 거행하는 조선물산장려행렬을 오는 음력 15일에 대대적으로 거행하기로 결의하고 경성에서 생산되는 조선인의 제품과 매매되는 조선물산을 소차 50대에 싣고 악대를 선두로 시내를 순회하는 하는 한편 선전적 삐라를 산포하고 시내조선인 경영공장과 상점의 상표를 수집 나열하여 의미심장한 표어를 기록한 포스터를 시내 각 요소에 걸기로 하였다. 경성지회는 음력 정월 25일 오후 7시부터 중앙청년회관에서조선물산장려선전대강연을 개최하기로 결의하였다.[115]

물산장려운동이 시작된 지 10년이 경과된 1931년 자체 회관을 갖게 되었다. 다소 늦은 감이 있었지만 회관 건립은 10년이라는 기간 동안 민족계몽운동의 성격을 지닌 이 운동이 중단되지 않고 지속적으로 진행되어 왔음을 보여준다. 1931년 6월 15일 동아일보는 "물산장려회관정초식"이라는 기사를 통해 이 소식을 전했다:

> 명 십오일 오후 오시에 경성에 건축 중인 물산장려회관의 정초식을 행한다고 한다. 지금 세계는 의외에도 군산장여성중에 잇다. 노농노서아의 오개년 계획이라는 것이 결국자작자급을 목표로 하는 것임은 말할

---

[113] Ibid.
[114] "물산장려운동 선전행렬과 강연" 동아일보 1929. 02. 12.
[115] Ibid.

것도 업거니와 일본과 중국의 국산장여열도 놀랄만한 것이 잇다. 조선의 빈궁이 수입초과(輸入超過)에 잇는 것은 말할 것도 없는 일이다. 이에 조선의 물산장려운동의 의의는 갈스록 더욱 간절함을 깨닫는다. 아마도 우리 조선의 경제적 각성이 더하면 더할스록 조선물산장려운동은 생산의 방면에서 소비의 방면에서 더욱 필요하게 될 것이라고 생각한다. 우리는 물산장려회관과 그 부속 진열관의 정초식에 임하야 축원하는 바가 많다.[116]

이렇게 해서 1920년에 시작된 조선물산장려운동은 1930년대 초까지 꾸준한 성장을 계속했다. 1931년 11월 4일 **동아일보**는 "물산장려운동의 진전"에서 지난 10년을 다음과 같이 집약했다: "물산장려운동의 역사도 십년을 지나게 되엇다. 급진적 지식분자의 부르지즘으로 시작된 동 운동이 인제 신흥하려고 버둥거리는 조선인 상공층에게 주워진바 되어 꾸준한 성장을 하고 잇는 것은 주목할 만한 현상이다."[117] **동아일보**는 또 다시 1932년 1월 13일 지난 10년간의 조선물산장려운동을 되돌아보는 회고의 글 "물산장려운동 십년"에서 "조선에서 물산장려운동이 생겨난 지 어언 간 십년이다. 저간의 다소의 파란곡절이 잇섯스나 그 운동의 생맥은 마르지 아니하고 꾸준한 생장을 계속하야 왓다"[118]고 평했다.

일제의 조직적인 박해와 정부 없는 조선의 현실 속에서 민중의 힘을 결집 거대 일본 자본에 맞선다는 것은 결코 쉬운 일이 아니었다. 게다가 사회주의자들로부터의 비판도 강도 높게 진행되지 않았는가. 그런 가운데서도 물산장려운동이 10년이 넘게 자작자급을 외치며 국산품 애용을 통해 민족자본을 육성을 추구했다는 사실은 대단히 고무적인 일이 아닐 수 없다. 뚜렷한 결실도 있었다. 파산 위기에 직면한 경성방직이 위기에서 벗어나 1920년대 우리나라 면방직공업을 견인할 수 있었던 것도 물산장려운동이 있었기 때문이다.[119] 주익종이 지적

---

[116] "물산장려회관정초식" 동아일보 1931. 06. 15.
[117] "물산장려운동의 진전," 동아일보 1931. 11. 04.
[118] Ibid.
[119] 신태악, '물산장려운동의 전개', 신동아 (1969년 10월호), 315-316. 신태악은 다음과 같이 말한다. "우리나라의 면방직공업이 1920년에 대 발전을 보게 된 것이 이러한 사정과 크게

한 것처럼 일본계 조선방직이 거액의 보조금을 받는 반면 조선방직과 경성방직이 낮은 수익금으로 어려움을 겪고 있었던 상황에서 물산장려운동을 통한 국산품 애용과 민족자본 육성은 이들 "조선 내 방직업체가 일본의 업체에 대해 경쟁력을 갖기까지 그를 지탱해주는 역할을 했다."[120]

또한 물산장려운동은 3·1독립운동 이후 민족에 대한 희망을 상실하고 살아가는 사람들에게 동포의식과 민족의식을 강하게 심어주었다. 무엇보다 물산장려운동이 기독교가 중심이 되어 전개됨으로 기독교인들에게는 교회에 대한 자긍심을 비기독교인들에게는 교회에 대한 긍정적이고 우호적인 인상을 심어주었다. 지금까지 한국사학계는 물산장려운동이 실제로 결실로 이어지지 못했다고 평가하는 것이 주류였다.[121] 물론 외형적으로는 기대했던 만큼의 큰 결실을 거두지 못한 것은 사실이지만 모든 역사적 운동이 그런 것처럼 그 운동이 가져다 준 유형의 결실 못지않게 무형의 결실을 간과해서는 안 될 것이다. 특별히 조선물산장려운동이 기독교에 미친 영향은 절대적이었다.

맺는 말

우리는 지금까지 연구를 통해 다음 몇 가지 사실을 확인할 수 있다. 첫째, 1920년대 물산장려운동은 3·1독립운동의 영향 하에 진행된 애국애족운동의

관련되어 있음도 사실이다. 그중에서 특히 일례만을 들면 현재 영등포에 있는 1919년 10월에 설립된 경성방직주식회사가 1911년 설립된 경성직뉴회사를 인수하여 오늘의 대성을 보게 된 것도 3·1운동 직후의 기업 붐 속에서 민족자본가로서 적극 진출한 결과라고 할 수 있는 것이다. 이것이 해방 후 민족자본의 토대를 구축한 근본원인도 된다…(중략)… 이 물산장려운동도 우리 민족의 자주독립정신이 인도의 '수아라지' 운동에 자극되어 이것이 결합되어 일제의 조선민족말살정책에 항거한 투쟁이다."

[120] 주익종, '대군의 척후-일제하의 경성방직과 김성수 김연수', 220.
[121] "물산장려운동이 주는 교훈" 경향신문 1966. 03. 02. 실질적 효과보다는 표제적 효과를 강조하는 경향이다. "이 운동은 약 10여 년 간 계속되다가 자취를 감추고 말았다. 일제상품에 대항할 수 있는 현대적 우리 제품이 없었다. 설움과 일본관헌의 탄압이 그 원인이겠다. 그러나 이 운동의 민중 속 깊이 파고들지 못했으며 근기 있는 계속성이 없었다는 것에도 큰 원인이 있다. 입을 굳게 다문 검소한 생활의 계속이 없었던 것이다. 일본의 상품공세, 자본공세 앞에 꺾여지고만 것이다. 이런데서 우리 민족이 근기 있는 겨레라는 자랑은 되씹어 볼만도 하겠다."

일환이었다.[122] 의식 있는 이들은 우리 경제마저 일본에 완전히 예속된다면 우리 민족의 경제적 자립은 요원하다는 사실을 깊이 인식하였다. 때문에 비록 나라 잃은 상황에서도 민족이 미래에 대한 희망마저 포기해서는 안 된다고 생각했다. 그것이 자작회로 나타나든 국산애용부인회로 나타나든 그 중심에는 나라사랑이 그 저변에 깊이 깔려 있었다. 홍이섭이 물산장려는 "순국산품만의 사용이라는 표제적 효과보다도 단합해야 산다는 자작을 민중의 가슴에 심어주었다."[123]며 이 운동의 역사적 의의를 민족정신의 고취에서 찾았던 것도 같은 맥락이다.

둘째, 처음부터 물산장려운동은 종교적인 배경을 갖고 출발했다. 기독교와 천도교가 이 운동에 적극참여 했으며[124] 그 중에서도 기독교적 영향력은 절대적이었다. 조선물산장려운동은 기원상 산정현교회 당회원들과 집사들이 중심이 되어 출발했다. 이 일에 포문을 연 인물들은 산정현교회 조만식, 김동원, 김선두, 오윤선을 중심으로 한 평양 교계 지도자들이었다. 출옥 후 강규찬의 리더십 하에 산정현교회 당회는 교회의 대 사회적 민족적 책임 구현에 앞장섰다. 비록 강규찬이 발기인 명단과 창립명단에 포함되지 않았지만 그는 물산장려를 독려하는 강연회 연사로 직접 외부에 나가 물산장려의 필요성을 교인들에게 일깨워 주었다. 산정현교회는 복음의 대 사회적 민족적 책임을 충실하게 감당했다.

셋째, 일제의 조직적인 박해와 사회주의 비판 속에서도 동아일보는 물산장려운동의 대변지 역할을 감당했다. 개인과 단체가 전국적인 운동으로 물산장려운동을 전개하는 것은 불가능한 일이었다. 동아일보가 처음부터 민족의식과 역사의식을 갖고 이 운동을 이끌었다. 이 운동이 전국적인 운동으로 확산될 수 있었던 배후에는 동아일보가 있었다. "비록 폭넓고 큰 성과는 거두지 못하였다고는 하나, 국가 없는 한민족에게 국산품 애용의 구호를 높이 외치고, 동포의

---
[122] 전 국사편찬 사관 윤병석도 유사한 견해를 개진했다. "한편 민족 실력 향상의 기조는 경제력의 향상에 있으며 그것은 바로 민족산업의 육성과 진흥에서 이룩할 수 있다고 주장되었다. 그리하여 물산장려운동이 전개되어 조선물산장려회를 중심으로 자작자급국산장려 소비절약 금주단연 등의 실천 강령이 마련되고 '입자 조선인이 짠 것을 먹자 조선인이 만든 것을 쓰자 조선인의 손으로 된 것' 등의 자립적 풍조와 아울러 민족자본의 형성이 강조되었다." 윤병석, "현대로의 구비 3·1운동 (2) 민족운동" 동아일보 1969. 02. 15.
[123] "물산장려운동이 주는 교훈" 경향신문 1966. 03. 02.
[124] Ibid.

가슴마다에 동족애의 정신을 불러일으키는데 앞장선 **동아일보**는, 당시로서는 정부에 대신하는 한민족의 정부의 구실을 다하였다"[125] 최준의 말대로 이 때 **동아일보**를 비롯한 민간신문은 "민간산업의 하나이기는 하였으나 영리만을 추구하는 상업적인 것이 아니었고, 민족적인 대변기관인 동시에 민족운동의 가장 유력한 무기"였다.[126]

확실히 물산장려운동은 일제하 우리 민족을 하나로 묶는 정신적 구심점 역할을 감당하였다. 3·1독립운동 이후 일반 백성들과 의식 있는 지도자들 사이에 민족의식이 강하게 일기 시작한 상황에서 물산장려운동은 이 백성들이 나라 잃은 슬픔에 주저앉지 말고 내일에 대한 희망을 노래하도록 도전과 자극을 주었다.

---

[125] 최영식, '사사낙수-1923년의 조선물산장려운동', **월간동아**(1967년 8월), 45.
[126] 최준, 신보판-한국신문사 (서울: 일조각, 1990), 197.

8장
산정현교회와 대 사회적 민족적 책임 1920-1933

> 동[산정현] 교회의 직원 전부가 전 평양교회나 사회에 잇서셔 모다 지도 쟈이며 모다 지배자인 것이다. 다시 말하면 전 평양을 운뎐하는 긔관이 동교회에 잇지 안은가 하얏다. 청년계에 잇서셔 조만식 쟝로, 사회사업에 잇서셔 김동원 쟝로, 자선사업이나 교육사업에 잇서셔 오윤션 최뎡셔 양 쟝로가 잇다.
>
> 1929, 기독신보

평양산정현교회가 중심이 되어 진행한 물산장려운동은 산정현교회의 복음의 대 사회적 민족적 책임을 잘 보여주는 사례이다. 물산장려운동 외에도 산정현교회는 많은 사역을 통해 한국민족과 사회 앞에 아름다운 교회상을 보여주었다. 실제로 1920년대 우리 민족이 사회주의 도전과 일제의 식민찬탈정책으로 험난한 과정을 통과할 때 산정현교회는 강규찬과 번하이젤 선교사, 그리고 평신도 지도자들의 훌륭한 리더십 아래 복음의 대 사회적 민족적 책임을 깊이 자각하며 선각자적인 역할을 감당했다.

산정현교회는 시대적 요청을 거부하지 않았다. 이 민족과 교회를 향한 거룩한 소명을 깊이 자각하고 있었다. 이런 소명의식을 가지고 산정현교회는 105인 사건과 3·1독립운동 동참, 기독교 학교의 육성, 물산장려운동, 민족복음화의 구현이라는 시대적 사명을 충실하게 감당하였다. 이것은 평양에 위치한 선교사들 특히 산정현교회를 설립하고 뒤에서 보호막 역할을 감당한 편하설 선교사와 그 뒤를 이어 교회를 이끌어 온 한승곤, 특히 강규찬 목사, 김동원과 조만식을 비롯한 산정현교회 당회원들, 그리고 민족의식에 불탔던 산정현교회 교우들이 한데 어우러져 만든 작품이었다.

산정현교회 지도자와 교우들은 "복음"(福音)과 "민족의식"(民族意識) 양 날의 검을 가지고 서슬이 시퍼런 일제의 침략과 탄압 속에서도 굴(屈)하지 않고 "교회 발전에 남달니 특별한 열성을 다하여 왓다."1 참으로 이 시대의 산정현교 회는 오늘날 어느 교회와 비교해도 손색이 없을 만큼 건강한 교회 상을 보여주 었다. 그리고 그 배후에는 편하설, 한승곤, 강규찬, 조만식, 김동원, 오유선을 비롯한 산정현교회 당회와 교우들의 실천적 신앙과 투철한 민족의식이 깊숙이 자리 잡고 있었다. 그 중에서도 강규찬은 산정현교회 목회를 감당하는 동안 이 일에 남다른 리더십을 보여주었다.

강규찬의 기독교민족운동의 이상이 산정현교회를 통해 구체적인 결실로 이어진 것은 삼일운동 이후이다. 1920년부터 1933년 목회 일선에서 물러날 때까지 산정현교회의 대 사회적 민족적 책임을 다양한 방식으로 구현되었다. 본장에서는 이를 집중적으로 다루려고 한다.

1. 출옥 후 강규찬의 교회 사역과 대외 활동

강규찬이 출소한 뒤 1920년 한 해 동안 산정현교회는 참으로 많은 일을 감당했다. 강규찬이 투옥되어 있는 동안 사경회를 열지 못한 교회는 1920년 6월 21일 김익두 총회장을 모시고 1주일 간 사경회를 가졌다. 이 사경회는 물론 산정현교회만을 위한 것이 아니라 평양시내 7개 교회가 연합으로 개최한 연합 사경회였다. 3·1독립운동이후 김익두 목사를 통해 전국적으로 큰 부흥이 일어 나고 있을 때 그가 평양에 온 것이다. 그가 인도하는 사경회를 통해 평양의 교인들은 큰 은혜를 체험했다.2 이 후 평양 지역의 일곱 개 장로교회 모두 교인들

---

1 "敎會巡禮, 평양교회를 차저서, 山亭峴敎會", 기독신보, 1929년 6월 26일.
2 "평남노회 상황보고," 제 9회 총회록(1920), 79.

이 크게 늘어났다.³ 편하설의 표현을 빌린다면, 평양의 "교회가 부흥하고 있었고 많은 지역에서 사람들이 그처럼 교회에 모여든 일은 결코 이전에는 없었다."⁴ 혹독한 시련을 통해 지치고 가난할 대로 가난해진 심령들이 대거 교회로 몰려들었다. 시련이 지나면서 추수의 계절이 찾아온 것이다. 민족의 시련과 박해 속에서도 하나님은 여전히 당신의 교회를 이끄셨다.

1920년 강규찬 목사와 조만식이 출옥하고 여자 청년회가 조직되고 유치원이 설립되었다. 산정현교회사기는 1920년의 교회 상황을 이렇게 기술했다:

> 一九二0年 三月 十三日에 조만식씨가 출옥(出獄) 귀가(歸家)하였고 四月 十日에 강규찬 목사가 출옥 귀가하여 본 교회 목사로 계속 시무하였다. 이 해에 유년주일학교를 확장하였고 여자청년전도회(女子靑年傳道會)를 조직하였고 유치원을 설립(設立)하고 판교동(板橋洞)에 옛 예배당 건물에서 개원(開園)하였다. 교우(敎友) 김정렴(金晶濂)씨는 자기 아내의 유언에 의하여 일금(一金) 오백(五百)원을 교회에 기증하였고 여교우(女敎友) 김삼복(金三福)씨는 종(鍾) 일개(一個)를 교회에 기부함으로 파손(破損)된 옛 종(鍾)에 대체(代替)하였다. 十二月 二一日에 신학교(神學校) 졸업생 본 교회의 장로 양성춘(楊性春)씨가 명촌교회(明村敎會) 목사로 청빙(請聘)받아 취임(就任)하였고 이로써 본 교회의 직임(職任)은 자연 해임(解任)되었다.⁵

위 산정현교회사기는 1920년 한 해 동안의 산정현교회의 중요 사역들을 잘 집약하고 있다. 교회가 참으로 많은 사역들을 짧은 기간에 해 낸 것이다. 그 중에서 눈에 띠는 것은 유치원 설립이다. 산정현 유치원은 처음 1920년에 설립되어 판교동의 구 예배당에서 수업을 시작하였다.⁶ 교회는 인재 양성이야

---

³ C. F. Bernheisel, "Annual Reports of the Pyengyang Station of the Korea Mission 1919-1920," March, 31, 1921.

⁴ C. F. Bernheisel, "Mourning gives Place to Joy," *KMF* (Dec., 1920), 252.

⁵ 길선주, "平壤山亭峴敎會史記," 길진경 편, 靈溪 吉善宙 牧師 遺稿 選集 第1輯, (서울: 대한기독교서회, 1968), 194.

⁶ "정의유치원의 유치원 스범과 증설", 基督申報 1924년 3월 19일.

말로 진정한 구국의 길이며, 미래 한국민족을 위해 한국교회가 감당해야 할 가장 중요한 시대적 사명이라고 인식했다.

평양에서 유치원 교육이 처음 시작된 것은 1912년 가을이다. 4개 학교 약 120명의 학생들로 시작했으며, 교사들은 여학교 학생들이었다.[7] 이듬해 학생이 150명으로 늘었고 8명의 여교사가 가르쳤다.[8] 그러다 체계적인 유치원 교육의 필요성이 제기되어 강규찬이 출옥한 후 산정현교회에서 정식으로 산정현교회에서 유치원을 설립한 것이다. 안수집사와 여 집사제도를 국내에서 처음으로 실시한 산정현교회가 이제는 미래의 꿈나무 양성을 착수한 것이다. 1920년 판교동의 구 예배당에서 수업을 시작한 유치원은 1921년 4월 6일 첫 졸업생을 배출했다. 민족 일간지 동아일보는 1921년 4월 11일 "山亭峴幼稚園 卒業"이라는 제목으로 다음과 같이 보도했다:

> 평양장로교산정현유치원(平壤長老敎山亭峴幼稚園)에서는 거(去) 6일(六日) 하오 7시반(下午七時半)에 동교회내(同敎會內)에서 제1회 졸업식(第一回卒業式)을 거행(擧行)하얏는대 목사(牧師) 강규찬(姜奎燦)씨의 사식하(司式下)에 제반(諸般) 순서(順序)를 진행(進行)하는 중(中) 직원(職員) 최득의(崔得義)씨의 구열(口熱)한 축사(祝辭)는 실(實)로 졸업생(卒業生) 일동(一同)과 만장(滿場)한 천여(千餘)의 군중(群衆)으로 하야금 무한(無限)한 감동(感動)과 흥구(興奮)을 흥(興)하얏스며 연(連)하야 졸업생(卒業生) 정확실(鄭確實) 여아(女兒)의 답사(答辭)가 잇섯는대 활발(活潑)하고 아름다운 그의 태도(態度)는 박수성(拍手聲)을 제기(齊起)케 하얏다. 경(更)히 강규찬(姜奎燦) 목사(牧師)의 축복기도(祝福 祈禱)로 성황(盛況)을 극(極)한 졸업식(卒業式)은 9시(九時) 30분(三十分)에 폐식(閉式)하얏다더라. 평양(平壤).[9]

---

[7] Harry Rhodes, ed. *History of the Korea Mission, PCUSA* (Seoul: Chosen Mission, Presbyterian Mission, USA, 1934), 163.

[8] Ibid., 164. 1922년에 이르러 평양의 유치원은 7개로 들어났고 오백 명의 학생들이 재학하고 있었다. 그 중에 반은 여학생이었다. 1924년에 이르러 10개 학교 575명의 학생으로 증가했고 1933년에는 19개 학교 1,050명의 학생으로 급증했다.

[9] "山亭峴幼稚園 卒業" 동아일보 1921. 04. 11.

동아일보가 개 교회에서 거행하는 산정현유치원 졸업식을 이처럼 비교적 무게 있게 보도한 것은 한국사회가 산정현교회에 대해 깊은 관심을 갖기 시작했음을 보여준다. 평양 전역의 유일한 유치원인 산정현유치원은 짧은 기간 장족의 발전을 이룩했다. 1922년 산정현교회 최정서(崔鼎瑞) 집사가 유치원을 위해 거금 7만원을 헌금, 이 돈으로 유치원 건물을 짓기로 하고 1922년 11월 9일 평양시내 900명의 인사를 초청한 가운데 정초식을 거행했다. 11월 13일 동아일보는 다음과 같이 보도했다:

> 平壤 최뎡서(崔鼎瑞)씨가 칠만원의 큰돈을 내여 놋코 교육의 긔초가 되는 유치원(幼稚園)을 설립한다 함은 임의 보도한바 인대 그간 평양 순영리(平壤 巡榮里) 사백여평 긔디에 이층으로 굉장한 건축공사를 시작하얏는대 지난 구일에는 오후한시부터 각처 교회 직원(敎會 職員)과 유지인사구백명이 모히어 뎡초식(定礎式)을 거행하얏는바 강규찬(姜奎燦)씨의 뎡초사(定礎辭)와 길선주(吉善宙)씨의 축사(祝辭)가 잇슨후 최뎡서씨가 정중한 태도로 진히 뎡초(定礎)를 집행하얏는대 이 유치원의 일홈은 뎡의유치원(鼎義幼稚園)이라 한다더라.[10]

장대현교회 담임목사 길선주가 축사를 맡은 것은 낯선 일은 아니다. 방지일이 증언한 대로 강규찬과 길선주 두 사람은 평양을 대표하는 두 교회를 맡아 사역하는데 연배도 비슷해 상호 허물없이 만나 차를 마시며 교제를 나누는 사이였다. 삼일운동 거사를 준비하기위해 선우혁이 자신을 방문했을 때 강규찬이 그를 길선주에게 보냈던 것도 서로 긴밀한 교분이 있었기 때문에 가능한 일이다. 청중을 사로잡는 탁월한 능력을 가진 길선주의 이날 축사도 명 축사였을 것으로 생각된다.

최정서가 기부한 7만원은 1933년 현재까지 한국 교인이 낸 가장 많은 기부 헌금이었다.[11] "큰 돈" "굉장한 건축공사"라는 표현이 새로 짓는 정의유치원의 규모를 말해준다. 산정현교회는 민족의 위기 시대 미래의 꿈나무라 할 수 있는

---

[10] "鼎義幼稚定礎" 동아일보 1922. 11. 13.
[11] Rhodes, ed. *History of the Korea Mission, PCUSA*, 164.

어린 자녀들을 신앙으로 양육하며 민족의 미래를 준비하는 일을 게을리 하지 않았다. 1924년 3월 19일 기독신보가 보도한 대로 2년 후에는 유치원 교사 양성을 위해 정의유치원에 유치원 사범과도 설치하여 유치원 교사를 양성하기 시작했다:

> 평양산뎡현교회 쟝로 최졍셔(崔鼎瑞)씨가 七만 원의 만흔 금젼을 긔부 ᄒᆞ야 졍의유치원을 셜립ᄒᆞ고 미년 수쳔원의 경비를 ᄌᆞ담ᄒᆞ야 ᄋᆞ동교육 에 열심홈은 우리 죠션사롬은 거의 아지 못ᄒᆞᄂᆞᆫ 이가 업도다. 그런 즁 근일에ᄂᆞᆫ 더욱 어린 ᄋᆞ희를 잘 인도홀 만흔 유치원 교ᄉᆞ의 ᄌᆞ격을 가진 이가 업슴으로 비록 각쳐에셔 유치원을 셜치혼다 ᄒᆞ여도 교ᄉᆞ가 부족홈 을 통감(痛感)ᄒᆞ여 유치원 ᄉᆞ범과를 증셜ᄒᆞ고 쟝감량교회 션교부인들 의 원조와 ᄉᆞ범졸업싱을 고빙ᄒᆞ야 릭 四월부터 기학 홀터이라는 데 입 학 긔한은 三월 二十일ᄭᆞ지며 입학ᄌᆞ격은 녀ᄌᆞ고등보통학교 졸업싱과 그와 동등의 학력이 잇ᄂᆞᆫ 녀ᄌᆞ라 ᄒᆞ더라.[12]

산정현교회가 이 많은 일을 가장 어려운 시기에 이룩했다는 것은 참으로 놀랍다. 평상시보다 더 많은 일을 사회적 민족적 위기 속에서 감당한 것이다. 이는 1917년 강규찬 목사가 부임한 후 2년 동안 착실하게 다진 결과였다.

출옥 후 강규찬은 이전과 비교할 수 없을 정도로 대외 활동을 활발하게 진행했다. 그것은 그만큼 요청이 많았기 때문이다. 1920년 6월 8일 장대현교회 에서 열린 평양청년전도회 6주년 기념음악회에 참석하여 음악에 대한 설교를 했다. 1920년 6월 13일자 동아일보는 "平壤音樂會의 盛況"이라는 제목으로 이 를 자세히 보도했다:

> 평양쳥년젼도회(平壤靑年傳道會)의 6주년기념음악회(六週年紀念音樂 會)는 기보(旣報)와 여(如)히 거(去) 8일오후(八日午後) 8시반(八時半) 부터 장대현예배당내(章臺峴禮拜堂內)에서 회장(會長) 홍인규씨(洪麟 奎氏) 사회(司會)로 시작(始作)되엿다. 벽두(劈頭) 숭실악대(崇實樂隊)

---

[12] "졍의유치원의 유치원 ᄉᆞ범과 증셜", 基督申報 1924년 3월 19일.

의 군악연주(軍樂演奏)는 웅장(雄壯)한 기상(氣象)을 환기(喚起)하엿스며 문확실양(文確實孃)의 미묘(美妙)한 독창(獨唱)은 수천(數千) 청중(聽衆)을 감동(感動)케 하야 박수성(拍手聲)은 당내(堂內)를 진동(振動)하더라. 인(因)하야 남산현남녀찬양대(南山峴男女讚揚隊)의 4음합창(四音合唱)도 비상(非常)한 환영(歡迎)으로 연주(演奏)하엿다. 시(時)는 11시반(十一時半)이 되엿스되 청중(聽衆)은 조금도 권기(倦氣)가 무(無)히 정돈(整頓)되엿는대 목사(牧師) 강규찬씨(姜奎燦氏)는 음악(音樂)에 대(對)한 연설(演說)을 시(試)하엿다. 음악(音樂)은 민족(民族)의 성쇠(盛衰)에 중대(重大)한 관계(關係)가 잇스니 고상(高尙)한 음악(音樂)은 사회(社會)의 정신(精神)을 고취(鼓吹)하되 비비(鄙卑)한 음악(音樂)은 성품(性品)을 하렬(下劣)케 하야 지기(志氣)를 타락(墮落)하는 것이라. 제군(諸君)은 시사(時思)하라. 아르랑타령이나 추심가(愁心歌)에 비(比)하야 금일차음악(今日此音樂)이 얼마나 상거(相距)되난요. 만일 제군(諸君)이 금일음악회(今日音樂會)의 가치(價値)를 깨달었거든 차(此)를 후원(後援)하야 완전(完全)케 하라.[13]

음악에 대한 강규찬의 설교는 참석자들을 깊이 감동시켰다. 문화, 문학, 역사, 천문에 깊은 식견을 갖추고 있는 강규찬은 이런 집회를 인도하기에 적격자였다. 젊은이들이 그를 강사로 청빙한 것도 그런 맥락이다. 강규찬의 설교가 끝난 후 홍인규가 나와서 후원을 호소하자 당석에서 15분간 참석자들이 3천원을 헌금했다. 당시로서는 상당한 금액이었다.

강규찬은 1920년 7월 14일 열린 안주(安州) 금주동맹회 주관 금주회강연 때도 주 강사 중의 한명으로 초빙을 받아 "구습의 타파(舊習의 打破)"라는 제목으로 강연했다. 1920년 7월 29일 동아일보는 "금주회선전강연(禁酒會宣傳講演)"이라는 제목으로 보도하면서 강규찬의 강의가 참석자들에게 깊은 도전을 주었다고 기술하고 있다:

안주(安州) 금주동맹회(禁酒同盟會)에서는 7월(七月) 14일(十四日) 즉

---

[13] "平壤音樂會의 盛況" 동아일보 1920. 06. 13.

(卽) 당지시일(當地市日)을 이용(利用)하야 회원(會員) 80여명(八十餘名)이 시내(市內) 평안의원구내(平安醫院構內)에 회집(集合)하야 "금연회원(禁酒會員)"이라 서(書) 한 수장(袖章)을 부(付)하고 정렬행보(整列行步)하야 시내(市內)를 순회(巡廻)하며 해회(該會)의 취지(趣旨)를 설명(說明)하고 금주선전서(禁酒宣傳書)를 다수(多數)히 산포(散布)하얏는대 회원일동(會員一同)은 당일(當日) 우천(雨天)임을 불구(不拘)하고 열심(熱心) 선전(宣傳)한 결과(結果) 성적(成績)이 양호(良好)하얏스며 기익일(其翌日)에는 제일회강연회(第一回大講演會)를 당지야소교당내(當地耶蘇敎堂內)에 개(開)하고 평양(平壤)으로부터 청요(請邀)한 연사(演士) 강규찬(姜奎燦)씨는 "구습(舊習)의 일대혁명(一大革命)"이란 문제(問題)와 동회원(同會員) 중(中) 우필순씨(禹弼舜氏)는 "위생(衛生)"이란 문제(問題)와 김형준씨(金瀅峻氏)는 "흑암(黑暗)의 생활(生活)"이란 문제(問題)로 강연(講演)할 예정(豫定)이든바 혁명흑암(革命黑暗)의 등문구(等文句)가 당해경관(當該警官)의 기휘(忌諱)에 촉(觸)한바되야 "구습(舊習)의 일대혁명(一大革命)"은 "구습(舊習)의 타파(打破)"로 "흑암(黑暗)의 생활(生活)"은 "인욕이세암(因慾而世暗)"으로 개정강연(改定講演)하얏는대 강규찬(姜奎燦)씨의 구변(口辯)은 청중(聽衆)으로 하야금 과연금주(果然禁酒)의 쾌감(快感)을 분기(奮起)케 하얏더라.[14]

강의를 듣기 위해 1,300명이 참석했다는 것은 적은 숫자가 아니다. "구습의 일대혁명"이라는 본래의 강의제목이 "忌諱(기휘)에 觸(촉)"하여 담당 일경에 의해 "구습의 타파"로 제목이 수정되었다. 하지만 일경의 감시 속에서도 집회는 성공적이었다.

강규찬은 3·1독립운동 후 여러 곳으로부터 강의요청을 받았고, 그는 자신을 필요로 하는 곳에 달려갔다. 당시 활발한 대외 활동은 그가 원하는 바이기도 했지만 일종의 시대적 요청이었다. 특별히 젊은이들과 지성인들이 그의 강의를 선호했다. 그것은 강규찬이 음악 문학 예술 등 문화 전반에 대한 깊은 관심을 갖고 회중들에게 기독교적 세계관과 가치관을 지속적으로 심어준 것과도 무관

---

[14] "禁酒會宣傳講演" 동아일보 1920. 07. 29.

하지 않다. 1920년 8월 18일 강규찬이 차련관기독청년회 주최로 열린 강연회에 강사로 청빙을 받은 것도 그런 이유에서였다. 1주일 후 동아일보는 "基督靑年會 講會演"이라는 제목으로 이 소식을 비교적 소상하게 보도했다:

> 차련관기독청년회(車輦館基督靑年會) 주최(主催)로 본월(本月) 18일(十八日) 하오 8시(下午八時)부터 당지예배당내(當地禮拜堂內)에 강연회(講演會)를 개최(開催)하얏는대 오백여명(五百餘名)의 방청원(傍聽員)이 참집(參集)한 후(後) 구락부원(俱樂部員) 주악(奏樂)이 유(有)하고 강연(講演)에 입(入)한바 평양거(平壤居) 강규찬씨(姜奎燦氏)는 "문학(文學)의 연구(硏究)" 선천 거(宣川居) 김석창씨(金錫昌氏)는 청년(靑年)의 희망(希望)이란 연제(演題)로 각(各)히 구변(口辯)을 토(吐)하야 일반청중(一般聽衆)의 대갈채(大喝采)를 득(得)하얏스며 차(次)에 청년회장(靑年會長) 김상현씨(金尙鉉氏)가 연단(演壇)에 등(登)하야 당청년회(當靑年會) 유지상(維持上)에 대(對)한 설명(說明)이 유(有)한 후(後) 유지(有志) 제씨(諸氏)의 의연금(義捐金)이 당석(當席)에 6백여원(六百餘圓)의 다액(多額)에 지(至)하고 연(連)하야 바이올링의 독주(獨奏)와 찬양대(讚揚隊)의 주악(奏樂)으로 파(頗)히 성황리(盛況裡)에 개회(閉會)하얏다더라.[15]

많은 회중들이 강규찬의 강의를 듣기 위해 모여들었고, 그 때마다 그는 호소력 있는 강의를 통해 참석자들에게 깊은 도전을 주었다. 그는 교회가 복음전파와 복음의 순수성 계승만 아니라 복음의 대사회적 민족적 책임구현을 통해 사회와 민족을 선도해야 한다는 본연의 책임을 충실하게 감당하길 원했고, 그것은 당시로서는 상당한 호소력이 있었다. 실제로 강규찬은 산정현교회 목회를 통해 이런 목회철학을 자신의 목회에 적용하였다. 이러면서 점차 한국교계가 강규찬과 그가 목회하는 산정현교회를 주목하기 시작했다. 1920년 이후 민족지 동아일보가 강규찬의 행보와 산정현교회의 사역을 집중 보도한 것도 그런 맥락이다.

---

[15] "基督靑年會講會演" 동아일보 1920. 08. 25.

1921년 6월 14일 강규찬은 평양여자성경학원 제 9회 졸업식에 참석하여 설교했다. 오후 2시 김선두 목사의 사회로 시작된 졸업식에서 강규찬은 성경을 봉독하고 졸업생들과 하객들 앞에서 "長時間의 講演"을 하였다. 여기 강연은 설교를 말한다. 강연이라 표현한 것은 일간지 성격상 독자들을 고려하여 그렇게 한 것으로 보인다. 이날 강규찬의 설교에 이어 "聲樂界에 名聲이 高한 루이쓰 부인의 朝鮮語獨唱"이 있은 후 성대한 졸업장 수여식이 거행되었다.[16]

강규찬은 그 다음날 6월 15일 오후 2시 평양장로회신학교에서 137명이 참석한 가운데 열린 평남노회에서 전임 노회장 노인묵의 뒤를 이어 노회장에 선출되었다.[17] 동아일보는 평남노회의 개회와 회무진행과정을 두 차례에 걸쳐 연속으로 소상하게 보도했다.[18] 교계 신문도 아닌 중앙일간지가 한 교단의 총회도 아닌 노회의 상황을 소상하게 보도한 것은 이례적이다. 평양 기독교의 영향력이 그만큼 확대되었음을 보여준다.

1921년 7월 편하설은 안식년으로 일시 귀국했다. 강규찬과 조만식이 출옥한 후 산정현교회가 안정을 찾아가자 미국으로 안식년을 떠난 것이다.[19] 편하설이 떠난 후에도 강규찬과 당회의 리더십에 힘입어 산정현교회는 지속적으로 성장했다. 특별히 주일학교는 평양지역에서 모범적이었다. 1921년 7월 24일 동아일보는 "산정현주일교시상"이라는 제목으로 비교적 소상하게 주일학교 시상식 소식을 전했다:

> 평양산정현교회(平壤山亭峴敎會) 유년주일학교(幼年主日學校)에서는 거(去) 2일(二日) 하오 하오팔시삽분(下午八時卅分)에 동교회당(同敎會堂) 내(內)에서 성대(盛大)한 유년주일학교(幼年主日學校) 시상식(施賞式)을 거행(擧行)하얏는대 남녀 3백여(男女三百餘)의 아릿다운 학생(學生)은 선생(先生)의 인솔하(引率下)에 각각(各各) 보조(補助)를 동일(同一)히 하야 중앙(中央)에 착석(着席)하고 학부모(學父母)와 기

---

[16] "平壤女聖經學卒業" 동아일보 1921. 06. 17.
[17] "平南老會第一日" 동아일보 1921. 06. 18.
[18] "平南老會第二日" 동아일보 1921. 06. 19.
[19] "편하설 교장 귀국," 동아일보 1921. 07. 23.

타(其他) 일반관람자(一般觀覽者)는 식장 주위(式場 周圍)에 열석(列席)하야 정각전기(定刻前旣)히 입추(立錐)의 여지(餘地)가 무(無)하얏다. 해교(該校) 교원(敎員) 한기형씨(韓箕亨氏)의 사회(司會)로 개회(開會)하야 거사보고급(擧事報告及) 기타(其他)가 유(有)한 후(後) 유치원 생도(幼稚園 生徒)와 주일학교생도(主日學校 生徒)가 각각(各各) 등단(登壇)하야 미려차유창(美麗且流暢)한 음성(音聲)으로 가상(嘉尙)한 연설(演說)이 유(有)하얏고 경(更)히 청아(淸雅)한 소학생(小學生)의 음악(音樂)이 유(有)하야 만장인사(滿場人士)의 환영(歡迎)과 찬성(贊成)을 수(受)하는 동전(同前)에 다대(多大)한 감격(感激)과 흥구(興奮)을 여(與)하고 순서(順序)에 의(依)하야 남녀(男女) 2십인(二十人)에 대(對)한 제 12회(第十二回) 찬양회(讚揚會)의 수업식급(授業式及) 백여인(百餘人)에 대(對)한 시상식(施賞式)을 거행(擧行)하고 동 10시 30분 경(同十時三十分頃)에 강규찬(姜奎燦) 목사(牧師)의 축복기도(祝福祈禱)로 파(頗)히 성황리(盛況裡)에 개회(閉會)하얏다더라. 평양(平壤)[20]

위 기록에서 우리는 "학부모와 기타 일반 관람자"라는 말을 주목한다. 비록 개 교회 주일학교 시상식이지만 주일학교 학부모들만 아니라 일반인들까지 참석했음을 보여준다. 이처럼 동아일보가 한 교회의 주일학교 시상식까지 상세하게 보도한 것은 그만큼 산정현교회가 언론의 주목을 받고 있음을 보여준다. 나라 잃은 상황에서 산정현교회는 점차 민족의 구심점으로 부각했다. 1921년 8월 21일 동아일보는 "산정현 청년 토론회"라는 제목으로 산정현교회 청년회 행사도 게재했다.[21]

강규찬은 1921년 12월 5일부터 12일까지 1주일간 겸이포사경회를 인도했다. 사경회는 성황을 이루었고 여러 사람이 새로 등록했다. 동아일보는 1921년 12월 16일 이 소식을 간단히 전하고,[22] 12월 26일 "會堂新建築捐補"라는 제목으

---

[20] "산정현주일교시상" 동아일보 1921. 07. 24.
[21] "산정현청년토론회" 동아일보 1921. 8. 21.
[22] "兼二浦復興査經會," 동아일보 1921. 12. 16. "황해도 겸이포 야소교회에서 평양부 산정현교회 목사 강규찬씨를 청빙하야 거 오일부터 당 지옥정 예배당 내에서 주칙 부흥사경회 야칙 강설회를 개최하야 일주간 주야 대성황인 동시에 남녀다수의 신입교인을 득하고 동 십일일 정오

로 또 한 차례 겸이포사경회 소식을 좀 더 상세히 보도했다:

> 황해도(黃海道) 겸이포야소교회(兼二浦耶蘇敎會)에서 평양산정현교회(平壤山亭峴敎會) 목사(牧師) 강규찬씨(姜奎燦氏)를 청(請)하야 12월(十二月) 5일(五日)부터 사경회(査經會)를 개(開)하얏다함은 기보(旣報)하엿거니와 최종일(最終日) 즉(卽) 12일(十二日)은 회당신축(會堂新築)에 대(對)한 강설(講說)이 유(有)하야 일반교인(一般敎人)은 당차(當此) 전정(錢政)의 공황시우(恐慌時又)는 빈한(貧寒)한 생애(生涯)임도 불고(不顧)하고 쟁선출연(爭先出捐)한 총금액(總金額)이 4천여원(四千餘圓)의 거액(巨額)에 달(達)하얏고 특(特)히 동교(同校) 창성학원(昶晟學院) 유년학생(幼年學生) 측(側)에서는 연와(煉瓦) 1만오천여개(一萬五千餘個)를 출연(出捐)함은 더욱 감사(感謝)하며 당일(當日) 미참(未參)한 교인(敎人)도 계속(繼續) 출연(出捐)하는 바 명춘(明春)은 신축(新築)에 착수(着手)하리라더라. 겸이포(兼二浦)[23]

강규찬은 사경회 인도를 통해 겸이포교회에 활기를 불어넣었다. 당시 4천원의 거액의 헌금이 모아진 것도 이례적이다. 특별히 일제의 식량 약탈이 극심하고, 농촌의 경제가 피폐해진 상황에서 그 같은 거액이 모아졌다는 사실은 놀랍다. 이 같은 결실이 있기까지 강규찬의 리더십이 일정 역할을 했다고 보는 것은 해석에 무리가 없을 것이다.

강규찬은 1923년 2월 15일부터 21일까지 원산시 내광석동장로교회 사경회도 인도했다. 오전에는 사경회를, 오후에는 전도설교를 하면서 참석자들에게 큰 도전을 주었고, 교회의 오랜 숙제였던 교회 건축문제도 해결되었다.[24] 당시 건축문제가 가장 큰 현안이었고, 또 부흥사경회가 종종 교회 건축과 관련하여 실시하였던 상황을 고려할 때 **동아일보**가 강규찬의 사경회 소식과 교회 건축문제를 연계시켜 보도한 것은 특별한 현상은 아니었다.

에 폐회 하얏다더라.(겸이포)"
[23] "會堂新建築捐補," 동아일보 1921. 12. 26.
[24] "靑年其他集會" 동아일보 1924. 03. 18.

강규찬은 지역교회들이 연합하여 학교를 설립하거나 기금을 조성하는 일에도 앞장섰다. 그는 복음의 대 사회적 책임을 구현하는 일에 지속적으로 깊은 관심을 가졌다. 또한 마치 조지 휘필드가 그랬던 것처럼 회중들을 잘 설득해 그들로 하여금 기쁨으로 그가 설정한 거룩한 사역에 동참하도록 독려했다, 그는 이일에 있어서 남다른 재능도 있었다. 강규찬이 그 즈음 자신의 모교회인 선천읍북교회를 방문 주일예배를 인도하고 교회가 명신학교와 보성학교를 계속해서 후원하도록 독려한 것도 그 때문이다.[25]

1922년에 접어들어 강규찬은 더욱 바빴다. 동아일보는 마치 산정현교회 기관지라고 착각할 정도로 교회와 강규찬의 활동을 계속해서 무게 있게 보도했다. 1922년 1년 동안 동아일보가 산정현교회나 강규찬과 관련하여 보도한 기사는 다음과 같다 :

　　1922년 1. 22. "고아구제회에 사천원 짜리"
　　1922년 2. 4. "입석교회 사경회"
　　1922년 2. 5. "산정현 대음악회"
　　1922년 2. 11. "평양음악대회 성황"
　　1922년 2. 22 "여청년회 창립기념"
　　1922년 3. 30. "평양숭의여교 졸업"
　　1922년 4. 26. "평양숭인학교문제"
　　1922년 7. 8. "강목사전송연"
　　1922년 9. 2. "평양야소교 신자수"
　　1922년 9. 18. "평양교회 수해구제"
　　1922년 9. 26. "김현찬씨 환영"
　　1922년 10. 30. "산정현교회 강연회"
　　1922년 11. 13. "정의유치원정초"

산정현교회와 강규찬은 1922년 1년 동안 참으로 많은 일들을 감당했다. 강규찬은 사경회 인도, 학교 행사 참여, 연합행사 주관 등으로 분주하게 보냈다.

---

[25] '北敎會의 出捐' 동아일보 1924. 12. 03.

평양숭의여학교 졸업식에서는 길선주 목사와 함께 졸업식에서 중요한 순서를 맡았고, 숭인학교 인가 신청을 할 때 이 학교 대표로 당국에 허가원을 제출했다. 숭덕학교에서 분립된 숭인학교는[26] 강규찬의 리더십 하에 많은 발전을 이룩했다. 1924년 6월 19일 김익두가 인도하는 집회 동안 교육의 중요성에 대한 도전을 받은 많은 참석자들이 숭인학교를 위해 상당한 금액을 헌금했다:

> 평양숭인학교(平壤崇仁學校)는 당지(當地)장로교인(長老敎人)들의 구성(口誠)으로 훌륭히 경영(經營)하여 오며 장차(將次) 완전(完全)한 고등보통학교(高等普通學校)로의 승격운동(昇格運動)과 목하연와(目下煉瓦) 3층제(三層制)의 광대(廣大)한 교사(校舍)를 신축(新築)하는 중(中)인데 얼마 전(前)부터 평양장대현예배당(平壤長大峴禮拜堂)에서 개최(開催)된 김익두(金益斗) 목사(牧師) 부흥회(復興會)에서는 거월(巨月) 이십구일(二十九日)부터 숭인교(崇仁校)를 위(爲)하야 일반교도(一般敎徒)들에게 물질적(物質的) 의연(義捐)을 모집(募集)한 결과(結果) 출연(出捐)한 토지(土地)가 3만 1천 4백여평(三萬一千四百餘坪) 현금(現金)이 7천 4백 6십 6원(七千四百六十六圓) 기타(其他) 순금(純金)이 2백 7십 6문(二百七十六匁) 18금 12문(十八金十一匁) 은 1천9백문(銀 一千九百匁) 월자(月子) 모배자(毛背子) 백미(白米) 양중시계(懷中時計) 백목(白木) 유기사무려만(鍮器寺無慮萬) 수천여원(數千餘圓)의 손보(損補)가 잇섯다는대 백원(百圓) 이상(以上)의 출연자씨명(出捐者氏名)은 여좌(如左) 평양(平壤) 오윤선(吳胤善) 천원(千圓), 한윤찬(韓允燦) 토지(土地) 9천 7백여평(九千七百 餘坪), 이춘섭(李春燮) 토지(土地) 9천평(九千坪), 김동원(金東元) 5백원(五百圓), 양성춘(楊性春) 토지(土地) 5천평(五千坪) 박기봉(朴基鳳) 현금(現金) 백원(百圓) 토지(土地) 3천평(三千坪), 이학배(李學培) 토지(土地) 3천평(三千坪), 이신찬(李信讚) 토지(土地) 1천7백평(一千七百 坪), 유구준(劉口俊) 무명씨(無名氏) 차정숙(車正淑) 오정선(吳貞善) 이관준(李觀濬) 윤동운(尹東芸) 김찬두(金燦斗) 황구삼덕(皇口三德) 김성운(金成雲) 강규찬(姜奎燦) 박치록(朴致祿) 정두현(鄭斗鉉) 김우석(金禹錫) 박정렬(朴珽

---

[26] "평양숭인학교문제" 동아일보 1922. 4. 26.

烈) 각(各) 백원이상(百圓以上).²⁷

　1922년에 접어들어서 강규찬은 더욱 활발하게 평양지역교회들과 평남지역의 전체 교계를 섬기는 일을 감당했다. 평양과 선천은 물론 황해도 겸이포, 포항, 안주에 이르기까지 강규찬의 활동 범위가 넓어졌다.

2. 지속적인 산정현교회 성장

　강규찬은 지역 내 학교와 기타 기관에 문제가 발생했을 때는 길선주, 오윤선, 변린서, 박치록, 정일선 등 평양교계의 대표적인 지도자들과 함께 문제해결에 앞장섰다. 이런 노력에 힘입어 산정현교회를 비롯하여 평양지역의 거의 모든 교회들이 지속적으로 성장했다. 1907년 평양대부흥운동 이후 평양지역의 교회들은 전성기를 누리기 시작했다. 동아일보의 보도에 의하면 1922년 9월 현재 평양지역의 교회들의 교세는 다음과 같다:

1922년 평양지역 교세

	장대현교회	남문외교회	창전리교회	산정현교회	서문외교회	남산현교회
남	482	185	218	225	590	457
녀	648	325	300	325	780	760
합	1,130	510	518	550	1,370	1,217

출처: 1922년 동아일보

　여기 통계들은 모두 주일예배 출석을 기준으로 한 것이다. 일간지 동아일보가 평양지역의 교회들의 교세를 신문에 보도한 것 역시 이례적이다. 위 여섯

---

²⁷ "長足發展의 崇仁學校," 동아일보 1924. 07. 06.

교회 중에 남산현교회를 제외하곤 모두 장로교회로, 이들 모두 모 교회 장대현 교회에서 분립해 나간 교회들이다. 1906년 1월에 설립된 산정현교회는 평양지역을 대표하는 다섯 개 장로교회 중에서 4번째로 설립되었다. 산정현교회의 경우 강규찬이 1917년 부임할 당시 400명이 출석하던 교회가 550명으로 성장했다. 이는 장년을 기준으로 한 통계인 것을 고려할 때 주일학생까지 포함할 경우 규모는 더 크다고 할 수 있다. 산정현교회사기는 1922년의 교회 상황을 이렇게 기술하고 있다:

> 一九二二年 교회는 더욱 발전되고 있었다. 六月 十八일에 집사 오유선 씨를 장로에 장립하였고 가을에는 선교사 편하설(片夏薛)씨가 돌아왔다. 돌아오는 길에 종 일개(一個)와 풍금(風琴) 일좌(一座)를 지참(持參) 기증(寄贈)하였는데 종(鍾)은 편(片)씨의 고향 목사가 기증한 것이고 풍금(風琴)은 편(片)씨 부인의 친구가 기증한 것이었다. 이로써 옛날의 깨어진 종(鐘)과 파손된 풍금을 대체하여 교회의 중요한 비품은 새로워졌다.[28]

"더욱 발전"이라는 단어가 눈에 띤다. 1922년에 산정현교회가 많은 발전을 이룩했음을 보여준다. 안식년을 떠났던 편하설 선교사 부부가 돌아오고[29] 2명의 장로가 임직을 받았고 예배와 교회에서 중요한 풍금과 종도 편하설 선교사 부부가 안식년을 마치면서 돌아오면서 가지고 왔다. 편하설 부부의 산정현교회 사랑이 그대로 나타난다. 교회는 영적으로나 외적으로 새롭게 단장되었다.

1922년 산정현교회는 두 개의 또 다른 중요한 결정을 내렸다. 하나는 여집사 제도를 처음으로 도입한 것이고 다른 하나는 장립(안수)집사 제도를 처음으로 실시한 일이다. 남자 집사 제도를 처음으로 도입해 성공적으로 정착하자 교회는 여집사제도를 처음으로 도입 박문성(朴文誠), 이영선(李永善), 김경성(金敬惺), 전복희(田福姬), 최수락(崔受樂), 송안라(宋安羅), 조은식(曺恩植)등 일곱 명의 여집사를 임명했다.[30] 또한 산정현교회는 교회 사상 처음으로 우정순

---

[28] 길선주, "平壤山亭峴敎會史記," 길진경 편, 靈溪 吉善宙 牧師 遺稿 選集 第1輯, 195.
[29] "편하설 교장 귀국" 동아일보 1921. 07. 23.

(禹貞舜), 유계준(劉啓俊), 오응백(吳應伯), 송민호(宋民鎬), 이찬두(李燦斗) 등 장립집사 5명을 투표로 선정하였다.³¹

1922년 6월 18일에 오윤선이 그 해 12월에는 조만식이 장로로 임직을 받았다.³² 산정현교회는 1923년 들어서도 계속해서 성장했다. "산정현교회사기"는 그해 상황을 이렇게 기술했다:

> 一九二三年 교회는 계속 진흥하고 있었다. ……당시(當時) 교회 상황을 사고(査考)하니 교인의 수가 남녀 천(千)여 명인데 매 주일 오전 예배 출석수가 七百여 명이고 오후의 출석수가 五00명 가량이고 당회원 수가 九명이요 제직원수가 一八이요 권찰이 一四구역에 남녀 五六명이요 주일공부반이 장년 남자반이 二0반과 여반이 三0반이요 유년주일학교 학생수가 三00명 가량이었다.³³

---

³⁰ 길선주, "平壤山亭峴敎會史記," 길진경 편, 靈溪 吉善宙 牧師 遺稿 選集 第1輯, 195.
³¹ Ibid.
³² 박용규, 평양산정현교회 (서울: 생명의말씀사, 2009), 127-129. 산정현교회가 지금까지 한 해 두 명의 장로를 임직한 것은 처음 있는 일이었다. 오윤선의 경우 1918년부터 집사로 임명받아 왔지만 조만식의 경우는 겨우 집사로 임명받은 지 1년밖에 지나지 않았다. 따라서 조만식이 집사 임명 불과 1년 만에 장로로 장립 받은 것은 참으로 특별한 경우라고 할 수 있다. 더구나 산정현교회와 같이 교회의 질서와 전통을 중시하는 교회에서 조만식이 장로로 피택 받은 것은 그가 그만큼 산정현교회 전체 교우들과 당회원들로부터 신망을 받았기 때문이다. 오산학교 교사와 교장으로 재직하던 초기 7년 동안 조만식은 클래스에서 학생들에게 민족의식을 고취시키며 구국운동과 민족운동을 조용히 전개하며 주기철 목사를 비롯한 수많은 학생들의 가슴에 민족의식을 심어 주었다. 조만식의 이 같은 민족애는 산정현교회에서 다듬어졌다고 해도 과언이 아니다. 산정현교회에서 조만식은 당시 평양의 기라성 같은 민족지도자들과 교류하면서 민족정신과 민족의식을 더욱 강하게 가슴에 담기 시작한 것이다. 1910년 산정현교회 장로로 장립받은 사업가요 기독교 장로요 민족주의자로 널리 알려진 김동원 장로, 광신상회 사장으로 훗날 숭인상업학교 설립자로 고아원 운동가로 고당과 함께 장로로 임직을 받은 오윤선을 비롯한 산정현교회 당회원들과 지도자들과의 교분은 조만식에게 적지 않은 영향을 미쳤던 것으로 보인다. 기독교민족애로 불타는 강규찬의 설교, 105인 사건에 연루되면서도 투철한 민족의식을 보여 준 김동원 장로, 그리고 자신과 같이 장로로 임직 받은 오윤선과 같은 산정현교회 지도자들과의 교류는 조만식을 더욱 선명한 민족주의자로 다듬어 주었다. 1919년 3·1운동으로 옥고를 치른 후 더욱 성숙한 신앙인으로 성장한 조만식은 1922년 마흔의 나이에 산정현교회 장로로 장립 받은 것이다.
³³ 길선주, "平壤山亭峴敎會史記," 길진경 편, 靈溪 吉善宙 牧師 遺稿 選集 第1輯, 195.

강규찬이 이끄는 산정현교회는 삼일운동 이후 장족의 발전을 거듭 1906년 설립 당시 188명 이던 출석교인이 1923년에는 1,000명 재적에 700명 출석으로 증가했고, 교회 재정도 200원에서 3,000원으로 증가했다. 강규찬 목사가 처음 부임하던 1917년 600명 재적에 400명이던 출석교인이 5년이 지난 1923년에는 1,000명 재적에 700명 출석으로 증가한 것이다. 예산도 1917년 1,000원이던 것이 1923년에는 3,000원으로 3배로 늘어났다. 재적, 출석, 예산 모든 면에서 상당한 발전을 이룩했다.

이 같은 놀라운 성장은 물론 하나님의 은혜이지만 편하설과 강규찬, 그리고 당회의 훌륭한 리더십이 있었기 때문에 가능했다. 놀라운 성장은 산정현교회에만 나타난 특별한 현상은 아니었다. 평양지역의 많은 교회들도 정도의 차이는 있지만 꾸준한 성장을 이룩하고 있었다. 1924년 12월 번하이젤은 모 교회에 보낸 편지에서 이렇게 기술하고 있다 :

> 한국의 교회는 믿지 않는 사람들에게 복음을 전해 그들에게 장차 도움이 될 기독교 관습과 제도를 받아들이도록 최선을 다하고 있습니다. 이 같은 노력들은 놀라운 결실을 거두어 수십만 명의 한국인들이 우리 하나님과 그의 아들 우리의 주를 예배하고 경배하고 있습니다. 아직도 수많은 한국인들이 교회로 몰려들고 있으며, 그래서 해마다 수천 명의 교인이 증가하고 있습니다. ……사실 복음은 믿는 모든 자들에게 구원을 주시는 하나님의 능력입니다. 우리 선교사들은 그것을 경험하고 있습니다. 그리고 여기 우리는 당신의 대변자로서 사역하고 있습니다. 제 자신이 당신의 한국의 개인적 대변자라는 사실을 당신이 느낄 수 있기를 바라며, 저와 저의 가족과 그리고 선교사들이 이 매력적인 선교지 이곳에서 수행하려고 노력하는 모든 사역들을 위해 당신이 기도를 중단하지 않기를 소망합니다.[34]

편하설은 무디 부흥운동의 영향을 강하게 받으며 성장했다. 그는 구학파의

---

[34] C. F. Bernheisel's Letter to Oklahoma Presbyterian Church, Jan., 2, 1925, *PCUSA Reports 1910−1960*, Vol. 24, 615.

신학적 전통을 계승하면서도 부흥운동에 대해 상당히 열려있던 시카고의 맥코믹신학교에서 신학수업을 받고 무디가 세상을 떠난 바로 그 이듬해 조선에 입국했다. 평양에 거점을 마련한 편하설은 이미 마포삼열 소안론 이길함 베어드를 비롯한 맥코믹신학교 출신 선배들이 역동적으로 사역하는 평양에서 북방지역에 일고 있던 영적 움직임을 처음부터 목도했다. 특별히 평양대부흥운동이 발흥할 때 그 현장에서 성령의 놀라운 임재를 친히 경험하는 특권을 누렸다. 편하설은 한국에 파송된 미국교회의 대표자라는 자의식을 가지고 자랑스럽게 자신의 소임을 감당했다. 그가 맡은 산정현교회가 영향력 있는 교회로 자리 잡아 가는 것을 지켜보는 것은 그에게는 참으로 대단한 축복이었다.

편하설은 이런 결실에 힘입어 1920년대 접어들어 선교지 한국에서 중요한 리더십을 발휘하기 시작했다. 그는 1926년 9월 18일부터 22일까지 피어선 성경학교에서 열린 한국복음주의연합공의회(The Federal Council of Missions) 제15차 연례회를 주관하는 등 산정현교회를 담임하면서 평양선교부와 북장로교 선교부 그리고 더 나아가 한국교회 전체를 섬겼다. 이것은 편하설 자신에게는 물론 산정현교회로서도 대단한 영광이었다.[35] 편하설은 산정현교회를 충실하게 감당하면서, 평양선교부 전반에 영향력을 미치면서 더 나아가 한국교회 전반에 건전한 리더십을 구축한 것이다. 마포삼열의 리더십이 줄어드는 상황에서 번하이셀의 역할이 더욱 증대된 것을 알 수 있다. 그는 그 바쁜 와중에서도 자신이 맡은 지역을 순회하는 일도 게을리 하지 않았다.[36]

편하설만 아니라 1920년대 접어들어 강규찬과 산정현교회 역시 평양지역에서 점점 더 중요한 리더십을 발휘하였다. 1923년 강규찬은 그해 발생한 수재의 연금에 참여했다.[37] 같은 해 가을 평양숭의여학교 학생들이 학교 당국과 대립하여 동맹휴학에 들어갔을 때 이 문제를 원만하게 해결하기 위해 길선주 김동원과 함께 선교사와의 원만한 관계 개선을 위한 대표자로 선임되어 중재를 맡았다.[38]

---

[35] C. F. Bernheisel, "The Federal Council of Missions," *KMF* (Dec., 1926), 263.
[36] C. F. Bernheisel, "Up Against It!," *KMF* (May, 1933), 98.
[37] "수재구제상황," 동아일보 1923. 09. 13.
[38] "崇義校問題로 平壤都堂會蹶起" 동아일보 1923. 10. 30. 학생들이 학교 당국에 억울한 사정을 말한 것이 발단이 되어 학생들과 선교사들과의 대립으로 이어졌고, 이 문제는 다시 선교

강규찬은 산정현교회 당회원들이 축이 되어 추진하는 물산장려운동의 저변확대에도 적극 동참했다. 황해도 곡산군 곡산면에서는 1923년 3월 7일 장계승 차성하 등 지역 유지들의 발기로 천도교당에서 강연회를 개최하고 강규찬을 연사로 초청했다. 이날 강규찬은 "물산장려"를 주제로 강연을 했고, 지역 사립 삼악학교 학생들이 "물산장려가"를 합창했다. 이날 강연은 "성황"리에 마쳤다. 1923년 3월 22일 동아일보는 "장산급금주연강연"이라는 제목으로 다음과 같이 보도했다:

> 황해도(黃海道) 곡산군(谷山郡) 곡산면(谷山面)에서는 거(巨) 7일(七日)에 장계승(張啓昇) 차성하(車聖下) 등(等) 유지제씨(有志諸氏)의 발기(發起)로 천도교당내(天道敎堂內)에서 강연회(講演會)를 개최(開催)하고 김용전씨(金龍田氏) 사회(司會) 하(下)에 연사(演士) 강규찬씨(姜奎燦氏)는 물산장려(物産奬勵), 이기섭씨(李基燮氏)는 금주단연(禁酒斷煙)을 거(擧)하야 도도(滔滔)한 열변(熱辯)을 시(試)한 후(後) 사립 3악학교(私立三樂學校) 학생일동(學生一同)의 물산장려(物産奬勵)가 합창(合唱)이 유(有)하야 성황(盛況)을 정(呈)하얏더라. 곡산(谷山)[39]

주지하듯이 물산장려운동은 조만식이 주도적인 역할을 감당했다. 하지만 그것은 단순히 조만식 개인만의 작품은 아니다. 산정현교회 당회원들이 이 일에 적극 동참하고 민족의식이 강했던 강규찬 목사의 설교와 목회가 조만식은 물론 산정현교회 온 교우들에게 적지 않은 영향을 미쳤던 사실을 고려할 때 물산장려운동은 적어도 그 출발점에 있어서 산정현교회 공동의 작품이라고 해도 과언이 아니다. 1922년 물산장려운동이 시작되자 산정현교회 온 교우들은 이 일을 자신들의 사명으로 여기고 헌신적으로 동참했다.

사들에 대한 한국교회의 반감으로 비화되는 상황이었다. 1923년 10월 30일 동아일보가 숭의학교 문제를 심도 있게 보도해 우려를 표명한 것도 그런 맥락이다.
[39] "장산급금주연강연," 동아일보 1923. 3. 22.

3. 산정현교회의 사회적 민족적 책임 구현

강규찬의 리더십 아래 조만식, 김동원, 오윤선, 유계준 최정서 등 산정현교회 장로들은 3·1운동 이후 평양 교계와 사회에 점점 더 큰 영향력을 발휘하기 시작했다. 강규찬은 1917년 부임하면서 교인들에게 민족적 사회적 책임 구현의 중요성을 설교를 통해 교육을 통해 당회원들과 제직들 그리고 교우들과의 교제를 통해 끊임없이 일깨워 주었다.

평양산정현교회는 평양 YMCA와 물산장려운동을 통해 암울한 민족의 현실 속에서도 내일에 대한 희망을 포기하지 않고 기독교 문화운동, 물산장려운동, 신앙운동, 농촌운동에 앞장섰다. 고당 조만식은 이 일에 선두주자였다. "고당은 기독교를 단순히 영혼 구원을 지향하는 종교라는 데 국한시켜 놓지 않고 사회 속에 진리를 구현하는 산 종교로 부각시키는 데 힘썼고 기독교 정신을 민족 부흥운동에 이식시키고자 노력했다."⁴⁰

앞장에서 살펴본 것처럼 고당이 중심이 되어 진행한 물산장려운동은 교회가 대사회적 민족적 책임을 구현하려는 구체적인 사례였다.⁴¹ 이런 이유로 스탠리 솔터(T. Stanley Soltau)가 지적한 것처럼 당시 산정현교회는 비록 교세적으로는 전국적인 규모에 들지 못했지만 영향력에 있어서는 대단했다:

> 산정현교회는 가장 큰 교회 가운데 하나가 아니라 단지 수백 명이 모이는 교회에 불과했다. 하지만 학자풍의 설교자, 강규찬의 설교에 매혹된 이들의 타입 때문에 그 교회는 영향력 있는 교회가 되었다. 대학생들과 고등학생들뿐만 아니라 지위가 있고 영향력 있는 사람들이 그의 설교를 듣기 위해 항상 그곳에 모였다.⁴²

---

⁴⁰ 김요나, 고향을 묻지 맙시다 (서울: 엠마오, 1987), 128.
⁴¹ "物産奬勵創立" 동아일보 1922. 06. 26.
⁴² T. Stanley Saltau, *Yin Yang: Korean Voices* (Wheaton: Key Publishers, 1971),

1921년 집사에 임명된 조만식은 이듬해 1922년 오유선 장로에 이어 마흔의 나이에 산정현교회 장로로 임직 받았다. 그가 집사 임명을 받은 지 불과 1년 만에 장로로 임직 받은 것은 참으로 파격적인 일이다. 그것은 산정현교회 당회와 교우들이 그의 리더십을 인정해주었기 때문으로 보인다. 특별히 안수받기 전 수년 동안의 조만식의 활동은 산정현교회 교우들은 물론 전국 교회의 주목을 받기에 충분했다. 오산학교 교장으로 7년간 재직하면서 수많은 젊은이들에게 민족의식을 심어주었고, 3·1운동이 일어나자 아예 교장직을 사임하고 이 일에 전념했다. 출옥 후에는 물산장려운동과 YMCA 총무로 대 사회적 민족적 책임을 구현하는 일에 혼신을 다했다.

조만식의 민족의식의 배경에는 산정현교회 담임목사와 당회원들이 있었다. 조만식이 민족주의 대변자로 부상하기 전 이미 산정현교회 안에는 민족의식이 강하게 흐르고 있었다. 선천 신성학교 교사 시절부터 일제의 감시를 받을 정도로 민족의식이 투철한 강규찬이 산정현교회 담임 목사로 부임한데다 민족의식이 강한 김동원 장로를 비롯한 산정현교회 담임목사와 당회원들의 리더십은 조만식에게 적지 않은 영향을 미쳤다. 산정현교회의 민족정신 덕분에 산정현교회는 3·1운동이라는 거족적 사건 속에서도 조금도 흔들리지 않았다.

1920년대 후반에 접어들어 강규찬에게 2가지 변화가 찾아왔다. 하나는 미국 유학 중에 있는 박형룡을 산정현교회 조사로 청빙한 일이고 다른 하나는 그가 대한예수교장로회 총회 전도부장을 맡은 일이다. 그가 전도국장을 맡은 것은 1929년이다. 이미 전도에 대한 남다른 사명을 인식하고 있던 강규찬에게 전도부장은 그의 위상에 걸 맞는 직책이었다.

민족복음화 사명은 그에게 주어진 사명이었기 때문이다. 특별히 외국에 살고 있는 동포들의 구원 문제는 강규찬의 남다른 관심사였다. 그는 1929년 기독신보에 "재외 동포구원 문제"라는 논고를 통해 해외에 살고 있는 교포들의 복음화를 위해 한국교회가 앞장서지 않으면 안 될 때라고 강조했다.[43] 특별히 중국과

---

[43] 長老會總會傳道局長 姜奎燦, "在外同胞救援問題," 기독신보, 1929년 7월 31일, 제712호 4면.

일본과 러시아에 흩어진 백만 이상의 우리 동포의 구원 문제는 심각한 문제였다:

> 우리 동포의 생활이 안정치 못하야 북으로 로서아에 류리하며 서으로 지나에 표박하며 동으로 일본에 방황하는 자의 수가 백여만 명인데 그네들의 정상이 가련함은 마랗지 안아도 아시는바어니와 동포의 생명을 동포들이 도라보난 것은 피할 수 업는 책임이올세다. 마태 십쟝 육절에 예수끠서 十二사도를 누구에게 몬저 보내엿스며 로마 九쟝 三졀에 바울이 자긔 동포를 위하야 얼마나간절하엿나잇가. 그런고로 우리 총회는 이 뜻을 생각하야 외지에 류리하는 동포들에게 전도할 목적으로 전도국을 설치하고 부활주일연보를 거두어 그 경비를 쓰기로 하엿난데 과거성적을 말하면 로령서비리아에 조사 二人 전도 二人과 중국만수에 목사 一人과 상해에 목사 一人과 제주에 목사 一人을 파송하야 전도하오며 일본에는 조선예수교련합전도국에 매년 경비 一千三百五十원식지출하야 동경과 대판과 구수지방에 각각 전교사 두어 전도하난 중인대 성적이 량호하야 동양삼국에 훗터진 불상한 동포의 생명을 매년에 여러백명식 구원하옵난바 제일 란관은 재정이올세다. 각처에서 전도사를 보내여 달나고 부르짓난 소래가 사면으로 드러오는대 확장은 고사하고 현상유지도 할 수 업사오니 이것을 엇지하오릿가. 부활주일연보를 적어도 감사일연보만치나 하여야 될터인대 그 절반만치도 하난 교회가 업슬 뿐더러 연보를 거둔대로 보내지 안난 교회도 만사와 일할 수가 업사오니 전도사업을 아니하면 총회제면이 안 되엿다난 것보다 동포의 생명을 엇지하오릿가. 만번 생각하야도 우리의 할일은 우리가 하야 될 터이오니 총회를 사랑하시며 동포를 사랑하시며 예수를 사랑하시난 형제자매들은 부활연보와 특별연보와 부인전도회 찬셩금을 만히 보내 주시와 금년 총회에는 전도국사업이 일층확장되야 동양 三국에 훗터진 동포의 생명을 만히 구원하십세다.[44]

이 글 속에는 해외에 흩어진 동포들을 향한 강규찬의 애틋한 사랑이 그대로

---

[44] Ibid.

묻어있다. 민족 구원에 관한 깊은 관심, 기독교 민족주의 의식이 선교열과 어우러져 민족복음화의 염원으로 나타난 것이다. 강규찬은 단순히 개 교회만 생각하지 않았다. 한국교회와 사회 그리고 민족을 가슴에 품었다. 그리고 내일에 대한 책임을 깊이 인식하고 자신들이 할 수 있는 범위에서 최선을 다했다. 강규찬은 이런 목회 철학을 가지고 개교회주의를 넘어 전체 한국민족과 한국교회에 대한 책임의식을 흔들리지 않고 구현해 나갔다. 은퇴 목회자를 위한 준비, 물산장려운동, 한국교회 지도자들을 배출하는 학교운영을 위해 재정후원을 아끼지 않았다.[45] 또한 고아원을 운영하여 사회봉사의 모범을 보였으며, 물산장려운동 같은 사회운동, 청년운동, 그리고 언론에 이르기까지 그 영향력이 미치지 않은 곳이 없었다.

산정현교회 장로들은 노회와 총회, 사회와 민족 전반에 두루 영향을 미쳤다. 김인서가 지적한 것처럼 산정현교회는 조선일보 발행에도 적극 참여했다.[46] 1935년 11월 26일 영계 길선주가 향년 72세의 나이로 소천하자 그의 평생의 사역을 추모하는 기념사업회가 결성되었을 때 산정현교회 담임목사와 조만식 오윤선 김동원 등 3명의 장로가 참여했다.[47] 이처럼 산정현교회는 다양한 분야에서 대 사회적 책임을 구현하는 일에 앞장섰다. 이미 잘 다져진 회중들은 강규찬의 리더십 아래 놀랍게 눈을 뜨기 시작했고 평신도들이 어느 교회 목회자보다도 더 많은 일을 감당했다. 이런 평신도 지도자들이 견고하게 교회를 지켰기 때문에 삼일운동 이후 담임목사가 투옥되고 많은 위기를 만났으면서도 전혀 흔들리지 않고 그 모든 위기를 잘 극복할 수 있었다. 평신도를 지도자로 세우는 일을 가장 먼저 앞장서서 모델을 보여준 것이다. 산정현교회는 한국교회 안에 사회와 민족을 깨운 교회라는 평가를 받기에 조금도 손색이 없었다. 1929년 6월 산정현교회를 직접 방문한 한 기독신보 기자는 이렇게 증언한다:

---

[45] 1932년 제21회 평양노회록에는 이들 세 학교에 대해 이렇게 기록되어 있다. "숭실, 숭인, 숭의 각 중등학교는 상당한 갑종고등학교로 지정이 되는 때에 기숙사도 굉장하게 증축이오며, 재단법인 수속도 거진 되었사오며." 제21회 평양노회록, 김요나, 동평양노회사, 1176.

[46] "平壤之片言, 산정현교회와 조선일보사", 신앙생활 1935년 8·9월호 합본, 40.

[47] 추모문 명단, 길진경, 靈溪 吉善宙 (서울: 종로서적, 1980), 390; 平壤通信, 信仰生活, 1936년 1월, 39.

긔쟈의 눈에 몬져 씌우는 것은 동 교회의 직원전부가 전평양교회나 사회에 잇서셔 모다 지도쟈이며 모다 지배쟈인 것이다. 다시 말하면 전평양을 운뎐하는 긔관이 동교회에 잇지안은가 하엿다. 청년계에 잇서셔 조만식 쟝로, 사회사업에 잇서셔 김동원 쟝로, 자선사업이나 교육사업에 잇서셔 오윤선 최뎡셔 양 쟝로가 잇다. 동교회 안에서 一년간 쓰는 총경비는 불과 三千원이나 동교회의 직원의 주머니에서 교회 밧 그로 나아가는 돈은 一년간 수만원에 달한다고 한다.[48]

우리는 위 기록에서 적어도 다음 몇 가지 사실을 확인할 수 있다. 첫째, 평양 산정현교회 평신도 지도자들이 평양 전역과 사회에서 매우 중요한 영향력을 발휘하는 인물들이었다는 사실이다. 평양을 운전하는 기관이 산정현교회에 있다는 표현에서 그대로 읽을 수 있다. 둘째, 평신도 지도자들의 역할 분담이 잘 되었다는 사실이다. 청년운동에서 조만식, 사회사업에서 김동원, 자선사업과 교육사업에서 오윤선 최정서 장로가 중요한 리더십을 발휘하고 있다.

셋째, 재정적으로 상당한 금액을 교회 밖의 사회적 책임을 구현하는데 활용되고 있다는 사실이다. 산정현교회는 목회에 은퇴한 "연로한 목사를 부양"[49]하는 일에까지 관심을 기울였다. 강규찬의 민족의식과 사회적 책임의식이 산정현교회를 통해 구체적으로 뿌리를 내리기 시작한 것이다. 다음은 **기독신보** 기자의 눈에 비친 1929년의 산정현교회의 모습이다:

지금으로부터 二十四년 전 곳 일천구백육년에 술막골 예배당 한간을 엇어가지고 쟝대현교회에서 분립한 후 여러 가지로 교회 발전에 남달니 특별한 열정을 다하여 왓다. 지금 잇는 위치로 옴겨온 이후로라도 처음 협착한 위치에서 점점 부근 토디를 사드리여 지금과 갓치 광활한 토디를 만드럿다고 한다. 처음에는 교인수도 심히 적엇지마는 지금에 와서는 쟝년이 八百 유년이 四百 합하야 一千二百의 교인을 가지고 잇스며

---

[48] "敎會巡禮, 평양교회를 차저서, 山亭峴敎會", 기독신보, 1929년 6월 26일.
[49] Ibid.

직원으로도 목사 강규찬(姜奎燦)씨와 조사 박형룡(朴亨龍)씨를 비롯하야 김동원, 조만식, 변홍삼, 박덩익, 오윤션, 최뎡셔, 김찬두 七쟝로와 二十二인의 집사가 잇스며 권사 二인도 잇셔셔 교회일을 붓드러 나아간다고 한다. 긔관으로도 남녀 쥬일학교, 남녀 쳥년회, 남녀 소년회, 남녀 뎐도회, 찬양대 등이 잇다고 한다.⁵⁰

1920년대 말에 이르러 산정현교회는 한국교회의 하나의 모델로서 굳게 자리를 잡았다. 한국 젊은이들의 영적인 우상 조만식 장로, 명망 있는 사회사업가 김동원 장로, 영향력 있는 자선사업가이자 교육자 오윤선과 최정서 두 장로는 모두 전국적으로 대단히 영향력을 미치고 있던 인물이었다.⁵¹ 실제로 이들은 교회 총 예산보다도 더 많은 금액을 사회사업이나 교육 사업에 헌금했다. 산정현교회의 일 년 전체 예산이 三千원이지만 교회 장로들과 제직들을 통해 사회적 책임을 구현하는 일에 사용된 금액은 一년간 수만 원에 달했다.⁵²

1929년에 이르러 산정현교회는 장년 8백 명 유년 4백 명 도합 1,200명으로 성장했다. 이는 재적수를 기준으로 한 것이 아니라 출석 교인수를 기준으로 한 수자라는 사실을 고려할 때 산정현교회가 외형적으로도 상당한 성장을 이룩한 것이다. 장대현교회가 길선주 목사를 반대하는 이들로 인해 심각한 내홍을 겪었던 것과 대비를 이룬다.⁵³

산정현교회 성장 추이

년도	1906	1917	1922	1923	1929
출석	188명	400명	550명	700명	800명

⁵⁰ Ibid.
⁵¹ "敎會巡禮, 평양교회를 차저서, 山亭峴敎會," 기독신보, 1929년 6월 26일.
⁵² Ibid.
⁵³ 1927년 제16회 총회록, 평양노회 형편. 1927년 제16회 총회 평양노회 보고에 따르면 "장현교회에서는 청년 몇 사람이 분규를 이르킴으로 인하여 주일 오후예배를 못 본 일이 있다." 안타깝게도 장대현교회 분쟁은 상당히 오래 동안 진행되면서 장대현교회의 과거 영광을 너무도 크게 잠식해 버렸다. 반면 사회적 민족적 책임을 다하는 산정현교회는 평양과 한국 전역에 영향을 미치며 세인들이 주목하는 교회로 꾸준히 성장했다.

한국 젊은이들의 영적인 우상 조만식 장로, 명망 있는 사회사업가 김동원 장로, 영향력 있는 자선사업가이자 교육자 오윤선과 최정서 두 장로 모두 전국적으로 대단한 영향력을 미치고 있었다.[54] 특별히 조만식의 부상(浮上)이 눈에 띤다. 기독 신문은 산정현교회 기사를 보도하면서 김동원, 조만식, 변홍삼, 박뎡익, 오윤션, 최뎡셔, 김찬두 등 7명의 산정현교회 장로 명단 가운데 조만식을 김동원에 이어 두 번째로 기록하고 있다. 김찬두 박정익 변홍삼은 조만식 보다 먼저 장로 임직을 받은 사람들인데도 조만식을 김동원 다음으로 기록한 것은 조만식의 영향력이 커졌기 때문으로 보인다. 산정현교회에 대한 기독신문 기사에서 발견할 수 있는 또 하나는 편하설 선교사에 대한 언급이 없다는 것이다. 1929년에는 편하설 선교사는 아직 사임하지 않고 산정현교회 동사 목사로 한국에서 사역하고 있을 때였다. 그런데도 그의 이름이 언급되지 않은 것은 기사의 성격 때문이거나 아니면 상대적으로 편하설 선교사의 영향력이 줄어들고 강규찬과 당회원들을 비롯하여 평신도들의 리더십이 커졌기 때문으로 풀이된다.

확실히 산정현교회는 1920년대 말엽에 이르러 한국에서 더욱 주목받는 교회로 발 돋음 했다. 당시 산정현교회를 방문한 기자가 "모든 것에 잇서셔 분담뎍으로 쏘는 조직뎍으로 일하야 가는 동교회는 지금의 능셩을 보아 압흐로의 향상 발전도 넉넉히 추측할 수가 잇다"[55] 고 평한 것은 과장이 아니었다. 산정현교회는 1920년대 말엽에 이르러 평양에서 가장 영향력 있는 교회로 발전하였다. 그것은 적어도 다음 세 가지 사실을 통해서도 객관적으로 확인할 수 있다.

첫째, 1929년 현재 김동원, 조만식, 변홍삼, 박정익, 오윤선, 최정서, 김찬두 등 일곱 명의 장로들은 한국교회만 아니라 학교, 사회활동, 민족운동에 있어서 한국교회를 대표하는 이들이었다. 둘째, 산정현교회는 민족운동의 보루로서의 대 사회적 민족적 책임을 구현하는 일을 게을리 하지 않았다. 특별히 숭덕, 숭인, 숭현 세 학교를 운영하는 일에 적극적으로 동참했다.[56] 이와 관련하여

---

[54] "敎會巡禮, 평양교회를 차저서, 山亭峴敎會," 기독신보, 1929년 6월 26일.
[55] Ibid.
[56] 평양에는 이들 외에도 평양장로회신학교, 남성경학교, 여성경학교, 숭의학교, 숭실중학 및 숭실대학이 있었지만 이들 학교들은 주로 선교회가 운영을 주도하였다. 김요나, 동평양노회사, 147.

"평양산정현교회사기"는 이렇게 기록하였다:

> 자래(自來)로 평양부내(平壤府內) 7교회(장대현, 남문외, 사창골, 산정현, 서문외, 연화동, 명촌)가 연합하여 설립(設立)한 교육기관(教育機關)이 있었다. 남학교(男學校)로서는 숭인(崇仁), 숭덕(崇德) 두 학교이었고 여학교(女學校)로서는 숭현(崇賢)학교가 있었다. 학생 수는 모두 합쳐서 三百여 명이었고 이 세 학교를 운영하기 위한 총 경비가 이만(二萬)여 원 가량이었는데 기본이식(基本利息)과 수업료(授業料)를 징수(徵收)하여 경비에 충당(充當)하고 그 부족액(不足額)이 七, 八천 원이었다. 이를 7교회가 분담(分擔)해 왔었는데 본 교회가 그 부족액수(不足額數) 千원의 큰 돈을 계속 분담하였다.[57]

당시 산정현교회 1년 예산이 3천 원이었던 것을 감안할 때 산정현교회가 매년 1천원을 분담한 것은 대단한 금액이다. 이 학교들 외에도 산정현교회는 숭실중학과 숭실대학, 평양신학교 등 한국교회 지도자들을 배출하는 이들 학교를 운영하거나 재정후원을 아끼지 않았다.[58] 기독교 정신을 가진 민족의 지도자들을 양성하겠다는 평양지역의 선교사들과 목회자들 그리고 장로들의 의지를 그대로 반영한다. 특별히 산정현교회 강규찬 목사는 이 일에 앞장섰다.[59]

셋째, 산정현교회 장로들은 노회와 총회, 사회와 민족, 개인적 영향력이 평양의 어느 교회 장로들보다도 두드러졌다.[60] 1935년에 접어들어 한국교회와 사회에 미치는 산정현교회의 영향력은 산정현교회 중직들이 조선일보 발행에 참여함으로 더욱 커졌다. 산정현교회 상당수의 제직들이 한국을 대표하는 조선일보사 운영에 깊이 개입하기 시작했다:

---

[57] 길선주, "平壤山亭峴敎會史記," 길진경 편, 靈溪 吉善宙 牧師 遺稿 選集 第1輯, 196.
[58] 제21회 평양노회록, 김요나, 동평양노회사, 1176.
[59] 강규찬 목사는 민족의식이 투철하여, 105인 사건으로 옥고를 치른 데다 3·1독립운동으로 또 다시 옥중생활을 통해 민족의식을 고취할 필요를 더욱 절감했던 것으로 보인다. 그 후 그는 일관되게 개교회주의를 넘어 나라사랑과 민족사랑을 사역의 현장에서 현시했다.
[60] "敎會巡禮, 평양교회를 차저서, 山亭峴敎會," 기독신보, 1929년 6월 26일.

조선일보사(朝鮮日報社) 고문(顧問)도 산정현교회 장로(山亭峴敎會 長老)요 전무(專務) 취제역(役)도 감사역(監査役)도 산정현교회 장로(山亭峴敎會 長老)이니 오십만원(五十萬圓)의 조선일보사(朝鮮日報社)는 산정현교회(山亭峴敎會)의 신문사(新聞社)라 하여도 무방(無妨)할 듯 하거니와 이는 평양교회(平壤敎會)의 사회적 실력(社會的 實力)을 말함이다. 누가 오십만원(五十萬圓)의 대전도회(大傳道會)를 일으키고 몽고(蒙古) 만주(滿洲) 중국(中國) 인도(印度)에 전도자(傳道者)를 보낼 거룩한 마음이 잇는 사람은 업는가. 평양교인(平壤敎人)의 부력(富力)으로 말하면 신앙(信仰)이 잇고 마음이 이스면 백만원전도회(百萬圓傳道會)로 가능야(可能也)라.[61]

김동원 장로는 계속해서 총회 총대에 선출되어 총회 안에서 리더십을 발휘하는 한편 평양노회 내 목사 가족 구제위원회에서 김동원과 오윤선이 위원으로 참여하였다.[62] 조만식, 오윤선, 김동원은 길선주가 세상을 떠났을 때도 40명의 추모회의 핵심 멤버였다.[63]

4. 아름다운 세대교체

산정현교회가 한국교회에 보여준 또 하나의 아름다운 사회적 책임 구현은 세대교체였다. 강규찬은 산정현교회 부임 10년이 지난 1927년 후임 준비에 들어갔다. 그가 당회의 동의를 얻어 자신의 제자이자 선천읍교회를 함께 섬겼던 박형룡을 동역자로 청빙한 것은 그런 이유였다. 박형룡은 선천신성중학교를 마치고 1916년 평양숭실대학에 진학해 1920년 졸업 후 금릉대학으로 유학을 떠나 그곳에서 1923년 학사학위를 취득했다. 그는 1923년 여름 프린스턴 신학교로 유학을 떠나 메이첸 박사 밑에서 3년 후인 1926년 신학사(B. Th)와 신학

---

[61] "平壤之片言, 산정현교회와 조선일보사", 신앙생활 1935년 8·9월호 합본, 40.
[62] 제 24회 평양노회 촬요, 김요나, 동평양노회사, 1236.
[63] 平壤通信, 信仰生活, 1936년 1월, 39.

석사(Th.M.)를 취득하고, 그해 당시 변증학의 대가 중 한명이었던 멀린스(E. Y. Mullins) 박사 문하에서 박사과정을 밟기 위해 루이빌의 남침례신학교(Southern Baptist Seminary)로 적을 옮겨 박사과정 코스웍을 밟았다.

1927년 강규찬과 산정현교회의 부름을 받은 박형룡은 평양 산정현교회에 부임하여 담임목사와 온 교우들의 환영을 받으며 강규찬 목사와 동역을 시작했다. 젊은이 사역은 박형룡이 전담했고 강규찬이 장년 목회에 전념하는 둘의 동역은 다른 교회에서 찾기 힘든 앞선 모습이었다. 강규찬은 2년이 지난 후 당회의 동의를 얻어 박형룡을 후임으로 선정하고 노회의 인준도 받았다. 1929년 7월 2일부터 5일까지 평양서문밖교회에서 열린 제16회 평양노회에서 박형룡은 "산정현교회 위임목사"[64]로 목사 장립을 받았다. 박형룡이 산정현교회 위임 목사가 되었지만 강규찬은 여전히 박형룡과 동역하며 산정현교회를 섬겼다.

하지만 박형룡의 산정현교회 담임 사역은 그리 길지 못했다. 불과 2년에 지나지 않았다. 그것은 평양신학교로부터 교수직 제의를 받고 박형룡이 산정현교회 목회보다 신학교에서 가르치는 쪽을 택했기 때문이다. 강규찬 목사와 산정현교회 당회는 박형룡의 뜻을 존중하고 그의 사임을 받아들였다. 선교사들이 퇴임하고 일선에서 물러나는 상황에서 평양신학교에는 유능한 젊은 교수들이 절대 필요했다. 사실 불과 2년 만에 담임 목사직을 사임하는 것은 산정현교회로서는 불명예스런 일일 수 있었지만 강규찬은 그런 일이 생기지 않도록 원만하게 매듭을 지었다. 이 같은 배려 덕분에 박형룡은 목사로서 산정현교회에 적을 그대로 유지하면서 큰 무리 없이 1931년 제 21회 평양노회에서 "산정현교회를 사임하고 신학교수로"[65] 옮길 수 있었다.

후임을 물색하던 강규찬과 산정현교회는 1931년 미국 유학 중이던 송창근 목사를 후임자로 청빙했고 송창근은 1932년 귀국 조사로 강규찬과 동역했다. 일본 청산학원, 프린스턴신학교, 덴버신학교를 졸업한 송창근은 젊은이들과 지성인들 그리고 민족주의자들이 가득 찬 산정현교회 담임으로 기대를 모았고,

---

[64] 제16회 평양노회(1929) 정기회촬요, 김요나, 동평양노회사(서울 : 동평양노회, 2003), 1183.

[65] 제21회 평양노회 정기회촬요, 김요나, 동평양노회사, 1234.

2년간의 동역이 지난 1933년 강규찬은 당회와 노회의 동의를 받아 송창근 목사에게 담임목사직을 인계하고, 그해 5월 30일 제 24회 춘계 평양노회에서 노회 인준도 마쳤다 :

> 강규찬 목사는 10[16]여 년 간 시무하던 산정현교회를 금번 사임하고 평신 교수 박형룡 목사가 임시 당회장이 되고 송창근 박사가 전임 시무케 되었는데 교회에서는 노 목사의 지난 공적을 생각하여 사례금 천 원을 진중하다.[66]

위 촬요에 있는 대로 1932년부터 조사의 신분으로 강규찬 목사와 동역해 온 송창근이 강규찬이 사임한 후 산정현교회를 "전임 시무"케 되었다. 전임 시무라는 말이 비로소 산정현교회 풀타임 사역자가 되었다는 말이 아니라 전에는 강규찬과 동역하다 이제 산정현교회 전담 사역자가 되었다는 의미다. 송창근의 전기 벽도 밀면 문이 된다 에서 송해우는 1932년부터 송창근이 산정현교회를 전담 시무했다고 주장하나 이는 사실과 다르다. 이 기간 송창근은 장로교 노회에서 안수를 받기 위해 반드시 이수해야 1년간의 평양신학교의 별과 과정도 이수해야 했다. 이렇게 해서 송창근은 2년간의 동역기간이 지나 1933년 강규찬 목사가 사임한 후 산정현교회 전임 사역자가 되었다.

박형룡이 임시 당회장을 맡은 것은 송창근이 아직 목사 안수를 받지 않았기 때문이다. 송창근 목사는 1933년 10월 3일에서 6일까지 산정현교회에서 열린 제25회 평양노회(회장 이만영 목사) 추계 정기회에서 김성락, 길진경, 김표렵, 박학전과 함께 목사 안수를 받았다.[67] 안수를 받음으로 임시 당회장 체제를 끝내고 송창근이 정식으로 산정현교회 당회장이 되었다.

이로서 강규찬 목사는 1933년 송창근에게 담임목사직을 이양하고 16년간의 산정현교회 담임 사역을 정리했다. 강규찬은 산정현교회 역대 7명의 목사 중에서 가장 오랫동안 산정현교회를 섬긴 셈이다.[68] 김인서는 16년의 산정현교

---

[66] 제24회 평양노회 촬요, 김요나, 동평양노회사, 1236.
[67] 제25회 평양노회 촬요, 김요나, 동평양노회사, 1236-1237.
[68] 김요나, 순교자 전기: 한국교회 100년(제7권, 지팡이를 든 모세, 평양산정현교회 장로 조만

회 담임 목사직을 성공적으로 마치고 은퇴한 강규찬에 대해 언급하면서 강규찬 목사의 공헌과 사임의 아쉬움을 이렇게 기술했다:

> 산정현교회(山亭峴敎會) 강규찬 목사(姜奎燦 牧師) 연로(年老)하야 임(任)을 사(辭)하고 송창근 박사(宋昌根 博士) - 계임(繼任)하게 되엿습니다. 그래서 교회(敎會)에서는 십여년(十餘年) 목회(牧會)하든 은혜(恩惠)를 생각하고 강 목사(姜 牧師)의게 위로금(慰勞金) 천원(千圓)을 진정(進呈)하엿다 합니다. 선배(先輩)는 노(老)로써 양퇴(讓退)하고 후배(後輩)는 재덕(才德)으로써 나아오고 교회(敎會)는 예(禮)로서 후대(厚待)하니 이 교회(敎會) 이 목자(牧者)야말로 제교회(諸敎會)의 모본(模本)일 것입니다. 왕년(往年)에 여(余)-당태종(唐太宗) 때에 중국(中國)에서 처음 전도(傳道)한 고적(古蹟)인 경교비문(景敎碑文)을 어더본 즉(則) 난해(難解)의 구절(句節) 만키로 그것을 강 목사(姜牧師)의게 무른 즉(則) 자자구구(字字句句)의 고문출처(古文出處)를 설명(說明)함을 듯고 비로서 옹(翁)이 한문(漢文)의 거벽(巨擘)임을 아럿습니다. 옹(翁)은 향리선천(鄕里宣川)에 퇴로(退老)하신다 하니 언제 다시 그 고문(古文)을 드러보이오.[69]

김인서는 강규찬의 지난 16년의 사역을 정리하면서 그가 남긴 공헌과 훌륭한 자질을 3가지로 집약했다. 첫째, 강규찬의 사임이 특별한 문제가 있어서가 아니라 연로하여 사임하게 되었다는 사실이다. 둘째, 산정현교회가 강규찬에 대해 특별한 예우를 갖추려고 했다는 점이다. 셋째, 강규찬이 한학의 귀재라는 사실을 중국 경교비를 예로 들어 설명하고 있다. 여기서 말하는 경교비는 1625년 중국 장안사에서 발굴된 "대진경교유행중국비"(大秦景敎流行中國碑)를 지칭하는 것으로 보인다.[70]

1933년 5월 30일 강규찬이 산정현교회 담임 목사직을 사임할 때 그의 나이

식 장로 1883-1950)(서울 : 대한예수교장로회총회, 1996), 154.

[69] 「斯翁斯敎會 進退禮讓間」 "平壤通信", 信仰生活, 1933년 6월, 33. 강규찬 목사 은퇴, 송창근 부임.

[70] 박용규, 한국기독교회사 1권 1784-1910 (서울 : 생명의말씀사, 2004), 77-81.

60세였다. 60세라면 노인으로 평가 받던 당시 그 같은 고령까지 산정현교회 담임을 맡았다는 것 자체가 놀라운 일이다. 산정현교회는 퇴임하는 강규찬 목사에게 1천원을 사례함으로 그의 헌신에 대한 예우를 갖추었다. 1933년 4월 26일 동아일보는 "姜牧師 送別會"라는 제목을 빌려 강규찬의 사임을 독자들에게 알렸다:

> 내산정현(山亭峴)교회 목사 강규찬(姜奎燦)씨는 만 十六年 동안이나 교회에서 사역하다가 로쇠함으로 신진목사 송창근 박사에게 일임하고 용퇴하엿다. 동 교회인 일동은 강 목사의 용퇴함을 액겨 지난 二十六일 오후 八시에 동 교회에서 송별회를 개최하고 사례금으로 일천원을 증정하엿다고 한다.[71]

1917년 43세 때 담임 목사로 부임한 후 1933년 60을 바라보기까지 16년간 헌신적으로 산정현교회 목사직을 충실하게 감당한 강규찬은 후임에게 영광스러운 그 자리를 인계하고 무대 뒤로 물러났다. 16년간의 목회사역을 통해 산정현교회를 복음전파, 복음의 순수성계승, 복음의 대사회적 민족적 책임 구현을 통해 한국의 대표적인 교회로 도약시킨 훌륭한 목자, 경교비문으로 알려진 "대진경교유행중국비"(大秦景敎流行中國碑)[72]까지 막힘없이 해석해 내는 한문의 거벽은 중앙 무대를 떠났다. 그의 이별은 아쉽지만 그것은 영광스러운 퇴임이었다.

교회가 절정에 달할 때 일선에 물러나는 것처럼 아름다운 모습은 없을 것이다. 강규찬은 평양에 불기 시작한 급격한 목회적 변화를 목도하면서 이제 새로운 시대에는 새로운 리더십이 필요하다고 확신하고 리더십 이양을 실천에 옮긴 것이다. 돌이켜 볼 때 그는 충실하게 산정현교회 목회를 담당했고, 하나님께서는 아름다운 도구로 그를 사용하셔서 그가 사역하는 산정현교회를 복음 본연의 사명을 감당한 모델로, 이 땅의 사회와 민족을 깨운 아름다운 모델로 높이셨다.

---

[71] "姜牧師送別會," 동아일보 1933. 04. 26.
[72] 여기에 대해서는 박용규, 한국기독교회사 1권을 참고하라.

맺는 말

지금까지 살펴본 것처럼 강규찬은 1917년 평양신학교를 졸업하고 산정현교회에 부임하여 16년간의 목회 사역을 성공적으로 마치고 1933년 산정현교회 담임 목사직에서 물러났다. 강규찬의 산정현교회 목회는 1920년대 그 전성기를 맞았다. 부임하고 2년도 되지 않아 만난 3·1운동의 시련을 잘 극복한 후 그의 목회는 아름다운 결실기로 접어들었다. 3·1운동 이후 산정현교회는 평양지역은 물론 한국교계와 사회와 민족으로부터 주목을 받는 교회로 부상하며 한국교회와 사회를 깨운 대표적 모델 교회가 되었다. 그것은 단순히 교세가 성장했다는 외형적 차원에서만 아니라 교회의 본연의 사명을 충실하게 감당했다는 의미에서 그렇다. 지금까지 연구를 통해 우리는 다음 몇 가지 사실을 확인할 수 있다.

첫째, 강규찬이 성공적으로 산정현교회 목사 사역을 감당했다는 사실이다. 산정현교회는 강규찬이 1917년 부임한 후 1933년 사임할 때까지 16년 동안에 전국에서 가장 영향력 있는 교회 가운데 하나로 부상했다. 이것은 강규찬의 훌륭한 리더십이 뒷받침되지 않는다면 불가능한 일이다. 주기철 목사가 부임하기 전부터 산정현교회는 한국교회가 주목 받는 교회였다. 목회자 한 사람의 목회철학과 리더십이 얼마나 중요한가를 보여주었다.

둘째, 산정현교회의 리더십이 3·1독립운동이후에 두드러지게 발휘되기 시작했다는 사실이다. 이는 강규찬과 조만식 김동원을 비롯한 산정현교회 당회원들의 민족의식이 산정현교회의 성격을 구형하는 데 너무도 중요한 역할을 했기 때문이다. 1920년대 산정현교회가 한 교회로서는 수행하기 힘든 많은 사역들을 감당할 수 있었던 것도 이와 같은 민족의식이 그 저변에 있었기 때문이다.

셋째, 산정현교회가 복음 본연의 사명, 즉 복음전파와 복음의 순수성계승과 복음의 대사회적 민족적 책임을 온전히 감당했다는 사실이다.[73] 그 중에서도 산정현교회는 1920년대에 접어들어 민족적 책임의식과 사회적 책임을 교회의 중요한 사명으로 인식하고 구체적으로 실천에 옮겼다. 조만식을 중심으로 한 물산장려운동, 정의유치원과 정의유치원 사범과 개설, 주일학교 교육, 아름다운 세대교체, 조선일보 발행, 그리고 총회 전도부장으로서 해외동포의 복음화 촉구는 산정현교회의 대 사회적 민족적 책임의식을 잘 보여준 대표적 사례들이다. 특별히 복음의 대사회적 민족적 책임 실천을 통해 산정현교회는 3·1운동 이후 영향력을 확대하며 한국에서 주목받는 교회가 되었다.

넷째, 강규찬은 성공적인 리더십 교체를 이루었다. 그는 자신의 퇴임을 미리 예견하고 후임 작업을 착수했다. 박형룡을 초빙한 것이나, 그가 평양신학교 교수로 옮기자 송창근을 청빙해 1년 간 동역하며 후계자로 양성한 것은 너무도 훌륭한 선례가 아닐 수 없다. 그는 산정현교회가 절정에 달할 때 후임에게 리더십을 이양하고 16년간의 산정현교회 목회 사역을 성공적으로 마무리하고 고향 선천으로 돌아갔다.

확실히 강규찬은 복음 본연의 사명에 충실하면서도 사회와 민족을 가슴에 품었던 지도자였다. 그런 면에서 강규찬과 산정현교회는 이 시대 목회자와 교회의 아름다운 표상이다.

---

[73] 복음이 한국에 전해지고 첫 반세기 동안 한국교회는 복음전파, 복음의 순수성계승, 복음의 대 사회적 민족적 책임을 충실하게 감당했다. 처음부터 복음전파를 그리스도인의 책임으로 교육을 받아온 한국교회는 복음전파의 사명을 자연스럽게 감당했다. 복음전파 사명 못지않게 중요한 복음의 순수성 계승 역시 처음부터 평양주재 선교사들에 의해 강조되어 오던 교회의 책임이었다. 복음의 순수성을 계승하는 일에 있어서 한국교회는 하나 되었다. 특별히 장로교회의 경우는 더욱 그랬다. 복음의 대 사회적 민족적 책임구현 역시 한국교회 안에 자연스럽게 이어져 왔다. 특별히 사도행전 이후 가장 강력한 평양대부흥운동을 경험하면서 영적각성을 통한 인격적 사회적 변화는 더 한층 두드러지게 나타났다. 세계관의 변화, 우상금지, 여권신장, 배움에 대한 열망, 윤리적 향상, 일부일처의 성경적 결혼관 정착, 민족 복음화의 열망에 이르기까지 복음이 가져다 준 개인적 사회적 변화는 참으로 대단했다. 상당한 교회들이 크고 작은 학교를 설립하여 배움에 대한 갈망을 채워주었다.

9장
강규찬의 후기 선천읍교회 목회 1933-1945

"奎燦 ...六十以後爲宣川邑敎會牧師 ..."

1939, 강규찬, 진주강씨선천파족보

1933년 산정현교회를 사임한 후 강규찬의 행적에 재구성하기가 쉽지 않다. 여기에 대한 자료가 전무하기 때문이다. 강규찬의 산정현교회 사역을 기록한 "산정현사기"도 1922년까지만 기록하고 있다. 다행히 필자에 의해 몇 가지 자료가 더 발굴되었다. 강규찬 및 산정현교회와 관련된 동아일보의 기록, 강규찬 목사가 남긴 1939년 출간된 진주강씨선천파족보, 1940년 출간된 조선야소교장로회연감, 1980년 나온 신성학교사, 그리고 전택부의 토박이신앙산맥 3권이 그것이다.

1. 고향 선천으로 돌아가다

많은 자료들은 강규찬이 1933년 산정현교회를 사임한 후 고향 선천으로 돌아갔다고 밝히고 있다. 산정현교회를 사임하기 전 1931년 초 평양선교의 개척자 "마포박사의 선교 사십주년 기념동상과 전긔편찬"을 위한 실행위원회가 조직되어 기금을 모금할 때 강규찬은 이 목적을 위해 황찬영, 최치량, 김동원,

주공삼, 정일선, 오문환 등과 함께 일정한 금액을 기부했다. 사회적 책임의식이 강했던 강규찬이 선한 일에 동참한 것은 이상한 일은 아니다.¹ 그로부터 2년 후 1933년 1월 20일 선천지역 복음화를 위해 헌신한 양전백 목사가 소천 했을 때 강규찬은 산정현교회 수석장로 김동원과 함께 교회를 대표하여 선천읍 북교회에서 열린 장례식에 참석했다. 양전백의 장례식은 무려 5천명이나 참석한 가운데 성대하게 거행되었다. 1933년 1월 23일 동아일보는 다음과 같이 보도했다:

> 긔보=양전백(梁甸伯) 목사의 장례식은 지난 二十一日 정오에 선천예수교회 연합장으로 북교회당광정에서 조선긔독교장로회 총회장 남궁혁(南宮赫) 박사의 사회로 장엄히 거행하고 공동묘지 산상봉에 안장하얏다. 양전백 목사는 긔독교장로교회의 첫 번 교인으로 四十년 동안을 교회일이 전심전력하얏스며 신성(信聖) 보성(保聖) 명신(明信) 등 학교와 대동고아원(大同孤兒院)을 설립하얏고 백 五인 사건 만세사건에 관계가 거퍼드니 만큼 이번 장식에는 서울의 예수교서회 총무 위대모 목사 평양에서 미국선교회 사무국장 마포삼열 박사 숭전교장 윤산온 박사 신학교교장 나부열 박사 강규찬 목사 김동원 장로의 수十명 신의주에서 의산 로회장 윤하영 목사 김영훈 목사의 수十명과 기타 평남북각지에서 모여온 조객이 무려 二백 명에 달하얏스며 린근에서 모혀온 조객이 五천여명으로 식장에는 실로 립추의 여지가 업시 선천에서는 유사 이래 처음 보는 장엄한 장식이엇다. 유족으로는 五十여세의 부인과 아들 둘 출가치 안은 딸 둘이 남아 잇는데 생활은 종신 시무하든 북교회에서 들은 二천여금 가치의 토지수입으로 유지하야 나가리라한다.²

위 글에서 눈에 띠는 것은 동아일보가 사건 보도를 하면서 강규찬을 마포삼열, 윤산온, 나부열에 이어 평양에서 온 대표적인 교계 인사로 소개하고 있다는 사실이다. 강규찬이 평양교계를 대표하는 지도자로 인정을 받고 있음을 보여준다. 이것은 공식적으로 강규찬의 산정현교회 담임으로서 마지막 행사로 보여진

---

¹ "義捐金 遝至 마포박사 긔념 銅像 建立에" 동아일보 1931. 02. 03.
² "弔客五千餘名 梁牧師 葬儀式" 동아일보 1933. 01. 23.

다. 강규찬은 그해 1933년 봄 산정현교회를 은퇴하였다.

2. 고향 선천읍 동교회 부임

동아일보는 고향 선천으로 돌아간 후 강규찬의 행적에 대해 몇 가지 중요한 사실을 전해준다. 선천신성학교 창립 기념사다. 1934년 4월 18일 오전 9시 선천신성학교에서 창립 28주년 기념식이 거행되었을 때 강규찬은 창립사를 맡았다. 설립 초기 선천신성학교 교사를 역임했던 강규찬이 신성학교로부터 창립기념사를 해달라는 특별한 부탁을 받은 것은 강규찬 그 자신에게도 영광이지만 학교로서도 참 큰 영예가 아닐 수 없었다. 창립 28주년 때 강규찬의 창립사는 참석자들에게 호소력이 있었다. 특별히 그의 "옛말 같은 二十八년전 교수하든 실담(實談)은 실로 일반청중에게 흥미"를 자아냈다.[3]

강규찬은 지역발전에 늘 관심이 많았다. 그는 산정현교회 담임 목사 은퇴후 고향 선천으로 돌아간 후에도 선천지역학교 발전을 위해서도 많은 노력을 기울였다. 선천지방의 유일한 여자고등교육기관인 서천보성여학교가 "재정관계로 여자고보 二학년까지 밖에 없어 상급학교를 지망하려는 학생은 다른 지방 여자고보교 상급으로 편입"[4]해야 했다. 이것은 "학생의 고통은 물론 학자를 공급하는 학부형의 경제상 곤란"이 대단했다.

선천지방 발전을 고려할 때 "학년 연장"이 절대 필요했다. 따라서 지역 유지들이 중심이 되어 "보성여학교 학년 연장 후원회를 조직"하고 4월 3일 선천보성여학교에서 후원회 회원들이 실행위원을 선정하였다. 이 때 강규찬은 선천읍북교회 담임 백영엽, 선천중앙교회 담임 장규명 등 14명과 더불어 실행위원에 포함되어 이일에 중요한 일익을 감당했다.[5] 이처럼 선천으로 돌아간 후 강규찬은 지역사회 발전에 적극 참여하면서도 목회사역도 충실히 감당했다. 그는 자신

---

[3] "宣川信星校 二十八週年記念," 동아일보 1934. 04. 20.
[4] "宣川保聖女學校 學年延長運動" 동아일보 1934. 05. 15.
[5] Ibid.

이 기록한 진주강씨선천파족보에 다음과 같이 자신의 행적을 기록하고 있다:

규찬(奎燦) ...사십역임제교사(四十歷任諸敎師) 사일위선천읍북교회장
로(四一爲宣川邑北敎會長老) 사이위 평북제학교권유사(四二爲平北諸
學校勸諭師) 사사평양부산정현교회목사(四四平壤府山亭峴敎會牧師)
육십이후위선천읍교회목사(六十以後爲宣川邑敎會牧師) ...[6]

위 기록에서 우리가 주목하는 것은 "육십이후 선천읍교회 목사"라는 기록이다. 강규찬이 60세 이후 선천읍교회 목사로 섬겼음을 보여준다. 이 족보가 1939년 출간된 것을 고려할 때 1933년 산정현교회를 사임하고 1939년까지 선천읍교회를 섬겼다는 의미로 풀이된다. 한 교회를 쭉 섬겼는지 아니면 선천읍에 있는 교회들을 섬겼는지는 위 기록을 통해서 확인할 길 없다. 또 강규찬이 섬긴 선천읍교회가 선천읍에 있는 북교회를 가리키는 것인지 남교회를 가리키는 것인지 아니면 동교회를 가리키는 것인지도 정확하지 않다. 따라서 다른 기록들을 통해 강규찬의 목회사역을 추론할 필요가 있다. 1980년 신성학교사에는 강규찬의 후반기 사역에 대해 비교적 소상하게 밝혀주고 있다.

강규찬 선생 ...그는 뜻한바 있어 평양예수교장로회신학교에 입학하여
1922[1917]년 3월 학업을 마침과 동시에 예수교장로회의 목사로 안수
를 받고 평양시(平壤市) 계리(鷄里)소재 산정현교회(山亭峴敎會) 목사
로 약 10[16]여년 시무한 후 고향에 돌아와 1934[1933]년부터 3년간
선천읍 동교회(東敎會) 목사, 1941년부터 2년간 선천읍(宣川邑) 북교회
(北敎會) 목사(牧師)로 시무(視務)하는 등 전후 약 20년 여년에 걸쳐
한국교회(韓國敎會)의 지도자로서 구령운동(救靈運動)에 헌신하였다.[7]

---

[6] 姜奎燦, 晋州姜氏宣川派族譜 (宣川: 福音印刷所, 1939), 49.

[7] 신성학교편찬위원회 편, 신성학교사 (서울: 신성학교동창회교사동창회, 1980), 69. 위 기록은 몇 가지 점에서 사실과 다르다. 1922년 3월 강규찬이 학업을 마치고 산정현교회 목사로 부임한 것으로 되어 있으나 실제로는 강규찬은 1917년에 학업을 마치고 산정현교회 목사로 부임했다. 산정현교회 시무 연한 역시 위 기록에는 1922년부터 1934년까지 10여년으로 되어 있으나 실제로는 1917년부터 1933년까지 16년이다. 전체 시무연한도 1917년부터 1943년까지 시무한 것으로 계산할 때 "전후 약 20 여년"은 적어도 26년으로 수정해야 할 것이다.

위 기록 중 착오가 있는 부분들은 정정해야 할 것이다. 강규찬의 평양신학교 졸업년도는 1922년이 아니라 1917년이며, 그가 산정현교회를 시무한 기간은 10여년이 아니라 16년간이다. 그럼에도 위 기록은 강규찬이 시무했던 목회사역의 연한과 그가 섬겼던 교회가 어느 교회인지에 대해 비교적 신뢰할 수 있는 정보를 제공해준다. 1933년 5월 30일 산정현교회를 사임한 강규찬은 후임 송창근에게 리더십을 이양하고 선천읍동교회 담임목사로 부임한 것이다. 그가 동교회를 맡았다는 것은 1934년 동아일보 기록을 통해서도 확인할 수 있다. 1934년 12월 7일자 동아일보가 보도한 동아일보 선천지국 방문자명단에 "강규찬씨 [선천읍]동교회 목사"도 포함되었다.[8]

그렇다면 1933년 5월 30일 강규찬은 산정현교회 담임목사직을 송창근에게 이양한 후 선천읍 동교회 청빙을 받은 것으로 보인다. 비록 그의 나이가 60세라는 고령이지만 강규찬은 한국교회를 대변하는 산정현교회 담임을 16년 간 성공적으로 감당하면서 수많은 민족지도자들을 배출하고 산정현교회를 평양의 제일가는 교회로 키워온 공로를 한국교회로부터 인정받은 목회자였다. 이런 상황에 선천읍 동교회가 그를 담임으로 청빙한 것은 큰 영광이었을 것이다. 그런 의미에서 선천읍 동교회가 강규찬을 담임으로 초청한 것은 그 자신에게나 교회로서 큰 의미가 있다. 그를 청빙한 선천 동교회는 선천에 세워진 네 번째 교회였다. 북교회가 제일먼저 설립되었고 1911년 북교회에서 남교회가 분립되고 다시 1930년 북교회에서 중앙교회가, 그리고 1931년 남교회에서 동교회가 분립되었다. 분립순서로 따진다면 북교회 남교회 중앙교회 동교회인 셈이다. 선천에서 네 번째 역사를 지닌 동교회로부터 청빙을 받은 강규찬은 1934년부터 그 교회를 맡았다.

강규찬이 동교회에 부임할 당시 선천읍에는 북교회 담임으로 백영엽이, 중앙교회 담임으로 장규명이 시무하고 있었다. 강규찬은 이들과 함께 선천복음화를 위해 중요한 책임을 맡았다. 강규찬이 선천으로 돌아갔을 때 그 당시 선천읍

---

[8] "소식" 동아일보 1934 12 07.

의 중요 요직을 맡고 있던 인물들은 다음과 같다.

1934년 12월 현재 선천지역 지방 유지들

기관	담당자
선천신성학교 교장	장이욱
명신학교장	장도교
선천읍 동교회 담임목사	강규찬
선천읍 북교회 담임목사	백영엽
선천읍중앙교회 담임목사	장규명
선천읍남교회	김석창
경성일보 선천지국장	이필동
안동신보지국장	장봉조
선천악우회장	양두훈
천도교 선천종리원장	김상설
구세의원장	금내홍
국경매일지국장	김현덕
중앙일보지국장	문홍선
밀양삼생의원장	김형달
조선총독부곡물검사소장	유재기

출처: 동아일보 1934. 12. 07.

강규찬은 동교회를 오래 시무하지 않았다. 1933년 선천읍 동교회에 부임한 강규찬은 1935년까지 약 2년간 이 교회를 섬긴 것으로 보인다. 신성학교사는 강규찬이 1937년까지 선천읍동교회를 섬긴 것으로 기록하고 있지만 이미 1935년 김진수(金珍洙) 목사가 선천읍동교회 담임으로 새로 부임한 상태였다.[9] 신성학교사는 강규찬이 1941년부터 2년간 선천읍 북교회를 시무한 것으로 기록되어 있어 1935년부터 41년까지 6년간의 공백 기간에 대해서는 침묵하고 있다.

---

[9] "消息" 동아일보 1955. 05. 05. 김진수는 1936년 2월 26일 선천읍동교회 목사로 위임식을 거행했다. "회합" 동아일보 1936. 03. 02.

3. 선천군 동봉교회와 선천북교회 시무

1935년부터 1941년까지 공백 기간 동안 강규찬이 어느 교회를 섬겼는지에 대해서는 진주강씨선천파족보와 조선야소교장로회연감을 비교해보면 중요한 힌트를 얻을 수 있다. 1940년 조선야소교장로회연감은 그의 이 기간의 행적에 대해 다음과 같이 기록하고 있다:

[氏名]: 姜奎燦 [老會]: 平北 敎會: 鳳洞敎會 住所: 宣川郡 南面 三峰洞 九二.[10]

조선야소교장로회연감에 있는 위 기록을 통해 1940년 당시 강규찬이 선천봉동교회를 시무하고 있었던 것을 알 수 있다. 1940년은 강규찬이 동교회를 사임한 후 1935년과 선천북교회를 시무하던 1941년까지 사이의 기간이다. 장로교연감이 신뢰할 수 있는 기록이었음을 고려할 때 강규찬은 1935년 선천읍 동교회를 사임한 후 1941년 북교회를 잠시 맡기 시작할 때까지 그 기간 중에 선천군 남면 소재 봉동교회를 섬겼던 것으로 보인다.

봉동교회에 대해서는 기록이 남이 있지 않아 교회의 모습을 추적하기가 쉽지 않다. 때문에 강규찬이 이 교회에서 어떤 사역을 했는지도 알 수 없다. 남아 있는 것은 1934년 동아일보가 하계계몽운동을 전개하면서 선천군 남명 봉동교회에서도 봉사활동을 했다는 기록이다. 1934년 7월 30일부터 8월 5일까지 교사 8명과 학생 82명이 교육을 받았다는 내용이다.[11] 강규찬이 1935년부터 1941년까지 6년이라는 긴 공백 기간 동안 동봉교회를 쭉 섬겼는지 아니며 그 기간 중 일정 기간만 섬겼는지는 확실하지 않다. 조선야소교장로회연감의 기록이 1939년 취합하여 1940년 발간했던 것을 고려할 때 적어도 1939년 당시

---

[10] 1940년 조선야소교장로회연감, (경성: 조선야소교장로회 총회 종교교육부, 1940), 196.
[11] "본사 주최 제 4회 사회하기계몽운동" 동아일보 1934. 08. 26.

강규찬은 이미 봉동교회를 시무하고 있었다고 할 수 있다.

강규찬이 언제부터 선천봉동교회 시무를 시작했는지는 알 수 없지만 보통의 경우 당시 목회자들이 사임 이후 공백기를 두지 않는 상황을 고려할 때 1935년 동교회를 사임하고 바로 봉동교회를 담임한 것으로 여겨진다. 그리고 나서 1941년부터 1943년까지 2년간 임시로 선천읍북교회를 섬겼던 것으로 보인다. 강규찬의 사역을 정리하면 다음과 같다.

1917-1933   평양산정현교회 목사
1933-1935   선천읍동교회 목사
1935-1941   선천군봉동교회 목사
1941-1943   선천읍북교회 임시 당회장

1934년부터 1943년까지 거의 10여 년간 강규찬은 선천읍동교회, 선천군봉동교회, 그리고 선천읍북교회 등 고향 선천에서 세 교회를 섬기며 자신의 마지막 생애를 보냈다. 이 중에서 우리의 관심을 끄는 것은 마지막 2년 동안 섬겼던 선천읍북교회이다. 여러 기록을 참고할 때 강규찬은 1941년부터 1942년까지 약 2년간 선천 북교회 임시 당회장을 맡은 것으로 보인다.[12] 백영엽 목사와 교회와의 사이가 좋지 않아 백 목사가 사임하고 담임 목사 공백이 생겨 후임을 초빙할 때까지 임시로 북교회를 섬긴 것이다.

주지하듯이 북교회는 그가 출석하고 조사로 장로로 임직을 맡은 모 교회다. 1907년 최초의 목사 안수 7명 중의 한명이었던 양전백이 시무하던 매우 영향력 있는 교회였다. 67세의 고령에도 모교회로부터 부름을 받고 69세까지 자신이 성장해온 교회, 33인 중의 한명 양전백이 담임했던 교회를 섬겼다. 생애 말년 강규찬은 자신의 모 교회를 2년간 섬기는 영예를 얻은 것이다.

고문의 후유증에다 노환이 겹쳐 그의 말년은 녹록지 않았다. 전택부의 기록

---

[12] 전택부, **토박이 신앙산맥 3권** (서울: 대한기독교출판사, 1992), 173. 전택부는 강신명 목사로부터 들은 이야기라고 하면서 강신명이 자신이 섬기는 선천북교회 당회장인, 노환으로 누워 있는 강규찬을 자주 심방했다고 기술하고 있다.

에 의하면 강신명은 노환으로 누워 있는 강규찬 목사를 위로하기 위해 가끔 심방을 갔다: "강규찬 목사는 강신명 목사가 시무하는 선천북교회의 당회장이었고 또 같은 종가집 어른도 되고 해서 가끔 위문차 심방을 갔던 것이다."[13] 2년간 선천읍북교회를 섬기며 자신의 마지막 생애를 불태우던 강규찬은 고문의 후유증과 지병인 당뇨로 1943년부터 2년간 투병생활을 하다 해방을 4개월 앞둔 1945년 4월 9일 향년 72세로 주님의 부르심을 받았다.

---

[13] Ibid.

10장
강규찬과 주변 인물들

> 강규찬(姜奎燦) 목사에 관한 이야기다. 이 위대한 목회자이며 애국자인 강규찬 목사는 1874년 선천에서 출생하여 16세 때에 이미 한시(漢詩)뿐만 아니라 천문지리에도 능통한 대 유학자가 되었다. 1908년, 즉 그가 35세 되던 해부터 선천신성학교 한문선생이 되어 그의 문하생으로는 백낙준, 박형룡, 정석해 같은 석학들이 수두룩하다.
>
> 1992, 전택부, 토박이 신앙산맥

    강규찬에게 영향을 준 인물들과 그를 통해 영향을 받은 주변 인물들은 참으로 많다. 그는 1903, 1904년경에 주님을 영접한 후 선천신성학교 교사 시절, 선천북교회 장로와 조사 시절, 평양신학교 재학 시절, 평양산정현교회 담임과 선천읍교회 담임 시절에 이르기까지 주변의 인물들에게 영향을 주고받으며 성역(聖役)을 감당했다. 강규찬의 주 활동무대가 선천과 평양이었기 때문에 그가 만났던 인물들은 주로 평북(平北)이나 평남(平南)에서 활동하던 이들이었다.
    강규찬이 처음 기독교에 입문하던 1903년과 1904년은 러일전쟁 기간이었다. 그 전쟁의 주 무대는 바로 평양과 선천 제물포를 중심으로 관서지방 일대였다. 그는 일본이 중국에 이어 거대한 러시아를 무릎 꿇게 하는 것을 목도하면서 한국 역시 일본처럼 서구의 문물을 받아들여야 한다고 생각했다. 그러나 친일파와는 거리가 멀었다. 오히려 신민회 활동이나 105인 사건 3·1독립운동 사건으로 옥고를 치를 정도로 민족의식이 투철했고 배일 감정이 강했다. 그가 한학을 공부하고 동양의 고전에 해박한 지식을 가져 어찌 보면 보수적일 수 있을 텐데도 그는 서양문물과 서양문화에 열린 마음을 가졌다. 복음이 일찍 들어온 선천이라는 지역적 배경도 이런 열린 자세를 갖도록 만든 환경일 수 있다.

전혀 어울릴 것 같지 않은 전통과 혁신, 이 둘이 그 안에서 조화를 이루며 하나로 통합되었다. 참으로 놀라운 일이다. 그는 오랜 서당교육과 한학연구에 매진해 중국고전에 대한 해박한 지식을 갖고 있으면서도 서양교육과 문화의 가치와 그 중요성을 누구보다 잘 인식하고 있었다. 그것은 기독교가 가져다 선물이요 힘이었다. 어느 누가 한 인물을 복음의 세계로 이끌고, 복음을 전해 받은 그가 다시 다른 누군가를 복음의 세계로 이끌어 이 땅에 하나님 나라가 확장되어 하나님이 영광을 받으신 신앙 이야기처럼 아름다운 것은 없다. 그런 면에서 강규찬의 신앙, 사역, 생애와 직 간접으로 연결된 그 주변의 인물들을 살펴보는 것은 의미 있는 일이다.

1. 위트모어 선교사 (위대모, Norman C. Whittemore, 1870-1952)

위대모와 윤산온을 비롯 신성중학교 설립에 크게 기여한 인물들은 교육에 깊은 관심을 가진 선교사들로 파크 대학(Park College)과 연계된 사람들이었다. 위대모(Norman C. Whittemore, 1870-1952)는 1870년 6월 7일 미국 뉴욕주 부루클린에서 출생했다. 기록에 의하면 그는 1886년 뉴욕 파크대학, 1888년 그린위치대학, 1892년 예일대학을 졸업하고 유니언 신학교에 진학해 1895년에 졸업했다. 그 이듬해인 1895년부터 1896년까지 예일대학에서 박사과정을 이수한 재원이었다. 1896년 박사과정을 이수한 위대모는 그해 10월 26일 북장로교 선교사로 내한하여 당시 모든 선교사들이 그런 것처럼 그 역시 평양에서 어학공부를 하면서 평북지역 선교를 개척했다.

그는 선천선교부 책임을 맡아 1897년 선천지방을 순회하며 복음을 전하였고, 1898년 선천읍교회를 설립했다. 1901년부터는 선천선교부에 거주하면서 이 지역 선교를 개척하는 일에 헌신했다. 선천선교부는 이후 놀라운 발전을 이룩하며 서북지역선교를 주도하기 시작했다. 한국에 파송된 대부분의 선교사들이 탁월했지만 그는 다른 선교사들에 비해 더욱 뛰어났다. 복음의 열정이 대단했고, 개척선교를 하면서도 교육에 남다른 관심을 가졌다.

그는 인재 양성에도 일찍 눈을 떠 양전백을 자신의 조사로 임명하고 1902년에는 양전백을 장로로 안수했다. 양전백은 훗날 한국 최초의 일곱 명의 목사 안수자 중의 한명이며, 1919년 3·1독립운동 서명자 33인 중의 한 명으로 선천을 중심으로 기독교민족운동을 활발하게 전개한 대표적인 장로교 목회자였다. 양전백의 이상은 강규찬에게 이어져 선천신성중학교 교사와 학생들 사이에 기독교민족애가 불타올랐다. 양전백의 민족독립운동의 염원과 기독교 민족주의 정신은 위대모 선교사에게 적지 않은 영향을 받은 것으로 보인다.

위대모는 1902년부터 1907년까지 의주지역 선교회 책임까지 맡아 북방선교 개척에 큰 공헌을 했다.¹ 선천지역 복음화와 신성중학교 설립과 발전, 그리고 신성중학교를 중심으로 한 민족운동에서 위대모의 역할은 아무리 강조해도 지나치지 않는다. 1909년 학교 교사와 기숙사를 마련한 후 자신은 설립자로 취임하고 파크 칼리지 출신 조지 매큔 선교사에게 교장직을 이양한 후 선천선교회에 소속되어 있으면서도 강계지방과 만주지역 선교사업을 병행했다.

선천지역의 개척선교사 위대모는 여러 가지 면에서 존경을 받기에 충분한 인물이었다. 단지 예일대학교를 졸업하고 그 학교에서 박사과정을 공부했던 탁월한 재원이었기 때문만은 아니다. 뛰어난 학력을 갖추고 있으면서도 전도의 열정이 대단했다. 그는 복음전도에 있어서도 어느 선교사 못지않게 열정적이었고 적극적이었다. 그가 복음의 불모지 같은 선천을 한국의 예루살렘으로 만든 것은 결코 우연이 아니다. 그는 교육에도 깊은 관심을 가지고 있어 선천읍북교회를 개척하고 이 교회를 기반으로 주변에 놀랍게 복음을 확산시키는 동안에도 명신학교를 설립하여 인재를 양성하기 시작했다.

명신학교 졸업생이 배출된 후에는 양전백을 비롯한 지방 유지들에 의해 1906년 신성학교가 설립되자 그는 이 학교 교장을 맡으며 선천지역의 교육

---

¹ 김승태 박혜진 편, 내한 선교사 총람 1884-1984 (서울: 기독교역사연구소, 1994), 508.

발전에 헌신했다. 강규찬은 선천읍북교회를 출석하며 위대모와 직간접의 교류를 나누었고, 교육에 대한 관심에 있어서 강규찬과 위대모는 통하는 데가 많았다. 위대모는 강규찬의 신앙생활에 적지 않게 영향을 미쳤다. 강규찬은 이미 오래전부터 선천지역 복음화를 위해 고군분투하며 많은 업적과 변화를 가져다 준 위대모가 개척 시무하는 선천읍북교회를 출석하며 그로부터 자연스럽게 신앙적 감화를 받았다. 강규찬이 1913년 평양신학교를 진학하고 조사로 임명 받으며, 이듬해 1914년 장로로 임직을 받기까지는 위대모의 역할이 컸다.

위대모는 1912년 평북노회가 조직되었을 때 초대 노회장에 피선되어 노회 발전에도 큰 기여를 하였으며, 1926년 매큔이 3·1운동 지원 혐의로 추방을 당한 후에 신성중학교 교장에 취임하여 어려운 시기에 학교를 이끌었다. 1929년 서울 선교부로 이전하여 조선예수교서회 행정총무로 문서선교에도 깊이 관여하였다. 아내의 건강 문제로 1935년 귀국한 후 1938년 은퇴하였으며, 1952년 5월 15일 캘리포니아 버클리에서 세상을 떠났다.[2]

2. 조지 매큔 선교사(George S. McCune, 1872-1941)

위대모의 뒤를 이어 2대 선천신성중학교 교장에 오른 윤산온(George S. McCune, 1872-1941)은 미국 미주리주에서 출생한 후 파크대학을 졸업했다.[3] 그가 한국에 입국한 것은 32살 때인 1905년 9월 12일이었다. 북장로교 선교회 교육선교사로 내한한 그는 평양선교부에 소속이 되어 베어드의 숭실학교 운영에 협력하다 1909년 선천선교부로 전임하여 신성중학교 교장에 올랐다. 그 후 그는 신성중학교를 미국 파크 칼리지를 모델로 그곳에 파크 칼리지의 이상을 구현하는 일에 매진했다. 분명한 신앙을 갖고 있으면서도 기독교 민족주의 신앙을 학생들에게 심어주어 수많은 한국교회 지도자들을 양성하였다. 105인 사건이 발생했을 때 선천신성학교 교사들이 상당수 구속되고 박해를 받은 것도 그

---

[2] Ibid.
[3] Ibid.,338.

때문이다.

훗날 신사참배반대운동의 선봉에 서서 용감히 일제에 맞섰던 것에서 알 수 있듯이 매큔은 의지가 굳은 선교사였다. 그는 주어진 책임을 충실하게 감당하며 학교 발전을 위해 혼신을 다했다. 나이로는 강규찬 보다 불과 2살 위였지만 불의와 타협하지 않고 일제의 압력에도 전혀 굴하지 않았던 매큔 선교사의 모습은 강규찬에게 적지 않은 도전이 되었을 것이다. 한국교회의 미래가 교육에 달려 있다고 확신했던 매큔은 신성학교 교장에 부임한 후 교지를 구입하고 교사를 건축하며 필요한 재원을 조달하는 모든 면에서 탁월했으며, 신성학교를 전국 교회가 주목하는 학교로 발전시킨 주역이었다.

매큔은 민족애로 불타던 신성학교 교사들과 너무도 잘 어울렸다. 105인 사건이 발생했을 때 그는 일제의 음모를 널리 알리는 일에 앞장서는 한편 구속된 이들의 석방을 위해 백방으로 노력했다. 1909년 교장으로 부임하면서 시작된 신성학교와의 인연은 105인 사건과 1919년 3·1독립운동, 그리고 그 후 진행된 1935년 이후 일제의 신사참배 강요에 이르기까지 계속되었다. 이미 앞서 가르침으로 또 실천을 통해 온 몸으로 솔선수범을 보여준 매큔 선교사는 신성학교 교사들이나 재학생 졸업생들에게 큰 도전을 주었다. 그는 많은 선천지역 기독교 지도자들이 일제의 탄압과 압력에도 굴하지 않고 기독교 민족애를 불태우는 중요한 사상적 이념적 토대가 되었다. 매큔이 선천에서 평양으로 거점을 옮긴 후에도 강규찬과 매큔과의 교분은 계속되었다.

1919년 3·1운동이 발생했을 때는 뒤에서 이를 지원한 혐의를 받고 강제 추방을 당했다. 그래도 그는 일제의 한국 찬탈에 맞서 한국교회를 지원하고 젊은이들에게 독립에 대한 이상을 심어주는 일을 게을리 하지 않았다. 그를 통해 양전백, 강규찬, 백낙준, 박형룡 등 수많은 한국교회 지도자들이 큰 영향과 도전을 받았다. 조지 매큔은 1928년 평양숭실전문학교 교장으로 취임하여 학교 발전에 큰 공헌을 이룩하였으며, 1936년부터 일제의 신사참배 강요에 용감하게 맞섰으며, 이로 인해 조선총독부로부터 숭실중학교와 숭실전문학교 교장직 승인이 취소되고 미국으로 추방당했다.

1936년 3월 21일 미국에 귀국한 윤산온 교장은 신사참배의 진상을 미국교회와 선교부에 알리는 일에 앞장섰다. 일제의 한국 찬탈에 용감하게 맞서며 선교지 약소민족과 교회의 보호에 앞장선 매큔의 노력은 그의 동료들에게 이어져 북장로교 선교회 남장로교선교회 호주장로교 선교회 등 한국장로교는 1937-8년 한국 미션스쿨을 폐교하면서까지 일제의 신사참배 강요에 용감하게 맞섰다. 1941년 12월 1일 미국 일리노이주 시카고에서 세상을 떠나기까지 그는 한국선교, 특별히 한국교회에 뚜렷하고 분명한 방향을 제시하여 한국교회에 정체성의 중요성을 일깨워주었다. 만약 그가 없었다면 한국교회는 일제에 의해 완전히 도태되었을 것이다. 그의 아내 헬렌 매카피(Helen McAfee McCune)는 미국의 유명한 선교 지도자 매카피의 딸이다.

이런 조지 매큔 선교사와의 강규찬의 관계는 분명하다. 매큔이 신성학교 제 2대 교장에 부임하기 6개월 전 강규찬 역시 신성학교 교사로 같은 학교에 부임했기 때문이다. 강규찬은 매큔에게서 받은 은혜가 참으로 컸다. 1912년 105인 사건으로 조서를 받을 때 강규찬은 "윤산온은 어떠한 인물인가?"라는 일경 질문에 다음과 같이 말한 적이 있다:

> 그가 원래부터 선량한 사람이라는 것은 예나 지금이나 변함없이 믿고 있다. ...그 당시 가난과 굶주림에 극도로 시달리고 있던 내가 오늘에 이르러 굶주림과 추위를 면하고 무사히 살 수 있게 된 것은 모두가 이 윤산온의 은혜이다. ... 그의 은혜를 잊을 수가 없다. 나는 어디까지나 [그를] 선량한 사람으로 믿고 있다.[4]

강규찬이 윤산온으로부터 받은 은혜가 각별했던 것을 알 수 있다. 이 고백을 통해 볼 때 그가 신성학교 교사로 부임할 수 있었던 것도 매큔의 도움 때문이라고 추론할 수 있다. 여기 은혜는 단순히 물질적 도움 그 이상을 의미한다. 이렇게 은혜를 받은 매큔에게 강규찬은 105인 사건으로 구속되었을 때 당당하게 교장 매큔의 혐의를 부인하며 은혜를 은혜로 갚지는 못했다. 강규찬이 선천신성학교

---

[4] "강규찬 신문 조서 (제 1회)" 한민족독립운동사자료집 3 (서울: 국사편찬위원회, 1987), 127-8.

로 복귀할 수 없었던 이유가 일경의 감시 때문으로 알려졌지만 그 이면에는 은혜를 입은 매큔에 대해 데라우치 총독 살해음모 사건에 가담했다고 허위 진술한 것에 대한 진한 후회와 아픔이 그 내면 한쪽에 있었기 때문이 아닌가 여겨진다. 전술한 것처럼 강규찬은 이를 계기로 실수를 딛고 더 강직한 사람으로 설 수 있었다.

그런 면에서 매큔은 강규찬에게 하나의 훌륭한 롤 모델이었다. 그 일 후 강규찬이 일과되게 보여준 불의 앞에 타협하지 않는 용기, 한국교회와 민족을 가슴에 품는 신앙, 지도자 양성은 상당부분 조지 매큔의 영향에서 힘입은바 크다. 훗날 강규찬이 평양산정현교회, 선천읍동교회, 선천군봉동교회, 선천읍북교회를 섬기면서 한국교회와 민족을 가슴에 품은 목회자로 강직하게 설 수 있었던 것도 그 때문이다.

3. 번하이젤 선교사 (편하설, Charles F. Bernheisel)

1917년 강규찬이 평양산정현교회 목사로 부임했을 때 지금의 의미의 담임 목사는 아니다. 적어도 당시 장로교 헌법적으로 편하설과 함께 목회를 담당하는 동사 목사였다. 비록 강규찬이 모든 교회사역을 책임 맡아 설교 심방 교회 행정 모두 책임을 졌지만 편하설과 협의를 하며 교회를 이끌었다. 편하설은 강규찬의 사역의 신실한 협력자였지 그 이상의 개입과 간섭은 하지 않았다. 그에게는 산정현교회 사역만 아니라 평양선교부 소속 선교사로 순회사역을 맡으며, 사경회를 인도하며, 학교에서 강의하는 일까지 감당해야 하였기 때문이다. 1919년 강규찬이 3·1독립운동으로 구속되었을 때 편하설이 주일 강단을 맡았고, 주기철 목사가 구속되었을 때도 편하설은 그 책임을 맡았다. 산정현교회의 당회원들은 물론 온 교우들로부터 편하설은 깊은 존경을 받았다.

번하이젤은 1874년 9월 11일 미국 인디애나 컬버에서 출생 22살 되던 1896년 하노버 대학을 졸업하고 1년 후인 1897년 맥코믹신학교에 진학해 1900년 그 학교를 졸업했다. 1900년 3월 미국북장로교(PCUSA) 선교사로 임명 받은 그는 5월 9일 뉴 알바니노회에서 안수를 받고 그해 8월 평양으로 향했다. 그가 평양에 도착했을 때 이미 평양에는 맥코믹신학교 동문 마포삼열, 이길함, 소안론, 배위량이 이 지역 선교를 주도하며 눈부신 업적을 쌓아가고 있었다. 선교사역의 확장으로 선교사가 절대 필요했다. 이런 가운데 번하이젤의 평양선교부 합류는 그에게나 선교부로나 축복이었다.

장대현교회가 놀랍게 성장함에 따라 마포삼열과 이길함은 평양장대현교회를 분립시켜 1903년 남문외 교회를 분립하고, 1905년 북쪽에 사창골 교회를, 이어 1906년에 산정현교회를 분립했다.[5] 거의 같은 기간 번하이젤은 평양에서 사역하던 북장로교 소속 여자 선교사 헬렌과 결혼하였다. 번하이젤과 헬렌은 1906년 분립 당시부터 산정현교회를 맡아 일제에 의해 강제로 송환당할 때까지 그 교회를 혼신을 다해 섬겼다.

번하이젤이 강규찬과 동역한 것은 1917년 강규찬이 산정현교회 목사로 부임하면서였다. 동갑내기에다 생일도 거의 비슷했던 번하이젤과 강규찬은 함께 산정현교회를 섬기며 그 교회를 평양은 물론 전국에서 가장 영향력 있는 교회로 끌어 올렸다. 복음에 대한 열정, 한국교회 전체에 대한 관심, 복음의 대 사회적 민족적 책임의식에 이르기까지 번하이젤과 강규찬은 관심사가 유사했다. 당시 선교회의 지도를 받고 있는 상황에다 그가 설립한 교회였기 때문에 번하이젤의 영향력은 평양지역은 물론 산정현교회 안에서나 노회 안에서 무시할 수 없었다. 하지만 번하이젤은 강규찬과 라이벌 의식을 갖거나 그를 견제하지 않았다. 오히려 배후에서 강규찬의 사역을 백업하며 그가 마음 놓고 사역할 수 있도록 장을 마련해 주었다.

이런 번하이젤의 배려 속에 강규찬은 소신껏 교회를 이끌 수 있었다. 그가 부임하였을 때 번하이젤은 강규찬에 대한 칭찬을 잊지 않았고, 여러 차례 강규찬의 리더십을 예찬했다. 강규찬이 평양산정현교회에 부임한지 얼마 되지 않았을 때 번하이젤은 미국 북장로교 선교부 브라운에게 보낸 편지에서 강규찬을 가리켜 "탁월한 사람," "훌륭한 리더," 그를 통한 "사역의 결실이 그 도시에

---

[5] 박용규, 한국교회와 민족을 깨운 평양산정현교회 (서울: 생명의말씀사, 2006), 44.

풍요롭게 현시되었다"⁶고 찬사를 아끼지 않았다.

1917년 부임후 1933년 사임할 때까지 16년간 같은 교회를 섬기면서도 두 사람 사이에는 갈등과 대립이 없었다. 이 기간 산정현교회는 평양의 한 교회에서 전국적인 영향을 미치는 교회로 발전하였다. 그 놀라운 발전 이면에 번하이젤 선교사가 있었다. 강규찬이 3·1독립운동 사건으로 구속되었을 때도 번하이젤은 신실하게 강단을 지키며 사역의 공백을 훌륭히 메꾸어 주었다. 강규찬은 너무도 신실하고 든든한 동역자 번하이젤을 산정현교회에서 만났고 그의 영향과 도움과 지원을 받으며 산정현교회 목회를 훌륭히 감당할 수 있었다. 당회가 강규찬의 목회사역을 신실하게 후원한 것도 번하이젤 선교사가 묵묵히 교회를 지키며 온 몸으로 보이지 않는 살아 있는 모델이 되었기 때문이다. 번하이젤 선교사, 그가 많은 이들로부터 존경을 받아야 할 이유가 거기 있다.

4. 양전백 (梁甸伯, 1870-1933)

선천이 낳은 위대한 한국교회 지도자 양전백은 강규찬 보다 4살 위였고, 매큔 보다는 2살 위였으며, 선천지역 개척 선교사 위대모 선교사와는 동갑이었다. 강규찬과 양전백은 비슷한 나이였지만 강규찬에게 양전백은 신앙에 있어서는 대 선배였다. 양전백은 위대모가 개척한 선천읍북교회를 함께 섬기다 1907년 평양신학교 제 1회 7명의 졸업생 중의 한명으로 목사 안수를 받고 선천읍북교회를 담임했다. 강규찬은 같은 교회를 섬기며 양전백의 신앙의 지도를 받으며 성장했다. 강규찬과 양전백은 서로 통하는 데가 많았다. 양전백 역시 민족애가 강했고 한학에도 조예가 깊었다. 백낙준은 이렇게 증언한다:

선천 평북 내지(乃至) 전국 장로교회의 초기 지도 인물의 한분은 양전백 (梁甸伯)이었다. 양 목사는 본래 의주 인으로서 유생(儒生)이요 서당훈

---

⁶ C. F. Bernheisel's Letter to Dr. Brown, *PCUSA Reports 1910-1960*, Vol. 22 (Philadelphia: Presbyterian Historical Society, 2002), 276.

장(書堂訓長)이었다. 북하파(北下派) 전도인에 의하여 도(道)를 받고 신자가 되었고, 한학(漢學)과 서도(書道)에 조지(朝旨)가 있었으므로 한문 기독교 문서를 통하여 기독교 이해에 깊이 들어갈 수가 있었다. 위대모(魏大模) 목사의 조사(助事)가 되어 인근 각지를 편역(遍歷)하며 전도하다가 1898년 위대모의 선천 이주와 같이 양전백도 선천에 이주하여 교회를 돌보게 되었던 것이다.[7]

1897년 위대모가 선천 선교를 맡으면서도 양전백 역시 선천으로 거점을 옮겨 선천복음화에 전념했다. 양전백은 교육에도 깊은 관심을 가져 위대모와 함께 명신학교를 설립하고 자신이 교장을 맡았다. 명신학교가 졸업생을 배출하자 이들을 위해 상급학교인 신성학교를 설립하는 일에 앞장섰다. 불타는 민족애, 복음의 열정, 강한 사회적 민족적 책임의식은 선천읍북교회 목회를 통해 교인들에게 전달되었고 그 결과 신천은 1911년 105인 사건과 1919년 3·1독립운동 때 중요한 역할을 감당했다. 강규찬은 훗날 양전백으로부터 이어 받은 민족애와 민족의식을 바탕으로 평양산정현교회를 민족운동의 요람으로 만들 수 있었다. 양전백의 신앙의 지도를 받았던 강규찬이 양전백과 같은 이상을 가지고 민족운동에 동참한 것은 자연스러운 일이다.

윤산온의 파크 칼리지의 교육철학과 민족의식은 양전백에게 적지 않은 영향을 미쳤고, 훗날 선천이 민족운동의 요람으로 발전하는 중요한 초석이 되었다. 독립운동가, 교육자, 장로교 목사인 양전백(梁甸伯, 1870-1933)은 첫 일곱 명의 목사 안수자 가운데 한명으로 한국의 근대교육의 발전에 지대한 공헌을 하였다. 3·1운동 민족대표 33인 중 1명이었던 양전백의 본명은 섭(燮), 호는 격헌(格軒)이고 전백(甸伯)은 자이다.

1870년 3월 10일 압록강 부근 평북 의주군 고관면 상고동에서 출생한 양전백은 일찍이 한학을 배워 15세 때 시부(詩賦)에 능통하였고, 구성군에서 이주한 후에는 향리에서 서당훈장으로 일했다. 마포삼열에게 전도를 받고 기독교로

---

[7] 백낙준, "創立背景과 初期史略" 信聖學校史 (서울: 신성학교동창회 교사 편찬위원회, 1980), 4.

귀의한 의주에서 온 전도인 김관근(金灌根)이 1892년에 의주에서 와서 권유하자 양전백은 그와 동행 정동교회에서 열린 전국도사경회에 참석했다. 그는 그곳에서 복음을 접하고 돌아와 서당에서 한글과 성경을 가르쳤고 주일에는 친구 수십인 과 함께 예배를 드리기 시작했다.

조선예수교장로회 사기 상권에 기록된 대로 "當時에 禮拜할 處所가 無하야 會集치 못하더니 金利鍊이 洞民과 協議하야 學堂을 創設하고 梁甸伯을 敎師로 延聘하야 主日에 信者와 學生이 學堂에서 禮拜"하였다. 이것은 1893년의 일이었다. 이듬해 청일전쟁이 일어나 학당이 완전히 파괴되고 생계마저 위협 받는 상황에서 양전백은 서울에 올라와 마포삼열과 깊은 대화를 나누고 그에게서 세례를 받았다.

일찍이 1893년 마포삼열 선교사로부터 세례를 받은 양전백은 자기가 다니던 교회가 청일전쟁 당시 전쟁으로 불타자 자신의 집을 팔아 사백 냥을 헌금해 신시교회당(의주신포교회)을 세웠다.[8] 마포삼열의 신임을 얻는 한석진은 김관근과 더불어 평안도 지역 전도 책임을 맡았다. 조선예수교장로회사기 상은 이렇게 기술한다:

> 의주(義州) 조사(助事) 백홍준(白鴻俊)이 별세(別世)하고 기서(其壻) 김관근(金灌根)이 대리(代理)하니 관근(灌根)은 구성인(龜城人)이라. 선년(先年)에 세례(洗禮)를 밧고 시시(是時)에 임명(任命)되엿스니 개(蓋) 선교사(宣敎師) 마포삼열(馬布三悅)의 주지(主旨)난 한석진(韓錫晉)으로 평남(平南) 전경(全境)을 순회(巡廻)하고 김관근(金灌根)으로 평북(平北) 전경(全境)을 순회(巡廻)케 함이라.[9]

양전백은 1895년에는 평양에 가서 마포삼열 선교사로부터 북장로교 권서(勸書)로 임명받았고, 1896년에는 조사가 되었다. 그 후 그는 위대모의 조사가 되어 평북 일대를 순회하면서 전도하기 시작했고, 위대모가 1898년 선천으로

---

[8] 長老會神學大學 七十年史, 40-41.
[9] 車載明, 朝鮮예수敎長老會史記 上(경성: 신문내교회당, 1928), 21.

옮겨 그곳에 정착한 후에는 그와 함께 이 지역의 복음화를 위해 헌신하였다. 1897년 설립된 선천읍교회를 돌보았다.

1900년 선천읍교회에서 평안북도 도사경회가 모였을 때 관서전도회 조직을 주도했고, 교인들의 자녀교육을 위해 명신학교를 설립하고 교장에 올랐으며, 1902년에는 선천읍 초대장로가 되었다. 위대모의 기독교 이상이 양전백과 같은 지식층에 호소력이 있었고, 양전백의 복음전도열과 기독교 교육에 대한 비전이 선천읍교회 안에 정착하기 시작하면서 선천은 복음전도와 복음의 대사회적 책임이 동시에 구현되는 신앙공동체를 형성하게 되었다.

처음부터 양전백은 장차 기독교 인재 양성의 비전을 가진 위대모의 협력자가 되어 1905년에 선천신성중학교 설립 발기인으로 학교 설립과 발전에 크게 공헌했다. 평양신학교에 입학하여 신학훈련을 받으면서 양전백은 기독교 이상을 가진 미션스쿨 설립의 필요성을 절감했다. 그는 선천읍교회 평신도 지도자였던 김석창 노정관과 힘을 모아 중학교 설립을 논의하고 이들과 함께 1906년 7월 신성중학교를 설립하기에 이르렀다.

1907년 9월 목사 안수를 받은 후 선천 정주 박천 등의 교회를 관장할 전도목사로 임명을 받은 후 이 지역의 전도사역에 매진하였다. 그의 활발한 전도활동에 힘입어 그의 전도구역은 초산, 위원, 강계, 자성 등지의 압록강 부근과 만주 즙안 통화 회인현까지 확장되었다. 선천읍교회 전임목사로 부임한 후 25년 동안 교회를 담임하면서 선천지역 복음화에 지대한 공헌을 이룩하였다. 1908년에는 선천 읍내에 대동고아원을 설립하여 자선사업에도 적극 참여하였고 보성여학교 설립도 적극 후원하였다. 1907년 2월 14일 "한국에 있어 교육 받은 교역자"라는 논문에서 마포삼열은 양전백에 대해 이렇게 평했다:

> 양전백, 그는 1893년 나에게 세례를 받았다. 그는 지금 36세로 일곱 사람 중에서 가장 나이가 어리다. 그러나 학식에 있어서는 아마도 가장 으뜸이 될 것이다. 그는 선천에서 동북쪽으로 약 60리 떨어져 있는 구성 새당거리에서 북한에서 가장 먼저 세례를 받은 김이련 노인 서재의 훈장으로 있었다. 내가 선천에 들렀을 때에 그는 김 노인의 권고로 나를

보려고 선천까지 왔다. 그는 이미 성경을 많이 읽고 신심이 깊었으므로 나는 곧 그에게 세례를 주었다. 그는 후에 선천으로 내려와서 위대모 목사의 바른 팔이 되어 그 곳에 큰 교회를 설립하는 데 성공하였다. 그의 고상하고 신실한 성격과 탁월한 학식은 그로 하여금 교회와 사회에서 큰 존경을 받게 하였고 그의 사업을 성공의 길로 이끌었다.[10]

105인 사건으로 구속되었다 1913년 석방된 양전백은 다시 선천읍교회 강단을 맡으면서 선천지역의 신앙공동체의 정신적 지주가 되었다. 무엇보다도 그의 가장 큰 공헌은 민족의 근대화에 깊은 관심을 갖고 선천지역의 복음화를 견인하며 선천지역을 민족운동의 요람으로 만들었다는 사실이다. 1911년 105인 사건 때 선천지역이 일제의 집중적인 타깃이 되었고 1919년 삼일운동이 일어났을 때 양전백은 33인 중의 한명으로 독립운동을 견인했다.[11]

5. 남강 이승훈

강규찬은 남강 이승훈과 평생 끈끈한 관계를 유지하며 같은 비전을 공유했다. 1911년 105인 사건의 발단을 제공한 신민회와 1919년 3·1독립운동은 그 대표적인 사례이다. 이승훈이 안창호의 영향을 받고 평북 총감을 맡았을 때 강규찬은 영향력 있는 평의원 중 한 명이었다. 이승훈에 의해 신민회 평북지회가 조직되었을 때 강규찬은 이용혁, 곽태종, 선우혁, 차균설, 임경엽 등 선천 신성학교 교사들과 함께 신민회에 가입했다.

윤경로가 지적한 대로 강규찬은 이용혁, 곽태종, 선우혁, 차균설, 김일준, 최덕윤, 김익겸, 노창권, 안준, 홍성익, 양전백, 이정순, 박찬림 등과 더불어 "당시 선천을 중심한 평북 신민회 유력인사로 보아 거의 틀림없을 것이다."[12] 김양선이 증언하는 대로 신성학교는 평양 숭실학교와 더불어 "기독교 학교 중에서

[10] 채필근, 한국기독교 개척자 한석진과 그 시대 (서울: 기독교서회, 1971), 137-138.
[11] 100년사 편찬위원회 편, 총신대학교 100년사 1권 (서울: 총신대학교, 2003), 205-6.
[12] 윤경로, "신민회와 남강의 경제활동 연구," 93.

배일사상이 가장 강한 학교였다."¹³ 이런 이유로 선천교회들은 평양과 정주의 교회들과 더불어 민족운동의 본거지였다. 강규찬은 안창호가 평양에서, 이승훈이 정주에서, 양전백이 선천에서 강력한 민족운동을 전개할 때 신성학교 교사로 양전백이 시무하는 선천읍교회를 출석하며 그 중심에 있었다.

강규찬이 105인 사건에서 풀려난 후 1913년 평양신학교에 진학해 신학수업을 받고 있을 때 이승훈도 1916년 평양신학교에 입학했다. 강규찬이 평신 4학년 때 이승훈이 1년에 입학한 것이다. 같은 신앙 같은 비전을 가진 두 사람이 신학교에서 교분을 나누었을 것은 미루어 짐작할 수 있다. 이렇게 연결된 강규찬과 이승훈의 관계는 그 후에도 지속되었다. 이승훈이 기독교 대표로 3·1독립운동을 주도할 때 강규찬은 이승훈이 보낸 선우혁을 통해 뜻을 전달받고 평양지역 목회자들을 독려하여 거사에 동참시켰다. 이승훈의 밀사로 파송된 선우혁이 평양에서 제일 먼저 만난 사람은 강규찬과 길선주 목사였다. 이승훈은 105인 사건으로 옥고를 치르고 그 후 신학교를 졸업하고 평양산정현교회를 맡으며 큰 영향력을 미치고 있는 강규찬의 협력이 절대 필요했다.

당시 산정현교회 강규찬은 장대현교회 길선주와 함께 평양교계 안에 중요한 리더십을 발휘하고 있었기 때문이다. 비록 강규찬이 33인 중에 포함되지 않았지만 당시 교계적으로는 서명자들과 이 문제를 심도 있게 논의할 수 있는 위치에 있었다. 33인의 서명자로 3·1운동에서 가장 중요한 역할을 했던 이승훈이 정주장로교회 장로였고, 한국에서 가장 크고 영향력 있던 평양장대현교회 길선주, 산정현교회 목사 강규찬, 선천 북장로교회 목사 양전백, 정주 장로교회 목사 김병조, 신의주 동장로교회 목사 유여대, 남산장로교회 집사 이갑성, 정주 덕흥장로교회 장로 이명룡도 모두 장로교였던 점을 고려할 때 더욱 그렇다.

게다가 33인의 서명자 이승훈, 양전백, 이명룡은 물론 실무를 도맡아 진행한 선우혁, 변인서, 강규찬 역시 105인 사건 때 유죄 언도를 받은 이들이었다. 이처럼 105인 사건을 통해 옥고를 치른 선우혁, 양전백, 이승훈, 강규찬, 변인서의 거룩한 의기투합은 기독교계를 움직이는 큰 원동력이 되었다. 이승훈의 안내장

---

¹³ 金良善, 韓國基督敎史硏究, 104.

을 가진 선우혁이 평양에 와서 강규찬과 길선주를 만났고[14] 강규찬이 그를 변인서에게로 보냈다. 변인서는 105인 사건과 관련 있는 평양의 교계 지도자들을 한 자리에 모았다.

이렇게 해서 서문밖교회 목사이며 장로교 총회장 김선두 목사, 산정현교회 강규찬 목사, 산정현교회 김동원 장로, 장대현교회 장로 이덕환(李德煥), 도인권(都寅權) 목사, 金聖澤 목사가 한 자리에 모였고 이들은 평양을 중심으로 3·1운동에 적극 동참하기로 의견을 모았다. 곧 평양의 김선두 강규찬 도인권 이덕환 윤원삼 김동원은 독립운동을 위한 자금과 인원동원 문제를 논의하였고 장대현교회 윤성윤은 상당한 자금을 내놓았다.[15] 이처럼, 역사를 거슬러 올라가면 강규찬이 일생동안 민족의식을 가지고 산정현교회를 담임할 수 있었던 그 정신적 원동력은 양전백과 이승훈과의 교분으로 거슬러 올라간다.

6. 고당 조만식과 김동원

강규찬이 조만식및 김동원과의 관계는 1917년 이후 산정현교회 목사로 강규찬이 부임하면서 자연스럽게 형성되었다. 하지만 그 이전에 이미 강규찬과 김동원은 105인 사건으로 구속되어 함께 투옥되었다는 점에서 공통점이 있었다. 게다가 강규찬이 평신 3학년 때 평양산정현교회 장로 김동원이 평신 1학년에 입학했다.

1915년 김동원이 평신에 입학할 때 훗날 부통령을 지낸 함태영도 입학 동기 중 한명이었으며, 그해 평신 역사상 가장 많은 39명이 입학했다.[16] 당시 학생들은 전교생이 기숙사에 함께 기숙하고 경건회를 함께 가지며 상호 긴밀한 교제를 나누었던 점을 고려할 때 강규찬과 김동원 사이에 교분이 있었을 것으로 여겨진

---

[14] "강규찬 신문조서", 국사편찬위원회, 한민족독립운동사자료집 11권, 국사편찬위원회 편 (서울: 국사편찬위원회, 1990), 97.
[15] 김영혁, 창립 100주년 신성학교사, 109.
[16] 장로교회 신학교 요람 1916 (평양: 평양장로회신학교, 1916), 40-43.

다. 강규찬이 산정현교회에 부임했을 때 김동원은 산정현교회 수석 장로였다. 따라서 김동원이 강규찬을 청빙하는 과정에서 번하이젤 선교사와 함께 중요한 역할을 감당했을 것이라는 사실은 어렵지 않게 추론할 수 있다.

강규찬이 산정현교회 목사로 부임한 후 김동원은 주일학교를 맡으며 강규찬의 목회를 신실하게 도왔다. 이 때 신학훈련을 받은 김동원은 부교역자 이상의 몫을 감당하며 강규찬의 목회 사역을 지원했다. 그는 강규찬이 3·1독립운동으로 구속되었을 때는 평양산정현교회 수석장로로서 번하이젤 선교사와 함께 담임목사 공백을 훌륭히 메꾸었다. 강규찬이 출옥 후 산정현교회가 정의유치원을 설립하였을 때도 김동원은 이사로 참여했고, 양전백 목사가 소천 했을 때도 산정현교회를 대표하여 강규찬과 함께 선천읍북교회를 방문하여 조문했다.

김동원이 평양을 배경으로 민족운동의 기수로 활동할 수 있었던 배경에는 강규찬의 역할을 매우 컸던 것은 의심의 여지가 없다. 또한 강규찬이 1917년부터 1933년까지 산정현교회를 맡으며 안정과 발전을 동시에 이룩하며 평양지역과 전국에 영향을 미칠 수 있었던 배후에는 김동원 장로의 신실한 협력이 있었기 때문에 가능했다. 김동원은 강규찬과 함께 산정현교회 안에서는 물론 평양노회와 총회에서 임원으로 활동하며 강규찬의 목회 활동을 지원했다.

강규찬과 조만식의 관계는 각별했다. 1917년 강규찬이 산정현교회 목사로 부임했을 때 조만식은 숭실학교와 일본 유학을 마치고 이미 산정현교회 교인으로 신실하게 교회를 섬기고 있었다. 조만식과 김동원은 어린 시절부터 친구관계로 같은 선생 밑에서 한학을 배우며 우정과 비전을 키워왔다. 강규찬과 조만식은 비록 같은 감옥은 아니었지만 1919년 3·1독립운동으로 투옥되어 옥고를 치는 동지였다. 조만식이 먼저 출옥하고 강규찬이 그 뒤이어 출옥하였다.

출옥 후 조만식이 물산장려운동, 평양 YMCA 초대 총무를 맡는 등 대외적으로 활발히 활동할 즈음 강규찬은 조만식의 리더십을 인정하고 그를 안수집사로 선출하고 바로 장로로 임직하였다. 특별히 조만식이 중심이 되어 물산장려운동을 전개할 때 강규찬과 산정현교회 당회는 적극적인 후원자이자 협력자였다. 조만식이 민족운동의 대표자로 부상할 수 있기까지 강규찬은 너무도 중요한 역할을 한 셈이다. 특별히 조만식의 기독교 민족애 형성에 강규찬을 중심으로 한 산정현교회는 결정적인 밑거름이 되었다.

7. 죽산 박형룡

본서에서 여러 차례 언급되었지만 강규찬과 박형룡의 관계는 매우 각별했다. 박형룡이 존재하기까지 강규찬은 신실한 후원자요 안내자요 후견자였다. 박형룡은 강규찬 목사를 존경하고 그로부터 많은 영향을 받았다. 그것은 단순히 신앙적인 면만 아니라 신학적인 면에서도 그랬다.

두 사람의 활동무대는 공교롭게도 너무도 겹쳤다. 강규찬이 신성학교 교사로 재직하는 동안 박형룡은 신성학교를 다녔고, 1916년 졸업할 때까지 강규찬이 장로로 조사로 있던 양전백 목사가 시무하는 선천읍북교회를 출석했다. 이런 배경 속에서 양전백-강규찬-박형룡의 관계는 자연스럽게 형성되었다.

1916년 박형룡이 신성학교를 졸업하고 평양숭실대학에 진학하는 동안 평양에 머물고 있을 때 강규찬은 산정현교회 목사로 그 교회를 섬기고 있었다. 박형룡이 존경하는 스승이 목사가 되어 섬기고 있는 산정현교회를 출석한 것은 자연스러운 일이었다. 강규찬은 박형룡이 1920년 평양숭실대학을 졸업할 때까지 마치 아버지처럼 박형룡을 도왔다고 전해진다.

박형룡이 숭실대학을 졸업하고 중국 금릉대학으로 유학을 가서 그곳에서 학사학위를 마친 후 미국 프린스턴신학교로 유학을 떠날 때 강규찬은 재정적으로 도움을 주었다. 박형룡이 1926년 프린스턴신학교와 루이빌의 남침례회 신학교(Southern Baptist Seminary)에서 박사과정 코스웍을 마치자 강규찬은 당회의 동의를 얻어 그를 산정현교회 조사로 초빙했다. 이것은 장차 그를 후임으로 세우기 위한 목적이었다. 실제로 강규찬은 1929년 당회와 교우들 그리고 노회의 협력을 얻어 박형룡을 산정현교회 담임으로 세웠으나 박형룡은 평신으로부터 교수직을 제의받고 교수직을 택했다. 그 후에도 강규찬은 박형룡이 평양신학교 교수로 정착할 수 있도록 노력을 아끼지 않았다. 박형룡이 산정현교회에 적을 그대로 유지할 수 있도록 만든 것도 강규찬이었다.

이런 강규찬을 박형룡은 일생 동안 존경하며 따랐고, 그의 영향을 적지 않게 받았다. 박형룡이 전도서 주석에서 강규찬의 한시를 적지 않게 인용하며 주석을 전개한 것도 그런 맥락에서 이해할 수 있다. 확인해야 할 일이지만 박형룡이 중국으로 유학을 떠난 것도 강규찬의 영향이 작용한 것으로 보인다. 한학에 탁월한 재능을 갖고 중국 고전을 통달했던 강규찬의 모습은 박형룡에게는 선망의 대상이었을 것이다.

8. 만우 송창근

강규찬과 송창근의 관계는 전임자와 후임자의 관계 그 이상의 특별한 의미는 없었던 것 같다. 송창근은 박형룡과 달리 강규찬과 특별한 연고가 있어 산정현교회 교역자로 청빙 받은 것은 아니었다. 산정현교회 후임으로 내정 받고 위임 목사가 된 박형룡이 산정현교회 목사직을 사임하고 평양신학교로 적을 옮기면서 송창근이 산정현교회에 부임하게 되었다. 송창근을 청빙한 것은 당시 지식인들과 민족지도자들이 가득 찬 산정현교회의 분위기 상 해외 유학파를 선호했기 때문이다. 송창근은 잡지에 기고하는 등 젊은이들에게 적지 않은 영향력을 미치고 이름도 어느 정도 알려져 있었다. 일본 청산학원 미국 프린스턴 신학교를 거쳐 덴버신학교에서 박사학위를 취득한 송창근은 적어도 외형적으로 자격을 갖춘 산정현교회가 찾은 이상적인 목회자였다.

1932년 귀국한 송창근은 평양신학교에서 1년간 수학하면서 산정현교회를 강규찬과 함께 섬겼다. 당시 목사 안수도 받지 않고 평양신학교를 졸업하지 않은 사람이 교회 전체를 전담하는 것은 현실적으로 불가능했다. 게다가 신학교에서 수강을 하면서 전임사역을 하는 것은 융통성 있는 현대에서도 불가능에 가까운 일인데 당시로서는 상상하기 힘든 일이다. 송창근이 1933년 가을 목사 안수를 받고 산정현교회 당회장이 되기까지 강규찬이 당회장으로 송창근과 함께 동역했던 것이다.

1932년 강규찬이 김동원과 함께 양전백 발인예배에 산정현교회 대표로 참석한 것도 그 때문이다. 1933년 산정현교회를 맡은 송창근의 목회 사역은 길지 못했다. 놀랍게 성장을 구가하던 산정현교회는 김인서의 증언대로 송창근의 실목(失牧)으로 급격히 교세가 줄어들은 데다 **신학지남** 기고와 **아빙돈 단권주석** 문제로 교회 안에서는 물론 평양노회와 총회 안에서 입지가 줄어들어 더 이상 산정현교회를 목회하기가 힘들었기 때문이다.

9. 용재 백낙준

백낙준은 박형룡, 정석해와 더불어 강규찬이 선천신성학교 교사로 재직하고 있는 동안 그의 영향을 받은 것으로 널리 알려졌다. 1895년 3월 9일 평북 정주 출신 백낙준은 11세인 1906년 신학문을 가르치는 미션스쿨 영창학교에 입학하였다. 1909년 미션 스쿨인 영창학교를 졸업한 용재는 1910년 선천신성학교에 입학했다. 아홉 살 나던 해 어머니를 잃은 데 이어 열세 살 되던 1907년에는 아버지마저 잃어 맏형 집에 살던 낙준은 어머니가 장사 밑천으로 마련한 피륙 가구 등을 팔아 70원의 학자금을 마련하고 신성학교 윤산온 교장을 찾아갔다. 자신의 딱한 사정을 전해들은 윤산온 교장은 그가 선교사들의 집에서 그들을 도우며 학비를 마련할 수 있도록 주선해 주었다.

백낙준이 신성학교에 입학하였을 때 강규찬은 그 학교에서 작문과 한문을 가르치고 있었다. 그는 신성학교 시절을 회고하며 당시 교사들 가운데 한학에 탁월한 재능을 갖고 있는 이들이 많았다고 언급하고 있어 당시 작문과 한학을 가르치고 있던 강규찬과 곽태종을 지칭하는 것이 아닌가 여겨진다. 신성학교 학생들이 그런 것처럼 백낙준 역시 선교사와 한국인 스승들로부터 신앙심과 애국심을 동시에 전수 받았다. 남강 이승훈의 연설을 듣고 나라 사랑을 배운 것도 그 즈음이었다.

신성학교 2학년에 재학 중이던 1911년 10월 105인 사건으로 알려진 데라우치 총독 암살미수사건이 발생했다. 신성학교 교사들과 학생들이 체포되는 가운데서도 그는 검거를 피해 1년간 산골로 숨어 다니다 1913년 가까스로 학교를 졸업하고 중국으로 망명을 떠나 톈진 신학서원에 적을 두고 영어와 중국어를 공부했다. 신학서원에서 3년 간 수학한 뒤 1916년 백낙준은 7월 미국에 도착, 맥큔의 권고로 미주리주의 파크대학에서 역사학을 전공하였다.

파크 대학은 신성학교 교장 맥큔이 졸업한 학교로 맥큔이 신성학교 발전의 모델로 삼은 대학이었다. 1922년 이 대학을 졸업한 백낙준은 1922년부터 1925년까지 프린스턴 신학교과 프린스턴 대학에서 석사학위 과정을 밟았다. 이 기간 동안 낙준은 틈틈이 펜실바니아대학에서 정치외교학과 도서관학도 연마했다. 이것은 백낙준의 학문적 지평을 넓혀 훗날 기독교 이상을 갖고 폭넓게 영향을 미칠 수 있는 밑거름이 되었다. 1925년부터 예일대학교에서 당시 유명한 교회사가인 라토렛 문하에서 박사과정을 시작하여 한국개신교사(*History of Protestant Missions in Korea 1832-1910*)로 1927년 박사학위를 취득하고 14년간 중국과 미국에서의 유학생활을 마치고 1927년 8월 23일 귀국하여 숭실대학교 교수, 연희전문학교 교수를 지냈다. 그 후 연세대학교 발전, 한국교육발전, 교회사학 발전에 이르기까지 그가 이룩한 업적은 대단하다.

지금까지 살펴본 것처럼 강규찬은 선천과 평양을 배경으로 신성학교 교사, 선천읍북교회 조사와 장로, 산정현교회 목사로 지내는 동안 신민회, 105인사건, 3·1독립운동, 물산장려운동, 기독교민족운동을 경험하며 학생들과 교우들 그리고 그 주변의 인물들에게 지대한 영향을 주고받으며 사역을 감당했다. 위에 열거한 인물들은 대표적인 인물들이다. 따라서 강규찬이 영향을 받거나 영향을 미친 인물들은 이들만은 아니다. 앞으로 더 많은 연구를 통해 더 많은 인물들이 발굴될 것으로 생각한다.

맺는말:
강규찬에 대한 한국교회사적 평가

　대원군이 하야한 그 이듬해 1874년 8월 15일 출생한 강규찬은 해방을 4개월 앞둔 1945년 4월 9일 71세로 하나님의 부르심을 받았다. 자신의 생애동안 그는 한학자, 기독교 민족운동가, 목회자로서 뚜렷한 이정표를 한국 근대사에 남겼다. 교회, 민족, 신앙, 한학, 목회는 그의 생애를 특징짓는 5개의 키워드였다. 특별히 복음의 열정, 남다른 민족애, 탁월한 목회 리더십 세 가지가 그의 생애 동안 유기적 연관성을 지니며 그의 생애와 사역을 풍요롭게 만들어 주었다.

　선천신성중학교에서 한문과 작문을 가르치는 교사로 부름 받을 정도로 그의 한학실력은 널리 인정을 받았다. 당시 평양과 선천 지역에서 중국 고전에 대해 그만큼 해박한 지식을 갖고 있는 사람도 드물었다. 경교비의 기록을 상세하게 설명하고, 기독교 신앙을 수준 높은 한시로 승화시키는 일에 있어서 그는 남다른 재능을 지니고 있었다.

　산정현교회 담임으로 강규찬은 놀라운 리더십을 통해 산정현교회를 평양만 아니라 전국에서 가장 영향력 있는 교회로 발전시켰다. 평양을 동방의 예루살렘으로 만드는 일에 길선주가 중요한 몫을 감당했다면 강규찬은 평양을 전국교회의 모델로 승화시키는 일에 너무도 중요한 몫을 감당했다. 훗날 주기철의 리더십이 산정현교회를 통해 전국적으로 극대화 될 수 있었던 것은 강규찬을 통해 교회 안에 양질의 목회적 토양이 충실하게 구축되었었기 때문이다.

　이처럼 평양산정현교회는 한국교회와 민족을 깨운 영향력 있는 교회였고, 강규찬은 그 중심에 있었다. 산정현교회와 강규찬을 높이 평가하는 것은 실수가 없었기 때문이 아니라 자신의 실수를 역사의 반면교사로 삼는 지혜가 있었기 때문이다.[1] 강규찬은 1911년 신성학교 교사 시절 105인 사건으로 구속되어 취조를 받을 때 극심한 고문에 못 이겨 자신과 신성학교 동료 교사들 그리고 매큔 선교사마저 데라우치 총독 살해 음모에 가담했다고 허위 자백했다. 민족애와 애국심으로 불타면서도 무서운 일경의 취조와 극악한 고문에 못 이겨 그만 실수한 것이지만, 또 강규찬만 실수한 것도 아니지만 이것은 그의 생애에 큰 오점이었다. 하지만 강규찬은 자신의 실수를 생애의 거울로 삼고 하나님과 역사 앞에 서려고 무던히 노력했다. 그에게 역사 앞에 서는 것은 곧 하나님 앞에 서는 것이었다. 실수를 통해 하나님께 더 가까이 갈 수 있었다.

그 결과 그는 1919년 3·1독립운동의 참여와 출옥 후 대 사회적 민족적 책임 구현을 통해 진정한 기독교 민족애가 무엇인지를 온몸으로 보여주었고, 김동원 조만식 같은 민족 지도자들을 배출하여 산정현교회를 기독교 민족주의 요람으로 만들 수 있었다. 훗날 산정현교회가 신사참배 반대운동의 구심점이 될 수 있었던 것도 그 때문이다. 강규찬은 16년간의 목회 사역을 통해 산정현교회

---

[1] "신성한 학원에서 난타의 참극," 동아일보 1929. 12. 07. "弔客五千與名 梁牧師 葬儀式" 동아일보 1933. 01. 23. 동아일보가 마치 산정현교회 기관지라 할 정도로 산정현교회의 일거수일투족을 소상하게 보도하고, 사회와 언론이 산정현교회를 예찬했지만 1929년 산정현교회와 관련된 전혀 예기치 못한 한 불미스러운 사건이 발생했다. 1929년 교회가 자랑하는 정의유치원 운영을 둘러싸고 이해관계가 얽히면서 신성해야 할 기독교 학교에서 난타의 참극이 발생한 것이다. 동아일보는 1929년 12월 7일 "신성한 학원에서 난타의 참극"이라는 제목으로 이를 상세히 보도했다. 그동안 산정현교회에 대해 우호적이었던 동아일보가 폭력사건을 이렇게 소상히 보도한 것은 그만큼 정의유치원 문제가 사회문제로 비화되었음을 보여준다. 사건의 중요성 때문인지 파장을 염려해서인지 몰라도 동아일보는 객관적으로 보도하기 위해 노력한 흔적이 역력하다. 사건의 개요를 설명하고 양측의 입장을 이례적으로 실어 독자들이 문제의 핵심을 정확히 파악할 수 있도록 노력했다. 산정현교회가 복음의 대 사회적 책임을 구현하며 평양지역은 물론 한국전역에 하나의 훌륭한 모델로 부상한 상황에서 정의유치원 폭력사건은 원인과 책임이 누구에게 있던 그 파장은 컸다. 특별히 산정현교회의 수석장로로 교회 안에서는 물론 평양지역의 기독교계에서 중추적인 역할을 감당했던 김동원 장로가 이 사건에 연루된 것은 안타까운 일이 아닐 수 없다. 이후 1년 여 동안 동아일보는 산정현교회에 대해 일체 보도를 하지 않았다. 비록 김동원이 더 이상 확대하지 않고 넘어가 큰 문제로 비화되지 않았지만 교회가 자랑하는 유치원과 교회의 수석 장로 김동원이 연루된 폭력사건은 산정현교회 이미지에 큰 타격을 가져다주었다. 다행히 이 사건 이후 김동원은 1931년 마포삼열기념 동상 건립을 위한 기구 조직이 결성될 때 오윤선 장로와 함께 13명의 실행위원 가운데 1명으로 선출되었고, 1933년 1월 양전백 목사가 소천했을 때는 마포삼열, 윤산온, 나부열, 강규찬과 더불어 평양지역에서 온 조문객 대표로 장의식에 참석했다.

온 성도들에게 철저한 민족의식을 고취시켜 훗날 온 교인들이 주기철 목사와 함께 신사참배반대운동에 동참할 수 있도록 신앙적 사상적 토대를 구축해주었다.

강규찬은 다음 몇 가지 점에서 한국교회사에 뚜렷한 족적을 남겼다.

첫째, 한학자로서의 활동이다. 소열도와 김인서가 증언하듯 그는 중국 고전과 한학에 대한 상당한 권위자였다.[2] 이것은 선교사들과 초기 한국교회 지도자들이 그를 신성학교 한문 및 작문교사로 청빙한 것이나 그의 한학실력을 예찬한 것, 그리고 그가 남긴 몇 편의 한시들, 대한자강회 기고문, 족보에 있는 가훈과 논고를 통해 이를 확인할 수 있다. 특별히 박형룡이 그의 전도서에서 자주 강규찬의 한시를 인용하고 있는 것은 주목할 만하다.

둘째, 인재양성이다. 선천 신성학교 교사로 재직하는 동안 백낙준, 박형룡, 정석해를 비롯한 많은 젊은이들을 양성했고, 평양장로회신학교에 재학하는 동안 평북노회 권유사로 도내 각 학교를 돌아보았으며, 평양산정현교회 부임해서는 젊은이 인재양성에 온 정열을 기울였다.

셋째, 기독교 민족운동이다. 1911년 신성학교 교사 시절 그는 다른 교사들과 학생들과 함께 구속되어 6년형을 언도받았고, 1917년 평양산정현교회 담임으로 부임한 후에는 1919년 3월 1일 평양지역의 다른 목회자들과 함께 삼일독립운동을 주도하다 체포되어 서대문감옥에 2년간 옥살이를 했다. 3월 1일 평양에서 감리교와 장로교가 삼일운동을 추진할 때 회중들에게 연설하여 독립정신과 독립의식을 고취시킨 것은 널리 알려진 일이다. 그의 영향으로 조만식과 김동원을 비롯한 상당수의 산정현교회 평신도 지도자들이 민족운동에 적극참여하게 되었고, 평양산정현교회는 한국의 민족운동의 산실로 자리 잡았다. 산정현교회가 물산장려운동, YMCA, 기독교학교운동을 선도한 것도 그런 이유에서이다. 소열도가 산정현교회는 교세적으로 대형교회에 속하지 않았지만 영향력에 있어서는 평양은 물론 한국의 대표적인 교회가 되었다고 평한 것도 이와 무관하지 않다.[3]

---

[2] 欺翁欺敎會 進退禮讓間 "평양통신", 신앙생활 (1933년 6월), 33; T. Stanley Saltau, *Yin Yang Korean Voices* (Wheaton: Key Publishers Inc., 1971), 68.

넷째, 산정현교회 목회를 통해 교회가 사회와 민족을 선도하는 모범을 보여주었다. 조만식 김동원을 비롯한 산정현교회 당회원들이 중심이 되어 시작한 조선물산장려운동은 전형적인 사례이다. 특별히 강규찬이 부임한 1917년부터 1933년까지 평양산정현교회는 한국에서 가장 영향력 있는 교회가 되었다. 이 시대 산정현교회는 사회와 민족을 깨우는 교회였다.

물론 이 모든 것은 수많은 이들의 희생과 섬김과 봉사와 헌신이 있었기 때문에 가능한 일이었다. 무엇보다도 평양산정현교회 설립자 번하이젤과 그의 아내 헬렌의 지치지 않는 섬김, 김동원 조만식을 비롯한 당회원들의 리더십은 너무도 중요한 역할을 했다. 강규찬은 거룩한 소명의식을 가지고 이들의 협력과 지원을 받으며 평범한 한 교회를 초대교회를 가장 빼닮은 교회, 한국에서 가장 영향력 있는 교회로 발전시킬 수 있었다. 해리 로즈(Harry Rhodes)는 1934년 북장로교선교사(*History of the Korea Mission, Presbyterian Church, USA, 1884-1934*)에서 산정현교회 역사를 다음과 같이 담담히 기록했다:

> 제 4교회가 산정현교회 이름으로 시작했으며, 1906년 1월 본래 산정현교회 예배 처소에서 처음으로 모였다. 현재의 위치에 새 건물이 들어선 것은 1907년 9월 1일이다. 번하이젤 선교사가 초대 목사였다. 교회 건물은 1911년에 확장되었다. 첫 한국인 목사, 한승곤이 1913년 부임했으며 당시 교세는 평균 4백에서 5백 명 사이였다. 강규찬이 여러 해 동안 이 교회 목사로 시무했다.[4]

아주 짧은 기록이지만 한국선교를 총 정리하는 권위 있는 역사서가 강규찬의 발자취를 기록으로 남긴 것 자체가 의미 있는 일이다.

그가 중국 고전에 대한 해밝은 지식을 토대로 한국교회와 사회를 이끌고 갈 미래의 지도자들에게 민족의식을 고취시키며, 신학을 한 후에는 16년간의

---

[3] T. Stanley Saltau, *Yin Yang: Korean Voices* (Wheaton: Key Publishers, 1971), 68.

[4] Harry Rhodes, ed. *History of the Korea Mission, PCUSA* (Seoul: Chosen Mission, Presbyterian Mission, USA, 1934), 152.

산정현교회 목회를 통해 바람직한 교회상을 이 땅에 심어준 것은 한국교회사적으로 높은 평가를 받아야 할 것이다. 참으로 바른 목자가 필요로 하는 이 시대 그는 목회자가 걸어야 할 길이 무엇인가를 자신의 생애와 사역을 통해 선명하게 보여주었다.

강규찬의 생애가 훗날 높은 평가를 받아야 한다면, 그것은 그가 시대적 부름 앞에 자신보다 하나님의 나라와 그의 의를 위해 살아오기를 주저하지 않았다는 점이다. 그 결과 일제 시대 한국교회 모두가 일제의 압력에 굴복하며 타협의 길을 걷고 있을 때 산정현교회는 복음과 민족을 두 기둥 삼아 한국교회와 민족을 깨우는 일에 앞장설 수 있었다. 확실히 강규찬 그는 민족을 가슴에 품은 지도자였고, 그가 섬겼던 평양산정현교회는 겨레와 함께 한 교회였다. 이 땅에 사회와 민족을 깨운 평양산정현교회를 세우신 하나님께 찬양과 영광을 올려드린다.

강규찬과 평양산정현교회 연표
(1893-1950)

1874년 8월 15일	강규찬 출생
1893년	널다리골교회 설립(장대현교회 전신)
1897년	박영찬(朴英燦)과 결혼, 선천읍교회 설립
1903년	장대현교회서 남문외교회 분립
1905년	을사늑약
1905년 1월 15일	딸 도성(道成) 출생
1905년 12월	장대현교회서 사창골교회 분립
1906년 1월 26일	장대현교회서 산정현교회 분립
1906년	영수 계택선, 이덕환, 집사 최정서, 김용홍, 권사 이신행 선임
1907년 6월	평양성내 강홍면 삼리 계동 서쪽 산정재 위에 교회 건축 착공
9월	교회 건축 완공(건축비 천 원, 56평) 건축간역(김문준, 김용홍)
1907년	고종강제퇴위, 강규찬 대한자강회월보 기고
1907년	이덕환 영수 장대현교회로 이거, 김일선 부인 권사 선임
	교회 직원은 선교사 편하설, 조사 한승곤, 영수 계택선, 집사 최정서, 김용홍, 정이도, 최효식, 김동원, 변홍삼
1908년 1월 9일	계택선, 한승곤 장로 장립, 당회 조직
1908년	강규찬 선천신성학교 한문교사 부임. 산정현교회 직원은 선교사 편하설, 장로 계택선, 한승곤, 영수 변홍삼, 김동원
	김상은, 집사 최정서, 김용홍, 박정익, 양성춘, 김찬두, 김봉순, 장석주
1909년 11월 13일	영수 김상은 별세
1909년	산정현교회 직원은 편하설, 장로 계택선, 한승곤, 영수 변홍삼, 김동원, 김상은, 집사 최정서, 김용홍, 박정익, 양성춘, 김찬두, 김봉순, 장석주
1910년 8월 28일	김동원 장로 장립
10월 2일-30일	백만인구령운동

1910년		교회 직원은 선교사 편하설, 장로 계택선, 한승곤, 영수 변흥삼, 박정익, 김찬두, 집사 최정서, 김용흥, 박정익, 양성춘, 김봉순, 장석주
1910년 12월 27일		105인 사건
1911년 4월 16일		아들 도일(道一) 출생
	10월 12일	강규찬을 비롯 7명의 신성학교 교사와 20명의 학생 구속, 김정렴 집사 선임, 그 외 직원은 전년과 동일
1912년 6월		장로 계택선 평양신학교 졸업, 장천교회 담임으로 부임, 105인 사건으로 윤치호를 비롯 120명 기소 재판
	6월 28일	105인 사건 기소자 123명에 대한 1심 첫 재판
	7월 1일	재판정서 강규찬과 신성학교 교사와 학생 혐의 사실 모두 부인
	7월 7일	김찬두 장로 장립
	11월 26일	105인 사건 항소심 첫 공판 시작, 1913년 3월 20일까지 52회 공판 진행
1912년		105인 사건으로 김동원 경성총감부에 납치 고문 투옥, 교회 직원은 편하설, 장로 계택선, 김동원, 김찬두, 한승곤(조사 겸), 영수 변흥삼, 박정익, 집사 최정서, 김용, 박정익, 양성춘, 김봉순, 장석주, 김정염
1913년 1월 5일		105인 사건으로 1심에서 유죄언도 받은 강규찬, 김동원을 비롯한 99인 무죄 석방, 한승곤 산정현교회 목사 부임
	2월 9일	영수 박정익 장로 장립
	3월 20일	장로 김동원 무죄 석방
	여름	미국 교우들이 기부한 교회 종각 설립
	겨울	이신행 명예권사
1913년		강규찬 선천신성중학교 교사 사임, 강규찬 평북노회 선천읍북교회에서 조사 임명, 평양장로회신학교 입학, 평양산정현교회 교우 김열심 전 三日정(田+井)과 답 四斗落 교회 기부, 교회 직원은 선교사 편하설, 목사 한승곤, 장로 김동원, 김찬두, 박정익, 영수 변흥삼, 집사 최정서, 김용흥, 양성춘, 김봉순, 장석주, 김정염, 김건보, 유계삼
1914년 3월 25일		박문성 교우 전 一日정(田+井) 교회 기부, 유년주일학교 급성장
1914년		강규찬 선천읍북교회 장로 임직
1915년 1월 31일		영수 변흥삼 장로 장립, 이후 영수제도 폐지, 1년 예산 700원
	가을	편하설 안식년서 귀국, 미국 교우들 2,000원 헌금으로 교회 대지 구입, 확장

1915년		교회 직원은 선교사 편하설, 목사 한승곤, 장로 김동원, 김찬두, 박정익, 변홍삼, 집사 최정서, 김용홍, 양성춘, 김봉순, 장석주, 김건보
1916년 3월 11일		한승곤 담임 사임, 도미
	3월 16일	안봉주 임시담임으로 청빙하여 3개월 시무
1916년		교회 직원은 선교사 편하설, 목사 한승곤, 장로 김동원, 김찬두, 박정익, 변홍삼, 집사 최정서, 김용홍, 양성춘, 김봉순, 장석주, 김건보
1917년 6월 17일		강규찬 목사 산정현교회 목사로 부임
	6월 24일	산정현교회 강규찬 목사 위임식
	7월 13일	집사 김건보 별세
	겨울	황주읍교회 정명리 목사 청빙 1주 간 사경회
1917년		등록 600명에 출석 400명 교세, 당회원 6명, 제직 14명, 권사 1명, 교회 직원은 선교사 편하설, 목사 강규찬, 장로 김동원, 김찬두, 박정익, 변홍삼, 집사 최정서, 김용홍, 양성춘, 김봉순, 장석주, 김건보, 이근섭, 우정순, 이영칠
1918년 1월 6일		양성춘 장로 장립
	3월	조선예수교장감연합협의회 창립
	4월	예배당 40평 증축
	8월	증축 준공(간역 이영칠, 예산 4천 원)
	겨울	안주읍교회 김찬성 목사를 청빙 1주 간 사경회
1918년		유년주일학교 남녀 학생 200명, 유년주일학교 교장 김동원 장로, 교회 직원은 선교사 편하설, 목사 강규찬, 장로 김동원, 김찬두, 박정익, 변홍삼, 집사 최정서, 김용홍, 양성춘, 김봉순, 장석주, 이근섭, 우정순, 이영칠, 오윤선, 김예진
1919년 3월 1일		조선독립운동, 강규찬 목사, 김예진 집사, 조만식 교우 구속, 평양장로회신학교 무기 휴교, 교회 직원으로는 선교사, 목사, 장로 변동 없고 집사 최정서, 김용홍, 김봉순, 장석주, 우정순, 이영칠, 오윤선, 김순도, 오응백
	4월	상해 임시정부 수립, 제암리 방화사건
	9월	제8회 장로회총회에서 진흥위원회 조직
1920년 3월 13일		조만식 출옥
	3월	일제의 사립학교 개정, 탄압 완화
	4월 10일	강규찬 목사 출옥
	6월	조선물산장려회 발기회 총회

	12월 12일	산정현교회 출신 신학교 졸업자 양성춘 명촌교회 목사로 부임
1920년		김익두 전국부흥운동 발흥, 유년주일학교 확장, 여자청년전도회 조직, 판교동(板橋洞) 옛 예배당서 유치원 개원, 김정염 500원 헌금, 김삼복 교우 종 1개 기증, 최석종 집사 취임
	7월 30일	물산장려운동 발족, 산정현교회가 구심점
1921년 여름		편하설 안식년으로 귀국
	겨울	선천 길종수 목사 청빙 1주 간 사경회
1921년		교회 직원은 선교사 편하설, 목사 강규찬, 장로 김동원, 김찬두, 박정익, 변홍삼, 집사 최정서, 김용홍, 김봉순, 장석주, 우정순, 오윤선, 오응백, 송민호, 유계준, 조만식
1922년 6월 18일		오윤선 장로 장립,
	6월 20일	조선물산장려회 창립총회
	6월 25일	조선물산장려조합 창립 총회
	가을	편하설 귀국, 종 1개, 풍금 1개 기증
	겨울	개성 김상준 목사 청빙 1주 간 사경회
	12월 31일	조만식 장로 장립
	12월	자작회, 토산품애용부인회 발기회
1922년		최정서가 수십만 원 기증하여 유치원 경영 전담, 이신찬 권사 선정, 교회 직원은 선교사 편하설, 목사 강규찬, 장로 김동원, 김찬두, 박정익, 변홍삼, 오윤선, 조만식, 집사 최정서, 김봉순, 김용홍, 장석주, 우정순, 오응백, 송민호, 유계준
1923년 1월 28일		최정서, 김봉순 장립집사, 국내 최초 장립집사 제도 도입
	6월 17일	최정서 장로 장립
	겨울	미국 비드월프 박사 초청 장감양교회연합대부흥회 1주 간 개최
1923년		김동원, 조만식 중심으로 평양 YMCA 조직, 평양 7교회(장대현, 남문외, 사창골, 산정현, 서문외, 연화동, 명촌) 연합으로 숭인, 숭덕, 숭현학교 운영, 교회 직원은 선교사 편하설, 목사 강규찬, 장로 김동원, 김찬두, 박정익, 변홍삼, 오윤선, 조만식, 최정서, 집사 김봉순, 김용홍, 장석주, 우정순, 오응백, 송민호, 유계준, 박용복, 이찬두
1924년 1월		산정현교회 여집사 제도 도입, 여집사 박문성, 이영선, 김경성, 오복회, 최수락, 송안라, 조은식 임명, 장립집사 우정순, 유계준, 오응백, 송민호, 이찬두 5명을 투표선임

1925년 5월 13일		유년주일학교 학생 및 교우 1,000명이 참석한 가운데 찬양회
5월 16일		장유년주일학교 600명 참석하여 기자능에서 원유회
1925년		김삼복, 김성복, 길도성 3인 자기 소유 토지 교회에 기부, 김찬두 100원 원로목사 휴양 위해 기부
1927년		박형룡 산정현교회 조사로 부임
1928년		1,200원으로 전도실와가 10간 건축
1929년 6월 3일		아내 박영찬 소천
7월 2일-5일		평양노회서 박형룡 산정현교회 위임목사로 목사 장립 인허
7월 31일		기독신보에 "재외동포구원문제" 논고 기고
1929년		박형룡 산정현교회 위임 목사 취임, 편하설, 강규찬 목사, 장로 김동원, 조만식, 변홍삼, 박정익, 오윤선, 최정서, 김찬두, 집사 22명, 권사 2명, 남녀 주일학교, 청년회, 남녀소년회, 남녀전도회, 찬양대
1931년		제21회 평양노회서 박형룡 산정현교회 담임 사임, 강규찬 목사 계속 시무
1932년 11월 5일-8일		산정현교회 면청강연회(勉靑講演會)
11월 28일		평양노회서 백남주, 황국주, 이용도 이단으로 정죄
1932년		송창근 산정현교회 조사로 부임, 강규찬과 동역
1933년 4월 24일		송창근 평양신학교 주일저녁 기도회 인도
5월 7일		김재준 평양신학교 주일저녁 기도회 인도
5월 12일		김재준 평양신학교 경건회 인도
5월 12일		평신 졸업식 때 송창근 설교
6월 6일		한경직 평양신학교 경건회 인도
5월 30일		제24회 평양노회서 강규찬 산정현교회 사임, 송창근 전임, 박형룡이 임시 당회장
11월 7일-9일		주기철 목사 평양신학교 특별수양회 인도
1933년		강규찬 선천동교회 목사 부임
1934년		한국선교 50주년, **아빙돈단권주석** 파문, 장로교 NCC 탈퇴
9월		총회 표준성경주석 출간 결정(위원장 박형룡)
1935년 5월 16일		주기철 아내 안갑수 소천
11월 26일		길선주 목사 소천
11월		주기철 오정모와 결혼

1935년		강규찬 선천동교회 사임, 선천 봉동교회 부임
1936년 3월 21일		신사참배 반대하던 조지 매큔 강제 출국
	4월	아빙돈단권주석 파문으로 송창근 산정현교회 담임 사임
	4월 30일-5월 4일	금강산 기독교 수양관서 전국목사수양회 인도
	7월 1일	북장로교 선교회 69대 16으로 신사참배 반대 및 미션스쿨 폐교 결정
	7월 6일-9일	제31회 평양노회 주기철 산정현교회 담임 인준
	8월 24일-31일	평양 숭전서 제5회 관서남녀기독청년회 수양회 인도
	11월 18일-22일	주기철 목사 평양장로회신학교 특별새벽기도회 인도
1937년 2월(?)		방계성 산정현교회 전도사로 부임
	3월 7일	당회서 건축헌금하기로 결정하고 건축 착수
	6월 17일	감리교 신사참배 수용 결정
	7월	장로교 총회, 조선예수교연합공의회 탈퇴
	8월	평양장대현교회서 열린 평양노회 남녀도사경회 아침반 인도
	9월 5일	산정현교회 입당예배, 967평 건평 414평 2층
	9월 10일-16일	주기철 목사 제26차 총회(대구제일교회) 새벽기도회 인도
	10월	제33회 평양노회서 주기철 목사 부노회장에 선임, YMCA 농촌사업 일제 탄압으로 중단, 개역신약성경 출간
	12월 19일	주기철 목사 산정현교회 주일강단서 "성신을 받으라" 설교
1938년 2월 13일		평양신학교 교수 박형룡 외 학생 7인 신사참배 반대로 구속
	3월 22일-25일	산정현교회서 제34회 평양노회 개최, 부노회장 재선
	4월	주기철 목사 검속
	5월	북장로교 남장로교 신사참배 반대 일환으로 미션스쿨 폐교 결정
	6월 29일	일본 기독교대의장 도미타 목사 평양 방문, 주기철 단호히 맞섬
	8월	농우회 사건으로 주기철 목사 검속, 송영길, 이유택 검속
	9월 9일	제27회 총회서 신사참배 결정
	9월	번하이셀 안식년서 귀국
	10월	주기철 평양노회 부노회장 피선
1939년 1월 29일		주기철, 송영길 목사 출옥
	10월	6주 간 특별새벽기도회 시작

	10월 중순	주기철 목사 검속
	10월 21일	평양경찰서에서 산정현교회 장로 집사 18명을 호출하여 신사참배 이행 강요
	12월 19일	남문외교회서 제37회 평양노회 개최, 주기철 목사 목사면직 결정, 산정현교회 문제 처리 전권위원 구성(목사 장운경, 김선환, 심익현, 박응률, 이용직, 장로 김취성, 변경환)
1940년 3월 19일		제38회 평양노회 개최, 주기철 목사 면직 재확인
	3월 24일	노회전권위원이 주일예배 주도하려다 실패, 오후 산정현교회 폐쇄, 주기철 목사 가족 목사관에서 추방
	3월 26일	교인 13명 검거(오정모 사모 포함)
	4월 20일	주기철 목사 가석방, 육로리 셋집으로 귀환
	4월 22일	채정민 목사 방에서 주기철 목사 석방 환영
	9월 25일	손양원 검속
	9월	주기철, 총독부 신사참배 반대운동자 일제 검거 때 평양경찰서에 구속
	11월 16일	마리포사 호로 선교사들 귀국
1941년 2월 28일		세계평화기도일 사건
	9월 6일	번하이셀 선교사 부부 귀국
1941년		강규찬 선천군 봉동교회 사임하고 선천읍북교회 분규 중 2년간 북교회 임시 목회
1943년		강규찬 북교회 임시당회장 사임
1944년 3월 31일		주기철, 주광조와 마지막 면회
	4월 13일	주기철 건강악화로 병감으로 이송
	4월 21일	주기철 목사 순교
	4월 25일	평양서광중학교 앞 공터에서 장례식, 평양돌박산 공원묘지에 안장,
1945년 4월 9일		강규찬 소천
	8월 15일	해방

105인 사건 姜奎燦 신문조서 (제 1회)

문   주소 · 성명 · 직업 · 연령은 어떠한가?
답   평안북도 선천군 읍면(邑面) 교서리(橋西里) 린수동(麟水洞) 一統 五戶 평민(平民), 학교교사 강규찬(姜奎燦)   二九[三九]세

문   어디학교의 교사인가
답   信聖中學의 한문 교사이다.

문   언제부터인가
답   원래 나는 어렸을 때부터 二四세까지 한문을 배웠고 농업을 하였으며, 二三세 때부터 二四세까지 철산(鐵山)에서 서당을 열었으나 三十세까지 농업을 하였으며, 또 三一세부터 三三세까지 철산군(鐵山郡) 영천(永川)에서 서당을 열었고 그로부터 三五세까지 선천 가물암(嘉物岩) 소학교 교사로도 있었으며, 三五세 되던 해 가을부터 지금까지 신성중학 교사로 근무하고 있다.

문   너는 어디서 한문하였는가
답   선천 (宣川) 농건(農建)의 서당에서 十四년 간 공부하였다.

문   종교는 무엇인가
답   七년 전에 예수 장로교에 입교하였다.

문   너는 총독의 서순(西巡) 때 어디에 있었는가.
답   그것은 작년 음력 ──월(로서) 선천에 있으면서 정거장에 갔었다.

문   무엇하러 갔었는가.

답   겉으로는 환영을 가장하였으나 내용은 총독을 살해하기 위해서 갔었다. 그러나 이 사건의 발단에 대하여는 참으로 말하기 곤란하다.

문   곤란하다 할지라도 사실을 진술하는 데 무슨 지장이 있는가.
답   내가 입으로 진술하는 것뿐이라며 없겠으나 그 사실을 조서에 기재한다면 참으로 곤란하다.

문   그러나 사실은 진술하지 않으면 안 되니 잘 생각하라
답   그렇다면 진술하겠다. 내가 지금까지 일주일 동안이나 매일 취조를 받았으나 한마디도 말하지 않은 것은 전적으로 자기의 죄를 면하고자 함과 동시에 다른 사람에 관한 일을 진술하지 않을 결심이었기 때문이다. 오늘에 이르러서는 진술을 말하겠다. 대체 총독 암살은 이승훈이 수령이 되어 계획한 것이다.

문   또 다른 (사람은) 없는가.
답   이 총독 암살은 윤치호(尹致昊), 양기탁(梁起鐸)이 지휘한 것이다. 그러나 두 사람이 선천에 왔었다는 것은 아니다. 또 지휘를 하는 것을 직접들은 것도 아니다. 이 두 사람이 주동자라는 것은 여러 사람으로부터 들었다. 이것을 말한 사람(중) 이름을 기억하고 있는 것은 李昇薰, 李溶華, 金一濬, 梁濬明, 玉觀彬, 吉鎭亭 등이다. 아무든 날짜는 잊어서 확실히 기억하고 있지 않으나 하여튼 총독이 선천에 오기 十일인가 혹은 十四·十五일 전이었다. 평양에서 玉觀彬, 吉鎭亭 두 사람이 총지점(總支店)을 왔다. 그리하여 저녁 때 梁濬明으로부터 상의할 일이 있으니 와달라는 통지가 있었으므로, 저녁 식사 전이라 (밥을) 먹지 않고 총 지점으로 갔다. 그 때 모였던 사람은 梁濬明, 吉鎭亭, 玉觀彬, 金益謙, 金一濬, 李龍赫, 車均㬢, 申孝範, 梁甸伯, 金極行, 安濬, 李基唐, 金鳳文, 魯孝旭, 아무든 二十여명이 모였다. 그러자 梁濬明이 모두 모여 달라고 한 것은 다름이 아니라 평양에서 玉觀彬이 나라의 일로 왔기 때문이라고 말한 즉 玉觀彬이 『경성에서 尹致昊, 梁起鐸의 명령을 받고 평양에 들러 상의를 하고 이곳에서도 상의를 하려고 왔다. 그것은 다름이 아니다. 그것은 머지않아 총독이 西巡을 하니 그때는 반드시 宣川에서 살해를 하라는 것이었다.』고 말하자 일동은 그것은 대단히 좋다고 대답하였다. 그로부터 기계와 돈의 준비도 필요하고 또 동지들과 상의할 필요

도 있으니 오늘 밤 석장동(石墻洞) 양준명(梁濬明)의 집으로 모이자고 약속을 하고 헤어졌으며, 서로 다른 동지들에게 통치를 하여 나는 孫廷郁에게 통치를 하였다. 나는 일단 귀가하여 저녁을 먹고 양준명(梁濬明)의 집으로 갔다.

문 그 때 누구가 모였던가.
답 총지점에 모였던 자는 물론, 그 밖에 姜轍埰, 金仁道, 孫廷郁, 金淳道, 李在熙, 金龍善, 白夢良, 李貞淳, 李正순?, 金龍煥, 金載熙, 李東元, 李順九, 金賢軾, 李圭葉, 羅奉奎, 金泰軒, 洪規旻, 白日鎭, 咸靈澤, 趙尙玉, 金周鳳, 李東華, 車永俊, 梁濬熙, 咸啓澤, 金成奉, 魯重承, 李昌植, 車熙善, 鮮于勳, 崔燦濟, 金得贊, 金昌鉉, 李永基, 李成曾, 洪河順, 洪國連, 車均高, 朴世重, 金永弼, 金成浩, 金啓鎭, 金洛乙, 崔寬實, 崔成浩, 吉景春, 尹仁亨, 韓敬範, 宋國煥, 金永善, 鄭德燕, 白樂濬, 金元吉 학생은 이 정도였다고 생각된다. 朱賢則, 金貞順, 李鳳朝, 朴潤根, 安龍麟, 李根信 桂時恒, 邊達聖, 李昇錫, 유지, 신사는 이 정도, 宣川에서는 洪成麟, 崔聖桂, 林道明, 韓源道, 李明龍, 車龍麟 등이 모였다.

문 李永燦, 趙尙翼, 白永錫은 어떠했는가.
답 白永錫은 알지 못한다. 다른 두 명은 왔었는지 어떤지 기억하지 못한다.

문 申錫範, 邊錫浩, 金錫昌, 安國亨은 어떠했는가.
답 安國亨은 알지 못한다. 申錫範은 이름은 듣고 있었으나 사람은 알지 못한다. 다른 두 사람은 오지 않았던 것으로 생각된다.

문 金炳奎는 어떠했는가.
답 오지 않았다.

문 무슨 상의를 하였는가.
답 양준명(梁濬明)이 玉觀彬, 吉鎭亨이 상의할 것이 있어 왔다고 하니 그 이야기를 들으라고 말하자 玉觀彬이 「각자 국가를 보존할 결심이 있어야 된다, 만약 그러한 결심이 있다면, 내가 경성에서 尹致昊, 梁起鐸 명을 받고 평양에서 상의하고 왔다. 그것은 머지않아 사내에 총독이 西巡을 하니 그 때 정거장에서 살해한다는 상의를 하러 온 것이다.」라고 말하여 일동은 동의한 것이다. 「그렇다면 기계와 돈을 준비하지 않으면 안 된다. 돈은 서간도에 무관학교를 세우기 위해서, 또 蜂密山에 安昌浩가 있으므로 송금하지 않으면 안 된다.. 그러기 위해서 단총과 함께 모으는 것이라」고 말하여 일동은 동의하였고, 그때 金一濬이었다고 생각된다. 단총은 어느 정도 준비가 되어 있으나 더 모집하라고 말하였으며, 단총 준비위원은 그 전인 음력 十월중에 李昇薰의 지시로 총독이 온다고 하여 정거장에 갔으나 오지 않았기 때문에 아무 일도 이루지 못한 적이 있었는데, 그때 정해 두었으므로 그 위원들이 단총을 모집하기로 되었다. 그 위원들의 이름은 전부 기억할 수 없으나, 양준명(梁濬明), 金一濬, 李龍燦, 崔德潤, 盧晶璀, 梁甸伯, 安濬, 鮮于燦, 郭泰種, 洪成益, 長時郁, 申孝範, 李基唐, 洪成麟, 崔聖柱, 孫廷郁, 金極行, 나 등 여하튼 20명 정도였다. 그리하여 돈은 이때 모였던 사람 각자가 할 수 있는 데까지 재산가로부터 모집할 것, 그것은 총독 암살, 西間島에 무관학교를 세우는 것, 安昌浩에게 송금할 것 등을 재산가에 告하고 보조를 받는 것인데, 만일 국가의 일에 돈을 내는 것을 승낙하지 않는 자에게서는 빼앗아 올 것을 상의 하였으며, 일동은 승낙하고 헤어졌다. 그 다음날 王觀彬은 新義州 정거장에서도 실행하자는 상의를 하기 위해 의주로 갔다가 二泊쯤하고 돌아왔다. 그 때 의주에서 二·三명과 동반하여 왔는데, 이름은 알지 못한다. 그리고 또 총지점에 모였다. 그것은 전에 모였던 二十여 명이었으며 王觀彬이 義州에서도 상의한바 동의하였다고 말하였는데, 누구와 상의하고 왔는지는 듣지 모하였다. 그리고 또 王觀彬이 宣川과 義州에서도 동의하였고 이것으로 준비가 되었다고 말하였으며, 金一濬이 학생들은 공부하여 愛國思想을 가지게 하지 않으면 안 되니 연설을 해달라고 한 즉 王觀彬이 승낙하여 그날 밤 대명학교에서 연설회를 개최, 100명 정도의 학생들에게 국가사상을 가지고 安重根의 뜻을 이어가지 않으면 안 된다는 의미의 연설을 하고 해산하였다. 그리고 나서 관계없는 사람들은 돌아가고 그 전에 양준명(梁濬明)의 집에 모였던 자들만 남아서 돈도 몇 백 원 모았다는 등 말을 하고 헤어졌다. 그 四-五일 후 또 양준명(梁濬明)의 집에 전에 모였던 사람들 일동이 밤에 모였다. 그때는 또 郭山, 鐵山, 龍川의 동지들도 모였으나 이름은 알지 못한다.

문 너는 타관의 사람들을 모른다고 말하는데, 그것은 사실인가.
답 사람은 알지 못하나, 郭山에서는 李根宅, 鄭昌玉, 池尙洙, 龍川에서는 黃菊補, 李基唐,

鐵山에서는 鄭元範 등이 왔다고 들었다.

문　義州의 동지는 누구누구인가 한 사람 정도는 알고 있을 것이라 생각되는데, 어떠한가.
답　金昌健, 金基昌 두 사람만은 들었다.

문　다시 양준명(梁濬明)의 집에 모여서 어떻게 하였는가.
답　오래된 일이라 기억하지 못하겠으나, 역시 총독 암살에 대한 상의에서부터 金一濬이 단총이 70정 정도 모였다는 사실, 또 양준명(梁濬明), 玉觀彬이었다고 생각되는데, 돈이 4,000여원 여하튼 5,000원 정도 모였다고 보고하고, 단총은 준비 위원 돈은 양준명(梁濬明)이 보관하기로 되었으며, 또 더 이상 할 수 있는 데까지 모으자는 것 같은 상의를 하고 헤어졌다.

문　단총은 金一濬, 양준명(梁濬明) 등이 보관하기로 되었던 것이 아닌가.
답　과연 그렇다.

문　너는 단총을 모았는가.
답　나는 어디에 있는지 알지 못하였으므로 모을 수가 없었다.

문　돈은 어떻게 하였는가.
답　그것도 모집할 수가 없었다.

문　그 후 어떻게 하였는가.
답　그 다음 날이었다고 생각된다. 황해도 安岳에서 二十여명이 왔는데, 이름은 알지 못한다.

문　너는 흔히 이름을 알지 못한다고 변명하나, 수령의 성명 정도는 모를 리가 없다고 생각되는데, 어떠한가.
답　그 중 金鴻亮, 金龜 만은 알고 있다.

문　이들은 어디에서 묵었는가.
답　중학교 기숙사에서 묵었다.
문　이들이 와서 어떻게 하였는가.
답　宣川 동지와 황해도의 일행이 그날 밤 학교 八반에 모였는데, 김구가 「국가를 위해 총독을 살해하지 않으면 안된다. 갑자기 왔는데 총독은 언제 오느냐」고 물었으므로 「宣川에서도 준비는 되어 있는데 총독은 머지않아 온다고 하지만 날짜 알지 못한다.」고 하였더니, 金龜는 「그렇다면 평양에 가서 상의하고 오겠다.」고 말하며, 그 다음날 데리고 왔던 자 중 몇 사람은 남기고 몇 사람은 데리고 평양으로 출발하였다.

문　그때 전적으로 應接을 했던 宣川 사람은 누구인가.
답　金一濬, 宣于爀, 양준명(梁濬明), 郭泰鍾 하여간 많은 사람들이 응접을 하였으므로 일일이 기억하지 못한다.

문　그로부터 황해도 사람들은 어떻게 하였는가.
답　황해도 사람들이 와서 八반에서 상의하고 그 자들이 기숙사로 돌아간 후 역시 八 반에 양준명(梁濬明), 梁甸伯, 郭泰鍾, 鮮于爀, 洪成益, 張時郁, 金一濬, 崔德潤, 車均高, 李龍赫, 申孝範, 李基唐, 魯晶璀, 安濬, 金益謙, 玉觀彬, 吉鎭亨, 나 등 十五-十六명 쯤이 모였는데, 먼저 양준명(梁濬明)이 일동에게 「尹山溫은 교장이기도 하고 평소 우리들과 뜻을 같이하는 사람이니 일응 상의하면 반드시 도와줄 것이며 이익이 있을 것이라」고 말하였으므로 일동은 그것은 대단히 좋다고 동의하였고, 양준명(梁濬明), 郭泰鍾, 洪成益, 張時郁, 鮮于爀, 張時郁, 내가 尹山溫과 상의하기로 되어 그 다음 날 점심 때 쯤 중학 2반의 교장실에서 尹山溫을 만났다. 梁濬明이 「사내 총독은 조선을 멸망시킨 자이므로 죽이자고 분개하고 있는 것은 이미 잘 알고 있는 대로이며, 이번에 각지의 사람들과 살해에 대한 상의를 하여 준비가 되었다. 총독이 머지않아 온다고 하니 정거장에서 살해할 작정이다」라고 말한 즉 윤산온(尹山溫)이 그것은 대단히 좋다고 대답하였으므로, 「尹교장도 될 수 있는 대로 힘을 보태 달라」고 하였더니, 尹교장은 「힘이 있는 한 도와주겠다.」고 하므로 헤어졌다.

문　그 때 담판을 한 것은 梁濬明 뿐 이었는가.
답　갔던 자들은 모두 같은 말을 하였다.

문　그리고 나서 어떻게 하였는가.
답　그리고 그 다음 날 아마 낮 무렵이었을 것이다. 윤산온(尹山溫)이 교사, 학생 전부를 八반에 모이라고 하여 모였다. 그러자 윤산온(尹山溫)이 「총독 암살은 경솔히 해서는 안 된다. 충분히 주의하여 실행하라」고 말하였으므로, 일동은 그렇게 하겠다고 대답하고 헤어졌고, 그 날 밤 八반에 모였다. 그 때는 유지, 신사들도 왔었다.

문　외국인으로서 관계된 자는 윤산온(尹山溫) 뿐인가.
답　그 사람뿐이다.

문　그 날 밤에 모여서 어떻게 하였는가.
답　그 날 밤 또 윤산온(尹山溫)이 왔는데, 玉觀彬이 「우리나라를 회복하려면 安中根과 같이 반드시 시내 총독을 살해하지 않으면 안 된다」는 의미의 연설을 하였고, 윤산온(尹山溫)과 다른 사람들은 그 연설을 듣기만 하고 헤어졌다.

문　윤산온(尹山溫)은 八반의 어느 쪽에서 일동에게 말을 하였는가.
답　복도에서 八반으로 들어와 건너편, 즉 서북의 중앙 쯤 낭하 쪽을 향해서 말하였는데, 尹山溫은 일어서고 일동은 앉아서 들었다.

문　그리고 나서 어떻게 하였는가.
답　그 다음 날 平壤에 갔던 金龜 일행과 安泰國 일행이 와서 그날 밤 八반에 모였다. 宣川, 황해도, 平壤 사람들이 서로 인사를 하고, 총독이 마침내 내일 온다고 하니 그렇다면 마침내 살해하기 위하여 정거장에 가기로 하고, 단총 위원이 상의하여 마음이 굳은 사람에게 단총을 나누어 주기로 정하였다. 윤산온(尹山溫)도 출석하여 일동에게 「이 일은 담대하게 실행하라」고 말하여 일동은 알았다는 대답을 하였으며, 李昇薰을 총지휘관으로 정하였다. 그리고 나서는 기차가 오는 소리를 듣거든 동시에 각자 단총을 잡기로 약속을 하고 헤어졌다.

다음 날 아침 7반에 단총 준비위원과 윤산온(尹山溫)이 모였는데, 윤산온(尹山溫)은 흑판의 앞에 서고 그 주위에 위원들이 있었으며, 앞에는 학생들이 와서 단총을 나누어 주었다.

문   단총은 누가 나누어 주었는가.
답   위원들이 나누어 주었는데, 윤산온(尹山溫)은 서서보고 있었으나 그 사람도 나누어 주었는지는 알지 못한다.

문   너는 어떻게 하였는가.
답   나누어 주었다.

문   누구에게 나누어 주었는가.
답   여러 사람에게 나누어 주었으므로 일일이 기억하지 못한다.

문   한 사람 정도는 알 수 있을 터 인데, 어떠한가.
답   咸啓澤에게 나누어 주었던 것으로 생각된다.

문   도대체 단총은 몇 정이나 있었는가.
답   七十정 정도였다고 생각된다.
문   어떤 형의 단총이었는가.
답   거무스름하게 빛나는 5연발이 30정 정도였고, 희게 빛나는 단총은 6연발이었다고 생각되는데, 그것이 40정 정도였다.

문   거무스름하게 빛나는 5연발은 25정이었다는데, 어떠한가.
답   헤아려본 것은 아니다. 대략 30정 정도였다고 생각된다.

문   단총을 받아가지고 갔던 자는 누구누구인가.
답   많이 있었으므로 전부 기억하지 못한다.

문　그렇다면 아는 대로만 진술하라

답　梁濬明, 崔德潤, 洪規旻, 咸啓澤, 羅奉奎, 金泰軒, 李貞淳, 白夢良, 金龍善, 金龍煥, 趙尙玉, 李昌植, 金仁道, 李順九, 郭泰鍾, 鮮于爀 金一濬, 姜轅埰 梁濬熙, 洪成益 참으로 말하기 곤란하다.

문　어째서 말하기 곤란한가

답　金淳道, 金載熙, 李在熙, 申孝範, 張時郁, 車均高, 魯晶璀, 李龍赫 모두는 알지 못하겠다. 그 정도로 그치고 다른 사람에게 물어주기 바란다.

문　다른 사람을 신문하고 안 하는 것은 네가 간여할 바가 아니다. 다만 사실만을 진술하라.

답　鄭德燕, 白日鎭, 그 밖에는 생각이 나지 않는다. 용서하기 바란다.

문　너는 무엇을 가지고 갔었는가.

답　나는 朝鮮人들이 허리에 차고 다니는 길이 五寸여의 칼을 가지고 갔었다. 그것은 여러 번 갈아서 닳았으므로 낫을 대장간에 가지고 가 개조하여 지금은 형태가 변하였으나 우리 집에 있다. 그것은 옷끈에 대달고 정거장에 갔었다.

문　단총을 나누어 주고 나서 어떻게 하였는가.

답　그날 李昇薰이 정주·가산 사람들을 三十명 정도 데리고 왔으므로 잠시 학교 八반에 모여 서로 인사를 나누고 정거장에 갈 이야기를 하였으며, 모두 자유롭게 정거장에 가서 구내로 들어가지 않고 정거장 앞 넓은 곳에 있었다. 그러자 기차가 왔으나 잠깐 정차하였다가 곧 신의주 쪽으로 출발해 버렸으므로 돌아와서 그날 밤 또 八반에 모였다. 그 때는 十七, ·八명이 모였었다.

문　李昇薰이 데리고 왔던 사람들 중에서 알고 있는 자는 누구누구인가.

답　한 사람도 모른다.

문   너는 다른 사람의 이름을 물으면 반드시 모른다고 말하는데, 무슨 까닭인가.

답   李溶華, 洪成麟, 林郃燁, 崔聖柱는 알고 있다. 그 중 崔聖柱는 그 날인가 그 다음 날인가에 무엇 때문인지 갔던 것으로 기억하고 있다.

문   정거장에서 돌아와 어떻게 하였는가.

답   그 날 밤 학교에 모였는데 李昇薰이 「오늘은 총독이 하차하지 않아 목적을 달성할 수가 없었다. 내일은 반드시 실행하지 않으면 안 된다. 도대체 이 일은 내 마음대로 하는 일이 아니다. 京城 尹致昊·梁起鐸의 명령이며, 두 사람의 명령은 十三도 대표의 명령이니 결심하여 실행하지 않으면 안 된다.」고 말하자. 일동은 참으로 그렇다고 대답하였으며, 다음에 安泰國, 尹山溫이 같은 이야기를 하고 일동은 해산하였다. 그 전날 가지고 갔던 단총은 한 곳에 모아 두었으므로 다음 날 아침 七반에서, 윤산온(尹山溫)도 와서 위원들이 재차 단총을 나누어 주었다. 이날 학생들은 열을 짓고 申孝範이 인솔하여 정거장에 갔으며, 승강장으로 들어가 행렬의 선두는 新義州 쪽이었는데, 그곳에 교장 윤산온(尹山溫)이 있었고 교사 등은 그 조금 뒤에 (있었으며) 나도 그곳에 있던 한 사람이었다. 그러자 기차가 와서 총독은 하차하여 먼저 平壤 쪽 日本 거류민들이 있는 곳으로 가서 거기서부터 학생들의 앞을 통과하여 新義州 쪽에 있는 윤산온(尹山溫)과 인사를 하고 무엇인지 한 두 마디의 말을 건네고는 돌아가서 기차에 올라 京城 쪽으로 출발해 버렸다.

문   그 때 너희들은 어떻게 하였는가.

답   약속한 대로 일동은 단총을 잡았으나 나는 그대로 있었다. 나도 총독을 살해할 생각으로 갔던 것이나, 실행할 자는 단총을 가지고 갔지만 나는 다만 실행한 자가 체포되었을 때 그 사람을 구출해 도주케 할 결심을 하고 있었던 것인데, 천명으로 암살할 수가 없게 되었던 것이다.

문   어떠한 천명인가.

답   그것은 신문관의 짐작에 맡기겠다.

문　그 때의 상황을 진술하라.
답　그것은 경계가 엄중하여 실행하지 못하고 있는 사이에 기차에 올라버렸으므로 기회를 잃었던 것이다.

문　총독이 무사히 발차하는 것을 보고 어떻게 생각하였는가.
답　유감이고 화가 치밀었으나 어쩔 도리가 없으므로 돌아와서 그 날 밤 또 八반에 모였은데,「목적을 달성하지 못하여 참으로 유감이다. 재차 기회를 얻어 실행하자」고 상의하고 헤어졌다.

문　윤산온(尹山溫)은 어떻게 하였는가.
답　출석하여 「너희들은 겁에 질려 있었으므로 아무런 일도 못하였다.」 고 말하고, 일동도 그렇다고 대답하였다. 그 다음 날밤 八반에서 연설회를 개최하였는데, 玉觀彬이 반드시 국가를 위하여 진력하지 않으면 안 된다는 연설을 하고 헤어졌으며, 또 그 다음 날 밤에 모두 八반에 모여 李昇薰으로부터 냉면과 과자 대접을 받았는데, 「목적은 달성하지 못하였으나 이 식사를 독립의 잔치라고 생각하고 들어달라」고 말하여, 일동은 대단히 고맙다고 하며 먹었다. 그때도 윤산온(尹山溫)은 출석하여, 냉면은 먹지 않았으나 과자를 먹고 「담대하지 못하였으므로 아무런 일도 안 되었다. 금후로는 충분히 결심하여 하지 않으면 아무 것도 이루지 못 한다」고 말하였으므로 일동은 그렇다고 대답하고 헤어졌다.

문　정거장에 가지고 갔던 단총은 어떻게 준비하였는가.
답　날짜는 기억하고 있지 않으나, 李龍赫과 梁濬明이 돈을 내어 金一濬이 단총을 사온 것이다. 그것은 地名은 알지 못하나 淸國에서 사온 것이라는데, 金一濬이 四十정도를 사왔다고 하였다. 그 후 또 유지·신사들이 돈을 내어 崔德潤이 淸國 奉天에서 三十정 정도를 사왔다는 것이었다. 그 단총은 황색의, 원래는 성냥을 넣어두는 상자에 넣어져 二층으로 올라가면 판자로 된 방이 있다. 그 끝 쪽 八반 위 어두컴컴한 곳에 두었다.

문　그것은 누가 보관하고 있었는가.
답　金賢軾이 열쇠를 맡고 있었으므로 그가 보관하고 있었던 모양이다.

문   정거장에 가지고 갔던 후에는 어떻게 하였는가.
답   다시 황색 성냥 상자에 넣어 그곳에 두었다.

문   탄환은 어느 정도 있었는가.
답   역시 단총을 넣어둔 황색 상자와는 별도의 상자에 가득 있었다.

문   윤산온(尹山溫)은 너희들에게 평소 무슨 말을 하였는가.
답   「나라의 독립을 도모하지 않으면 안 된다. 그러기 위해서는 겉으로는 일본에 복종하고 속으로는 계획을 세워야 한다. 그러지 않으면 아무런 일도 이룰 수 없다」고 말하였다.

문   학교 二층에 단총을 숨겨둔 것은 윤산온(尹山溫)도 알고 있었는가.
답   특별히 상의한 일은 없으나 알고 있었다.

문   어떻게 알고 있었는가.
답   그 二층은 아무나 갈 수 없는 곳이므로 그곳에 두는 것이 안심이 된다고 하여 숨겨둘 때 梁濬明과 李龍赫 등이 상의를 하였으므로 사전에 알고 있었다.

문   윤산온(尹山溫)은 총독 암살에 관한 상의회에 몇 번이나 출석하였는가.
답   여러 차례 출석하였으므로 횟수는 알 수 없다.

문   玉觀彬이 吉鎭亭과 (함께) 왔을 때부터 梁濬明의 집과 중학 八반에서의 회합, 암살을 위하여 정거장에 갔던 날짜는 언제인가.
답   그것은 기억할 수 없다.

문   大明學校에서의 연설회에 황해도 安岳·平壤·宣川·嘉山사람들이 왔던 것은 언제인가.
답   그것도 잘 기억나지 않는다.

문　그렇다면 상의하기 위하여 玉觀彬과 吉鎭亭이 왔던 것은 양력으로 재작년 一一월 十四일경, 음력으로 작년 一一월 十四-十五일경이라고 하는데, 어떠한가.
답　확실하게 알지 못하나 그 무렵이었다고 생각된다.

문　大明學校에서의 연설회는 十八-十九일경이라는데, 어떠한가.
답　생각하니 그 무렵이다.

문　梁濬明 집에서의 회합은 처음이 음력 一一월 十四-十五일경이고 두 번째는 음력 一一월 二三일이라는데, 어떠한가.
답　그 무렵이다.

문　황해도 안악에서 처음 온 것은 음력 一一월 二三일이라고 하는데 어떠한가.
답　그럴 것이다.

문　金龜가 일부 사람들을 인솔하고 평양으로 간 것이 다음날이라고 한다면, 그것은 二四일에 해당하는가.
답　그렇다.

문　그 金龜가 다시 安泰國 등과 宣川으로 온 것은 음력 一一월 二六일이라고 하는데 어떠한가.
답　그 무렵이다.

문　총독은 그 다음 날인 양력 十二월 二八일 京城으로부터 宣川을 통과하였는가.
답　그렇다.

문　그렇다면 총독이 新義州로부터 平壤을 향해 宣川을 통과한 것은 그 다음 날 즉 음력 一一월 二八일, 양력으로 十二월 二九일에 해당되는가.

답　그렇다.

문　중학 八반에서 玉觀彬이 연설한 것은 그 다음 날, 음력으로 二九일, 양력으로 三十일의 일인가.
답　그 무렵이다.

문　이승훈이 작별을 위해 냉면과 과자를 접대한 것은 그 다음날인 음력 그믐, 양력으로 三十一일에 해당되는가.
답　그렇다.

문　그리고 너희들이 처음으로 윤산온(尹山溫)과 상의하자고 협의했던 것이 황해도 安岳에서 金龜 등이 왔던 날 밤이라고 한다면, 그것은 양력으로 재작년 十二월 二四일, 음력으로 작년 一一월 二三일의 일인데, 틀림없는가.
답　그 무렵이나, 날짜는 확실히 기억하지 못한다.

문　교장실에서 윤산온(尹山溫)과 너희들이 상의한 것이 다음 날이라고 한다면, 즉 음력 一一월 二四일의 일인가.
답　그렇다.

문　그날 밤 八반에서 집회를 열었는데 그 자리에 윤산온(尹山溫)이 출석했고, 다음 날인 음력 一一월 二六일 · 二七일 · 二八일 · 二九일 · 三十일에 이르기까지 매일 집회에 윤산온(尹山溫)이 출석하였다는 것인가.

답　그렇다.

문　그렇다면 윤산온(尹山溫)이 처음으로 암살에 관계한 것은 재작년 十二월 二五일, 음력으로 작년 一一월 二四일부터라는 것인가.
답　그 무렵부터이다.

문 그 다음 날 윤산온이 학생·교사들을 모아놓고 연설을 하였고, 또 그 날 밤의 집회에도 출석하였다면 그때부터 十二월 三一일, 음력 一一월 그믐까지 도합 七회에 걸쳐 출석·관계하였다는 것인가.
답 그렇다.

문 도대체 너는 어째서 그러한 일에 가입 하였는가.
답 그것은 신민회원으로서 다른 사람으로부터 권유를 받았기 때문이었다.

문 언제 신민회에 입회하였는가.
답 三년전, 그것은 음력이었다. 날짜는 잊었으나 여름에 金益謙의 권유로 입회하였다.

문 신민회의 목적은 무엇인가.
답 西間島에 무관학교를 세우고 청년들을 교육하며, 日美·日淸戰爭이 일어나는 기회에 독립 전쟁을 일으키고 국권을 회복할 것을 도모하는 것이나, 그것은 원대한 것이므로 우선 당시의 총감, 지금의 총독과 七賊大臣을 살해하는 것이 목적이다.

문 총독·七大臣을 암살하는 것으로는 국권 회복을 이룰 수 없을 것이라고 생각되는데, 어떠한가.
답 쓸데없는 생각이었다.

문 그러나 그 목적을 위해서는 무엇인가 생각이 있어야 할 텐데 어떠한가.
답 민심을 격동시키는 한편 일본에 복종하지 않는다는 사실을 보여주며 외국의 동정을 사는데 있는 것이다.

문 新義州 정거장에는 배치하였는가.
답 준비를 하고 있다는 것은 대략 들었으나 어째서 실패하였는지는 듣지 못하였다.

문　그 밖에 배치한 곳은 어디인가.
답　鐵山·郭山·定州·安州 정거장에 배치하였다고 들었다.

문　平壤 정거장은 어떻게 하였는가.
답　배치했다는 이야기는 들었다.

문　玉觀彬·吉鎭亨은 처음에 암살을 상의하러 온 이래 총독이 선천에 와서 정거장에 갈 때까지 선천에 체재하고 있었는가.
답　체재하고 있었다.

문　이상 진술한 것은 틀림없는가.
답　나는 고집불통이었지만 지금부터 개심하여 새 사람이 되기로 결심하였으므로 마음속에 있던 일체의 사실을 털어놓고 자복하였기 때문에 추호도 틀린 것은 없으니, 부디 잘 생각해 주기 바란다.

　　위를 읽어 들려주었던 바, 틀림없다는 뜻을 진술하다.

姜奎燦

明治 四五년 一월 二五일
경무 총감부에서
사법 경찰관 조선총독부 경시 國友尙謙
　　동 통역관 渡邊鷹次浪

(출처: "강규찬 신문조서," 국사편찬위원회 편, 한민족독립운동사자료집 3권, 115-125)

105인 사건 姜奎燦 신문조서 (제 2회)

문　너는 음력으로 작년 一一월 二七일·二八일 양일에 정거장에 갔다는 사실은 진술하였으나, 또 그 밖에 총독 암살을 하기 위하여 정거장에 갔던 일은 없는가.
답　오래된 일이라 잊어버렸다.

문　잊었으면 생각해 보라.
답　다른 사람들이 진술하였다면 나는 모든 일을 다른 사람들과 같이 한 것이므로 그대로 조서를 작성해 주기 바란다.

문　그것은 개심한 것이 아니다. 개심하였다면 모든 것을 진술하라.
답　지금 생각해보니, 즉 작년 음력 八월 상순경 玉觀彬·林冏燁이 와서 정거장에 갔던 사실이 있다. 그것은 음력 八월 하순이었다고 생각된다.

문　玉觀彬·林冏燁이 왔던 것은 음력 8월말이며 정거장에 갔던 것은 다음 음력 九월 十五일이라고 하는데, 어떠한가.
답　날짜는 잘 기억하지 못한다. 결코 거짓을 말하는 것은 아니다.

문　그들은 무엇 하러 왔었는가.
답　그것은 玉觀彬이 定州郡 納淸亭에 들려 상의하고 林冏燁을 동반하고 총지점으로 왔었다. 그러자 梁濬明으로부터 모이라는 통지가 있었으므로 갔었다. 그 때에 모였던 사람은 일일이 기억하지 못하겠으나, 梁濬明·金一濬·梁甸伯·郭泰鍾·鮮于薰·李龍赫·崔德潤·張時郁·나, 그 밖에 十五-十六명이 모였는데, 玉觀彬이「京城 梁基鐸·尹致昊의 명령으로 총독 암살에 대한 상의를 하려고 왔다」고 하므로 모두 그렇게 하겠다고 대답하였더니, 玉觀彬이「머지않아 총독이 올 것이니 그 준비를 하지 않으면 안 된다. 또 西間島와 峰密山에 무관학교를 설립하지 않으면 안 된다. 그 돈을 모아 달라」고하므로 일동은 그렇게 하겠다고 대답하였다. 그 때 金一濬 등이 단총은 준비되어 있다고 말하였으나 아직 수가 부족하다고 하였으므로 그 때 崔德潤이 淸國에 가서 사오겠다고 하고 출발하여 며칠인가 후에 단총을 사왔다.

문　그것은 합방 후였는가, 전이었는가.
답　합방한 후 얼마 안돼서였다. 아무래도 일 개월 정도 후였다고 생각된다.

문　그리고 나서 어떻게 하였는가.
답　잘 알지 못하나 날짜는 대략을 말하는 것이다. 玉觀彬은 그것을 상의하기 위하여 다음 날 의주로 출발하였다가 三-四일 후에 돌아와서 그곳에서도 상의가 이루어졌다고 말하였고, 林珝燁은 三-四일 있다가 돌아왔다. 그 玉觀彬·林珝燁이 돌아온 다음 날 밤이었다고 생각된다. 학교 八반에 모였다. 그 때 모였던 자는 七-八0명이었고, 지금 玉觀彬이 왔던 다음 날 義州로 출발했던 것 같이 진술한 것은 틀린 것으로서 다음 날이었다. 그리하여 그 날 밤 그도 출석하여 일동에게 「京城에서 尹致昊·梁基鐸으로부터 총독이 新義州에 오니 그 도중에 암살하라는 명령이 있어 상의를 하기 위해 왔다」고 말하여 일동은 그렇게 하겠다고 대답하고 헤어졌다.

문　그 때 윤산온(尹山溫)에게 상의를 하지 않았는가.
답　玉觀彬이 온 七-八일 후쯤 이었다고 생각된다. 또 중학교 八반에 일동이 모였는데, 누구였는지는 잊어버렸으나 이 일을 윤산온(尹山溫)과 상의해 보자고 하므로 나와 다른 사람 한명, 張時郁과 洪成益 중 아마도 張時郁 이었다고 생각된다. 두 사람이 윤산온(尹山溫)의 집으로 가서 학교에 玉觀彬 등이 왔으므로 참석하여 달라고 말했더니 그렇게 하겠다고 하여 함께 학교로 와서 八반으로 들어갔던 바, 梁濬明이 京城으로부터 玉觀彬이 와서 총독 암살에 대한 상의를 했다고 말하자 윤산온(尹山溫)이 「그것은 좋다, 생각대로 하라」고 말하였다. 그리하여 玉觀彬·洪成益·郭泰鍾 등도 윤산온(尹山溫)에게 그 사실을 말하였다.

문　윤산온(尹山溫)은 처음에 교장실에서 梁濬明·너 등 유력자로부터 상의를 받은 것이라고 하는데, 어떠한가.

답   나는 곧바로 八반으로 왔었다고 기억하고 있으나 오래된 일이라 잘 기억하고 있지 않다. 그로부터 하여튼 정거장에 가기까지 서너 번 학교에 모였는데, 그때 마다 윤산온(尹山溫)도 와서 상의하였고 정거장에 갔으나 총독이 오지 않아서 바보 같은 짓을 했다고 불평하며 돌아와 학교에 모여 「이번에는 잘 조사하지 않아 부득이 하였다. 금후 다시 기회를 얻어 실행하자」고 상의하고 윤산온(尹山溫)도 같은 이야기를 하고 헤어졌다.

문   그 후 어떻게 하였는가.
답   그 다음은 음력 十월 날짜는 기억하지 못한다. 平壤에서 安泰國・玉觀彬・金根瀅이 三八명 정도의 사람들을 데리고 총지점으로 왔다. 그 때도 梁濬明으로부터 통지가 있었으므로 총지점으로 갔다. 그 때 모였던 사람들도 전회에 모였던 사람들이었는데, 安泰國이 京城의 梁基鐸・尹致昊로부터 총독이 급히 오니 암살하라는 명령이 있어서 매우 급히 온 것이라」고 하므로 일동은 함께 실행하겠다고 답하였다. 그 다음 날 밤 또 학교 八반에 七-八○명이 모였는데, 安泰國이 「지난번에는 잘 조사 하지 않았기 때문에 실패하였으나 이번에는 반드시 실행하자」고 주장하므로 일동은 이에 동의하였고, 또 윤산온(尹山溫)에게 상의하기로 되었는데, 그 때 윤산온(尹山溫)을 부르러갔던 것은 학생이었다고 생각된다. 그 때는 하여튼 八반에 두 차례 정도 모이고 정거장에 갔으나 또 총독은 오지 않아서 불평을 하며 돌아왔으며, 그날 밤 학교에 모여 금후 또 기회를 얻어 실행하자는 약속을 하고 헤어졌다. 윤산온(尹山溫)은 출석은 하였으나 그 때 무엇을 말하였는지 기억하지 못한다.

문   윤산온(尹山溫)은 그 때 조선인이 하는 일은 계획이 없으므로 그렇게 된 것이라고 말하며 비웃었다는데, 어떠한가.
답   어떻게 되었는지 기억하지 못하나 아마도 웃었던 것 같다.

문   음력 ──월에 상의할 때 장시욱이 윤산온(尹山溫)을 데리러 갔었다고 말하는 자가 있다. (그런데) 너는 너와 梁甸伯이 데리러 갔었다고 진술하니, 어떤 것이 진실인가.
답   음력 11월의 세 번째에는 나와 梁甸伯이 갔으므로 張時郁이 갔던 두 번째였는지 알 수 없다 그러나 張時郁이 갔던 것은 나는 알지 못한다.

문　그렇다면 너는 음력 8월에 洪成益인가 張時郁과 함께 한 번 음력 ──월에 梁甸伯과 한번 모두 두 번에 걸쳐 윤산온(尹山溫)을 데리러 갔었다고 말하는 것인가.

답　그렇다.

문　崔德潤이 단총을 사러갈 때 李昌錫이 300원을 입체 하였다는데, 어떠한가.

답　잘 알지는 못하나 李昌錫이 돈을 냈다는 말은 들었다.

문　李昇薰 부재 후에 평안북도 新民會의 수령은 누구인가.

답　날짜는 기억하지 못하나 음력으로 금년 七월경이었다고 생각된다. 李溶華가 와서 우리들을 모아 놓고 梁濬明과 두 사람이 이번에 京城에 가서 尹致昊·柳東說로부터 新民會 李昇薰의 대리를 명령받고 왔으나 재식이 부족하니 도와달라고 하므로 승낙한 일이 있었다.

문　너는 누구의 주선으로 新民會員이 되었는가.

답　梁濬明의 이야기를 듣고 음력으로 재작년 봄쯤 입회하였다.

문　윤산온(尹山溫)은 어떠한 인물인가.

답　그가 원래부터 선량한 사람이라는 것은 예나 지금이나 변함없이 믿고 있다.

문　그렇다면 너는 어디까지나 윤산온(尹山溫)의 지휘에 따르겠다는 것인가.

답 그렇다는 의미는 아니다. 원래 이번에 취조를 받고 있는 것은 윤산온(尹山溫)의 발의도 아니고 또 우리들의 발의도 아니었다. 윤산온(尹山溫)도 나도 梁濬明의 선동으로 가입하였는데 윤산온(尹山溫)이 才識이 부족한 사람이라는 것은 지금 비로소 깨달았다. 그러나 그가 선량한 사람이라는 것은 지금도 믿고 있다. 그러므로 윤산온(尹山溫)이 다른 사람의 선동을 받아 그와 같은 일에 가담하게 된 것을 불쌍히 생각하고 있으나, 내가 예수교를 믿게 된 당시의 신도들은 대개가 無學者로서 나라고 하여 특별히 학문이 있었던 것은 아니었으나 다른 신도들과 비교해 본다면 다소는 文筆이 있었다. 그리하여 그 당시 가난과 굶주림에 극도로 시달리고 있던 내가 오늘에 이르러 굶주림과 추위를 면하고 무사히 살 수 있게 된 것은 모두가 이 윤산온(尹山溫)의 은혜이다. 그가 재식이 없다는 것은 오늘 비로소 깨달은 것이므로 금후 그의 지휘를 받아 일을 같이 한다는 것은 생각조차도 할 수 없으나 그의 은혜는 잊을 수가 없다. 나는 어디까지나 선량한 사람으로 믿고 있다. 선량한 사람인만큼 다른 사람들의 선동에 휩쓸려 그 같은 일에 가담하게 된 윤산온(尹山溫)에 대하여 무한한 슬픔과 동정을 금할 수 없다.

위를 읽어 들려주었던 바, 틀림없다는 뜻을 진술하다.

姜奎燦

明治 四五년 一월 二十九일

경무총감부에서

사법경찰관 조선총독부 경시 國友尙謙

통역 동 순사 田賀佑太郎

(출처: "강규찬 신문조서," 국사편찬위원회 편, 한민족독립운동사자료집 3권, 125-128)

3 · 1 독립운동 姜奎燦 신문조서

피고인 孫秉熙 외 三六一인 출판법 및 보안법 위반 피고
사건에 대하여 대정 八년 七월 八일 경성 지방법원에서
      예심계 조선총독부 판사 영도웅장(永島雄藏)
      조선총독부 재판소 서기 기촌인병위(磯村仁兵衛)

열석하여 예심판사는 참고인에 대하여 다음과 같이 심문한다.

문. 성명, 연령, 직업, 주소를 말하라.
답. 성명은 강규찬(姜奎燦).
  연령은 四六세(八월 十五일생).
  신분은 -
  직업은 예수 장로교 목사.
  주소는 평양부(平壤府) 계리(鷄里) 七二번지

예심판사는 형사소송법 제 一二三조 제一호 내지 제 四호 및 제 一二四조 제 一호 내지 제 六호에 해당하는지 아닌지를 조사하고 그 해당함을 인정하여 선서를 시키지 아니하고 참고인으로서 신문당하는 것을 알려 주다.

문. 그대는 보안법 위반 피고사건으로 현재 경성지방법원 공판에 계류 중에 있는가.
답. 그렇다

문. 그대는 금년 3월 1일 오후 2시에 평양 숭덕학교 교정에서 군중과 함께 조선 독립선언식을 거행했다고 하는데 그런가.
답. 그렇다.

문. 위 선언식에서 참고인이 사회자였는가?
답. 그렇지 않고, 김선두(金善斗)가 사회를 하고, 나는 세계가 어지러웠는데 평화가 되어 기쁘다. 또 인도 정의를 제창할 수 있는 세상이 되어 기쁘다는 연설을 했었다.

문. 독립선언서는 누가 낭독하고, 누가 배포했는가?
답. 정일선(丁一善)이 낭독했는데, 배포는 누가 했는지 모른다.

문, 윤원삼(尹愿三)이 선언서를 배포한 것이 아닌가?
답. 그것은 모른다.

문. 위 선언서는 서울에서 참고인 앞으로 보내 온 것이 아닌가?
답. 그렇지는 않다.

문. 그때 몇 사람 쯤 모였는가?
답. 七·八백명 쯤 모였었다.

문. 거기에서 만세를 부르고, 시내를 행진하면서 만세를 부르면서 경찰서 앞에까지 갔었는가?
답. 나는 숭덕학교 교정에서 만세를 부르고 있을 때 경찰관이 와서 돌아가라고 했기 때문에 그 자리에서 집으로 돌아왔고, 시내는 돌아다니지 않았다.

문. 참고인은 언제부터 독립운동을 일으키려는 생각을 가졌는가?
답. 二월 二十일경 대동문 노상에서 정일선을 만나 걸으면서, 세계가 정의 인도를 제창하고 있고, 딴 나라에 병합된 약소국을 독립시키도록 한다고 하니 조선도 독립될 것이라는 말을 듣고, 그 뒤 二월 二八일 김선두(金善斗)에게서 내일 독립선언식을 거행하기로 했다는 말을 들었음으로 나도 그 한패로 가입하기로 결심했던 것이다.

문. 금년 二月 초순경 상해에서 선우혁(鮮于爀)이 참고인의 집에 온 일이 있는가?
답. 그렇다. 2월 10일 전에 나에게 왔었다.

문. 동인은 참고인의 집에서 잘 생각으로 왔었다는 데 그런가?
답. 선우혁(鮮于爀)은 그 때 조부가 사망했다는 것과 상해에 거주하면서 장사를 하고 있다는 것과 이번에 조를 사들여 상해에서 장사를 하기 위하여 조선에 왔다는 말을 했는데, 그 때 나의 아내가 병중에 있었고, 선우혁(鮮于爀)은 내 집에서 잘 생각이었는지, 어떤지는 모르겠으나 길선주(吉善宙)의 집으로 간다고 하므로 함께 그 집으로 갔던 것이다. 그리고 그 때 선우혁(鮮于爀)은 길선주(吉善宙)에게 중국방면에서 김규식(金奎植)을 파리로 파견하여 조선독립의 청원을 하게 하도록 했다고 말했는데, 나는 그 말을 듣고 집으로 돌아왔다.

문. 그리고 그 때 선우혁(鮮于爀)은 윌슨이 민족자결이란 것을 제창하고 있고, 국제연맹이 조직되므로 조선이 독립을 희망하고 있다는 것을 표명하면 국제연맹에서 독립을 승인해 줄 수 있으므로 이 때 독립 의사를 표명하도록 하지 않으면 안 된다고 하지 않았는가?
답. 그 때 선우혁(鮮于爀)은 지금 강화회의가 열리고, 민족자결주의에 의하여 병합된 나라의 독립을 허용하도록 한다고 하니, 조선도 독립의 가능성이 있으므로 김규식이 조선독립의 청원을 위하여 파리에 갔다고 말했었다.

문. 그러므로 밖에 있는 조선인이 운동하다라도 조선 안에서 침묵하고 있어서는 효과가 없으므로 이 때 조선 안에서 독립운동을 일으키지 않으면 안 된다고 말하지 않았는가?
답. 그런 말은 듣지 못했다.

문. 그러나 자연히 그런 말이 나왔을 것으로 생각되는데 어떤가?
답. 나는 빈사상태에 있는 환자가 집에 있었으므로 그런 긴 말을 듣지 못했다.

문. 선우혁(鮮于爀)이 조선 안에서 독립운동을 일으키도록 평양 및 각지에서 권유했다는 말을 길선주(吉善宙)에게서 듣지 않았는가?
답. 그런 말을 들은 일이 없다.

문. 그 뒤에 선우혁(鮮于爀)을 만난 일이 있었는가?
답. 만난 일이 없다.

문. 선우혁(鮮于爀)이 온 수일 후에 이승훈(李昇薰)이 평양에 와서 기홀병원에 입원하고 있을 때 참고인은 동인을 방문하지 않았는가?
답. 그런 일이 없다. 나는 이승훈(李昇薰)이 온 일도 모르고, 그런 말을 들은 일도 없다.

문. 선우혁(鮮于爀)이 오기 전에 평양에서는 학생이나 교사가 독립운동에 대하여 시끄러웠고, 사상이 동요하고 있었던 것이 아닌가?
답. 그런 것은 모른다.

문. 안세환(安世桓)에게서 조선 독립운동에 대한 말을 들은 일이 있는가?
답. 그런 일은 없다.

문. 二月 十九일경에 안세환(安世桓)은 서울에서 독립운동 계획이 있으므로 탐색해 오겠다고 한 일이 있지 않는가?
답. 나는 그런 말을 들은 일이 없다.

문. 안세환(安世桓)은 二月 二五일에 서울에서 평양으로 돌아와 서울에서는 천도교, 예수교 등이 독립운동을 기도하고 있으며 三月 一일 오후 二시에 독립선언서를 발표하기로 되어 있으니 평야에서도 마찬가지로 그 운동을 하도록 해달라고 했고, 참고인과 길선주(吉善宙)가 평야에서의 독립운동을 담당하기로 했다는데 어떤가?
답. 결코 그런 일은 없다.

문. 함태영(咸台永)에게서 서울에서의 독립운동에 대한 말을 들은 일이 있지 않는가?
답. 동인과 수년이레 만난 일 조차 없다.

문. 그대는 二월 二二, 二三일경 정일선(丁一善)에게서 서울에서는 三월 一일에 독립선언식을 거행하기로 되어 있으므로 평양에서도 그날 이태왕의 봉도식을 거행하고 이어서 선언식을 거행하도록 하자는 말은 들은 일이 있지 않는가?

답. 그런 말을 들은 일은 없고, 다만 서울에서는 三월 一일에 선언식을 거행하기로 되어 있다는 말을 들었을 뿐이다.

문. 길선주(吉善宙)에게서 독립운동에 대한 말 듣고, 그 일에 대하여 협의한 일이 있지 않는가?

답. 그런 일은 없다. 길선주는 三월 一일부터 十일쯤에 황해도 방면에 가 있었으므로 그 무렵 동인과 만난 일도 없다.

문. 안세환(安世桓)이 숭덕학교에 사람을 모아 독립운동에 대하여 말했을 대 그대도 참가한 것이 아닌가?

답. 그런 일은 없다.

문. 三월 一일 평양에서 선언식을 거행하는데 대하여 가끔 협의한 이이 있지 않은가?

답. 그런 일은 없는데 二월 二八일에 길선주(吉善宙)에게서 선언식을 거행한다는 말을 듣고 독립운동에 참가하기로 결심하고, 선언서가 낭독된 뒤에 두 가지의 기쁨이라는 연설을 했던 것이다.

문. 참고인은 선언식을 거행하고 폭동을 일으킬 것을 선동할 생각이었는가?

답. 그런 생각은 아니었다.

문. 선언식을 거행하면 폭동이 일어날 것이라는 예상을 한 것이 아닌가?

답. 그러한 예상은 하지 않았다.

문. 三월 一일 당시에 경찰서에 투석한 사람이 있지 않는가?

답. 나는 그런 것은 모른다.

문. 참고인은 폭동을 일으키도록 군중을 선동한 것으로 생각되는데 어떤가?
답. 결코 그런 일은 없다.

조선총독부 재판소 통역생 尾田滿

위 통역생에게서 읽어서 들려주었더니 그것을 승인하고 서명날인하다.
대정 八년 七월 八일
경성지방법원

조선총독부 재판소 서기 기촌인병위(磯村仁兵衛)

예심계 조선총독부 판사 영도웅장(永島雄藏)

(출처: "강규찬 신문조서," 국사편찬위원회 편, 한민족독립운동사자료집 11권, 96-99)

참고 문헌

영문 자료

Ahlstrom, Sydney E. *A Religious History of the American People*. New Haven: Yale University Press, 1972.

Annual Report, PCUSA (1906)

Annual Report, PCUSA (1907)

Bernheisel, C. F. "A New Corner Stone at Union Christian College *KMF* (Sep. 1925).

Bernheisel, C. F. "Annual Reports of the Pyengyang Station of the Korea Mission 1919-1920" March 31, 1921;

Bernheisel's Letter to Dr. Brown, *PCUSA Reports 1910-1960*, Vol. 22.

Bernheisel, C. F. "The Educational Situation in Pyengyang," *KMF* (Aug., 1921): 162.

Bernheisel, C. F. *Forty-One Years in Korea* (Unpublished Personal Manuscript, 1942), 135;

C. F. Bernheisel's Letter to Oklahoma Presbyterian Church, Jan., 2, 1925, *PCUSA Reports 1910-1960*, Vol. 24, 615.

Bernheisel, C. F. "Mourning gives Place to Joy," *KMF* (Dec., 1920): 250.

Bernheisel, C. F. "Report of the Union Christian College, Pyengyang Korea 1920-1921."

Bernheisel, C. F. "The Federal Council of Missions," *KMF* (Dec., 1926), 263.

Bernheisel, C. F. "Up Against It!," *KMF* (May, 1933), 98.

Bernheisel's Letter to the Sunday School, First Presbyterian Church, Oklahoma City, Okla, USA, January 9th, 1922;

Blair, William N. *Chansung's Confession*. Topeka, Kansas : H. M. Ives and Sons, 1959.

Bruen, Mrs. Henry M. *40 Years in Korea*,

Gale, James S. *Korea in Transition*. New York: Laymen's Missionary Movement, 1909.

Hudso, Windrup S. & Carrigan, John. *Religion in America*. 배덕만 역. 서울: 성광문화사, 2008

Helen Bernheisel's Letter to Dr. Brown, *PCUSA Report 1910-1959*, Vol. 11, 143.

Helen K. Bernheisel, "Personal Report 1919" *PCUSA Report 1910-1959* vol 18, 755.

Japan Chronicle 특파원, *The Korean Conspiracy Trial* 1912 ; 윤경로 역, **105인 사건 공판 참관기** (서울: 한국기독교역사연구소, 2001)

Kendall, Carlton Waldo. *The Truth About Korea*. San Francisco : 1919.

Kearns, C. E. "More and Yet More,", *Korea Mission Field* II: 9 (Jul., 1905)

Kearns, C. E. Letter to Dr. Brown, Mar. 3, 1907.

Margaret Best, Letter to Dr. Brown, Mar. 12, 1907.

PCUSA Reports 1910-1960 vol 39, 436;

Rhodes, Harry, ed. *History of the Korea Mission, PCUSA*. Vol. 1 1884-1934. Seoul: Chosen Mission, Presbyterian Mission, USA, 1934.

Saltau, T. Stanley. *Yin Yang Korean Voices*. Wheaton: Key Publishers, 1971.

Sharrocks, A.M. Letter to Dr. Brown, Mar. 12, 1907.

"Suppliment to the KR" *Korea Review* (Mar. 1904), 1.

William B. Hunt, Letter to Dr. Brown, April 1, 1907.

한글자료

단행본

姜奎燦. 晋州姜氏宣川派族譜. 宣川: 福音印刷所, 1939.

국사편찬위원회 편. 한민족독립운동사자료집 3권. 서울: 국사편찬위원회, 1990.

_____. 한민족독립운동사자료집 11권. 서울: 국사편찬위원회, 1990.

_____. 한민족독립운동사자료집 13권. 서울: 국사편찬위원회, 1990.

길진경 편. 영계길선주목사 유고선집 제 1집. 서울: 종로서적. 1968.

金聖鐸 편. 朝鮮耶蘇教長老會 總會 第 八回 會錄. 평양: 광문사, 1919.

김광수. 韓國基督教受難史. 基督教文社, 1978.

김승태 박혜진 편. 내한 선교사 총람 1884-1984. 서울: 기독교역사연구소, 1994.

김인수. 장로회신학대학교 100년사. 서울: 장로회신학대학교, 2002.

_____. 한국기독교회의 역사 하. 서울: 장로회신학대학교 출판부, 2004.

김양선. 韓國基督教史研究. 서울: 基督教文社, 1980.

_____. 解放十年史. 서울: 총회교육국, 1956.

金良善. "3·1運動과 基督教," 3·1運動 50週年紀念論集. 서울: 東亞日報社編, 1969.

김영혁. 창립 100주년 신성학교사. 서울: 신성학교 동창회, 2006.

김요나. 동평양노회사. 서울: 동평양노회, 2003.

김인수. 장로회신학대학교 100년사. 서울: 장로회신학대학교, 2002.

김요나. 고향을 묻지 맙시다. 서울: 엠마오, 1987.

남강문화재판 편. 남강 이승훈과 민족운동. 서울: 남강문화재판출판부, 1988.

朴亨龍. 朴亨龍博士著作全集 註釋 牧會書信·傳道書 XVI. 서울: 한국기독교교육원구원, 1983.

박용규. 한국교회와 민족을 깨운 평양산정현교회. 서울: 생명의말씀사, 2006.

_____. "기미년 3·1독립운동과 한국장로교회," 대한예수교장로회 총회 백년사 1권. 서울: 대한예수교장로회, 2006.

朴亨龍. 朴亨龍博士著作全集 註釋 牧會書信·傳道書 XVI. 서울: 한국기독교교육원구원,

1983.

백낙준. "創立背景과 初期史略" 信聖學校史. 서울: 신성학교동창회교사 편찬위원회, 1980.

변인서, 강규찬, 김선두. 平壤老會地境各敎會史記. 평양: 주식회사 광문사, 1925.

선우훈. 민족의 수난. 서울: 애국동지회 서울지회, 1955.

신성학교편찬위원회 편. 신성학교사. 서울: 신성학교동창회교사동창회, 1980.

윤경로. **105인사건과 신민회 연구**. 서울: 일지사, 1990.

李贊英. 黃海道敎會史. 서울: 황해도교회사발간위원회, 1995.

장동민. 박형룡-한국 보수신앙의 수호자. 서울: 산림, 2005.

장로교회신학교요람. 평양: 장로회신학교 1931.

전택부. 토박이 신앙산맥 3권. 서울: 대한기독교출판사, 1992.

정세현. 항일학생민족운동사연구(抗日學生民族運動史研究). 서울: 일지사, 1975.

제 8회 총회록 (1919)

제 9회 총회록 (1920)

제 16회 총회록 (1927)

1940년 조선야소교장로회연감. 경성: 조선야소교장로회 총회 교육부, 1940,

조지훈. 한국민족운동사(韓國民族運動史). 서울: 고려대학교민족문화연구소, 1964.

車載明. 朝鮮예수敎長老會史記 上.. 京城: 新門內敎會堂, 1928.

채필근. 한국기독교 개척자 한석진과 그 시대. 서울: 기독교서회, 1971.

총회 백년사 편집위원회 편. **대한예수교장로회 총회 100년사**. 서울: 대한예수교장로회 총회, 2006.

최준. 신보판-한국신문사. 서울: 일조각, 1990년.

편하설. 論理畧解. 橫濱: 福音印刷合資會社, 1920.

평양장로신학교 요람. 평양: 장로회신학교, 1916, 1931.

신문 저널

姜奎燦, "在外同胞救援問題," 기독신보, 1929년 7월 31일, 제712호.

姜奎燦. "詞藻-贈學友," 朝鮮耶蘇敎長老會神學校 學友會報 2號 (1923년 6월): 13.

姜奎燦. "奇書:讀大韓自彊會月報有感," 大韓自彊會月報 第 13號 (1907년 7월): 55-59.

"姜牧師送別會," 동아일보 1933. 04. 26.

"강목사전송연" 동아일보 1922. 07. 08.

"강서지방 금주단연" 동아일보 1923. 02. 12. 03.

"兼二浦復興査經會," 동아일보 1921. 12. 16.

"경제조사기관의 필요" 동아일보 1923. 01. 07.

"경제적 각성 촉하노라" 동아일보 1922. 01. 04.

"경주 물산장려회" 동아일보 1923. 02. 23.

"[경주]물산장려창립총회" 동아일보 1923. 04. 06.

"경주 장려회에" 동아일보 1924. 02. 12.

"경주 물산발기총회" 동아일보 1923. 03. 15;

"고 김병선씨 추조회" 동아일보 1922. 09. 17.

"고아구제회에 사천 원 짜리" 동아일보 1922. 01. 22.

광고 "조선물산장려표어현상모집," 동아일보 1922. 12. 01.

광고 "조선물산장려 표어 현상 당선" 동아일보 1922. 12. 25.

"敎會巡禮, 평양교회를 차저서, 山亭峴敎會", 기독신보 1929. 06. 26.

"구원일(舊元日)에 대선전 평양의 조선물산장려회에서" 동아일보 1923. 01. 14.

"군산에 장려회" 동아일보 1924. 03. 08;

"군산 각 단체의 물산선전" 동아일보 1923. 03. 04.

"개성물산총회" 동아일보 1923. 03. 05.

"근검 상조회 조직" 동아일보 1923. 02. 18.

"禁酒會宣傳講演" 동아일보 1920. 07. 29.

"경찰의 간섭으로 단체 선전은 중지" 동아일보 1923. 02. 19.

그리스도신문 1906년 3월 8일.

"基督靑年會講會演" 동아일보 1920. 08. 25.

"기생의 장려가" 동아일보 1923. 03. 06.

"김천에 물산장려회" 동아일보 1923. 02. 20.

"김현찬씨 환영" 동아일보 1922. 09. 26.

김인서. 欺翁欺敎會 進退禮讓間 "평양통신", 신앙생활 (1933년 6월): 33.

나경석, "물산장려와 사회문제" 동아일보 1923. 02. 24-1923. 03. 01.

"남포물산장려총회," 동아일보 1923. 03. 30.

"남원청년임원회" 동아일보 1923년 2월 16일자 4면.

"노동동맹도 참가 평양선전행렬에" 동아일보 1923. 02. 13.

"대성황의 물산강연" 동아일보 1923. 02. 05.

"대전에도 장려회" 동아일보 1923. 02. 08;

"[대전] 우리 물산장려" 동아일보 1923. 02. 14.

"대전 중호계 발기" 동아일보 1923. 02. 06.

"동래의 물산장려" 동아일보 1923. 02. 05.

"마산에도 장려회 금일창립총회" 동아일보 1923. 02. 21.

"물산장려회발기회" 동아일보 1922. 05. 26.

"물산장려운동" 동아일보 1922. 06. 26.

"물산장려속보" 동아일보 1922. 06. 29.

"물산장려 발기총회를 마치고 이십삼일에 창립회" 동아일보 1923. 01. 22.

"물산장려" 동아일보 1923. 01. 22.

"물산장려극 계획" 동아일보 1923. 02. 01.

"물산장려 대강연" 동아일보 1923. 02. 03.

"물산장려회창립" 동아일보 1920. 08. 22.

"물산장려의 행렬금지 편견의 경찰당국" 동아일보 1923. 02. 15.

"물산장려운동에 대한 논쟁 사실을 정관하라," 동아일보 1923. 03. 31.

"물산장려회총회" 동아일보 1923. 04. 13.

"물산장려회총회" 동아일보 1923. 04. 29.

"물산장려운동이 주는 교훈" 경향신문 1966. 03. 02.

"물산장려회 삼랑진에 조직" 동아일보 1923. 07. 15;

"물산장려선전" 동아일보 1923. 02. 21.

"물산선전 대 행렬" 동아일보 1923. 02. 23.

"물산장려운동 반년 간" 동아일보 1923. 09. 23.

"물산장려운동의 일주년기념" 동아일보 1924. 01. 27.

"물산장려운동 평양에 선전행렬" 동아일보 1928. 01. 06.

"물산장려운동 선전행렬과 강연" 동아일보 1929. 02. 12.

"물산장려회관정초식" 동아일보 1931. 06. 15.

"물산장려운동의 진전" 동아일보 1931. 11. 04.

"물산장려운동이 주는 교훈" 동아일보 1966. 03. 02.

"物産獎勵創立" 동아일보 1922. 06. 26.

"[평원] 물산장려창립" 동아일보 1923. 04. 09;

"[신의주] 물산장려창립" 동아일보 1923. 04.22;

"밀양의 물산장려회" 동아일보 1923. 03. 24;

"물산장려운동이 주는 교훈" 경향신문 1966. 03. 02.

"민족 경제의 서장 (7) 물산장려운동 …기생도 무명치마로" 동아일보 1971. 03 30.

"밀양에도 장려회" 동아일보 1923. 03. 02;

"민중사업-일반이 다 같이 꾸준히 합시다." 동아일보 1923. 02. 18.

박찬승 한양대교수. "한국독립운동의 역사 제33권 언론운동." 독립기념관, 2009년.

"보천교도 참가 물산장려운동에" 동아일보 1923. 02. 13.

"본사 주최 제 4회 사회하기계몽운동" 동아일보 1934. 08. 26.

"北敎會의 出捐" 동아일보 1924. 12. 03.

"사설" 동아일보 1923. 01. 06.

"산업운동을 제창하노라," 동아일보 1922. 05. 17.

"山亭峴幼稚園 卒業" 동아일보 1921. 04. 11.

"산정현주일교시상" 동아일보 1921. 07. 24.

"산정현청년토론회" 동아일보 1921. 8. 21.

"산정현 대음악회" 동아일보 1922년 2. 5.

"산정현교회 강연회" 동아일보 1922년 10. 30.

"상주에서 순회강연" 동아일보 1922. 12. 22.

"宣川信星校 二十八週年記念" 동아일보 1934 04 20.

"宣川保聖女學校 學年延長運動" 동아일보 1934. 05. 15.

설태희. "물산장려에 관하여" 동아일보 1923 03. 04-12;

"성천청년토론회" 동아일보 1923. 02. 16.

"수재구제상황," 동아일보 1923. 09. 13.

"순천물산장려" 동아일보 1924. 02. 29;

"崇義校問題로 平壤都堂會蹶起" 동아일보 1923. 10. 30.

"소식" 동아일보 1934 12 07.

"消息" 동아일보 1955. 05. 05.

"신념제일-어떠한 장애가 있을지라도 나아가라." 동아일보 1923. 02. 21.

신태악. "물산장려운동의 전개", 신동아 (1969년 10월호): 315-316.

"쌍구(雙口)로 토한 화설(火舌)" 동아일보 1923. 02. 18.

"안동에도 물산장려" 동아일보 1923. 03. 06;

"양 부인회 합동" 동아일보 1923. 04. 15.

"여 청년회 창립기념" 동아일보 1922년 2. 22

"연합선전 대구 육 단체가 작일 크게 선전" 동아일보 1923. 02. 18.

'영흥학생도 장려 총회에서 결의해' 동아일보 1923. 02. 19.

"옥외 집회도 색색인가" 동아일보 1923. 02. 16.

"우리물산장려" 동아일보 1923. 02. 14.

"[재령] 우리 물산장려창립" 동아일보 1923. 03. 19;

윤병석. "현대로의 구비 3·1운동 (2) 민족운동" 동아일보 1969. 02. 15.

"인도 수아라지 운동의 발전" 동아일보 1923. 01. 06.

"이백 명이 목주의(木周衣) 인천에 일어나는 물산장려운동" 동아일보 1923. 01 23.

이성태. "중산계급의 이기적 운동-사회주의자가 본 물산장려운동" 동아일보 1923. 03. 20.

이순탁. "사회주의자가 본 물산장려운동-이성태씨의 논문을 비평함" 동아일보 1923. 03. 30.

"입석교회 사경회" 동아일보 1922. 02. 04.

"의주물산장려총회" 동아일보 1923. 04. 06;

"義捐金 遝至 마포박사 긔념 銅像 建立에" 동아일보 1931. 02. 03.

"자작회 발기, 자작자급의 목적" 동아일보 1922. 12. 17.

"자작회, 경제적 자립의 정신" 동아일보 1922 12 18.

"자작회 창립총회" 동아일보 1923. 01. 29.

'작일 오후의 물산장려간친회 즉석에서 신입회원 이백 여명' 동아일보 1923. 02. 17.

"장려회원팔백 칠일에만 사백 명. 동아일보 1923. 02. 09.

장로회총회전도국장 강규찬. "재외동포구원문제" 기독신보 1929년 7월 31일 제 712호.

"장산급금주연강연," 동아일보 1923. 3. 22.

"長足發展의 崇仁學校," 동아일보 1924. 07. 06.

"鼎義幼稚定礎" 동아일보 1922. 11. 13.

"정의유치원의 유치원 ᄉ범과 증설" 基督申報 1924년 3월 19일.

"정의유치원정초" 동아일보 1922. 11. 13.

"弔客五千餘名 梁牧師 葬儀式" 동아일보 1933. 01. 23.

조중용, '물산장려운동과 오인의 관찰' 동아일보 1923. 03. 26.

"조선물산장려운동의 단서" 동아일보 1923. 01. 24.

"조선물산장려회" 동아일보 1920. 08. 06.

"조선물산장려회" 동아일보 1920. 08. 23.

"조선물산장려" 동아일보 1922. 06. 17.

"조선물산장려회" 동아일보 1920. 08. 23

"조선물산장려운동의 단서," 동아일보 1923. 01. 24..

"조선물산 만을 먹고 입고 쓰자" 동아일보 1923. 02. 08.

"조선물산장려운동의 단서-이론에서 실제운동으로" 동아일보 1923. 01. 24.

"조선 물산을 장려코자 장려회 발기준비회를 조직" 동아일보 1923. 01. 11.

"주부에게 바라는 바라 살림살이에 대하여" 동아일보 1923. 01. 05.

"중산계급의 이기적 운동" 동아일보 1923. 03. 20.

"靑年其他集會" 동아일보 1924. 03. 18.

'청년연합경북순강', 동아일보 1922. 12. 30.

"철저한 각오와 지구적 실행" 동아일보 1923. 01. 08.

최영식. "사사낙수-1923년의 조선물산장려운동" 월간동아 (1967년 8월), 44.

CKW생. "조선물산장려에 대하여 나군에게 고하노라" 동아일보 1923. 03. 03.

"최후까지 분투하자" 동아일보 1924. 04. 30.

"최후까지 노력하기를 바라고 싶습니다." 동아일보, 1923. 02. 20.

최영식. "사사낙수-1923년의 조선물산장려운동" 월간동아 (1967년 8월): 45.

"태천물산장려" 동아일보 1923. 03. 20;

"토산애용부인회" 동아일보 1923. 02. 07.

"토산애용부인회의 성립" 동아일보 1923. .02. 08.

"토산부인강연 명사일 밤에" 동아일보 1923. 03. 03.

"토산부인의 절규," 동아일보 1923. 03. 06.

"토산애용부인회," 동아일보 1923. 04. 05.

"토산상점계획" 동아일보 1923 04 16.

"토산애용부인상회 창립계획" 동아일보 1923. 05. 14.

"토산애용 부인상회" 동아일보 1924. 06. 01.

"토산장려론 중에 돌연히 중지" 동아일보 1922. 12. 31.

"토산장려 금일부터 실행 자급자족, 이천만민중의일치합세로 성취할 자활운동" 동아일보 1923. 02. 16.

"토산장려와 마산기생의 동맹" 동아일보 1923. 02. 05.

"토산부인의 열규(熱叫), 청중 이천오백 명에 달한, 성황을 다한 아낙네 강연" 동아일보 1923. 03. 06.

"평양교회 수해구제" 동아일보 1922. 09. 18.

"평양교회 순례를 필하고"(一) 기독신보 1929년 7월 10일 제 709호.

"평양교회 순례를 필하고"(二) 기독신보 1929년 7월 17일 제 710호.

"平壤音樂會의 盛況" 동아일보 1920. 06. 13.

"平壤女聖經學卒業" 동아일보 1921. 06. 17.

"平南老會第一日" 동아일보 1921. 06. 18.

"平南老會第二日" 동아일보 1921. 06. 19.

"평양숭의여교 졸업" 동아일보 1922. 03. 30.

"평양숭인학교문제" 동아일보 1922. 04. 26.

"평양야소교 신자수" 동아일보 1922. 09. 02.

"평양통신," 신앙생활 (1933년 6월): 33.

"평양숭인학교문제" 동아일보 1922. 04. 26.

"平壤之片言, 산정현교회와 조선일보사", 신앙생활 (1935년 8·9월호 합본): 40.

"편하설 교장 귀국" 동아일보 1921. 07. 23.

한동민. "물산장려운동 이끌며 독립 사회주의 꿈 꾼 혁명가" 경기일보 2009. 10. 30..

"會堂新建築捐補," 동아일보 1921. 12. 26.

박용규 교수의 저서와 역서 소개

저서
한국장로교사상사. 총신대학교 출판부, 1992.
초대교회사. 총신대학교 출판부, 1994.
근대교회사. 총신대학교 출판부, 1995.
죽산 박형룡 박사의 생애와 사상. 총신대학교 출판부, 1996.
한국교회를 깨운 복음주의 운동. 두란노, 1998.
한국교회를 깨운다. 생명의말씀사, 1998.
평양대부흥운동. 생명의말씀사, 2000.
한국기독교회사 1권 1784-1910, 2권 1910-1960. 생명의말씀사, 2004.
평양대부흥이야기. 생명의말씀사, 2005.
평양산정현교회. 생명의말씀사, 2006.
제주기독교회사. 생명의말씀사, 2008.
부흥의 현장을 가다. 생명의말씀사, 2008.
안산동산교회이야기. 큰숲, 2009.

공저
이 땅 부흥케 하소서. 생명의말씀사, 2005.
총신대학교 100년사. 총신대학교, 2002.
장로교 총회 100년사. 예장총회, 2006.
선교책무. 생명의말씀사, 2011.
Accountability in Missions. Eugene: Wipf & Stock, 2011.

번역서
Noll, Hatch, Woodbride. 기독교와 미국. 총신대학교출판부, 1992.
John D. Woodbride. 인물로 본 기독교회사 상 하. 도서출판 횃불, 1993.
David Wells, ed. 미국개혁주의신학. 엠마오, 1993.
Charles Allen Clark. 한국교회와 네비우스 선교정책. 기독교서회, 1994.
Peter Toon. 카톨릭, 개신교와 무엇이 다른가. 도서출판 솔로몬, 1995.
George M. Marsden. 근본주의와 미국문화. 생명의말씀사, 1997.
John D. Woodbridge, ed. 세속에 물들지 않는 영성. 생명의말씀사, 2004.

한국기독교사연구소
(The Korea Institute of Christian History)

한국기독교사연구소(The Korea Institute of Christian History)는 비영리 단체로서 개혁주의적이고 복음주의적인 신앙에 입각하여 한국교회사 전반에 대한 역사 문화 출판 사업을 통해 역사의식을 고취하고 이 시대 복음의 대 사회적 문화적 민족적 책임을 충실하게 감당하여 한국교회와 사회 전 영역에 그리스도의 주권을 확립하는 것을 그 목적으로 1997년 7월 14일 창립하였다.

2004년부터 정기학술세미나를 개최하고 있으며, 2011년 11월까지 55차 정기학술세미나를 가졌다. 평양대부흥운동과 한국기독교회사 1, 2권을 비롯해 많은 저술을 발행했으며, 홈페이지 www.1907revival.com과 www.kich.org를 통해 평양대부흥운동, 세계부흥운동, 한국교회의 정체성과 이슈를 포함하여 기독교회사에 대한 심도 있고 균형 잡힌 정보를 제공하고 있다.

한국기독교사연구소 (소장 박용규)
주소: 서울특별시 마포구 합정동 378-32
전화: 070-7136-1964
이메일: kich-seoul@hanmail.net
홈페이지: www.1907revival.com와 www.kich.org
후원계좌: 국민은행 165-21-0030-176(예금주: 한국교회사연구소)
　　　　　우체국 104984-01-000223(예금주: 한국교회사연구소)